全方位展现中国后妃的传奇人生

中国后妃传

百转千回的深宫恩怨·惊心动魄的历史长卷

赵文彤◎编著

中国华侨出版社

图书在版编目（CIP）数据

中国后妃传 / 赵文彤编著. － 北京：中国华侨出
版社，2017.10

ISBN 978-7-5113-7050-1

Ⅰ. ①中… Ⅱ. ①赵… Ⅲ. ①后妃－列传－中国－古
代 Ⅳ. ①K828.5

中国版本图书馆 CIP 数据核字（2017）第 226099 号

● 中国后妃传

编　　著 / 赵文彤

责任编辑 / 冰　馨

责任校对 / 高晓华

装帧设计 / 环球互动

经　　销 / 新华书店

开　　本 / 710 毫米×1000 毫米　1/16　印张 /25　字数 /476 千字

印　　刷 / 香河利华文化发展有限公司

版　　次 / 2018 年 1 月第 1 版　2018 年 1 月第 1 次印刷

书　　号 / ISBN 978-7-5113-7050-1

定　　价 / 59.80 元

中国华侨出版社　北京市朝阳区静安里 26 号通成达大厦 3 层　邮编：100028

法律顾问：陈鹰律师事务所　　　　　　　编辑部：（010）64443056　　64443979

发行部：（010）64443051　　　　　　　传　真：（010）64439708

网　址：www.oveaschin.com　　　　　　E-mail：oveaschin@sina.com

前言

在我国漫长的封建时代，国家最高权力的归属者被称为皇帝，而皇帝的妻子即是后、妃。所谓后，即是皇帝的发妻、嫡妻、正室，一般而言只有一位；所谓妃，则是皇帝的小妾、侧室，数量虽然有所限制，却也不止于一人。常人所谓的"三宫六院，七十二妃"，其实更多的只是一种泛泛之谈，并不完全准确。

反倒是在《礼记·昏义》中，曾就皇帝的后妃数量，做出了明确的记载和规定："古者天子后立六宫、三夫人、九嫔、二十七世妇、八十一御妻以听天下之内治，以明章妇顺，故天下内和而家理。"从这一段文字中，我们不仅能够了解皇帝按照惯例所能拥有的佳丽数量，甚至还能看出这庞大的后宫团，也有着非同一般的意义，竟然是为了"听天下之内治""明章妇顺"，最终实现天下大治。以此来看，历朝历代的封建统治者为了实现治理天下的伟大目标，可谓是"付出"了许多。

当然我们也要指出的是，尽管皇帝可以拥有多达百人以上的妻妾，但历史上也并非所有皇帝，都是沉迷于色欲的不能自制之辈，而真正做到"遵守规定"的皇帝，其实更只有少数一部分人。甚至在中国历史上，还有着终其一生都仅有一位发妻的天子。

在封建时代，皇帝是国家至高权力的掌控者，负责执掌权柄、治理天下，然而皇帝本人也有着自己的家庭。要让一位天子同时管好家庭和天下，显然并不现实，这样一来，后妃的作用也就不显自明了。一般而言，皇宫之中通常都是由皇后来统领六宫之事，但在极个别没有皇后的情况下，皇帝往往也会指定由一位妃子来代行皇后权柄，负责相夫教子、管理门庭。看起来，这样的任务与普通人家并无二致，但事实却并非如此。

在讲究"门当户对"的封建时代，尊贵如皇帝。不论册立皇后还是妃子，都不能仅仅通过容貌，甚至也不能通过喜好，而必须考虑到对方的家世背景。因此，看似只能依附于皇帝的柔弱后妃，其背后往往也有着盘根错节、连皇帝都不得不顾忌的庞大外戚势力，历史上不乏架空皇帝、自己执掌大权的后妃，也说明了这一问题。因此皇帝册立每一位皇后、妃子，都必须从自身与国家的利益出发，选择品性最为贤淑、最能帮助自己平衡庙堂局势的、识大体的女子，至于个人的喜好如何，往往占一小部分。

因此，嫁入深宫的后妃们看似享尽荣华富贵，其实却往往无法拥有像民间女子那样的可贵爱情；而嫁入深宫也并不意味着一定能够得宠，因为有很大一部分女子可能终其一生都没有见过皇帝，正所谓"一入宫门深似海"。不仅如此，看似温柔善良的女子们一旦进入后宫，往往又会为了争夺宠爱而钩心斗角，如今看来，其中一些事依旧令人不寒而栗。

因此，深宫女子虽然看起来衣食无忧、享尽安逸，其实却是生活在暗伏杀机的绝境当中，这样的后宫生活与其说是令人歆羡，倒不如说是令人望而却步。为了帮助读者进一步走进历史，了解这些没有显赫的帝王功业、没有炙手的重臣权柄，却依旧在古代宫廷生活乃至庙堂政坛上，起到了不可替代的巨大意义的女子，我们特意编著了这本《中国后妃传》。为了尽可能地做到周全，本书上承先古、下至清末，从中精心选择了400多位后妃女子，对她们一生的始末、相关事迹进行了收录。由于古代"男尊女卑"的思想，这些一生或幸运，或悲戚的女子，有许多并未如同她们的丈夫那样，在史书上留下什么功业，甚至更有许多连名字都未曾记载，仅仅是被史笔一带而过，如今更是难以考证。

目录

汉

五胡十六国

南北朝

宋

西夏

元

明

清

先 古

嫘祖：蚕丝织得锦绣在，贤淑又引圣帝来

【人物简介】

嫘祖，又作累祖，西陵氏之女，中华民族始祖黄帝的元妃。嫘祖不仅是黄帝治理天下的贤内助，而且还发明了养蚕缫丝之法。后人为了纪念嫘祖的功绩，将其奉祀为"蚕神"，尊称她为"天蚕娘娘"。

【人物生平】

嫘祖是西陵氏的女儿，黄帝居于轩辕之丘时迎娶嫘祖为妻，她聪明能干，辅佐黄帝处理部族事务，为人善良，母仪天下，深受当时民众的爱戴。此外，同黄帝一样，嫘祖也是远古的一个大发明家，相传"养蚕缫丝"之法就是嫘祖发明的。古代中国人之所以能穿上柔和、美丽的丝绸衣服，中国之所以被誉为"丝绸之国"，都要归功于嫘祖。

在远古的时候，人们没有衣服穿，为了避寒、遮羞，最初以树枝、兽皮遮挡，后来逐渐有了麻布做衣，但那时的衣服既不轻便，又不舒适，更不美观。有的人宁愿披着兽皮、打着赤膊，也不愿穿硬糙糙的麻布衣服。当时天下的统治者黄帝，为此十分忧烦，他想找到更好的编织方法和织布材料，但很久都未能如愿。当时，在黄河流域有个叫西陵的地方，当地的部落首领有个美丽的女儿叫作嫘祖，嫘祖不仅人长得十分漂亮，是远近闻名的美人，而且特别善良、聪慧。

嫘祖忙完农活之后，便喜欢到处观察小动物，这些大自然中的精灵教会了她很多本领。一天，嫘祖在桑树下休息，忽然看到一只胖胖的虫子正在吐丝，吐出的丝围成一个茧子，将自己裹在了里面。嫘祖十分好奇，便询问部落中的老人这是什么虫子。老人告诉她说："这种虫子叫作蚕，每到天冷之时，它们就吐丝结茧将自己裹在里面，等到春暖之时再破茧而出，化作飞蛾。"嫘祖听了灵机一动：既然蚕能够以丝结茧，那我们为什么不能将蚕茧的丝拆开，再用这细丝纺线、织布，做成衣服呢？蚕丝那么细，若能纺线做布，一定要比麻布光滑、柔软很多，那样

的话，人们岂不就可以获得更轻巧、暖和的衣物了，也就不用冬天受冻、夏天被捂了。

有了这种想法以后，嫘祖便开始观察蚕的生理活动。生活在野外的蚕，经受风吹雨打，被各种鸟儿捕食，很容易死亡。于是嫘祖自己采来养蚕。周围的人都很好奇，纷纷询问嫘祖为何要养这些虫子，嫘祖都笑而不语。她每天观察蚕如何吐丝、如何结茧，又尝试着将蚕茧拆为细丝，再用蚕丝制作成线。蚕丝比麻纤维要细得多，抽丝纺织都很困难。当人们知道嫘祖准备用那么细的蚕丝纺线的时候都认为不可能，劝嫘祖放弃。但嫘祖相信自己的想法一定能实现，于是不断在失败之中探索。

终于，经过长期的试验、改进，嫘祖发明了一套成熟的"养蚕缲丝"方法。当人们看到嫘祖用蚕丝制作的线后，都惊喜不已。用这种线织成的布，不仅十分轻巧、漂亮，比麻布要细腻得多，而且做出的衣物也冬暖夏凉。这样，部落中的人纷纷向嫘祖学习，请教养蚕、缲丝、织布的方法。很快西陵部落的人们便都穿上了丝绸做的衣服。周围的部落听到这个消息以后，纷纷派人前来请教，嫘祖毫无保留地将养蚕缲丝的方法教给了他们，人们都称赞她的智慧和美德。

部落联盟的首领黄帝听说嫘祖的事情以后，亲自来到西陵请教，他要将这一造福天下的发明传授给天下人，让天下所有的百姓都能穿上这种衣服。嫘祖欣然答应，将一切纺织丝绸之法都教给了黄帝。两人相处的过程中，嫘祖的聪明、善良也深深吸引了黄帝，黄帝为天下百姓谋福的美德也感动了嫘祖。蚕茧在水中翻滚，爱意结成的丝线也将两人紧紧相连。就这样，黄帝在取得制丝经验的同时，也娶到了一位贤惠、美丽的妻子。

成为黄帝的妻子以后，嫘祖一方面继续改良抽丝编绢之法，一方面帮助黄帝制定农桑律令，主持部落中的嫁娶仪式，号召人们推崇礼仪，并劝谏黄帝出现的过错、失误。天下的百姓都因为黄帝有这样一个贤内助而蒙受恩泽、得到惠利，无不像爱戴自己的母亲一样敬爱嫘祖。

嫘祖为黄帝生了两个儿子。一个叫作玄嚣，玄嚣又称青阳，他后来向南迁徙，居住在了长江流域；另一个叫作昌意，昌意居住在若水，相传为今日的雅砻江一带，昌意后来娶了蜀山氏女为妻，生子高阳，也就是五帝之一的颛顼帝。

北周以后，人们为了纪念嫘祖发明养蚕缲丝的大功，将其视其为"蚕神"，尊称"先蚕娘娘"。唐代著名韬略家赵蕤曾题过《嫘祖圣地》碑文，称："嫘祖首创种桑养蚕之法，抽丝编绢之术，谏净黄帝，旨定农桑，法制衣裳，兴嫁娶，尚礼仪，架宫室，奠国基，统一中原，弼政之功，殁世不忘。是以尊为先蚕。"

【人物简评】

嫘祖作为黄帝的妻子，是我们先祖女性中的杰出代表，发明了养蚕缲丝之法，可以说造福天下，泽披百代；且她辅佐黄帝，倡导礼仪，教化民众，劳苦功高，同黄帝、炎帝这些男性始祖相比也毫不逊色。她既是伟大的发明家、教育家，又是中华民族的人文始祖之一，值得后人永远铭记、爱戴。

嫫母：轻德重色非真美，重德轻色方为贤

【人物简介】

嫫母，为黄帝次妃，是嫘祖之外黄帝又一个贤内助，她虽然相貌丑陋，却有德有才。她的贡献不仅局限于生产生活中，而且在政治、军事上也都给了黄帝很大的帮助。相传，黄帝之所以能击败炎帝、蚩尤，成为全天下的首领，嫫母在其中起到了巨大的作用。

【人物生平】

嫫母是黄帝的次妃，她的长相十分丑陋：额头宽，似纺锤；鼻子塌，眉毛窄；身体肥，如水桶；皮肤黑，似涂漆……据传，人们驱鬼之时所带的面具，最初就是根据嫫母的面貌制作而成的。后人将嫫母与后世的齐宣王王后钟无艳、梁鸿妻孟光、许允妻阮氏并称为古代"四大丑女"，可见她是"丑名在外，流传千古"。那么，这样一个相貌丑陋的女子，怎么会成为天下之主黄帝的妃子呢？这其中还有一段典故：

上古的时候，社会中只有简单的行为规则，各种礼仪制度都还不完备，人们往往恃强凌弱，凭借武力解决一切争端。就连男婚女嫁这样的事情，都要依靠蛮力——哪个部落中若存在美貌的女子，其他部落就会有人前去"抢婚"，若女子的家人不能抵御，就只能看着自家的姑娘被人强抢而去。黄帝对这种恶习十分厌恶，但又不能一下子禁止，很是头疼。这时，他的妻子嫘祖劝他说："您作为天下的首领，人们都会效仿你的行为。您既然厌恶'抢婚'这种习俗，那为何不给他们做个表率呢？"黄帝听了大悟。

恰好这个时候，有人对黄帝说起，南方的方相氏有个女子叫作嫫母，她十分贤德，却因为长相丑陋长期嫁不出去。黄帝便亲自微服前去考察，他暗中观察那个女子，发现她虽然体肥如箱，貌黑似漆，长相不堪，但行事却十分干练，而且心肠很好，不仅将部落中的老人、孩子照料得很好，还经常帮助过路的人，救济远近茕独，虽然人们因为丑陋不愿意娶她，但对她却十分敬重。

黄帝回去以后，便向人们宣称自己要选择一个贤能的妃子来辅佐元妻嫘祖。人们纷纷猜测新的妃子是哪个部落中的美女，黄帝却秘而不宣。等到迎娶的那天，黄帝才忽然宣布，自己新的妃子就是方相氏中的嫫母，大家都震惊不已。他们不理解，作为天下首领，黄帝为何要娶一个人人都厌恶的丑女呢？于是黄帝召集各部落首领，对他们说："真正美好的女子，美在德行之上，而不在外貌。真正的贤

人，应该重德轻色，而不是重色轻德。人们抢亲，总是抢美貌的女子，却不顾德行，而且为了追求美貌而违背礼仪，这本身就是不对的！方相氏的女子虽然相貌丑陋，但德行高尚，心地善良，所以我要娶她为妃，让她来协助我治理天下。"部落的首领们将黄帝娶了嫫母的事告诉民众，那些抢亲的人都感到羞愧不已，自此以后，抢亲的事便逐渐减少，销声匿迹了。

嫫母成为黄帝的妃子以后，协助嫘祖共同管理后宫，将黄帝的后宫治理得井井有条，黄帝因此得以在外专心征伐。嫫母虽然生得丑陋，却从不自卑，她经常教导部落中那些因为长相不好而难过的女子，说："不要忘记磨砺你们的德行，不要丢弃你们内心的纯正。只要做个道德高尚的人，即便长得丑些又能如何呢！"

黄帝巡视天下之时，他的元妻嫘祖病逝了，嫫母指挥祀事，监护嫘祖的灵柩，将各种事务都办理得妥妥当当。黄帝回来以后，很是吃惊，发现嫫母的才能远在自己预料之上。后来，黄帝征伐那些不服从的部落，便将后方所有事务托付给嫫母。嫫母充分发挥自己的组织与治理才能，为黄帝在各次战争中取得胜利，打下了牢固的基础。

【人物简评】

嫫母虽然相貌丑陋，但为人贤良，品德高尚、才能卓越，是黄帝治理天下、平定叛乱的贤内助。更可贵的是她的见识超出常人，不仅不因丑陋而自卑，还教导其他女子重视德行而轻视容貌，这在上古之时是十分难得的。孔子曾感慨："吾未见好德如好色者也！"黄帝、嫫母正是好德胜于好色之人，他们为后世子孙做出了极好的榜样，尤其值得今日之人学习并效仿。

姜嫄：淑妃有灵育圣孕，万兽无知佑贤明

【人物简介】

姜嫄相传为有邰氏之女，五帝之一帝喾的元妃，周人始祖后稷的母亲。她为人贤惠、勤劳，辅佐帝喾，教育儿子，使儿子后稷成为大才。

【人物生平】

姜嫄为有邰氏之女，帝喾的元妃，后稷的母亲。她践迹而孕，生下了后稷，又将自己的儿子，教育成了一个造福天下的大英雄，自古以来就受到人们的尊敬，被视为是贤妻良母的典范。

黄帝生玄嚣，玄嚣生蟜极，蟜极生帝喾。帝喾年轻的时候，伯父颛顼为天下之主，颛顼对这个聪明的侄子十分看重，力图将其培养成自己的接班人，于是派贤能的大臣教导他，又将其提拔为自己的助手。帝喾快要成年时，颛顼帝便到处寻找贤能的女子，准备给他娶妻。颛顼帝心中明白，自己不仅仅是在为侄子寻找妻子，更是在为天下寻找未来的女主人，所以他挑选得极为挑剔，哪怕女子有一

点儿缺点，都不考虑。就这样，选了很久也没有选到。

　　直到三年以后，颛顼帝微服到有邰氏巡视，他穿着平民的衣服，又饥饿、又累，便进入一户人家，请求要点水喝。招待他们的是个年轻漂亮的女子，她看到颛顼帝满头汗水，便将他们请进屋中休息，为他们倒了些水。颛顼帝等人拿出随身携带的干粮、肉干，让女子同吃，女孩笑着拒绝了。她说："男女不该同屋而处，同桌而食，我见你们走得累了，又都像德高望重的长者，所以才敢将你们请进屋来，这已经有违礼之嫌了，还怎么敢同你们一起吃东西呢？"颛顼帝听后，立刻对这个漂亮的姑娘刮目相看，于是一边吃饭，一边询问了她一些部落中的问题，没想到这个姑娘回答得十分得体，而且很有见识，连陪行的大臣都自愧不如。

　　临走的时候，颛顼帝感激姑娘的款待之情，准备留一些食物作为馈赠。姑娘却坚持不接受，她说："招待疲惫的行路之人，这是人人都会做的；对别人付出而不求任何回报，这便是惠爱；给别人的很少，而索取的回报很多，这便是贪婪。您的馈赠固然很珍贵，但我更看重自己的惠爱之德，而害怕承受贪婪的恶名。更何况您作为天下之主，我们都是您的子民，侍奉了您怎么还敢索取回报呢？"颛顼帝很吃惊，忙问："你是怎么知道我的身份的呢？"姑娘回答："您所询问的都是部落中的大事，所关心的都是百姓疾苦，又不是我们部落中的人，若非天子，还能是谁呢？再说您的年龄、气质也正如人们传说中的天子一般呀！"颛顼帝对这个聪慧异常的姑娘很是赞赏、钦佩，见她不仅生得美丽，而且通晓礼仪，举止大方，孝敬尊长。立刻想到，若能让这样一个女子来辅佐自己的接班人，那天下百姓都会因此受益。

　　于是，颛顼帝询问了姑娘的姓名。姑娘叫作姜嫄，至今还没有订婚。颛顼帝大喜，立刻亲自做主，将姜嫄许配给了帝喾。

　　成为帝喾的妻子以后，姜嫄谨守妇德，不仅将家中打理得井井有条，还带领部落中的妇人们下地劳作，推广好的种植方法。姜嫄无论在哪一方面，都很出色，可她迟迟没有孩子，为此她自己也感到忧心。于是，姜嫄准备了丰盛的果品，来到黄河边上，向神灵祈祷，请求神灵赐给自己一个佳儿。

　　可是祈求以后，还是迟迟没有动静。过了一年有余，姜嫄都快忘记了祈祷的事情，一天她和女伴们外出劳作，忽然发现曾经祈祷之处，地上印着一个巨大的脚印。那么大的脚印，不可能是人留下的，女伴们都不敢接近，说这是神灵所留的痕迹。姜嫄想到自己曾在这里祈祷，或许这就是上天对自己的回应，于是走上前去，将自己的脚放入了巨大的脚印之中。当她的脚踏入其中之时，忽然感到心中、腹中一阵震动，耳边仿佛也传来低沉、遥远的轰鸣声，随即倒在了地上。女伴们见状，赶快跑上前去，将姜嫄带回家中。

　　回到家后，姜嫄就发现自己怀孕了，更奇怪的是怀孕一个多月，她的孩子就生了下来。当时人们十分迷信，觉得姜嫄生下的孩子不吉利，主张将其抛弃掉。姜嫄夫妇受不了周围人的压力，于是给孩子起名叫"弃"，让人将他丢弃。人们把孩子丢在牛羊经过的巷子中，想让牛羊结束他的生命。但奇怪的是，过往的牛羊不仅不践踏这个孩子，反而有母牛蹲下来喂奶给他喝，晚上也有牛羊偎依在他身边给他保暖。人们见状，又将孩子丢弃在深林之中，希望野兽来咬死他。然而，野兽也都不伤害他，还有母兽前来照顾。几天以后，伐木的人见到这个孩子，将他捡了回去。人们还不死心，又将孩子丢到了冰上，觉得这下一定可以将他冻死了。然而很多鸟雀，看到了这个孩子，便飞过来用翅膀遮蔽他，为他取暖，还寻找食物给他吃。人们这才意识到，这孩子是上天赐给姜嫄的，是不能被抛弃、伤害的，于是将他抱了回去，还给了姜嫄。

姜嫄正在为失去孩子而感到痛苦，没想失而复得，十分欣喜，对这个孩子更加疼爱。弃长大以后，姜嫄便教他如何采桑、种田，这孩子仿佛有灵性一般，只要是和种田相关的事情一学就会，而且做得比其他人都好。同样是一亩田地，别人能收获二百斤粮食，弃便能收获三百斤；别人养不活的树，他就能养活，而且让它茁壮成长。远近的人听说以后，都来向他学习栽种、耕作技术，弃都耐心地指导他们，帮助他们更好地种田。

后来，尧帝做了天子，他对弃的才能十分赏识，便任命他做了农官。弃又改良耕种方法，培育良好的种子，教百姓如何选择土地，使农田的收成增加很多，人们再也不怕挨饿了。舜帝即位以后，将弃封为"后稷"，后人都视其为"谷神"。"后稷"的后代子孙逐渐繁衍，强大起来，便形成了周部落。

【人物简评】

姜嫄不仅辅佐自己的丈夫治理天下，更教育出了一个优秀的儿子——后稷。正是因为后稷改良稼穑、传授农桑，人们才能丰衣足食，免受饥饿之苦，而这一切都离不开姜嫄对儿子的教诲。姜嫄辅佐一人而利在天下，教育一人而功在千古。《列女传》中称赞她说："卒为帝佐，母道既毕。"

娥皇女英：潇湘帝子当有感，落泪染竹向九嶷

【人物简介】

娥皇、女英是姐妹二人，相传他们都是尧帝的女儿，同嫁舜为妃。她们贤惠而有才智，忠贞而善良，曾帮助舜多次逃脱瞽叟和象的迫害，又像舜一样不记旧怨，尊重爱护舜的家人。舜成为天子以后，封娥皇为后、女英为妃。后来舜在巡视途中病逝，二女十分悲恸，在舜去世之处痛苦数日，投江殉情而死。

【人物生平】

相传娥皇、女英为尧帝的两个女儿，二女继承了父亲的美德，从小就善良、

贤淑，后来尧帝将她们一起许配给舜，以此来考察舜、辅佐舜。

尧帝名叫放勋，是帝喾的儿子，他德才兼备，二十岁时就接替兄长帝挚做了天子。尧不负众望，将天下治理得井井有条，他做了几十年的天子，百姓无不爱戴、拥护他。尧老了以后，为继承人之事发愁，他自己虽然有九个儿子，却没有一个具有天子之德的。长子丹朱虽然聪明，但才德不足。尧帝准备为天下另选领袖，便召见主管四方诸侯的四岳，表示希望他们继承自己的帝位。四岳都推辞说自己的才德不堪以承担大位，并向尧帝推荐了舜。

舜是一个平民，他的父亲瞽叟脾气暴躁，对舜很不好，继母和弟弟象都讨厌舜，想害死他，以便独占财产。但舜为人十分孝顺、仁慈，即便家人都对自己不好，自己依然竭尽孝悌之道。尧帝听说舜的事迹以后，便打算进一步考察他，于是将自己的两个女儿娥皇、女英嫁给了舜，让她们观察舜是否真的像传闻中那样有德。

娥皇、女英虽然是天子的女儿，嫁给舜以后，却丝毫没有高傲的举止。她们脱下丝绸衣服，换上平民女子所穿的粗布麻衣；她们像侍奉自己的父母一样，侍奉舜的父母；像关爱自己的兄弟一样，关心舜的兄弟象。但舜的兄弟象太阴险、狠毒了，虽然受到哥哥、嫂子们的关爱，却还时时要加害舜，不仅打算抢夺舜的财产，还图谋将两个嫂子据为己有。娥皇、女英知道象的这种心理，一边恪守妇德，以礼相待，一边帮助丈夫提防他，使象无机可乘、不敢造次。

舜为人十分厚道，他虽然遭到父母、弟弟的厌恶，却从不提防他们。一次，瞽叟和象商讨准备骗舜上谷仓上干活，然后放火烧死他。娥皇、女英知道了他们的阴谋，便在舜前去干活的时候，让他带了两个大斗笠。舜知道两个妻子素来聪慧，虽然觉得奇怪，但也没有拒绝。他爬到谷仓上干活，象在下面偷偷撤去梯子，将梯子藏了起来，然后放起火来。谷仓很高，舜发现着火的时候，想找梯子却找不到，想要跳下又害怕受伤。象心中暗暗窃喜，认为这下哥哥可要被烧死了，两个美貌的嫂嫂就要属于自己了。娥皇、女英看到谷仓上窘迫的丈夫，连忙对他喊："快用斗笠当作翅膀，像鸟一样飞下来！"舜听了妻子们的话，连忙照做，他每只手持着一顶斗笠，展开双臂像鸟那样滑翔降落下来，这才躲过这场大火，保住了性命。

害舜不死，象和瞽叟不死心，他们又准备骗舜下井，趁机加害。娥皇、女英再次察知了他们的阴谋，于是提前让舜准备。舜提早下到井下，在井的侧壁上偷偷凿出了一条通道，可以直通地面。过了几天，瞽叟借口井下需要清理，让舜前去。舜下井以后，象和瞽叟便搬来大石头将井口堵死。过了一段时间，看舜没有上来，象便大摇大摆地来到舜的房子中，称要接收哥哥的财产——包括两个嫂嫂。象坐在舜的床上，弹奏尧送给舜的琴，一副小人得志的样子。这时，舜从井壁通道中爬了出来，回到房间中，象看到了哥哥十分震惊，他不知道舜是如何逃生的，只好忸怩地说："不知哪里飞来一块大石头，堵住了井口，我正在这里想你呢！"说完，便灰溜溜地离开了。舜对此也不加追究，一如既往地孝顺父母，友爱兄弟，而且比以前更加诚恳谨慎了。

由于娥皇、女英的帮助，象和瞽叟始终无法迫害舜。后来，尧帝逐渐将政事委托给舜，来考察他的能力。在娥皇、女英的辅佐、帮助之下，舜将事情都做得风生水起，战胜了很多艰巨的挑战。一次，尧让舜进入大泽之中，泽中林木茂盛，遮天蔽日，又遇到风雷雨雪等恶劣天气，但舜却没有迷失方向，成功地走了出来。尧见舜能力卓越，又有上天庇护，于是便告老引退，将天子之位传给了舜。同时，他再次告诫自己的两个女儿，一定要专心辅佐舜，帮助他治理好天下。娥皇、女英点头应允。舜封娥皇为后，让她治理后宫、管理家务；又封女英为妃，让他辅佐自己执政，在自己外出巡视的时候代理政事。没过多久，女英为舜生下了儿子商均。

舜和妻子们虽然都宠爱商均，但他们知道商均就如他的舅舅丹朱一样，没有治理天下的才能。于是，舜准备立治水有大功的禹为继承人，当他将这一想法说给妻子们时，娥皇、女英都很支持他，赞赏丈夫以天下为公的做法。舜于是定下心来，确立了大禹的地位。

舜在位三十九年，最后在南巡的路上生病，走到湘江边上便去世了。娥皇、女英得知这一噩耗以后，赶到舜去世的地方，她们怀念丈夫，抱竹痛哭，相传泪水落在竹子之上，形成了斑斑泪痕，几千年都没有消退。后来舜与娥皇、女英的故事，逐渐演变为湘君与湘夫人的爱情神话，人们认为娥皇、女英就是传说中的湘夫人，并将染着二女泪水的竹子称为"湘妃竹"。

【人物简评】

娥皇、女英是帝王之女，遵从父命嫁给了地位卑微的舜，她们不禁毫无怨言，反而对德行高尚的丈夫十分尊重，放下身段来竭尽妇道。当丈夫遭到陷害之时，她们能凭借自己的聪慧，帮助丈夫摆脱危险；当丈夫成为天子以后，她们又发挥自己的才能，辅佐丈夫治理国家；当丈夫去世以后，她们忠贞不渝，殉情而死。她们是如此的完美无瑕，仿佛不应存在于人间，所以人们将她们神化为"湘江女神"，永远铭记她们的传奇故事。

夏

女娇：白狐九尾宾王者，圣王贤妻宜成双

【人物简介】

女娇，是上古时期涂山氏部落首领的女儿，大禹的妻子，夏王朝创建者启的母亲。在大禹治水的时候，女娇与大禹相恋，结为夫妻，她熟知水性，曾指点大禹疏导河水；在大禹离家之时，女娇在家中教育儿子启，使他成为德才兼备、受人尊敬的人。在大禹治水、夏启建国等大业之中，女娇都做出了的巨大贡献。

【人物生平】

浙江绍兴的西崀山，在古代的时候被称为涂山。女娇就是涂山当地部落首领的女儿。涂山临近大海，气候温和，风景秀美，清泉从山腰中涌出，汩汩流下，滋润了满山的鲜花香草，而女娇则被誉为山上最美丽的一朵鲜花。

女娇聪明善良，又透着江南女子特有的温柔秀气，方圆几百里内都流传着她美丽的传闻：有人说她是花神托生而成，身上无时不散发着迷人的香气；有人说她临水照影时，美貌令山泉水都凝住了；还有人说她一笑，连风都会停止……远近部落的青年没有不梦想着娶女娇为妻子的，女娇的父亲也盼着为她挑选一个出色的丈夫。然而，看过了很多青年，女娇从未对一人动心。她期望自己能嫁给一个一个心怀远大志向的人，真正的大英雄。

在女娇二十岁的时候，果然，上天让一个大英雄来到了她的世界中——这个人就是大禹。当时天下洪水泛滥，百姓都不能正常生活，舜帝便任命手下最有才能的大禹去治理水患。大禹率领人们勘测地形，筑造堤坝，一年四季在外奔波。在他三十岁的时候，他来到了涂山这个地方，当他在山下察看水流的时候，遇到了涂山最美丽的女子。四目相对之时，女娇就意识到，这就是自己所等待的大英雄；而整年忙于治水的大禹，忽然也想到自己该娶妻子了。

女娇是个敢爱敢恨的人，当爱意在心中生起的时候，她就大胆地向大禹表达了爱意。每天，大禹外出治水的时候，她就为大禹准备好食物和水，晚上大禹要回来的时候，她就在他必经的路上等着，并唱着"候人兮猗"的情歌。大禹开始还有些犹豫，害怕结婚生子会耽误治理水患的大业，于是他向上天祈祷请教，说：
"若上天让我结婚，就请给我一些启示吧！"当天，就有一条九尾白狐造访了大禹
的住处。大禹高兴地说："白色，是我所穿的颜色；九尾，象征着王命。且涂山的
歌谣说：'绥绥白狐，九尾痝痝。我家嘉夷，来宾为王。成家成室，我造彼昌。天
人之际，于兹则行。'看来是上天让我成婚啊！"于是便托人准备结婚事宜。

　　不久，大禹便迎娶了女娇。夫妇二人，如胶似漆，十分相爱。然而，大禹毕
竟是个心怀天下的大英雄，他时刻惦记着早日将洪水治理好，使百姓得到安宁，
于是结婚四天以后，大禹就又离家出去治水了。女娇虽然留恋丈夫，但知道他是
为了天下而奔波，于是帮他打理好行装，送他上路。女娇自小在水边生活，对水
性十分了解，她告诉丈夫说："水性阴，所以趋下，应该顺着水流形势加以疏导，
使积水流入河道，不可一味筑堤堵截。"大禹听从了妻子的意见，从此找到了治理
水患的正确方法。

　　一年以后，女娇生下了一个儿子，取名叫作启。大禹治水长期不能回家，女
娇便一个人在家抚养并教育儿子，儿子启在母亲的教导下，既聪明，又品德好，
还和母亲一样精通音乐。后来，大禹治水成功，舜帝将天子之位传给了他，大禹
便将女娇母子接到自己身边。女娇带着儿子陪伴着丈夫，幸福地度过了一生。再
后来，在女娇和大禹去世以后，他们的儿子启继承了帝位，建立起中国历史上第
一个世袭王朝——夏朝。

　　除了模糊的历史记载，在女娇、大禹身上还有很多很多的民间传说故事，其
中"禹妻化石"就是很著名的一个：

　　传说大禹和女娇结婚以后，女娇就陪着大禹回到了中原，他们在安邑安家，
大禹率领众人每天开山疏通黄河河道，而女娇则照顾大禹的生活饮食。当时，有
一段黄河河道十分狭窄，两岸都是高山、巨石，人们将上游的积水都引入黄河以
后，水流在此受到阻挡。眼看着雨季就要到来，假若不能及时将山石凿开，河道
拓宽的话，上游已经修筑好的堤坝、已经平整好的土地就可能会被洪水淹没。

　　大禹率领人们日夜赶工，可进度还是很慢，于是大禹向上帝祈祷，请求赋予
自己神力。上帝被他们治水的诚心所感动，于是降下神力，每天在劳作的时候都
将他们化为巨熊，这样工程很快就完成了大半。但上帝告诫他们，这件事只能他
们自己知道，假若再有别人知道，就会受到惩罚。

　　一天，禹忙着开山，未来得及回家，女娇担心丈夫，便带着一篮子食物前去
探望。没想到，到了工地上，却看到一群巨熊在那里操钎执斧，一个弱女子哪见
得了这种场面，她惊叫一声，丢下篮子就跑。大禹听到妻子的呼声，连忙前去追
赶，慌忙中竟忘记了自己现在是一头面目狰狞的大熊。他越是追，女娇就越不敢
停，直到跑到嵩山之下，女娇才力竭倒在地上，大禹刚要上前向妻子解释一切，

上天的惩罚就降下来了。女娇因为知道了不该知道的秘密，而被化作石像。大禹的部众们赶来，看到这一幕也唏嘘不已。正当他们劝大禹离开时，却听到石像中有婴儿哇哇哭声传出。原来女娇已经怀孕，大禹见此更是悲不自禁，他跪在地上，祈求上帝将儿子还给他。于是，石像腹部忽然打开，一个男婴就此降临人世，这就是后来成为夏王的启。

夏启成为天子以后，便来到昔日母亲化石的地方，建立宗庙，祭奠母亲。后来，当地人都将女娇称为"石娘娘"，将她的庙称为"石娘娘庙"，每年都大举祭祀，以祈求风调雨顺。

【人物简评】

美女爱英雄，美丽的女娇，嫁给心怀天下的英雄大禹，可以说是我国上古时期最为美丽动人的爱情故事了。现在我们读到"候人兮猗"这简短的歌谣时，还能感受到女子对心上人包含的那种深深的爱慕之情。她不仅敢于热烈地表达自己的爱，更愿意为爱而付出、牺牲；她不仅是一个完美的妻子，更是一个出色的母亲；她的智慧足以辅佐丈夫成就大功，她的才能足以教育儿子创建大业；她是中国传统妇女美德的典型，是后世所有妻子、母亲的榜样。

妹喜：声色颠得乾坤乱，方知君心在我身

【人物简介】

妹喜生在夏朝末年，是有施氏的女子，以美貌而著称。夏桀攻打有施氏，得到了妹喜，对她十分宠爱，立她为妃，言听计从。但妹喜心中却忘不了被虏之恨，表面顺从夏桀，暗中却报复，怂恿夏桀行无道之举，扰乱夏朝国政，最终导致了夏朝的灭亡。然而，在夏朝灭亡之后，妹喜却选择了和夏桀同行，最后一起死在巢地。

【人物生平】

妹喜出生在有施氏部落，这个部落位于今天的山东省滕州市。当时正处于夏朝，天下安定了几百年，各个部落之间相处和睦，有施氏土地肥沃、物产丰富，更是如同世外桃源般安宁。妹喜十六岁的时候，已出落得美丽大方，身材高挑，婀娜多姿，一颦一笑之间都足以让人沉醉。有施氏族长的儿子，年纪与妹喜相当，是一个健壮善良、英姿飒爽的小伙子，两人一起长大，青梅竹马，两小无猜，准备过两年就结为夫妻。部族中的人都羡慕他们、祝福他们。

然而，有一天，天子夏桀的使者来到了有施氏，向有施氏索要丰厚的贡品，还让有施氏的男子轮流前往夏都服役。有施氏曾为夏王朝的先君做出过很大贡献，一直受到夏王的礼遇，如今夏桀却提出这样的要求，自然一口回绝了。夏桀是个残暴无道、贪得无厌的君主，四方的部落虽然都厌恶他，却没有一个敢于反抗的，

因为没有一个部落能抵抗夏王朝的大军。

夏桀骄奢惯了，从未被拒绝过，如今在有施氏这里碰了钉子，立即将使者大骂了一顿，又召集大军准备去教训有施氏，让天下都看看敢于反抗自己的命令将会得到什么下场。

有施氏虽然物产丰富，民众团结一心，但军力与夏王朝相比实在是差得太多了，开战以后便屡屡失利，族长意识到再抵抗下去只会招致亡国灭族，所以，不得不向夏军投降。夏桀这个暴戾的君主，却不肯轻易应允有施氏的投降，他下令一定要严惩反抗自己的人，不仅掠走了有施氏的所有积蓄，还要将老族长处死，来警示那些对自己不满的人。族长的儿子——也就是妹喜的情人看到父亲身陷险境挺身而出，他承认是自己带领军队反抗的，愿意代替父亲受刑。夏桀冷笑一声，立刻下令将他处死。

看到情人被杀，妹喜哭着扑上前去，抱着情人逐渐冷却的尸体哭倒在地。夏桀正要再次发威杀人，却忽然被眼前这个痛哭的女子所吸引了。妹喜沉浸在悲伤之中，哭得梨花带雨，却愈加显出惊人的美丽，楚楚动人身姿、挂满泪珠的脸庞，在夏桀眼中是那么清纯娇媚、惹人怜爱。夏桀立刻下令将这个女子抓起来，妹喜摘下头上的簪子就要自尽，陪情人一起去死。

夏桀连忙下令武士住手，又威胁说："若美人愿意同我回夏都，便有享不尽的荣华富贵，有施氏这些犯人我也不再过问。但若美人这就自杀，那他们所有人都要陪葬！"妹喜并不害怕死亡，她情愿跟随情人而去，但部落中男女老少的性命她却不能不顾。看着部落中儿童们惊恐的面庞，老人们失去孩子悲伤的模样，妹喜强忍着心中的剧痛，站起身来，擦了擦眼泪，回顾家园，然后对夏桀说："我愿意。只要你放过这些无辜的人，我便和你回夏都。"

夏桀意外得到这天仙般的美人，早就将愤怒抛到脑后，他哈哈大笑，下令放掉有施氏族人，载着妹喜回到了夏都。妹喜来到夏宫以后，虽然心中含着对夏桀刻骨的仇恨，以及对家乡、情人的深刻思念，却勉强自己微笑，委曲讨好夏桀。她知道，只有这样才能保全有施氏部族，才能寻找到复仇的机会。她下定决心，要抓住一切机会，采用一切手段，用自己的一生向夏桀复仇。

夏桀虽然有很多妃子，却从没有像妹喜这样漂亮的，很快妹喜就将他迷得神魂颠倒。没有妹喜，夏桀就吃不好饭、睡不好觉，妹喜提出什么要求，夏桀都尽力满足，从无二话。

妹喜见自己已经牢牢抓住了夏桀的心，便开始了复仇计划。她故意装出忧郁不乐的样子，夏桀采用各种方法博取她的欢心，她就是不肯一笑。急得夏桀喃喃问道："美人啊！你怎么忽然就不高兴了呢？本王该怎么做才能博你一笑呢？"妹喜撒娇地说："我以前在有施氏的时候，每当不高兴，就撕扯丝绸，听到那声音我的心情就舒坦了。"夏桀听完以后，便下令将国库中所有的丝绸都拿出来，吩咐仆人整日在妺喜的耳边撕。很快夏朝国库中的丝绸，就变成了堆积如山的碎片。

没过多久，妺喜故技重施，又说自己讨厌生活在破旧的宫殿中，希望夏桀为自己建造新的宫室。夏桀毫不犹豫地答应了，他下令拆除旧宫殿，大征徭役，兴建新宫。夏朝的大臣们纷纷反对，认为妺喜迷惑君主、惑乱国家。但此时，夏桀所有的精力都放在了妺喜一人身上，哪还会听他们的忠言直谏呢？夏桀不仅不停止荒唐的行为，而且还将进谏的大臣关龙逢处死了。从此，夏朝的大臣们人人离心离德，也不敢再次劝谏了。

妺喜又怂恿夏桀建造酒池肉林，让他陪着自己整日玩乐其中。夏朝的朝政越来越混乱，百姓越来越愤怒，都纷纷诅咒夏桀，四方的诸侯也渐渐地背叛了夏朝。西方的商国是个大国，君主商汤心怀大志，看到夏桀昏庸，便派大臣伊尹前来探查消息。伊尹是个极为聪明的人，他查明了妺喜的出身、遭遇以后，立刻明白了妺喜的用心。于是，私下向妺喜透露了自己前来的目的。妺喜和伊尹成为了盟友，妺喜将伊尹推荐给夏桀，让他授予伊尹重位。于是，妺喜在内，伊尹在外，两人一起毁掉了夏王朝数百年的根基。

当夏桀已经众叛亲离的时候，商汤举起了"替天行道，灭夏救民"的大旗，起兵讨伐夏桀，四方诸侯纷纷响应。夏朝的大臣急得如热锅蚂蚁，而妺喜却将夏桀留在酒池肉林之中，日日将他灌得酩酊大醉，使他不能处理朝政，不能及时召集军队。直到商汤的军队快要逼近夏都的时候，妺喜才让夏桀醒来，让他清醒地看着自己王朝的灭亡。

夏桀仓促召集军队，与商汤在鸣条开战，夏军士气低落，准备不足，一触即溃。商汤率军进入夏都，夏桀、妺喜都被商军擒获，押到了商汤的面前。商汤并没有杀死夏桀，而是将其流放到了东海之滨；商汤允许夏桀带走一些财物，没想到夏桀却说："我什么都不要，只要与妺喜同行。"听到这话，妺喜心中一震，灭夏的喜悦也消失了，她发现这个残暴无道的君主，这个自己痛恨不已的人，对自己的爱竟然是如此的深。想到自己一手毁掉了他的国家，她的心中竟然生出一些伤感来。

商汤知道妺喜曾帮助伊尹，对灭夏有大功，准备让她返回有施氏，不必与夏桀一同流放到蛮荒之地，便询问她，是否愿意与夏桀同行。没想到妺喜竟回答说："我愿意同夏王一起前往东海。"就这样，这个绝世的美女、灭夏的元凶，和亡国之君夏桀一起被流放到了东海之滨的巢地，以后再也没有了消息。

【人物简评】

妺喜也许是中国历史上最早导致国家灭亡的女人，她用自己的美貌作为武器，征服了残暴的君主夏桀，引诱他毁掉自己的国家，从而为自己的部族、情人复仇，

13

然而最后她却又选择与仇人共度余生。人的命运就是这样难以掌控，人的心思也是这样难以琢磨。有人说她是红颜祸水，有人说她是乱国妖姬，有人说她是商国的间谍，有人说她是被仇恨掌控的女子……其实，她也只不过是一个命运坎坷的可怜人罢了，一个被爱、恨、情、仇所紧紧缠绕、不得自由的可怜女子罢了。

商

妇好：巾帼亦有须眉志，征伐从来不输人

【人物简介】

妇好是商王武丁的夫人，"好"为姓，"妇"为亲属称谓，商朝后人尊称她为"母辛""后母辛"。妇好不仅才学出众，精通占卜、祭祀礼仪，而且还擅长军事，甲骨文中有其率军出征的明确记载。可以说，妇好是我国历史上第一位有据可查的女性军事统帅。商王武丁对她十分喜爱，也很尊敬她，在妇好去世以后，武丁悲恸不已，为她建造了规模宏大的墓室。

【人物生平】

妇好是商王武丁的夫人，武丁共有六十多个妻妾，其中地位最高的三人称为"夫人"，而妇好是第一个，也是最受宠爱、尊敬的一个。

武丁认识妇好的时候，还未被立为天子。在武丁之前，商王朝曾长期动荡不安，直到商王盘庚将国都迁到了殷地，国家才逐渐安定下来。盘庚就是武丁的伯父。武丁少年的时候，他的父亲小乙就将他送到民间去生活，让他体验百姓的疾苦，了解民生的不易。武丁熟知父亲的良苦用心，于是隐藏自己的身份，和普通百姓一起生活，几年之间，四处游历，他扩大了眼界，能力也得到了极大的提高。

当时黄河中下游存在很多大泽，草木要比现在茂盛得多，山林、沼泽之间生活着各种各样的猛兽，人们经常受到侵扰。武丁曾经游历到一个部落，那里的人正遭到沼泽中蛟龙的祸害，蛟龙力大无比，经常侵入村落中，损毁农田、住所，吞食牲畜，甚至连人也被咬死、咬伤了好几个。人们几次进入沼泽想将蛟龙除去，但因为泽中遍布藤木和雾气，不仅没有杀死蛟龙，反而因为迷路损失了好几个勇士。武丁了解这些事情以后，便下决心要帮助民众除害。他用磁石制成了指南车，带领部落中的几个勇士一起进入了沼泽，他们利用指南车辨明方向，终于找到了蛟龙的巢穴。武丁率领众人，奋力杀死了蛟龙，然而在这过程中，他也受了伤，一个面容清秀的勇士将武丁背了回去，精心照顾他，这才保住了他的性命。事后，武丁才晓得，原来那个救他的勇士竟然是部落首领的女儿，人们都称她为"妇

好"。因为从小英武似男子，所以妇好一直一身男装打扮，虽然同行一路，但武丁竟然没有察觉出来。

经过一段时间的接触，性情豪爽的武丁和英气飒爽的妇好之间暗生情愫。就在武丁准备回到殷都，奏明父亲迎娶妇好的时候，殷商忽然派使者前来，迎接武丁回国。原来，他的父亲商王忽然病重，国中急着让武丁回去继承君位。武丁顾不了其他事情，只好匆匆与妇好告别，就随使者回到了殷都。继承君位以后，武丁第一件事就是派人将妇好迎到殷都，等为父亲守孝完成后，武丁便与妇好举行了隆重的婚礼。

妇好嫁给武丁之后，一方面协助武丁打理国中事务，一方面不断向国中的贤者学习知识。她从前受的教育就很好，又加上聪明、努力，很快就掌握了殷商礼仪、占卜知识等。殷商的长老、大臣都对这个聪明又有才的王后十分喜爱，武丁也把很多重要的事务交给她，譬如让她占卜、主持礼仪、审理案件、慰问国中老人等。

在武丁继位数年以后，北方忽然来了一个强大的羌人游牧民族。这个民族从遥远的西方迁来，他们民风强悍，使用着先进的铜制武器，经常向南进攻，掳掠人口财物，很多弱小的部族都遭到了灭顶之灾，那些大的部族也不能抵抗，纷纷南迁，并向商王朝求助。武丁派遣使者前去调节，没想到敌人竟然将使者斩杀，而且非常无礼，要求商王朝向他们臣服、纳贡。武丁勃然大怒，决心发兵征伐。没想到敌人比想象的更加厉害，战争刚开始商军就连连受挫。

武丁得到前线失利的消息后很不高兴，心中很郁闷，回到后宫后闷闷不乐，妇好看到丈夫满面愁容，便问："今日上朝，您回来为何闷闷不乐呢？"武丁感慨说："敌人强大，前线失利，我在朝中竟然看不到一个可以信任的良将，怎能不忧啊！"妇好笑着说："既然在朝廷上看不到，为何不在后宫看看呢？"武丁听后，不知妇好是什么意思，吃惊地看着爱妻。妇好转身回到内室，过了一会儿，一身戎装的她再次出现在武丁面前。她的身姿还是像当初那么英姿飒爽，比朝中所有的将军都威势。武丁愕然，疑惑地问："夫人的意思难道是要自己率军出征？"妇好回答："大王若让我为将，我保证一定能击败敌人！"武丁犹豫地说："可自古以来，都是男子作战，哪有让女人上战场的呢？"妇好说："作战就是要战胜敌人，保卫国家，使人民免遭涂炭，若能率军克敌，女子为将又有何不可呢？"说着，她自己进行了占卜，占得的结果自然都是大吉。

武丁于是亲自任命妇好为大将，将商朝的大军都交给她统领。将士、大臣们开始还心怀疑虑，但看到妇好熟练地指挥军队、下达军令、分配任务，立刻放心了，都不禁暗叹：原来王后还有这样的才能啊！

妇好率领数万大军，前往征讨羌人。她通过总结羌人的进犯规律、侦察敌情，知道羌人要掠夺哪个部落，于是提前设好埋伏，一举将羌人打败，杀死、俘虏敌军无数，剩下的敌人连夜逃遁了，从此再也不敢进犯商地了。妇好回到殷都以后，受到了热烈的欢迎，国人都将她视为保卫国家的"女战神"。武丁对妇好也更加尊重、喜爱。

又过了几年，东南有个叫巴方的大国叛变了。巴方物产丰富、国家富饶，强大以后便不断欺凌周围的小国、部落，不将商王朝放在眼中，武丁为了维护国家威严、为弱小国家伸张正义，决心率领大军前去征讨，妇好与丈夫同行。两军相互对峙，彼此人数相当，交战数次不能分出胜负。妇好仔细察看地势以后，让武丁将军队分为两部，自己率领一部继续驻扎在巴方军西侧，武丁则率领精锐部队偷偷绕到巴方军东面。在巴方军不备之时，武丁忽然率军发起了突袭，妇好也从西面率军夹击，巴方军两面受敌，顾此失彼，阵形大乱，全部被商军围歼。武丁趁势灭掉了巴方，整个南方所有的小国、部落都纷纷觐见，表示臣服。

在此后商王朝的多次战争中，妇好都发挥了重要的作用，为武丁中兴商朝做了巨大的贡献。妇好先于武丁去世，她去世时，武丁十分悲恸，数日不能上朝，为她建造了规模巨大的坟墓。每当国家有战事，武丁都要亲率大臣、子孙为妇好举行祭祀典礼，祈求她的在天之灵保佑自己旗开得胜，保佑殷商社稷。

【人物简评】

一个成功的女人，不仅要有美貌，更要具有才能；不仅要让丈夫喜爱自己，更要让丈夫尊敬自己。妇好就是如此。她不但让一代英主武丁对自己百般喜爱，更让他对自己充满敬意。所以，在她去世后数年，武丁还对她念念不忘，并亲自为她举行祭礼。

贵为王后，妇好不爱"红装"爱"武装"，亲自率军克敌制胜，抵御强敌，保卫国家，扫平叛乱，安定社稷，真可谓巾帼不让须眉！在她身上，中国女性的坚强、智慧、勇敢、大气被体现得淋漓尽致。

妲己：偏好狐媚迷人主，葬送成汤五百年

【人物简介】

妲己是商纣王的爱妃，有苏氏部落首领的女儿，她十分美貌，但生性淫荡，心肠狠毒。在被纣王纳为妃子以后，妲己很快将君主宠幸集于一身，但她却利用这种宠幸，做了无数恶事，如陷害纣王元妻姜氏，怂恿纣王杀死贤臣比干，让纣王大兴土木，设置炮烙之刑等。世人都将其视为祸乱殷商、倾覆天下的"祸水"，所以武王伐纣攻克殷都以后，便将妲己处死，来告慰那些被陷害的无辜忠臣。

【人物生平】

妲己是中国历史上最有名的红颜祸水之一，相传她是有苏氏部落首领的女儿。

有苏氏部位于当今河南温县附近，当时靠近黄河，是一个非常美丽的地方。有苏氏部落的首领，生了好几个儿子，当他的妻子再次怀孕，他打算向上天祈求，请上天赐给自己一个美丽的女儿。部落中的巫师对他说："天下方将大乱，漂亮的女子在世上恐怕难得安稳，还可能给部族带来危害！"首领不听，坚持举行了隆重的祈祷仪式。如他所愿，几个月以后，他的妻子生下了个可爱的女儿，相传这女孩生下了就长着一寸长的黑发，肌肤白净似雪，啼哭的声音也比其他孩子更加清亮。巫师见后大惊失色，认为这都是不祥的征兆，建议首领将其抛弃。

有苏氏首领喜得爱女，对巫师的提醒根本不屑一顾。他对这个女孩十分宠爱，给她修建最好的房子，给她穿最漂亮的衣服，从不违逆她的意愿。妲己长大以后，出落得亭亭玉立，美似天仙。有苏氏首领将其视为掌上明珠，很多部落中的贵族前来求亲，都被有苏氏拒绝了，他要为自己的女儿选择一个最优秀的夫婿。

不幸的是，这一消息传到了殷都，天子商纣王本就是个好色之徒，他听说这件事以后，立刻派人前去有苏氏察探。当看到妲己天仙般的画像时，纣王立刻派人带着礼物，前去有苏氏提亲。虽然纣王贵为天子，但他早已娶妻，年纪又大过妲己很多，有苏氏首领不愿爱女嫁给他，于是以"已经与他人订亲"为由推辞此事。没想到，这一推辞，却惹来了大祸。纣王怎么能容忍别人拒绝自己呢？又怎么甘心这样一个美人落入别人之手呢？立刻以有苏氏进贡不及时为借口，派大军前去征讨。

有苏氏抵挡不住殷商的大军，只能选择屈膝投降，请求纣王退军。他们交出牛羊，纣王不答应，进献金银珠宝，纣王还是不答应，于是有苏氏明白了，纣王是想要妲己。有苏氏首领愁容满面，不知如何向女儿开口。聪明的妲己见到父亲欲言又止的样子，心里顿时明白了，她主动说道："父亲就将女儿献给纣王吧！除此之外也就没有让商朝退兵的计策了，况且纣王贵为天子，又贪恋女儿的美色，女儿嫁到殷都也不会受罪的。"有苏氏首领只好含泪点头。

纣王得到妲己以后，立刻将她封为妃子，整日与她相伴，将其他的后妃全都冷落起来。当时，纣王已经年近六十，而妲己却正值青春年少，亭亭玉立，面容清秀，浑身都散发着让人无法抗拒的诱惑力，这迅速地引燃了纣王内心深处的激情，当然，也吸引了他所有的精力。从此，纣王不再上朝，将国中事务全部托付给佞臣费仲、尤浑等人，他不顾贤臣箕子的劝谏，仿效曾经的亡国之君夏桀建造酒池肉林，整日与妲己在宫中饮酒作乐，载歌载舞。

当时，殷商还是有很多忠臣贤士的，例如纣王的叔叔比干、箕子等人，他们看到纣王完全被妲己迷惑，便每日上书，向纣王陈述兴旺大道。纣王哪里还能听得进去呢！妲己早就用她的柔媚将纣王的心征服了，此时纣王心中只有妲己一个人，对她言听计从，任何不利于她的言论，纣王都会感到厌烦。比干看到纣王如此，心痛国家将要倾覆在一个女人的手中，便召集大臣，聚集在朝廷之上，声讨妲己的罪过，要纣王将妲己杀死。纣王哪里舍得！比干言辞激烈，妲己听到以后非常生气。此后，妲己常常在纣王耳边说比干的坏话，没过多久，纣王竟然因为妲己的谗言，下令将自己的亲叔叔剖心处死了。这样一来，朝中大臣再也没有敢劝谏的了，忠心之臣都逃走了，只剩下一群阿谀谄媚之徒。

没了大臣们的掣肘，纣王和妲己越来越荒淫无道。纣王下令扩建沙丘台苑，从天下各处搜刮马狗珍玩、奇珍异宝放在里面供妲己观赏；又让上千男女赤身裸体地在酒池肉林中追逐嬉戏；纣王又吩咐乐师师涓为他们创作淫荡的曲子，鄙俗的舞蹈，颓废的音乐……

当年妹喜喜欢听撕帛的声音，妲己比她更加荒唐。妲己最喜欢听人痛苦不堪，呻吟哀号的声音，为此她发明了炮烙之刑——将油涂在铜柱之上，用炭火灼烤，让人在上面行走，人脚板被灼伤，跌落炭火之中，被烧得哀号惨叫……每当看到这种场面，听到此起彼伏的哀号声，妲己就如听了美妙的音乐般兴奋发笑。

有一天，妲己站在宫楼上，遥望见一个穷人因为穿不起鞋子，赤着脚在冰上行走，觉得很好奇，竟然下令将那人的脚砍下来，研究其生理构造。还有一天，纣王与妲己看到一个孕妇从宫前走过，妲己撒着娇说："臣妾什么都看到过，就是没看过生下来之前的胎儿是什么样子的！"纣王安抚着她说："这有什么难的，爱妃想看就看了！"于是立刻下令将那孕妇抓来，剖开腹部，取出胎儿供妲己观看……

纣王元妻姜后，知道纣王已经被妲己迷得失去本性了，本不想再管他们的事情，但听到妲己行事如此荒唐，便舍身前去劝谏纣王。妲己趁机诬陷姜后心怀不轨，纣王竟听信谗言，下令将姜后剜目烙手，打入冷宫。不久姜后就被折磨致死了。

就在纣王陪着妲己整日饮酒作恶之时，西方周国的首领周文王却在励精图治，求访贤者，联合诸侯，准备讨伐商国。但还未发兵，周文王就病逝了。文王死后，武王姬发即位。武王即位不久，就起兵讨伐殷商，他召集诸侯，宣布纣王、妲己的罪状，号召天下人一起诛杀他们。因为纣王的倒行逆施，殷商早就人人离心了，武王的大军势如破竹，在牧野击溃殷商最后的抵抗力量以后，便进入了殷都。纣王众叛亲离，无路可走，只得跑上自己为妲己建造的高台，放火自焚。武王找到纣王的尸体，将其头颅砍下，悬挂在白旗之上；同时，妲己也被周军擒获，武王宣布她狐媚乱国的罪状后，也将其处死。

就这样，导致殷商亡国的妖姬妲己跟着殷商社稷一起灰飞烟灭了，但她怂恿纣王所做的那些恶事却流传了下来。

【人物简评】

妲己受宠于纣王，不知劝王为善，却不断怂恿纣王为非作恶，使纣王奢靡无度、滥杀无辜、残害忠良、盘剥百姓，真可以说是"面如桃花，心似毒蛇"。有人说她是为了报复纣王当年抢夺自己，可即便纣王有罪，那殷商的忠良和百姓又有什么过错呢？这样的报复岂不是太残忍、太无人性了！不管是出于什么原因，她的罪过实在太大了，所以自己最终也被武王斩杀，留下千古骂名。

周

太姒：浮舟做桥迎淑女，相夫育子塑圣王

【人物简介】

太姒，姒姓，有莘国人，周文王的正妃，周武王的母亲。太姒天生淑丽，贤良贞慧，与周文王在渭水之滨相识相爱。嫁给文王以后，她分忧国事，严教子女，旦夕勤劳，以进妇道，深得文王宠爱，国人敬重。她为文王生了十个儿子，被尊为"文母"。

【人物生平】

太姒是有莘国人。有莘国位于今陕西合阳一带，临近渭水，风景旖旎，气候温润，自古就是盛产美女贤才的地方，相传大禹的母亲女喜就是有莘国的公主；兴商的贤臣伊尹也是有莘国人。太姒小的时候，常常听父母讲述女喜、伊尹的故事，先贤的美德与壮举在她的心中留下了深刻的印象。

太姒天生淑丽，不仅美貌过人，而且性情温婉，贤良贞慧，国中所有的女孩儿都愿意亲近她，十几岁的时候就宛然成为有莘国年轻女子的领袖。而男子们则无不爱慕她，却又不敢接近，因为她太过完美了，虽然平易近人，却不禁让人生出自惭形秽之感。

太姒十九岁的时候，父母就开始想着为女儿找一个合适的丈夫，却总也找不到一个真正能配得上女儿的，父母看着俏丽而又懂事的女儿，不禁叹气。太姒却笑着说："你们别急啊！上天早就安排好了姻缘，难道您害怕女儿嫁不出去吗？若真的嫁不出去也好，那就一辈子在家侍奉您二老了。"母亲只能笑着责备："傻丫头，可不能这样说。女孩子哪有不嫁人的！"

也许真是上天安排好的姻缘，一次太姒和女伴们到渭水之泮采野菜的时候，一只木筏游过，上面站着一个英武的青年。清风吹过，芦苇低偃，青年向岸边望去，姑娘起身整理头发，两人的目光忽然撞到了一起。太姒看着木筏远去，青年久久回顾注视着岸边的姑娘，虽然隔着河水，没有一言，但两人的心意已经相通了。太姒坚信，那个英武的青年一定会回来寻找自己，她知道青年并非有莘国人，

所以在父母再想给她订婚之时，她都委婉谢绝。她要等着这份上天安排好的缘分。

那个与太姒隔水相望的青年，正是周国首领王季的儿子，也就是后来的周文王姬昌。姬昌不久前随父亲征讨西戎归来，本想乘舟看看风景，散散心，没想到见到了太姒，从此日夜思念，辗转难眠，心中都是渭河之泮那个美丽的姑娘。

姬昌派人四处寻访，不久便得知了有莘国有位女子，贤惠淑贞，善良勤劳，更可喜的是她还没有订婚。姬昌心中十分高兴，但还是想先去看看他是不是自己所看到的那位女子，是不是真的如传闻所说的那样出众。

于是，姬昌带着几个随从，微服来到有莘国，打听到了太姒的家以后，他偷偷地前去观察。果然是让自己魂牵梦绕的那个女子，姬昌欣喜不已。但并未立刻前去拜会，他还要观察太姒是否具有成为周国王后的美德。只见太姒每日早起，将家里收拾得干干净净，还经常帮助附近的邻居们，然后带领国中女子纺线、编席、织布、摘采。无论什么事，她都做得井井有条。此外，她举止大方，言辞谦恭，待人有礼，待小动物都很有爱心……姬昌当即决定，自己一定要将这个美丽的女子娶回国去，让她成为自己未来的王后。

回国以后，姬昌立刻禀明父王，带着聘礼，来到有莘国求婚。有莘国的人听说西伯的儿子带着礼物来求婚，都纷纷前去观看，太姒也不例外。太姒看到，姬昌正是自己在渭河之泮所看到的那个英武青年时，心中不由一惊，唯恐他将要娶的是别人家的女儿。当姬昌带人将礼物抬入自己家门的时候，太姒悬着的心才放了下来，既欣喜又羞涩。姬昌找到太姒，大胆地拉起她的手说："虽然今天是第一次来提亲，但当初在渭河上看到你的时候，我的心就已经落在了你身上。我要娶你为妻，将你带回周国，你愿意和我同行吗？"

太姒虽然很愿意，但她还是决定要考考姬昌，便说："要做我的丈夫，可不能仅仅长得英俊，更要有道德、有文采，你能做得到吗？"姬昌说："有道德我不敢自诩，但一定会像你关心邻里、爱护小动物那样对待天下所有的人、所有的物。"太姒心中大喜，姬昌接着又为她吟唱了一首自己见到太姒后，在思恋之中所作的诗歌，也就是《诗经》开篇的一首《关雎》。

"关关雎鸠，在河之洲。窈窕淑女，君子好逑……"优美的诗歌，不仅彻底打动了太姒，也感动了在场所有的人。在人们的欢呼声中，太姒握着姬昌的手说："我答应你，愿意与你一起回到周国，做你的妻子。"两人相互盟誓，订下终身。在迎娶的那天，周人连舟为梁，在渭水上铺成了一座浮桥，姬昌亲自过河迎接，将太姒抬过渭河。回到周国以后，又举行了隆重的婚礼，周国人见到姬昌娶回了这样一个美若天仙、温柔贤惠的夫人，都为他感到高兴，夸赞他们是"天作之合"。

后来，姬昌的父亲王季因为建功太大，遭到商王文丁的囚禁，绝食而死。姬昌继承了周王之位，他念念不忘父亲的大仇，准备立刻起兵征讨殷商。太姒劝他："殷商虽然无道，但已经统治了天下几百年，诸侯还都服从它。我们的实力差得太远了，此时报仇不但难以成功，只怕周国就要亡国灭族了。您不如表面好好侍奉殷商，私下修德访贤，等国家强大了再伺机行事。"姬昌素来敬重妻子，听了妻子的话才恍然大悟，从此韬光养晦，偃兵修德。

太姒一生为文王生了十个儿子：长子伯邑考，次子姬发，三子管叔鲜，四子周公旦，五子蔡叔度，六子曹叔振铎，七子成叔武，八子霍叔处，九子康叔封，十子冉季载。对儿子们太姒慈祥养护，严谨教诲，他们大多很有才能，次子姬发就是灭掉殷商的周武王，四子周公旦更是被孔子、孟子等人视为"圣人"。

太姒去世以后，后世都尊称她为"文母""圣母"，《诗经》中有很多称赞并追思她美德的篇章。

【人物简评】

"窈窕淑女，君子好逑"，这两句诗生动地描绘出了太姒年轻之时的绝世风姿：能让周文王姬昌如此动情，如此念念不忘、辗转思求的，也就只有美丽如天仙、温婉又善良的太姒了。她与文王美丽的爱情故事，让后世男女羡慕，她美好的品德则更令后人追思。也只有她这样的母亲，才能教导出武王、周公那样优秀的儿子。

邑姜：怀胎未生先有教，乱臣十人岂无贤

【人物简介】

邑姜，周武王的妃子，周成王的母亲，相传为姜太公吕望之女，为人贤淑通达，聪慧有才。她帮助武王治理后宫内务，显示出了卓越的才能，孔子认为她是武王的十个贤臣之一。邑姜在怀成王的时候，"立而不跂，坐而不差，独处而不倨，虽怒而不詈"，被视为是最早的胎教。

【人物生平】

邑姜，是周武王的妃子，相传她就是姜太公姜子牙的女儿，不仅相貌美好，更继承了父亲的聪明才智，为武王灭周，定国安邦做出了极大的贡献。更教育并培养出了周成王这样出色的儿子，在孕育成王之时，还开创了胎教的先河，是周初非常具有传奇色彩的女性。

邑姜的父亲姜子牙很有才能，生活在乱世之中，半生不得志，到了六七十岁还落魄贫困。他厌恶纣王的残暴统治，隐居在东海之滨，靠贩席、卖肉为生。妻子马氏比姜子牙年轻很多，她看到姜子牙年老贫穷，很不满意，常常出言讽刺姜子牙。姜子牙知道她不能与自己同甘共苦，过不了清贫的日子，便将她休掉了。

休掉马氏之后，姜子牙专心研究学问，每天早上都要到海边的一座小山上读

书。小山面朝大海，上面长了一片茂盛的桃林，姜子牙便将桃树作为自己的听众，讲述修养道德、治国安邦的大学问。忽然有一天，一个年轻的女子出现在桃林中，她称自己为"桃花女"，对姜子牙的学问非常钦佩，愿意一生追随。姜子牙本来不愿娶这么年轻美貌的女子，但被女子的真情所感动，于是将她带回家中，举办了简单的婚礼，就此结为夫妻。

"桃花女"不仅人生得美，还心灵手巧，甚至能和姜子牙探讨高深的学问。真是喜从天降，姜子牙高兴不已，十分疼爱这个妻子。几年以后，妻子怀孕，竟然为姜子牙生下了一男一女，男孩叫作吕伋，后来继承姜子牙爵位，成了齐国君主；女孩就是邑姜。

邑姜三岁的时候，姜子牙听说西伯姬昌十分贤能，又能善待老者，便准备前去看看。他嘱咐妻子"桃花女"好好照顾、教育两个孩子，自己若能在周国得到富贵，一定将他们母子三人接去。姜子牙到了西周以后，姬昌很是欣赏他，将他拜为太师，与他共谋兴周灭商的大计。

姜子牙派人将妻子、儿女都接到了周国。西伯看重姜子牙，自然也十分照顾他的家人，让邑姜兄妹与自己的儿子们一起接受教育。随着年龄的增长，邑姜越来越漂亮，长得楚楚动人，又贤惠知礼。姜子牙准备为邑姜寻个好的婆家，邑姜却死活不肯，满脸羞涩。姜子牙那么聪明的人，立刻就明白了，女儿这是心有所属了。询问之后才知道，邑姜与西伯的次子姬发早就暗生情愫，并私下约定终身了。姜子牙了解姬发，这孩子有大才，有大志，人品又好，的确是自己女婿的最佳人选，于是借机向西伯透露了自己的想法。

西伯姬昌知道后，欣然允诺，立刻下聘礼，为姬发和邑姜举行了隆重的婚礼。邑姜嫁给姬发以后，严守礼仪，在生活、政事等各个方面帮助自己的丈夫，她以婆婆太姒为榜样，孝顺长辈，关爱下人，深得公婆与国人喜爱。

一年以后，邑姜怀上了姬发的孩子。她为了让孩子有更好的未来，十分注意自己在怀孕时的行为："立而不跛，坐而不差，独处而不倨，虽怒而不詈"，也就是立有立相，坐有坐相，不因怀孕而忽视礼节仪容，不轻易发怒，更不口出恶言。怀胎十月，邑姜生下了一个健康、可爱的儿子。邑姜在孩子未出世的时候，就为他诵读诗书，姬发为了感恩妻子的付出，为了让儿子铭记母亲的恩情，便为他取名叫"诵"，就是后来的周成王。

之后，邑姜又生下了一个儿子，叫作叔虞。相传，在生叔虞之前，武王与邑姜相会时，曾做了一个梦，梦中天帝对他说："我将赐给你一个儿子，叫作'虞'，他将在唐地兴起。"不久邑姜就怀孕了，生下儿子以后，果然有个"虞"字在他的手掌中。叔虞长大以后，和哥哥成王玩耍，成王削桐叶为圭，赐给他说："我将唐地封给你。"这事被周公听到了，周公教育成王要君无戏言，果真将唐地封给了叔虞。叔虞的后代在唐地发展，建立了晋国。晋国一直是春秋之时，首屈一指的大国。

邑姜不仅将儿子教育得很好，而且还是武王治理国家的重要助手，相传她的治理才干和父亲姜子牙相比也不遑多让。武王曾感慨说："我有十个可以辅佐我治理天下的贤臣！"孔子就称，只有九个大臣，另一个指的就是武王的妻子邑姜。

邑姜是如何去世、何时去世的，历史上并无记载。大概可推测，在武王去世以后，邑姜因为思念丈夫，也抑郁成疾，很快就追随武王去了。所以，历史上成王主要由周公抚养长大，由周公安排自己的儿子伯鲁和成王一起生活、接受教育。若贤能、聪慧的邑姜还在，她怎么会不亲自教育自己的儿子呢？当然，这些只是推测罢了。

【人物简评】

姜太公在历史上就是智慧的象征，早已被神化，而邑姜作为他的女儿，必然也继承了父亲的聪明和才干。仅仅从其胎教成王一事，就足以知道她的远见。孔子将其列为武王十位贤臣之一，将她与周公、召公、太公等圣贤并列，更是充分显示了邑姜的贤与能。

褒姒：诸侯烽烟成儿戏，一笑倾君亦倾国

【人物简介】

褒姒，本为一弃婴，被褒国人收养长大。长大以后的褒姒，生得娇媚无比，美若仙子。周幽王讨伐褒国，褒人将褒姒进献给周幽王。幽王对褒姒万般宠爱，立她为妃，不久又为她废立王后。为了博取褒姒一笑，周幽王烽火戏诸侯，从此失信于天下。后来，犬戎入侵，周幽王点燃烽火，无人来救，都城沦陷，幽王被杀，褒姒则被犬戎掳走，从此下落不明。

【人物生平】

褒姒，姓"褒"，但这只是她被收养后才得到的姓氏，她是一个弃婴，褒国人在野外捡到了她，所以她才来到褒国，被称为"褒姒"。褒姒可以说是中国历史上身份最为传奇的一个女子了，要弄清褒姒的故事，得从上千年前开始说起。

相传在夏朝末年的时候，有两条神龙忽然降落在夏帝的朝廷前，夏人非常好奇，争着前来观看。没想到，两条龙竟然开口吐出人言，说："我们是褒国的两个先王。"夏帝派巫师进行占卜，无论杀掉龙、赶走龙，还是留下龙，都很不吉利。夏帝亲自向上天祈求，再次占卜，得到的结果是将龙的唾沫储存起来才吉利。于是夏人陈列玉帛贡品，写简书告请神龙，神龙升天离去，留下一摊唾沫。夏帝用金匣子将唾沫装了起来，亲自封好，建庙供奉。夏朝灭亡以后，匣子传到了商朝；商朝灭亡以后，匣子又传到了周朝，始终没有谁敢将它打开。

周朝又传了几百年，到周厉王时期。周厉王是个暴虐无道，天地不敬的君主，有一天，他忽然看到了这个匣子，很好奇里面装了什么。于是史官向周厉王讲述了这匣子的来历，并告诫说万万不可打开，打开将有亡国之祸。周厉王根本不听这套，坚持命人打开匣子。匣子打开以后，唾沫流到了地上，无论采用什么方法都不能除去。周厉王听信巫师之言，让妇女们赤身裸体，对着它大喊大叫。叫着，叫着，那唾沫忽然化作一只黑色的蜥蜴，窜到了周厉王的后宫。后宫有个侍女，才七八岁的年纪，惊惶中碰到了这条蜥蜴，蜥蜴就消失不见了。

周厉王之后，宣王即位，那个侍女也长大了。她刚过十八岁，还没有接触过男人，便忽然怀孕，不到三个月便生下了一个女儿。人们都觉得不祥，侍女便将那个孩子丢弃到了宫外。恰好褒国的使者前来朝见周宣王，返回时发现了宫外的女婴，于是将女婴带回了褒国。

女婴越长越漂亮，到了十七八岁的时候，美得如同传说中的仙女，肤白如玉，脸似桃花，皓齿红唇，长发及腰，一双美目更是顾盼生姿，唯一不足的是，她从来没有笑过一次——无论独处还是与人同处——似乎她从来就不会笑。褒国人都觉得她是不祥之物，所以虽然她美丽，却少有人敢接近她。

此时，周宣王已死，其子幽王成了天子。周幽王为了显示自己的强大，向各个诸侯索取钱财、贡品，稍不如意就发兵征讨。褒国因为遭遇灾害，没有及时进献贡品，不幸成了周幽王的征讨对象。当周幽王的大军兵临城下时，褒国无力抵抗，索性将褒姒作为贡品，进献给了周王。

周幽王得到褒姒，立刻被她的美貌吸引了，放过了褒国，率军回到京城，从此整日与褒姒享乐。褒姒对周幽王倒也顺从，只可惜她从来就不笑。周幽王发现这点以后，便绞尽脑汁地想逗褒姒一笑。他从万里之外，搜罗来各种各样的奇珍异宝，送给褒姒玩弄，褒姒还是不笑；周幽王又到各国寻找好的优伶，让他们做出各种滑稽的表演，观看得人都笑得前仰后翻，可褒姒的嘴角动都没动一下；周幽王又为她修建高楼台阁，建造苑囿池沼，一切办法都用尽了，可褒姒就是不笑……

一年以后，褒姒为周幽王生下了儿子伯服，幽王对她更加宠爱。不久以后，还废掉了原来的王后申后，以及太子宜臼，封褒姒为王后，伯服为太子。申后本是申国公主，其父亲申侯是镇守周朝北边的诸侯，位高权重。见女儿、外孙无端被废申侯心中十分不满，对周幽王、褒姒充满了怨恨，并准备伺机报复。

一次，幽王带着褒姒在高台上看风景，忽然守城的士兵因为失误，将告警的烽火台点燃了，烽火一根根燃起，不断向远方蔓延，号角声也随之响起。没过多久，附近的诸侯们看到烽火，以为是外敌入侵，急忙带着兵马赶来营救。各路诸侯兵马混杂，在城下喧闹吵嚷，却被告知平安无事，又不禁破口大骂，声音此起彼伏，如同演戏一般。褒姒见了这场景，竟然笑了出来。这一笑，可把周幽王看呆了，他心花怒放，拍着大腿说："原来夫人爱看这个啊！既然这样，那我叫他们天天点烽火，天天让夫人在这儿看他们演戏！"

于是，周幽王隔个三五天就带着褒姒来到城楼之上，吩咐士兵点燃烽火。每当诸侯们赶来，累得人仰马翻，在城下争吵、大骂，又失望地离开时，褒姒都露出难得的笑容。但日子久了，诸侯们就知道这是幽王故意戏弄自己，也就不再将烽火当作一回事儿了，所以点燃烽火时，来得诸侯越来越少。

再说申后被废以后，回到老家，整日向申侯哭诉，申侯越来越愤怒，索性与西北的犬戎勾结起来。他写信给犬戎说："你们发兵攻打周京，我从中策应。周王无道，诸侯都不会前去救援，你们攻克周京以后，只要杀掉周王，财宝任取。"天下掉下来个馅饼，犬戎自然不会错过，立刻点兵，在申侯安排下，他们一举攻到了周京城下。周幽王正和褒姒饮酒作乐呢，得知犬戎兵临城下的消息，连忙吩咐士兵："立刻点燃烽火，招诸侯们前来救援！"

烽火是一座座点燃起来了，可被戏弄惯了的诸侯都以为周幽王这是又要和褒姒作乐取笑了，没有一个带兵去救。周京兵少，很快就被犬戎攻破了，犬戎军队冲入繁华的周京之中，四处抢掠，把国库一搬而空，临走时还专门杀死了周幽王和褒姒的儿子伯服，并将美人褒姒也掳走了。

周幽王被杀以后，诸侯们才知道真的是犬戎入侵，慌忙率领军队前来救援，可犬戎大军早就撤走了。诸侯们发现了幽王、伯服的尸体，褒姒却下落不明，于是共立旧太子宜臼为天子，即周平王。周平王为躲避犬戎的侵扰，将国都搬到了东方的洛邑，史称"东周"。

【人物简评】

汉武帝时，李夫人曾唱"一笑倾人城，再笑倾人国"，褒姒就是一个这样的美女，以笑倾覆了周幽王的江山。她有绝美的容颜，又受到万千宠爱，为何要吝惜一笑呢？难道她真的是蜥蜴所化，专门来倾覆西周社稷的？后人将西周灭亡的千古罪名加在褒姒身上，其实，她也不过是一个弱女子罢了。假若不是周幽王荒唐、好色，即便得到了美女又能如何呢？太姒、邑姜同样美丽，而文王、武王得以兴起！所以说，西周之亡在于幽王失德，而非褒姒色美。

邓曼：只因女身惋功业，不辞远嫁护家邦

【人物简介】

邓曼是春秋时邓国公室女子，楚国君主楚武王的夫人，楚文王的母亲。楚武王好征伐，经常对外用兵，邓曼贤惠聪颖，明达事理，且善于察人，常常为楚武王出谋划策，指出楚武王用人上的过失。楚武王对她非常信任，每次出兵前都咨

询她的建议，可以说邓曼就是楚武王的"军师夫人"。

【人物生平】

邓曼生活在春秋初期，为邓国公室女子。邓国是长江流域的一个小国，先祖为商朝公族，本在黄河一带定都，到了西周初年，才举国迁徙到如今的襄阳一带。为了维护国家安全，邓国长期与周边大国交好，并相互通婚，尤其是南方的楚国、北方的郑国。邓曼出生的时候，周平王已经东迁几十年，周王室在诸侯中越来越没有权威，大的诸侯国肆意压迫、侵略，甚至吞并小国，周王无力制止。这正是礼崩乐坏、诸侯以力争雄的乱世之始。在这种时代中，小国更要小心翼翼地结好大国，而与大国联姻就是最佳的结盟手段。

作为公室女子，邓曼从小便担负着维护社稷的使命，也注定了将来嫁给外国贵族的命运。但也正是因为这样，她从小就接受了良好的教育，邓国不仅培育她如何成为一个合格的夫人、母亲，更教她政治、外交智慧，以便出嫁以后能在夫家更好地维护邓国的利益。

邓曼十几岁的时候，就已经显示出了超乎常人的见识，对于同样的问题，她常有与众不同的看法，而结果无不证明她是对的。她的父母以拥有这样一个美丽聪明的女儿而感到骄傲，但也为此感到难过，因为他们明白，作为公室女子，越是美貌越是聪慧，就越会为了国家的利益而远嫁他国，将一生献给政治。邓曼倒是不这样认为，她对父母说："我常常因为身为女子，不能像男人那样建功立业而感到惋惜，假若真的能嫁给他国君主，运用自己的才智来造福百姓，维护国家利益，正是我所期望的。"

邓国周围有很多国家，最强大的就是南方的楚国，楚国前任国君楚厉王四处征伐，使国家实力迅速增加。新任国君楚武王是楚厉王的弟弟，他杀死了亲侄子才夺得的王位。楚武王即位不久，便打算与邓国联姻，这样既可以得到外援，巩固自己的君位，又能将邓国纳入楚国的势力范围之内，将其作为征服整个汉水流域的跳板。邓国同样期望能与楚国联姻，这样就有了强大的靠山，也就不惧怕其他诸侯侵伐了，尤其是不必再担忧楚国的吞并。

"一定要选一个既美丽，能赢得楚王欢心，又要有才智，能在楚国周旋，维护邓国利益的女子！"邓国国君一个个打量着聚集在大殿中的女孩儿，心中暗自思量。他看着一个，摇摇头，又看下一个，又摇摇头，直到目光落在邓曼的脸上，才忽然一亮。他让女孩们都退下，独自留下邓曼，一边抚摸着她的头发，一边询问："孩子，你愿意为了国家嫁到远处去吗？"邓曼坚定地点了点头。

邓曼被盛装送到楚国，成为了楚武王的夫人。楚武王本就打算来个政治联姻，并未对邓国女子抱有多大的期望，当他看到美丽的邓曼之时，心中大喜，暗叹：没想到能得到一个这样的美人，看来与邓国联姻的决定，做得真是正确啊！和邓曼的接触越多，他越为自己当初的选择感到兴奋，这女子不仅美丽，而且聪慧异常，简直是上天派来辅佐自己成就霸业的贤内助！几年以后，楚武王对邓曼的感情就由疼爱变为尊敬，由尊敬变为敬仰，由敬仰变为依赖。他在朝中无论做了什么决定，都要回来和邓曼请教一番，遇到了大事，也都要咨询邓曼的建议。

公元前699年楚武王准备派兵攻打罗国，罗国本为楚国的分支，长期附属于楚国，但随着自身势力的增长，愈发不将宗主国放在眼中，楚武王决定好好教训一下这个同宗的小国。他派自己的儿子屈瑕担任大将出征，屈瑕曾经在讨伐绞国和郧国的战役中立下过大功，很有军事才能，楚武王对他很是信任。但屈瑕出兵以后，为他送行的大夫斗伯比就前来面见楚武王，说："屈瑕出发时趾高气扬，自以为是，恐怕将要遭到失败了，您还是早点儿派军队前去增援他吧！"楚武王不以为然，说："当初屈瑕出征郧国时敌人比现在强大，而我军的数量却比现在少，那时他都能轻易取胜，现在又有什么可担忧的呢？大夫多虑了，还是回去歇息吧！"斗伯比建议不被采纳，只好叹着气下去了。

楚武王回到后宫以后，将斗伯比的话讲给了邓曼，说："斗伯比这个人，年纪大了，顾虑就多，居然还要寡人给屈瑕派遣援军！"邓曼听了以后，摇摇头说道："我看斗大夫的担心并非多余。他所担忧的并不是楚军人数不够，而是屈瑕太过骄傲自大了。他满足于之前的战功，自以为敌人不足畏惧，必然会轻视罗国。您若不加控制，就等于不设防范吗！军队不加防范，对将要到来的灾祸掉以轻心，那即便有再多人数又有什么用呢？罗国虽小，要消灭一支毫无防范的军队只怕还是轻而易举！"楚武王听了邓曼的话以后，恍然大悟，连忙派人去追赶屈瑕，可惜没有追上。

屈瑕率军来到罗国，果然不知防范，将军队驻扎在险地之中。罗国则联合卢戎，从两面夹击楚国的军队，楚军大败，屈瑕孤身逃走，自觉没有面目回国，便在野外上吊自杀了。楚武王痛失爱子，伤心不已，也深深后悔自己事前没有好好和夫人商议此事，从此对邓曼也更加信任、依赖。

公元前690年，楚武王准备亲自率军攻打随国。发兵前他准备斋戒，却忽然感到心神不宁，于是进宫告诉邓曼说："我心神动荡，以此不安。"邓曼叹气说："水满则溢，月圆则亏，这是自然的道理啊！人的福禄也是这样的，太过盈满必将亏损，先君大概是知道了，所以使您心神动荡，以此来警告您。如今派遣大军征伐随国，一定能够取胜，恐怕那灾祸将要降临在君主您的身上了。"楚武王于是率军出征，果然还没有到随国的时候，就发病，死在了树下。随行的令尹斗祁、莫敖屈重早就接受了邓曼的建议，他们秘不发丧，继续进军，在随国都城外建筑营垒，做出一副长期围城的样子。随国人恐惧，连忙向楚军求和。屈重以楚武王的名义进入随国，与随侯结盟，然后退兵。楚军渡过汉水以后，才公布丧事，同时邓曼的儿子熊赀在国中即位，即楚文王。

邓曼又辅佐自己的儿子楚文王，使国内安定，朝政清明，几年以后平静地去世了。邓曼在楚国的几十年，楚国四处征伐，唯独没有攻打过邓国，并使邓国这样一个小国，在楚国的庇护下，在乱世中安享了几十年太平。

【人物简评】

邓曼作为一个女子，智慧、见识远远超过大多数男子，她成功地预言了屈瑕的失败，楚武王的死亡，被后人认为是"知人""知天道"。虽然正史中对她的记载的文字很少，但还是将一个"女诸葛"的形象描绘得生动鲜活，让人不得不钦佩、敬服。更可贵的是她有一颗爱国之心，愿意为了自己国家的利益远嫁他乡，为国家的安危在外周旋。无论楚国，还是邓国，有这样一位智慧、通达的女子，都是君主之福、社稷之福！

息妫：愿以一人救国难，岂容奸佞亵忠贞

【人物简介】

息妫，又称息夫人，春秋时著名的美人，为陈庄公之女，嫁给了息国国君。楚文王听说息妫美貌，便发军攻灭息国，欲强霸美人。息妫为了拯救息国军民，嫁入楚国，成了楚文王夫人。楚文王对她宠幸有加，息妫成为楚文王强国的贤内助，劝楚文王休养生息、储备重臣、重视教化、严治后宫，使楚国国力大增。楚文王去世后，楚国令尹子元垂涎息妫的美色，息妫据礼怒斥。子元的叛乱被平定后，息妫身居内宫，不问政事。

【人物生平】

息妫为陈庄公的女儿，她的母亲是陈庄公的宠妾，也是个绝色美人。相传陈国宫外种满了桃树，其母亲怀孕的那一年，桃花迟迟不开，国人都觉得很奇怪，忽然有一天，千树桃花同时怒放，宫中同时也传来了生产女婴的消息。于是，人们都说：今年的桃花，是为了这个女婴而开放的。女孩长大以后，果然生得如桃花般艳丽，面似桃花，眼似桃花，唇似桃花，跳起舞来就像桃花在风中飘荡一般曼妙，就连她身上都散发着桃花的香气。

女孩十六岁那年，嫁到了息国，从此被称为息妫，但息国人更愿意称她为"桃花夫人"。息侯对这个像桃花般美丽的夫人十分宠爱，息妫也同样爱自己的丈夫，夫妻二人琴瑟和鸣，如同一对天人般生活在这个小国之中。

两年以后，息妫回陈国探亲，在返回息国的路上，经过蔡国。蔡国国君蔡哀侯是息妫的姐夫，他派人拦住息妫的车队，称蔡侯夫人想与妹妹会见。虽然这并不符合礼制，但既然姐姐想自己，息妫便停了下来，进入蔡国。蔡哀侯设立了隆重的酒宴招待息妫，开始时还礼仪备置，几杯酒下肚蔡哀侯便开始胡言乱语。他

指着息妫，不怀好意地对大臣们说："这是我妻子的妹妹。"说完又要上前拉息妫的手，息妫连忙躲避，蔡国的大臣们见了哈哈大笑……

蔡国无礼，息妫深以为耻，回到息国以后，便对丈夫哭诉了在蔡国的遭遇。息侯不听则已，听后不禁勃然大怒，蔡侯身为姐夫，如此行事，不仅是无礼于夫人，更是蔑视息国。这口气不能忍！但息国国力不如蔡国，息侯想了很久，于是想到了借楚国的力量来报复。

楚国是个大国，早就想吞并旁边的蔡国了，但蔡国防守严密，楚军无机可乘。于是，息侯派人对楚文王说："您早就想吞并蔡国，却没有机会，如今机会来了。蔡国对我们夫人无礼，我们愿意协助您报复它。您可以先假装进攻息国，我们向蔡国求援，蔡国一定会派出援兵，这时楚军再袭击蔡国，一定可以成功。"楚文王听从了息侯的建议，当年九月在莘地击败了蔡军，俘虏了蔡哀侯。息侯这才觉得出了一口恶气。

蔡哀侯被楚国俘虏以后，唉声叹气，自叹倒霉。可没过多久，他就知道息侯勾结楚国陷害自己的实情了，心中充满了对息侯的怨恨，便设计报复息侯。在一次宴会之中，楚文王夸赞自己身边的美人，蔡哀侯听了却故意摇头，楚文王询问原因。蔡哀侯说："您身边的美人虽然漂亮，却远远称不上是绝色。天下能称得上是绝色美人的，只有息国夫人！"说着又将息夫人的容貌添油加醋地夸耀了一番，听得楚文王心中泛起波澜。

蔡哀侯见状，又趁热打铁地说："国君最想得到的不过就是土地和美人罢了，如今息国力量弱小，又没有外援，您随便派出一支军队，就能灭掉息国，那时息国的土地和美人就都是您的了。"楚文王听了大为认可，于是率军来到边境，以巡游为名访问息国。息侯设宴招待楚文王，席间楚文王见到息夫人，果然如蔡侯所说，美如桃花，艳绝天下。第二天，他便设宴招待息侯，息侯不加防备，在宴席上便被楚文王以武力挟持了。楚国大军兵临息国城下，灭亡了息国，将息侯和息夫人都带回了楚国。楚文王让息侯看守城门，又胁迫息夫人顺从自己。息妫本欲自杀守节，但楚文王称假若息妫自杀，息侯也会被杀死，而且还要派遣大军屠戮息国。息妫为了夫君和息国百姓的性命，只好顺从了楚文王。

楚文王如愿得到息妫以后，对她宠幸万分，很快就立她为夫人。息妫在楚宫中三年，为楚文王生下了两个儿子，长子名艰，次子名恽，但她却从来不主动说话。楚文王问她是什么缘故，息妫回答："我身为女子，不得已侍奉两个丈夫，不能守节而死，还有什么话可说？"楚文王听了，对息妫更加宠幸。息妫渐渐地也受到感动，知道楚王对自己是真情，于是不再厌恶他，反而成了楚文王的贤内助。她见楚文王致力于征伐，便劝他说："楚国虽然土地广大，兵力强盛，但在经济、教化、人才等各方面都赶不上中原大国，如果总是征伐扩张，只怕并不符合长远利益，不如休养生息、储备人才、重视教化。"楚文王接纳了她的劝谏。

可惜，又过了几年，楚文王就去世了。息妫的长子熊艰继承了王位，史称"楚堵敖"。楚堵敖在位之时，不听母亲教导，反而信赖一些朝中阿谀奉承的小人，在这些小人的怂恿下，每日不务正业。楚堵敖三年时，想要杀死自己的弟弟熊恽，熊恽知道消息以后，慌忙逃到了随国。朝中重臣不满楚堵敖的胡作非为，于是联合逃到随国的熊恽将其杀死，熊恽回国即位，即楚成王。息妫看到两个儿子相互残杀，心痛不已，却又无可奈何，于是深居宫中不问政事。

楚成王即位以后，年纪幼小，大权落入了楚文王弟弟子元的手中。子元是个好色无礼之徒，早就对嫂子的美色垂涎不已了，看到息妫在深宫寡居，便起了坏心思。子元派人在息妫的宫室旁建立了一座房舍，在里面寻欢作乐，边摇铃铎边跳万舞。息妫听完后，哭着说："先君让人跳这个舞，是用来演习备战的。如今令尹不用来训练军队，完成先君遗志，却将它用在了一个女人身上，这不是很奇怪吗？"子元从侍者那里听到了这话，也感到羞愧，说："女人都不忘记大事，而我却忘记了。"于是撤去了舞乐。

但几年以后，子元旧病复发，又开始垂涎息妫的美色，这次变本加厉，索性直接搬入宫殿中去住，企图借机挑逗息夫人。大夫斗射师找到子元，痛斥他的无礼，结果反被子元监禁起来。国人早就对子元独揽大权、作威作福不满了，如今看到子元公然搬入王宫之中，有囚禁正直的斗射师无不义愤填膺，时任申公的斗班借着众怒率军闯入宫中，将子元杀死。

子元被杀以后，楚成王为政，息夫人看惯了宫廷之间的打打杀杀，厌倦了政治斗争，从此深居宫中，不问政事，直到去世。

在汉阳城外，有座桃花庙，相传其中供奉的"桃花夫人"就是息妫。当地还流传着一个与历史记载不同的故事：相传息妫在破城之日既要殉国，而楚王却用息侯的性命进行要挟。息妫为了保全夫君，才忍辱负重进入了楚宫。在三年之中，息妫虽然生下了两个儿子，却从未主动说过一句话。每当想起从前与息侯比翼双飞的美好时光，都泪流满面。

一次，楚王外出打猎，息妫趁着看守松懈，逃出宫中，见到了在为楚国看守大门的息侯。夫妻再会，恍如隔世，两人抱头痛哭。息妫一边哭，一边说："妾在楚宫之中，忍辱偷生，都是为了保全您的性命，再见上您一面，如今心愿已了，就是死也心甘情愿了！"息侯也流着泪说："我在楚国做一个守门小吏，受尽屈辱，又何尝不是为了等待再见夫人一面啊！"

这时楚国侍卫追随而来，强行要将息妫带回宫中，息妫想到今生只怕再难见到丈夫，索性用力挣开，朝城门之下重重撞去。息侯、楚国侍卫连忙阻拦，但为时已晚，息妫当即血染城门，香消玉殒。息侯抱着夫人的尸体，仰天大哭，然后也撞向城墙，追随夫人而去。

楚文王打猎归来，听说了息妫、息侯殉情之事，黯然伤神，感于两人的真情，便下令以诸侯之礼将他们合葬在汉江边上。说也奇怪，自从息妫被安葬以后，她的坟墓周围竟然长出了许多桃树，几年过后便成了一大片桃林。每年桃花盛开之时，香气远飘数十里。还有人说，桃花盛开时，若遇到月圆之夜，便会从桃林深处传来嬉戏歌唱之声。人们便在林中为息夫人建立祠庙，每年春天桃花开时进行祭祀，称其为"桃花夫人庙"，又称"桃花庙"。后世很多文人墨客途经汉阳时，都要到江边的桃花庙中拜一拜，留下了很多著名的诗篇。其中最著名的就要属唐代大诗人杜牧的《题桃花夫人庙》了，诗曰：细腰宫里露桃新，脉脉无言度几春；毕竟息亡缘底事，可怜金谷坠楼人。息亡身入楚王家，回看春风一面花；感旧不言常掩泪，只应翻恨有荣华。

【人物简评】

息夫人，一个像桃花一样纯洁、美丽的女子，命运竟也像桃花一样身不由己，在政治的旋风中被吹来吹去。她因美貌而受到男人们的爱慕、宠幸，也因为美貌成了男人们争抢的对象，两个国君因为她而失去国家，一个令尹因为她而被杀，然而这又何尝是她所希望的呢！她所盼望的只不过是和相爱的夫君一起过平淡的生活，命运虽然不让她如此，但她对真情的那份坚持却足以展现一个女子的坚贞。王维有诗：莫以今时宠，能忘旧时恩。看花满眼泪，不共楚王言。这正是对息夫人最大的赞赏与肯定。

宣姜：妾身已是无根草，何故枉责乱国源

【人物简介】

宣姜，齐僖公之女，卫宣公夫人。宣姜本由父亲做主，嫁给卫宣公太子公子伋为妻，但荒淫的卫宣贪恋宣姜貌美，竟将其据为己有。宣姜不得已成为宣公夫人，为宣公生下了公子寿、公子朔两个儿子。宣公死后，公子朔即位，即卫惠公。卫惠公时，为了政治原因，宣姜改嫁公子伋的弟弟公子顽，又生下了三子二女：齐子、卫戴公、卫文公、宋桓夫人、许穆夫人。自宣姜入卫，卫国政变迭起，五世不得安宁，后人往往将此归咎于宣姜。

【人物生平】

宣姜，是春秋时齐国国君齐僖公的女儿，从小就以美貌而著称。父亲齐僖公将其视为掌上明珠，暗下心愿要为女儿寻找一个身份相当、相貌英俊，又知书达理的公侯子弟。但很久都不能如愿，诸侯子弟虽大多生得英俊潇洒，但从小生活在富贵之中，一呼百应，所以大多骄横自大、纨绔好色。齐僖公可不愿意让宣姜嫁给这样的人，于是久久未给她订婚。

一年，卫国准备与齐国交好，便派遣公子伋前来递交国书，进献礼物。公子伋虽年方十六，却生得一表人才，在朝堂之上应对如流、言辞得当，齐僖公大喜。立刻想要将宣姜许配给他，退朝以后，僖公对女儿说了自己的想法，宣姜沉默不语。僖公知道女儿还心存疑虑，便说："这样吧，今晚为父设宴款待卫国使团，你躲在门后私下看看公子伋，假若同意我就与卫国结亲；若你不同意，那父亲在慢慢为你挑选合适的夫君。"宣姜点了点头。

当天晚上，宣姜悄悄地躲在堂后，酒宴之中透过帘缝，偷偷向席中望去，只见卫公子伋长得唇红齿白，面目英俊，往来应答，礼仪彬彬，她的心不由砰砰乱跳。这不就是自己所幻想中的丈夫吗！若能嫁给他，自己也就心满意足了。宣姜当即派人向父亲表达了自己的想法。齐僖公也大为欢喜，便借着酒宴向公子伋表达了自己的想法，期望他回去禀明卫宣公，早日来齐国下聘迎亲。

公子伋并非卫宣公的嫡子，他的母亲本是卫庄公的小妾夷姜，也就是卫宣公的庶母。卫庄公去世以后，卫宣公贪恋夷姜的美色，竟然与庶母公然私通，不久生下一子，将其寄养在民间。孩子长大以后，卫宣公便将其接回宫中，宣称是自己的儿子，并立他为太子，也就是公子伋。公子伋长到十六岁，他的母亲夷姜已经年老色衰了，越来越不得卫宣公宠爱，他也时刻担心自己的太子之位被父亲废掉。如今若能取得齐侯的女儿，以齐国作为外援，那自己的地位必将安稳很多，所以他毫不犹豫地答应了齐僖公，并私下承诺，假若回到卫国，一定立刻禀明父亲，派人前来下聘。

卫公子伋回国以后，宣姜时刻都在等着卫国前来应聘的消息。可惜，事情并不像她所期望的那样顺利。卫国的使团之中，有个孙大夫，平日靠着巧佞得到卫宣公的宠幸，这次伴随太子一起出使，公子伋很是看不起他，所以经常讥讽、戏弄他。孙大夫怀恨在心，又害怕公子伋取得齐女，地位稳固，即位以后对自己不利，便决心破坏这门亲事。他回去以后，极力向卫宣公称赞宣姜的美丽，称她温婉可人，美貌冠绝天下，卫侯后宫的女子和她相比，就如群星比月亮，野草比兰花……卫宣公本就好色成性，听到孙大夫的话以后立刻决定要将这个美女娶过来。

当公子伋将齐僖公和自己的约定奏明卫宣公以后，卫宣公很是犯愁。本来自己想要这个美女，可如今儿子先提出来了，这该如何应付呢？看到卫宣公愁眉紧皱的样子，孙大夫立刻明白了，他私下拜见卫宣公，说："您想得到齐国美人，所忧虑的不过是太子罢了。您不如答应太子，派人到齐国下聘，将美人迎娶回来，将她安置在他处。然后，您再支开太子，私下将美人娶了，等生米煮成熟饭，齐国也不好说什么了。至于太子，所要的不过是个美人罢了，您再去郑国、宋国，随便哪里给他娶一个就是了。"卫宣公听后心花怒放，重重奖赏了孙大夫。然后，派遣左公子泄带着厚厚的聘礼，前往齐国迎接，同时下令右公子职到淇河之畔，建立一座新的宫殿。

宣姜早就盼望着卫国英俊的公子前来聘迎自己了，收到齐国聘礼以后，便辞别父母，由齐国大夫和卫国左公子泄护送，踏上了前往卫国之路。然而队伍并未前往卫都，而是来到了淇河之畔，停驻在刚刚建好的新台。虽然不符合常理，但心中已经被美好爱情憧憬占满的宣姜并未怀疑什么，她在侍女的陪伴下，进入卫人早已设好的新房。她坐在房中，忐忑地等着那个英俊王子来揭开自己的盖头，夜幕降临时，门外传来脚步声。宣姜的心怦怦跳个不停，既紧张，又欢喜。她要责备他为何让自己等这么久，为何这么晚才来见自己……

然而，盖头掀起的那刻，宣姜彻底震惊、也绝望了：眼前哪有什么英俊的公子，只是一个面貌丑陋的老头！宣姜痛哭、哀泣，却又无可奈何，就这样成为了卫宣公的新夫人。

公子伋被父亲派往了宋国，当他回来的时候才震惊地发现，那个原本将嫁给自己的美人，已经成为了自己的后母。虽然不情愿，他却只能默默接受。还好，父亲很快又从宋国为他取回了一个公主，公子伋也就逐渐将宣姜淡忘了。宣姜开始整日以泪洗面，无人时就坐在新台之中吟唱哀婉的诗句："鱼网之设，鸿则离之。燕婉之求，得此戚施！"她哀叹命运的不公，痛恨卫宣公的无耻，抱怨自己的父亲不来救自己。人们听了她悲伤的歌声，无不暗自同情，为她流泪。

几年以后，宣姜接受了现实，她为卫宣公生下了两个儿子，一个叫公子寿，一个叫公子朔。卫宣公对宣姜更加宠爱，也宠爱她为自己生下的两个儿子。公子伋的母亲夷姜则彻底失宠，她在愤恨之下竟然上吊自杀了。母亲的死，让公子伋对这个曾经差点儿嫁给自己的女子痛恨不已。

宣姜的儿子公子朔长大以后，知道父亲宠爱母亲，也知道了他们从前的事情，于是日日在母亲面前说公子伋的坏话，说他宣称即位以后一定杀死宣姜替母亲报仇，又不断怂恿宣姜到卫宣公面前去毁谤公子伋。宣姜经不起儿子的撺掇，又害怕公子伋真的会杀死自己，便不断在宣公面前毁谤，说公子伋对自己无礼，又说公子伋私下勾引自己。卫宣公年老昏庸，根本不辨是非，立刻决心将公子伋杀死。他派遣公子伋出使齐国，又命令国中的强盗在卫国边境拦截他，并将其杀死。

宣姜的大儿子公子寿知道了这件事，他没有帮助母亲和弟弟陷害兄长，反而将事情一五一十地告诉了公子伋，说："边境上有强盗，父亲想要杀死你，你还是赶快逃跑吧！"公子伋知道他的好意，却不愿逃走，说："既然父亲想要杀死儿子，儿子还能逃到哪里去呢？违背父亲的意愿而求生，还不如就此死掉。"公子寿见他过于迂腐，便假意送行，趁机将他灌醉。灌醉公子伋后，公子寿自己拿起符节，带着队伍出发了。边境上的强盗看到使者的符节，将公子寿当作公子伋，立刻将其杀死了。公子伋醒来以后，发现符节不见了，才知道弟弟要代替自己送死，连忙追上去，正好看到公子寿被杀。他奔上前抱住弟弟的尸体痛哭，对强盗说自己才是真正的使者，于是强盗也将他杀死了。

公子伋、公子寿全都死了，卫宣公于是将公子朔立为太子。卫宣公去世以后，公子朔即位，也就是卫惠公。卫惠公即位，国人都厌恶他，尤其是左公子泄，右公子职，他们是死去的两个王子的老师、亲信，想要为他们报仇。于是，不久就发动政变，将卫惠公驱逐出国，立公子伋的弟弟黔牟为君。

卫惠公被驱逐后，跑到了齐国，此时齐僖公已死，宣姜的哥哥齐襄公在位了。卫惠公在齐国待了八年，齐襄公率领诸侯军队将他护送回国，赶走卫君黔牟，杀死了当年驱逐惠公的左、右公子。但卫惠公人品不好，卫国反对他的势力很强，齐襄公见此想出了一个馊主意：他宣布当初宣姜本就是要嫁给公子伋的，如今这个婚约还有效，既然公子伋已经死了，就应该让他的另一个弟弟公子顽来娶宣姜。这样为了维护自己亲儿子的君位，宣姜又被嫁给了自己的庶子。公子顽本不同意，但受到齐襄公的威胁，不得不娶了宣姜。宣姜嫁给公子顽后，又为他生了三男二女：齐子、卫戴公、卫文公、宋桓夫人、许穆夫人。相传，宣姜嫁给公子顽后，夫妻二人琴瑟和谐，相亲相爱。

【人物简评】

从宣姜被卫宣公占有，到卫文公即位，卫国政变迭起，接连动乱，后人多归罪于宣姜，认为正是她的放荡淫乱而导致了卫国的不安。《诗经》之中《墙有茨》《君子偕老》等篇章，据考证都是卫人写来讽刺宣姜的。宣姜固然给卫国带来了沉重灾难，但她本身又何尝不是受害者呢？她身为一国公主，拥有绝世的美貌，自己却不能掌握命运，被迫嫁给丑陋的卫宣公，又卷身于政治旋涡之中，被人当作筹码一般抛来抛去，岂不可怜！万幸的是，上天并未绝情到底，最终还是让她获得了一段真正的爱情，这也算是对她的一种补偿吧。

文姜：满腹才华不知耻，通兄弑父乱人伦

【人物简介】

文姜，齐僖公的女儿，鲁桓公的夫人，卫宣姜的妹妹，同姐姐宣姜一样具有惊人的美貌，经历也同样坎坷。文姜在绝妙的容颜之外，更有出众的才华，所以被称为"文"。她貌美而任性，行为放荡，不拘礼法，与自己的哥哥齐襄公乱伦有染，后嫁给鲁桓公为妻。在伴随鲁桓公访齐之时，文姜与齐襄公勾结杀死鲁桓公，从此不敢回到鲁都，居住在齐、鲁边境的禚地，常常与齐襄公私通。齐襄公被杀死之后，文姜继续居住禚地，遥遥辅佐儿子鲁桓公治理齐国，一生没有离开此地。

【人物生平】

文姜是齐僖公的次女，因为聪明多才而被冠以"文"的称呼，她同姐姐宣姜

一样美丽，一样受到父亲宠爱。文姜生得面如桃花，艳丽无比，红唇皓齿，肌肤如玉，顾盼之间，眼含秋波，十几岁时就已经出落成一个绝代佳人。加之她聪明伶俐，文采出众，父亲齐僖公对其宠爱无比。但也正是这种过分的宠爱，使文姜养成了轻浮放荡、任性恣意的性格。她从不将什么礼法放在心上，只要是自己想要做的，就一定坚持去做，即便所有人都劝谏自己，也从不放在心上。

齐僖公对女儿的这种任性并未担心，反而觉得这才能显示出她的聪慧，与众不同。然而，很快他就高兴不起来了，原来文姜竟然与自己同父异母的哥哥、也就是齐僖公的太子诸儿之间有了私情。诸儿是齐僖公的长子，人长得虽然仪表堂堂，却是个彻头彻尾的纨绔子弟、花花公子，一天到晚不知道学好，四处拈花惹草。慢慢地，竟然将主意打到了自己的妹妹身上。文姜从小长在宫中，见到的男子本来就少，加之性情轻浮，很快就和诸儿勾搭到了一起。开始的时候，两人还避开人偷偷摸摸，后来越发大胆，兄妹整天缠在一起，嬉笑玩乐。

没有不透风的墙，秽言传到齐僖公耳中，齐僖公又惊又气，想要严惩他们，又怕家丑外扬。于是禁止他们再见面，将诸儿赶到东宫去住，同时加紧为文姜择婿。

第一个被齐僖公选中的是郑国太子忽。太子忽不仅人长得好，而且很有才能，当时北戎进犯齐国，齐国向郑国请求援助，郑庄公派遣太子忽率军前去协助。太子忽诱敌深入，又与齐军两面夹击，将北戎打得落花流水。齐僖公设宴表彰他的功劳，在宴席上就表示将女儿嫁给他。与太子忽同行的郑国大臣祭仲力劝他答应，说："您虽然被立为太子，但国君还很健壮，若在国外没有强援，你的地位便不安稳。如今齐国是大国，又主动提出将女儿嫁给你，你一定要接受啊！"

这么好的事情，太子忽却一口回绝了。也不知道他是真的不好美色，还是听到了什么有关文姜的流言，也或许是以卫国宣姜之事为鉴。总之他拒绝了齐僖公的好意，并为自己找了冠冕堂皇的借口，他对人说："人人都有合适的配偶，齐国强大，我不敢高攀。《诗》中说：'永言配命，自求多福。'我自己的位置安不安稳要看我的德行是否有缺，怎么能靠与人联姻来巩固呢？"别人再劝，太子忽又说："我如今接受国君的命令，来协助齐国，侥幸建立了战功。若为自己娶了妻子回去，岂不有以公谋私的嫌疑？百姓该如何议论我？什么都没做时，我还不敢与齐国攀亲，更何况现在呢！"见他推辞的坚定，齐僖公也只好作罢。

文姜见过太子忽，也想让这个英俊的青年做自己的丈夫，没想到竟然遭到了这样果断的拒绝，她心中不免失落，难过！伤心、寂寞之中，竟然又背着父亲去与诸儿私通。这当然瞒不了齐僖公，他羞怒交加，决心一定要将文姜早早嫁出去，免得在家生事，惹来更多的丑闻。

不久，鲁国君主鲁桓公前来造访。鲁桓公这人竟然轻易听信小人的话，将一心传位给自己的哥哥杀死，从而继承了君位。但齐僖公急着嫁女儿，也没心思挑剔了，当即说了一番这样话："我们两国唇齿相依，自古交好，关系本就该更进一步。如今您生得一表人才，我恰好也有个女儿小有姿色，若不嫌弃，就将她许配给您如何……"鲁桓公早就听说齐侯女儿美如天仙，立刻答应了下来。回国以后，就派人前去齐国提婚。齐僖公大喜，亲自将女儿送往鲁国，这在当时是不符合礼制的，但齐僖公也顾不了那么多了，唯恐别人送亲出什么差错。

就这样，齐僖公还不放心，第二年又派自己的亲弟弟前去鲁国打探，得知鲁桓公、文姜二人夫妻和睦，相亲相爱，这才将一颗悬着的心放下。鲁桓公虽然也相貌堂堂，对文姜也很宠爱，但文姜心中却总是有一丝丝惆怅。鲁国是个以礼乐立国的国家，从上到下人人都摆出一副圣人模样，鲁桓公在和她相伴的时候，都念念不忘周公教训。从小在齐国复杂的礼教的文姜，哪里习惯得了这些生活，反而想念起了昔日与诸儿相处的欢快。可没有办法，只能将心中的思念、欲火都压抑起来。

三年以后，文姜为鲁桓公生下了一个儿子，碰巧这孩子和鲁桓公同一天生日，便起名叫作"同"。又过了几年，文姜再次生子，孩子生下来手中就有形如"友"字的掌纹，于是起名叫作"友"。有了两个孩子，文姜在鲁国相夫教子，生活就这样平淡地继续着。

一转眼，到了鲁桓公十八年。为了与齐国结盟，鲁桓公决心亲自前去访问。此时，齐僖公已经去世，诸儿继承了君位，即齐襄公。那时的礼仪，女子出嫁到他国，若不被休掉就不能回到娘家，文姜嫁到鲁国十五年，却从来还没有回家一次。她得知桓公要访齐的消息以后，就整日缠着鲁桓公，说自己思乡心切，要伴他一同回国。鲁桓公对文姜宠幸无比，不顾大臣们的反对，答应了文姜的请求，带着他一起回到了齐国。

鲁桓公偕同夫人访问齐国，齐襄公为他们举行了盛大的欢迎仪式。表面上他在庆祝齐、鲁两国之间的友情，而心中所想的却是文姜。就在酒宴之上，齐襄公让人将鲁桓公灌得酩酊大醉，自己却偷偷溜出与文姜私通。文姜虽然嫁给鲁桓公十九年，却从未忘记与诸儿私通时的激情，两人再次见面，立刻旧情复燃。

鲁桓公虽然醉了，但鲁国随行的大臣还有清醒的，立刻将齐侯中途离开，夫人与其相会等事报告给了他。鲁桓公早就听到过一些风言风语，立刻起了疑心。于是，回去以后诘问文姜为何不守礼节，与襄公私下会见。文姜满面羞愧，不能回答。鲁桓公见状，立刻明白他们之间发生了什么。怒火冲天，狠狠地责罚了文姜一顿。文姜从小受父亲宠爱，出嫁后又长期受鲁桓公宠幸，哪里受到过这样的责骂，心中的羞愧反而消失了，一气之下再次私会齐襄公。

文姜将鲁桓公知道真相之事告诉了齐襄公，哭诉着自己遭到责骂的经历，并表示了对回到鲁国之后鲁桓公的报复的担忧。齐襄公不听则已，听后是又怒又惧。怒的是鲁国作为一个小国，鲁桓公这个无能之辈，遭到这样的冒犯没有忍气吞声，居然敢反抗；惧的是鲁桓公回国以后，万一做出什么冲动之举，不仅有损自己的名声，而且心爱的"妹妹"文姜就要在鲁国受冷落了，且自己也就再也没有机会见她了。

想到这些，齐襄公一狠心：干脆一不做二不休！于是，齐襄公再次为鲁桓公举行了盛大的宴会，在宴会之上，他盛赞两国之间兄弟般的情谊，对鲁桓公处处讨好、称赞。鲁桓公本来心中压着一股气，在宴席上看到齐襄公如此表现，便以为他知道愧疚，这是在向自己赔礼、谢罪，心中的怨恨也就不再那么强了。酒宴下来，鲁国君臣都喝得酩酊大醉，这时齐襄公叫来公子彭生，如此这般嘱咐了一通。

彭生将鲁桓公扶上车，载着他驶回驿馆，在路上便将鲁桓公折断肋骨，杀死了。鲁国使臣们酒醒以后，忽然发现国君死了，都惊骇不已，连忙通知国内大夫。鲁国人知道这回事，但思忖到自己是小国，又不好兴师问罪；夫人私通害死君主，又是大丑闻，不能声张。只好对齐国说："我们君主畏惧齐君的威严，不敢安居，前往修友好之礼。礼仪完成，却未能回国，没有地方追究罪责，但请求得到罪人彭生，用他在诸侯之中消除丑闻。"

齐襄公害死鲁桓公后，心中也很担忧，看到鲁国这样的言辞，心中大喜，立刻下令说："彭生为鲁侯驾车，却将鲁侯摔死，罪不可赦，将其杀死向鲁国谢罪！"公子彭生糊里糊涂做了替罪羊，他心中不服，死前对齐襄公破口大骂。

鲁国使臣带着鲁桓公的尸体，回到国中，文姜却不愿同行。一则，她知道事情败露，心中畏惧、愧疚，不敢回去见鲁国大臣，也无颜见自己的儿子们；二则，鲁桓公已死，自己以后的日子还很长，不愿回到鲁国国都守活寡。于是，她对鲁国大夫们说："我违背礼节，执意同君主访问齐国，如今君主不幸去世了，我也有罪过。我既不敢留在齐国，也无颜回到鲁国，两国之间的禚地，正是我该居住的地方。"于是，文姜便在禚地住了下来。

听说文姜住在禚地以后，齐襄公心有灵犀，立刻在靠近禚地的边境也建了一座离宫。每年齐襄公都要离开国都，前往离宫，说是为了休养，其实是去私会文姜。鲁桓公死后，鲁国大夫便拥立了文姜的儿子公子同为君，也就是鲁庄公。鲁庄公虽然知道父亲去世的丑闻，却也知道文姜在禚地同齐襄公私会之事，但他对自己的亲生母亲又能如何呢？只能假装不知道。

就这样，又过了八年，荒淫无道的齐襄公终于被大臣杀死了。齐襄公被杀之后，文姜的生活也恢复了宁静，她继续居住在禚地，一直到生命结束。

【人物简评】

文姜有聪明才智，有美貌的外表，却不知礼义为何物。她违背人伦，与兄长私通，怂恿齐襄公杀死丈夫鲁桓公，又助长齐襄公的昏庸无道，使其被弑杀，可以说一人祸乱齐、鲁两个国家，《诗》中说："乱匪降自天，生自妇人。"说的就是她这样的女人。

伯嬴：国主不闻循圣化，弱女却有贞节心

【人物简介】

伯嬴，又称孟嬴，秦景公长女，楚平王夫人，楚昭王之母。楚平王为太子建到秦国娶亲，见伯嬴美貌便将其据为己有。楚昭王时，吴军击败楚军，占领楚军都城。吴王阖闾恃强侮辱楚国妃子，众人无有幸免，唯伯嬴誓死不从。楚军收复国都以后，楚昭王准备将失身于阖闾的楚国妃子全部处死，伯嬴又进行劝谏，使昭王最终宽恕了她们。伯嬴不幸嫁给了楚平王，却能坚守妇节，又具备宽容、仁慈的美德，在后世备受称赞。

【人物生平】

伯嬴是秦景公的女儿、秦哀公的妹妹。秦景公晚年得女，没疼爱多久，自己就去世了。所以伯嬴便在哥哥秦哀公的照看下成长，她从小生得聪明伶俐，深得兄长宠爱。

秦哀公十年的时候，伯嬴已经长成了一个亭亭玉立的大美人。这时，楚国忽然派来了使者，为楚太子建求婚。秦、楚都是大国，地位相当，又都受到当时中原霸主晋国的威胁、打压，两国联姻对双方来说都是大好事，秦哀公立刻答应了，并同意将最喜爱的妹妹伯嬴嫁给楚国太子。一个是秦国公主，一个是楚国太子，一个美如天仙下凡，一个正是英姿勃发，这本该是段极好的姻缘，然而，美好的姻缘之中必定夹着一个破坏它的奸邪小人，此处也不例外。

楚太子建是楚平王的长子，当楚平王还是大夫时，镇守蔡地，就娶了当地一个小官的女儿，并生下了他。最初，楚平王对这个儿子十分宠爱，篡夺王位之后立刻立他为太子，并派遣了两个有能力的大臣伍奢、费无忌一起辅佐他。然而，有能力不一定有品德，费无忌就是一个有才无德的小人。相处时间长了，太子建自然了解两位老师，伍奢是一个德才兼备的长者，而费无忌却心胸狭隘、人品低劣，于是他对伍奢非常尊敬，而对费无忌则颇为轻怠。费无忌由此心生怨恨，时刻想着报复太子建，陷害伍奢。

太子建长大后，楚平王听说秦国公主伯嬴美丽，又想与秦国联姻，便准备向秦国提亲，为太子建迎娶伯嬴。于是，他便派太子建的老师费无忌前往秦国下聘、迎娶。费无忌到达秦国以后，见到美若天人般的伯嬴，心中立刻想出了一连串离间、诬陷的毒计。

迎接、护送伯嬴的队伍还没有进入国都，费无忌就自己先赶了回去面见楚平

王。他对楚平王说："到秦国迎亲的事情很顺利。但这个秦女实在是太漂亮了，简直如同天仙下凡一般，臣认为全天下也不会再有一个像这么美的人了，这样的美女，大王您若不能亲自享有实在是可惜啊！"楚平王本就好色，听到费无忌如此夸赞伯嬴的美丽，不禁心动。费无忌火上浇油说："一旦婚事定下，这美人就要属于太子了，那时大王后悔就来不及了。您不如先见见这个美人，假若真的喜欢，随便将别的女子许配给太子，自己将绝世美人娶来岂不更好？"楚平王听后大赞他的"忠心"。

于是，楚平王亲自去见秦女，果然生得天姿国色，举世无双，看得他垂涎三尺，立刻实施了费无忌的奸计。平王自己将伯嬴娶回宫中，又让陪嫁的女子代替伯嬴嫁给了太子建。美丽的伯嬴就这样在奸佞小人费无忌的干预撺掇下，嫁给了年纪都可以做自己父亲的楚平王。所幸，楚平王待伯嬴很好，他虽然奸诈残忍，害死兄长、逼死儿子，对伯嬴却是真正的疼爱。几年以后，伯嬴便为楚平王生了一个儿子，取名叫"轸"。

费无忌用计令楚平王亲自娶了伯嬴以后，便进一步在平王面前进谗，他说："太子知道了大王用陪嫁女子代替秦女的事，他心中常怀怨恨，经常说一些大逆不道的话。臣常常进言劝谏，却遭到了他的排斥、疏远；而伍举深知太子对大王的怨恨，不仅不劝谏，反而帮助太子图谋不轨……"楚平王听了这些话，勃然大怒，下令将太子建赶出都城，让他去守卫边境。

费无忌害怕将来太子报复自己，便继续进谗，他对楚平王说："太子到了边境以后，对大王的不满有增无减。他甚至要联合晋国，举兵叛楚，大王不可不提防啊！"又说，"大王已经和太子有了嫌隙，怎么还能让他掌握大权呢？您难道忘了当年穆王弑杀成王的事情了吗？"楚平王听后，于是下令抓捕太子和伍奢，太子建得到消息逃到了郑国，伍奢的儿子伍子胥逃到了吴国，而伍奢则被平王杀死。

太子建逃亡以后，楚平王便立伯嬴的儿子公子轸为太子。几年以后，楚平王去世，年仅十岁的太子轸即位，即楚昭王。楚昭王年幼继位，伯嬴与楚平王的庶子子西、子期等共同辅佐昭王，确保了国内的安稳。

然而，这种安稳并未持续几年。伍子胥逃亡到吴国后，帮助吴国公子光弑君篡位，获得重用，他又推荐孙武为吴国练兵，时刻想着报复楚国。吴国多次侵扰楚国，终于在楚昭王十年的时候，一举击溃楚军，攻入了郢都。在郢都陷落之前，楚昭王仓皇出逃，而伯嬴等后宫老幼则尽数被吴军所俘虏。

伍子胥掘墓开棺，鞭打楚平王的尸体，而吴王阖闾则进入楚国后宫，对楚国的嫔妃肆意奸淫、侮辱。阖闾早就听说平王夫人伯嬴生得美如天仙，便要闯入伯嬴的住所，将她强占。伯嬴听到消息以后，召集剩余的宫人，关闭宫室大门，持剑自卫。阖闾来到她的门前时，伯嬴手持利刃，隔着门对他说："妾听闻：天子是天下的表率，诸侯是一国的表率。天子不守规矩则天下大乱，诸侯不守礼节则国家危亡。夫妇之道，是人伦之始，教化的开端。男女之间授受不亲，坐不同席，食不共器。男女之礼若乱，又如何治理天下国家呢？如今您战胜了楚国，不体恤楚国百姓，却纵兵滥杀，淫乱宫廷，如此何以再行令训民！且我听说，生而辱，不如死而容。我宁愿以死守节，以不愿受辱而生。况且您之所以想要接近我就是为了得到快乐，假若接近我我就死了，那还有什么可快乐呢？得不到快乐，即便将我逼死，对您又有什么好处呢？"阖闾见伯嬴性情刚烈，知道难以让她屈服，虽然垂涎其美色，也无可奈何。

郢都沦陷以后，楚国大臣又重新收聚散兵，继续同吴军作战，同时大夫申包胥赶到秦国，以诚心感动了秦哀公，秦哀公也发兵救楚。自吴军进入郢都以后，大肆抢掠，军纪涣散，斗志早已消失，很快便被秦楚联军击败，退回了吴国。逃亡在外的楚昭王率领大臣们回到郢都。

楚昭王回到郢都之后，听说了母亲伯嬴宁死守节的事情，大为感动。但同时，他也了解了其他嫔妃大多被吴王阖闾所侮辱。楚昭王觉得很是羞耻，迁怒于那些未能守节的嫔妃，想要将她们全部处死。伯嬴听说以后，连忙制止楚昭王，对他说："吴军入寇，君王逃亡在外，这些宫人被遗弃在城中，假若不屈服吴王的淫威便不能存活下来。身为君主，不能保全国都，这是第一过；独身逃亡，将妃嫔遗弃城中，这是第二过；因为自己的羞耻，而迁怒于被迫失节的嫔妃，是第三过。你有这三个大过，不知反省，却想以杀人的手段来弥补，怎么可以呢？"楚昭王听完母亲的话后，大为羞愧，立刻赦免了那些嫔妃。

【人物简评】

伯嬴本要嫁给太子建，却不幸被楚平王所夺，但她并未因这不幸的遭遇而自暴自弃，反而坚持礼义，教导自己的儿子，使楚昭王成为一代明君。她在国都沦陷之时，面对吴王阖闾的逼迫，守节不移，有理有据地进行抗争，显出了她高洁的操守和出众的才智、胆识，而劝说楚昭王赦免那些失节的嫔妃则更显出了她的宽容、仁慈之心。总之，她是一个接受命运，却又能保持积极心态、守节不移的妇人，她的美德如同她的外表一样让人钦佩。所以，刘向在《列女传》中给伯嬴很高的评价，赞颂道："阖闾胜楚，入厥宫室，尽妻后官，莫不战栗，伯嬴自守，坚固专一，君子美之，以为有节。"

樊姬：宫妃尚不独恩宠，贤臣何故隐忠良

【人物简介】

樊姬，春秋时，楚国女子，楚庄王的夫人。她不仅貌美，而且贤惠，常常劝谏楚庄王的过错，使楚庄王远离酒色、音乐，亲近贤人。在他的规劝之下，楚庄

王从一个沉湎酒色的君主，变成了励精图治的一代霸主。唐朝一代文宗张说称赞她道："楚国所以霸，樊姬有力焉。"

【人物生平】

樊姬本为楚国大夫之女，因为年轻貌美被选为楚庄王的妃子。楚庄王有很多妃子，个个都容貌姣好、能歌善舞，樊姬虽然也是如此，但她却很少专门修饰自己的容颜以讨好君主，因此入宫很久都未能引起楚庄王的注意。

后来，楚庄王准备在众妃之中选择一个正宫夫人，他限令妃嫔们在三天之内各自准备一份礼物进献给自己，最能迎合自己需求的便立为正宫夫人。妃嫔们都忙着筹备礼物，而樊姬却无动于衷，她的家人听到这个消息，连忙进宫探视，看看是否需要帮忙。樊姬却胸有成竹地笑着说："不必劳烦你们，我自有安排。"

三天过去以后，楚庄王召集众妃，让她们呈献自己的礼物。众妃嫔都争先献礼，有的拿出珍珠翡翠，有的拿出宝剑佩玉，有的甚至还让家人购来千里马献给楚王，而樊姬却两手空空。楚庄王看到她以后，惊诧地问："别人都想做正宫夫人，难道你就不想做吗？"樊姬回答："臣妾不敢欺瞒大王，臣妾也希望成为正宫夫人。"庄王问："你连礼物都没有准备，怎么让寡人选你为夫人呢？"樊姬回答："启禀大王，臣妾也曾冥思苦想地为大王准备礼物，可在楚国没有人比您更富有了，国中最大的珍珠、最高的珊瑚、最洁白的美玉都收藏在您的宝库中；天下最强壮的骏马，最锋利的宝剑，最漂亮的丝绸布帛，也都早就归您所有了。别人眼中的奇珍异物、宝玉珍珠，在您的眼中不过是瓦砾石块一般罢了，您怎么会需要呢？我想来想去，您所缺的就只有一个正宫夫人了，于是先斋戒三天，穿上洁净的衣服，来到这里将自己进献给您。"楚庄王听了以后，哈哈大笑，立刻喜欢上了这个美丽又聪明的妃子，当即下令封樊姬为正宫夫人，位在其他妃嫔之上。

被封为正宫夫人后，樊姬格外受宠，楚庄王常常召她陪伴自己饮酒赏乐，有时通宵达旦地玩乐，以至不能处理国政。樊姬屡次苦口婆心地劝谏庄王不可如此，但收效甚微。樊姬见正面讲道理，庄王听不进去，所行不再梳妆打扮，终日蓬头垢面。楚庄王察觉以后，觉得奇怪，便问樊姬为何不施粉黛、不打扮梳妆？樊姬回答："臣妾的父亲旧时曾对臣妾讲过妹喜、妲己的往事，每次谈起她们迷惑君主，导致亡国之时，都痛恨得咬牙切齿，忍不住破口大骂。如今您整日沉湎于酒色，荒废了国事，这样下去楚国只怕就要危险了。大王本可以做英明的君主，如今却到了这样的地步，臣妾猜想一定是我的美貌导致大王如此的。我十分害怕自己也成为妹喜、妲己那样的女人，导致君主犯错，招致大臣、国人的厌恶，所以不敢在打扮了。"楚庄王听后，感慨道："不是夫人的过错，是寡人之过啊！夫人不必如此，寡人改过就是。"

楚庄王听了樊姬的话，改悔了几日，然而，江山易改，本性难易，没几日楚庄王再次召集大臣们饮酒作乐，夜半还不结束。樊姬听到以后十分伤心，每当楚庄王大宴群臣的时候，就独自登上城南的高台，对着星星、月亮梳妆。楚庄王每次酒酣时，都找不到樊姬，心生疑惑，于是便在一次饮酒中，亲自出来寻找樊姬。看到樊姬对月梳妆后，楚庄王很是奇怪，便问："爱妃不陪伴在寡人的身边，为何要一个人跑到这里来梳妆呢？"樊姬说："大王答应过臣妾要远离酒色，如今却整日召集大臣饮酒，根本不在乎对我的承诺。既然大王不再在乎臣妾，臣妾就只好前来陪伴星星、月亮了。"楚庄王见樊姬用心如此良苦，深为感动，也为自己未能信守诺言而惭愧，于是发誓痛改前非，专心处理朝政。

楚庄王虽然发誓痛改前非、远离酒色，但曾经以酒色侍奉他的那些佞臣却都还围绕他身边。有个姓上官的大夫就是如此，这人没有一点儿治国之才，只是凭借阿谀奉承取得了庄王的信任。他见楚庄王不再饮酒作乐，害怕自己就此遭到疏远，便四处寻访，求得一架名叫"绕梁"的古琴，进献给了庄王。此琴名为"绕梁"，音质世所罕见，弹出的声音真能绕梁三日，听了就让人心魂摇荡，如痴如醉，久久不能忘记。得到此琴以后，楚庄王又将政务抛到了脑后，整日听任弹琴跳舞，不能自拔，竟然一连七日不能上朝。樊姬见到此景，心急如焚，于是便不顾身份直接跑到宴席上，下令让音乐停止。

楚庄王正沉浸在音乐之中，忽然被打断，心中难免有些不高兴，便责问："夫人这是为何？寡人身为一国之君，难道还不能听听琴吗！"樊姬回答："大王莫怒，臣妾见大王爱惜音乐，恰好知道此琴，便想将其来历讲与大王，这样大王才能更好地赏乐啊！"楚庄王听闻樊姬不是来制止自己的，不由转怒为喜，忙吩咐："既然这样，夫人且快讲来！"樊姬走到大厅中央，不紧不慢地说道："这琴名为'绕梁'，本为夏帝所有，夏启的时候，有凤鸟落在国都之中，飞走时落下了三根毛羽，上面缠绕着九根金丝，夏启命乐师夔以这九根金丝为弦，制造了这把琴。琴音果然冠绝天下，一旦弹起，声音便久久不会消逝，听到的人无不如痴如醉。夏启一连听了九日，九日不理朝政，国中大乱，有扈氏造反。夏启这才醒悟，于是将琴封起来，发誓不再弹奏，亲自率军平定叛乱，国家才得以保全。到了夏桀的时候，他不听劝告，将琴取出，令妹喜为其弹奏，弹奏三年，国家就灭亡了。商汤取得天下以后，认为此琴不祥，也将其封存起来，并告诫子孙不可弹奏。到了商纣王之时，他背弃祖训，取出此琴，又令人制造淫曲，让妲己弹奏。弹奏一年，武王就攻陷殷都，斩杀了纣王。武王得到这把琴，立刻下令将它丢入洛水之中。没想到，周幽王的时候，有人从洛水中捞到此琴，又将其献给幽王。周幽王令褒姒以此琴弹奏昔日纣王制造的淫曲，不到三个月，犬戎就攻入了镐京，杀死了周幽王。如今大王得到这把琴，已经连续听了七日琴，朝政也荒废了七日，臣妾不知道楚国又会何时灭亡呢！"听了樊姬的话，楚庄王既震惊又惭愧，当即下令撤去酒宴，并将"绕梁"锤为数段。第二天，庄王便上朝理政，对大臣们宣称要励精图治，还罢黜了上官大夫一众谄媚小人。

楚庄王开始励精图治以后，樊姬将后宫治理得井井有条，庄王对她更是喜爱、尊敬，常常把朝中之事讲给她听，询问她的看法。一天，下朝以后，楚庄王盛赞令尹虞邱子的贤德，称楚国朝中有他，真是国家之幸。樊姬却笑着对楚庄王说："虞邱子的确是个忠臣、贤臣，但却非一个合格的令尹。"楚庄王询问原因。樊姬回答："我服侍大王已经有十一年了。这十一年里我从来不敢独擅大王的宠幸，我曾到处求访具有贤德淑慧的女子进献给大王。这些人中超过我的有两个，与我同等的有七个，所以大王到了哪里身边都有贤德之人相伴，您犯了过错也都能得到及时纠正。如今虞邱子担任令尹也有十多年了，可他除了举荐过自己的宗族子弟并未举荐过其他人，更没有保举过比他自己更贤能的人为官。我听说，从前鲍叔牙辅佐齐桓公，便推荐了比自己贤能的管仲；百里奚辅佐秦穆公，就推荐了比自己贤能的蹇叔。和他们相比，虞邱子能称得上是合格吗？"

第二天楚庄王将樊姬的话说给了虞邱子，虞邱子听后觉得非常惭愧，于是到处求访贤人，不久便将孙叔敖举荐了上来。楚庄王经过考察以后，认为孙叔敖是个真正的贤才，很快任命他为令尹。在孙叔敖的辅佐之下，楚国最终得以称霸诸侯。然而，归根到底，这都是樊姬的功劳。

樊姬晚年之事，历史上没有记载，但相信像她这样贤惠、聪明的女子，一定可以幸福而终。如今在湖北襄阳小北门外有个叫"九里冢"的地方，相传就是樊姬的安眠之所，虽然两千多年过去，但墓封土仍然高达十多米，周围松柏竖立，郁郁葱葱。可以想象当年楚人修筑的樊姬墓应该是十分宏大的，足见这位贤惠夫人所受到的尊重、敬仰。

【人物简评】

樊姬虽然拥有绝世的美貌，却宁愿用自己的德行去侍奉楚庄王，不断劝谏楚庄王的过失，最终助他建立了天下霸业，也为她自己赢得了君王、国人、后世的尊敬。她是个真正具有大智慧的人，后人也因此给予了她很高的评价，汉元帝皇后王政君曾说："古有樊姬，今有班婕妤！"唐朝一代名相张说也说："楚国所以霸，樊姬有力焉！"

伯姬贞姜：逾制宁可守节死，岂可弃礼求苟活

【人物简介】

伯姬是鲁宣公的女儿，宋共公的夫人，宋共公去世以后，伯姬守寡独居宫中。后来，宫中起火，伯姬不愿违背礼节宁死不出宫，葬身于大火之中。贞姜是齐侯的女儿、楚昭王的夫人。一次，贞姜与楚昭王出游，被遗留在了渐台之上，昭王

派人迎接，但使者忘了带符节，贞姜认为不持符节，不合礼仪，不愿同使者离去。大水到来，贞姜于是遇难。伯姬、贞姜二人事迹类似，都是贞洁守礼的典型，古人多将她们并列称赞。

【人物生平】

伯姬是鲁宣公的女儿，鲁国是个以礼义立国的国家，所以伯姬从小就受到严格的礼义教导，她虽然生得美丽，行事却没有一点儿轻佻放荡，处处恪守礼仪，非礼不行。到了及笄之年，鲁宣公便开始张罗女儿的亲事，选来选去，选到了宋国的宋共公，准备同意将女儿许配给宋国国君。

宋共公听说鲁国同意将美丽的伯姬嫁给自己很是高兴，立刻派人到鲁国下聘、迎亲，鲁国也按照礼仪派遣上卿季孙行父护送伯姬入鲁。按照礼制，诸侯在他国娶妻子，应该自己亲自前往边境迎接，这是表示对对方国家的尊重，也是对自己未来妻子的敬爱，不巧的是宋共公在迎亲的日子恰好有事，于是委托国中大夫前往迎接。见宋共公不来亲自迎接自己，伯姬心中很不高兴，立刻提出要求返回鲁国。

新人到达边境，哪能随便返回呢？负责送亲的季孙行父很是为难，连忙派人汇报鲁宣公。鲁宣公知道以后，亲自派人劝说伯姬，告诉他，宋公不是有意失礼，即便他失礼也应该为了两国亲善的大计考虑，继续将婚姻进行下去。父母之命难违，伯姬只好同意启程，队伍继续朝着宋国进发。

见到美丽的伯姬，宋共公大为欢欣，举行完婚礼以后就迫不及待地要入洞房。伯姬却将房门紧紧关闭，不让他进入。宋共公急得隔着门对伯姬说："婚礼完成，夫妻即入洞房。夫人来自礼仪之邦，自然知晓这个道理，怎么能紧关房门不让我进去呢？"伯姬故意发嗔，责备道："礼仪还规定国君娶妻一定要去边境上迎接呢！你为何不遵守礼制呢！"宋共公急得直跺脚，不停地赔礼道歉，可伯姬就是闭门不开，他无奈只好跑去像送亲的季孙行父求援。

季孙行父听了哈哈大笑，说："我们公主哪里都好，就是对礼仪一事太较真儿了！可您失礼在先，这就怪不得她了！"宋共公连忙道歉："的确是寡人失礼在先，可哪有新婚之夜丈夫被关在外面进不了洞房的。而且还是一国之君，这要是传出去，那我岂不成了诸侯之间的笑柄？早就听闻大夫贤能多智，您就帮帮我吧！"

季孙行父于是来到伯姬门前，对她说："公主重视礼仪，宋公已经领教到了。而且他不能前去迎亲，也的确是国中有事，并非轻视我们鲁国、不尊重您，既然他已经承认过错，您就原谅他吧。按照礼制，新婚之夜丈夫必须和妻子在一起，否则就是失礼，已经失礼一次，您又何必再让他失礼呢？"伯姬听完以后，觉得很有道理，这才同意将宋共公放入屋中。经过这一事件，宋共公对伯姬看重礼仪一事深深了解，但并未怪罪伯姬，反而对她十分尊重。

伯姬严守礼仪，遵循妇德，帮助宋共公将其后宫治理得井井有条。然而，他们成亲才十年，宋共公便去世了。伯姬守寡之后，身居后宫内院，对自己的言行更加谨慎，不敢有一丝违背礼制。宋共公死后其子宋平公即位，宋平公死后其子宋元公即位，宋元公去世后其子宋景公即位，在这期间，伯姬独居几十年，没有一丝绯闻，国人都敬重她的品德。

宋景公的时候，后宫忽然失火，这时伯姬已经七十多岁了，宫人们惊慌失措，找到伯姬就要将她救出去，伯姬却拒绝了。她说："按照礼制，诸侯家的女子，保傅官员不具备，夜里就不能下堂，你们先走吧，我要在这里等着保傅到来。"宫人着急地说："到处都烧起了大火，保傅们自己逃命还来不及，怎么可能来您这儿呢？您还是和我们一起走吧，再不走就来不及了！"伯姬却摇摇头说："守礼的人将礼制看得比生命更加重要，我守了一辈子礼，难道会在老了的时候为了求生而将礼丢掉吗？你们走吧，我老了，现在宁愿守礼而死，也不愿悖礼而生。"宫人无奈，只好离开，而伯姬却葬身火海。

伯姬坚守礼制而死，被当时的诸侯们所传颂，他们感慨伯姬的重礼精神，又对她的去世感到惋惜，于是相聚在卫国的澶渊，共同志哀，希望后人都能以伯姬为榜样。

伯姬去世后几十年，楚昭王有夫人贞姜。贞姜是齐侯的女儿，不仅有宣姜、文姜般的美貌，而且她十分看重礼节、操守。楚昭王对这个娇俏美丽又知书达理的夫人很是宠幸，即便出去游玩，也常将贞姜带在身边。

一次，楚昭王偕同贞姜一同游览渐台。渐台位于长江之畔，临水而建，近观滔滔江水，远望渺渺云山，风景异常秀美，美景深深地吸引了贞姜。于是，在楚昭王离开时，贞姜便请求自己少留片刻，继续观景。楚昭王离开不久，忽然下起了大雨，江水暴涨，昭王想到贞姜还在渐台之上，连忙吩咐身边人立刻将贞姜接回来。

楚国礼法规定，国君召见夫人，使者一定要持着符节，但当时楚昭王担忧贞姜的安危，竟忘记了将符节交给使者。使者赶到时，渐台已经在江水中摇摇欲坠了，他请求贞姜一起离开。贞姜却说："大王和宫人约定，派使者召见一定会持有符节。如今使者未带符节，我不敢从命。"使者说："大水忽至，事情紧急，再去取符节已经来不及了。夫人可与我一同前去见大王。"贞姜说："贞者不犯约，勇者不畏死，我知道和您一起离开便可以生存，留下了就要死亡，然而背弃原则而偷生，还不如守节而死去。您还是赶快回去取符节吧，否则我是不会离开的！"使者无奈，只好返回取符节。等使者再次到来的时候，渐台早就被江水冲垮了，贞姜也落入水中，不知所踪。

楚昭王知道贞姜守礼而死的消息，深为感伤，在江边哀悼三日方才离去。当地的百姓听闻了贞姜的故事，也都十分感动，他们不相信这样一个守礼守节的女子，竟会被大水所淹死。于是，都传说贞姜因为守礼而被天帝看重，任命她为江中水神。所以，他们在江边为贞姜建庙，每到夏季将雨之时，都举行祭祀仪式，祈求贞姜这个水神镇压洪水，保佑往来行船平安。

【人物简评】

伯姬、贞姜二人虽然年代不同，国籍也不同，但她们在面对死亡之时的态度却如出一辙：守礼便要死亡，违礼便可得生，她们宁愿死亡也不求生。很多人会觉得她们是礼教的牺牲品，过于迂腐、不懂变通，但这正是她们的可贵之处，正是因为有了礼制、有了信义，整个社会才会变得井然有序，人们才有了行事的规矩。她们足以称为女子中的伯夷、尾生，足以令那些贪生怕死、为了活命而丢弃原则的人感到羞愧！

南子：美貌动天下，淫声载青史

【人物简介】

南子，宋国公主，卫灵公夫人，春秋时期著名的女政治家。南子美貌出众，然而生性放荡，私生活糜烂，与公子朝、弥子瑕等多人有染。卫灵公太子蒯聩知道南子的丑事之后，曾准备将其刺杀，失败以后，蒯聩逃亡宋国。卫灵公去世后，南子辅佐蒯聩的儿子卫出公即位，后来蒯聩在姐姐伯姬的帮助下，回国赶走出公夺取君位，并将南子杀害。

【人物生平】

南子本为宋国公主，从小便生有天仙般的容貌，又十分聪明，机智活泼，父母对其宠爱备至，捧为掌上明珠。过分的骄纵，使南子养成了放荡的性格，从不顾及他人感受。

南子第一个爱上的人是宋国的公子朝，公子朝与南子是本家，两人之间产生私情于礼法是极不符的。然而，年轻男女之间的相互爱慕，哪里顾得那么多。更何况，两人生得都是那么美貌，性格都是那么"开放"。一个如天仙下凡、出水芙蓉；一个玉树临风，英俊潇洒。当南子从人群中第一眼见到公子朝的时候，就被他深深吸引了，公子朝同样对这个美丽的公主情有独钟，两人很快就找机会私会到了一起。然而，这种事情，总是传得很快，不久宋公的耳中便充满了关于心爱女儿的流言蜚语。宋公派人核查，居然属实，不禁大怒——宋国虽然不像鲁国那样看重礼法制度，但也绝不允许这样的丑事发生在公室中——他当即下令将公子朝驱逐出国，又将女儿严密地看管起来，同时为她寻找婆家。

恰好卫灵公的夫人死了，还没有正宫夫人，宋公于是做主将女儿许配给了卫灵公。卫灵公中年丧偶，比南子大了三十来岁，竟有幸又得到南子这样的美丽公主，喜不胜言。立刻举行盛大仪式，将南子风风光光地迎到卫国，立为夫人。

南子来到卫国以后，不仅以美貌得到卫灵公的宠爱，更展现出了杰出的才智，很快成了卫灵公治国的最重要助手。没过多久，灵公便对这小自己三十余岁的夫人言听计从了，将朝中大事都交给她做决定，南子竟也能将这些国家大事处理得井井有条，丝毫不比那些所谓的明君差。南子还十分重视贤人，常常劝谏卫灵公疏远贪婪、无能的公室大臣，亲近有才能却出身较低的贤良。

一天晚上，南子和卫灵公正坐在宫里，忽然听到一辆车子驶来，辚辚作响，声音到了宫门便停止了。南子说："坐车的人一定是蘧伯玉大夫。"卫灵公很好奇，问："夫人坐在宫中，看不到车马，怎么就能判断坐车的人是蘧伯玉呢？"南子说："礼节上规定，大夫乘车路过宫门的时候，一定要下车步行；见到了君上所乘的马车，一定要避让致礼，这些都是尊重君长的行为。君子即便在没有人的地方，也肯定不会放弃自己所要坚持的品行。现在是晚上，宫外没有人看到，而能坚持礼节下车行礼的人一定是个真正的君子。您朝中的大夫，称得上是真正君子的除了蘧伯玉还能有谁呢？"卫灵公派人出去察看，路过的果然是蘧伯玉。灵公大悦，举杯对周围人说："为我有幸得到这样聪慧的夫人干杯！"南子也举起酒杯，说："为君上能得到蘧伯玉这样的贤大夫干杯！"卫灵公因此对蘧伯玉格外看重，很快就委任他担任更重要的职位。

南子到卫国时，朝中掌权的卿士为公叔戌。公叔戌是卫献公的曾孙、卫灵公的堂侄，他很受卫灵公信任，但其昏昧无能，又十分贪婪，虽家中已富可敌国，却还是贪得无厌，国中百姓都厌恶他。南子来到卫国以后，对他也很是讨厌，常在卫灵公面前指出他的错误，使卫灵公不再信任他。公叔戌见南子到来后，自己被边缘化，心中不满，便以南子"蛊惑君主、干预朝政"为由，准备发动政变，将南子等人铲除。但南子一眼便看穿了他的阴谋，警告卫灵公说："公孙戌将要发动叛乱。"卫灵公便先发制人，将公孙戌极其党羽全部驱逐，公孙戌逃亡到了鲁国。

卫国的大夫们，开始都对国君娶了这样一个美貌、名声又不甚好的女子心存疑虑，后来看到南子的杰出才干，都开始认可她，敬称她为"小君"。然而，南子的到来却让卫灵公的太子蒯聩很不高兴，蒯聩也颇有才能，从前卫灵公常与他同商国事，可南子一来他的风头全被压过了，卫灵公整天陪伴着南子，一个月不见他一面；国人更是只知道有小君，却忘了有太子。蒯聩既嫉妒南子夺了自己的风头，又畏惧万一哪天南子为灵公生一个儿子，自己的太子之位也就不保了，所以对南子是又恨又怕。

南子虽然深得卫灵公宠幸、敬爱，但私生活并未收敛。她来到卫国没多久，就劝卫灵公将被宋国驱逐的公子朝迎来卫国，卫灵公于是为南子而召见公子朝，将他带回宋国，并任命他为大夫。卫灵公有个男宠叫作弥子瑕，也是生得风流倜傥、一表人才，南子经常与其接触，也传出了很多流言蜚语。所以，南子虽然治国的才能得到认可，但私生活上名声却很不好，人们对她不能谨守妇道都多有微词。就连圣人孔子，都因为见了南子一面，而遭到弟子的不满。

孔子来到卫国，很想在卫国大展身手，实现自己的治国才能。他求见蘧伯玉，被蘧伯玉推荐给卫灵公，但卫灵公对孔子克己复礼那套主张很不感兴趣，孔子十分失望，准备离开。这时，南子派人对孔子说："各国的君子不惜蒙受耻辱想与我们国君结为兄弟之情，必定要先见我们国君的夫人。我愿见见您。"孔子知道南子名声不好，本不欲与其私下见面，但想到见南子或许有助于自己的政治理想，便带着弟子子路前去拜会。

南子坐在细葛布帏帐里面。孔子进门之后，恭敬行礼。南子在帏帐中叩头还礼，身上的佩玉首饰发出叮当碰击的清脆声响。过了一会儿孔子便出去了，但子路对老师见南子很是不高兴。他认为老师自来看重品行、名声，如今却去拜见以淫荡而著称的南子，这是言行不一。孔子见弟子不了解自己，知道他是个莽撞、心直口快的人，也不愿多讲道理，只是说："我要不是不得已的话，上天将厌弃我！上天将厌弃我！"

南子见到孔子以后，便把他推荐给了卫灵公。见是夫人的推荐，卫灵公便再次召见了孔子，授予孔子大夫的官职。过了一个多月，卫灵公外出，与南子同坐一辆车子，又让宦官雍渠陪侍左右，出了宫门以后，要孔子坐在第二辆车子上跟在后面，招摇过市。孔子以此为耻辱，认为卫灵公无道，感慨说："我没有见过爱好德行如爱好美色一样的人。"于是辞去官职，离开了卫国。

孔子对卫灵公宠幸南子不满，只是离开罢了，而太子蒯聩可就要采取非常措施了。一次，蒯聩前往齐国献盂，返回途中路过宋国，宋人知道他是卫国太子，便在路边起哄，唱道："既定尔娄猪，盍归吾艾豭？"这明明是在讽刺南子与宋公子朝淫乱之事。蒯聩无端受此屈辱，心中越想越恨，便铤而走险，决定刺杀南子。

蒯聩回国之后，对家臣戏阳速说："等会我去见夫人，你跟着我，夫人接见时，我回头一看你，你就动手杀死他。"戏阳速同意。于是，二人前往朝见南子。南子接见蒯聩，谈话中蒯聩频频回头看了戏阳速三次，但戏阳速后悔了，迟迟不下手。南子看到蒯聩脸色异常，立刻猜到他要杀死自己，便号哭着逃走，跑到了卫灵公面前，她哭诉道："太子蒯聩想要将我杀死。"卫灵公拉着南子的手，登上高台。大怒之下，下令抓捕太子。蒯聩见事情失败，便逃亡到了宋国，卫灵公将蒯聩的党羽全部赶走。

南子继续得到卫灵公的宠幸。但好景不长，三年以后，卫灵公便病危了。卫灵公对蒯聩要刺杀南子一事耿耿于怀，不愿立他为太子，准备立另一个儿子公子郢，但还没有宣布就去世了。南子于是秉承灵公遗命，准备立郢为卫君，说："命令公子郢为君，是先君的遗命。"公子郢却坚决推辞，他说："我伺候国君到死，他若有这样的命令的话，我一定会听到。并且，国中还有逃亡蒯聩太子的儿子辄在那里，我不敢即太子之位。"南子无奈，只好立蒯聩的儿子辄为君，即卫出公。

卫出公即位以后，南子以祖母的身份辅佐他为政，倒也将国家治理得很好。然而，对她不满的人还是很多，其中最重要的就是卫灵公的女儿，蒯聩的姐姐伯姬。她对继母辅佐侄子总揽朝政甚为不满，总想将弟弟蒯聩迎回来。恰好，伯姬的儿子孔悝在朝中担任卿士，执掌兵权。伯姬于是联合对南子不满的大夫们，挟持了孔悝，胁迫孔悝杀掉出公、南子，将蒯聩迎回。孔悝无奈，与他们订立盟约。南子、出公无力对抗，南子派人带着卫出公逃到了齐国，而自己则留在宫中。

蒯聩回国以后，如愿登上了君位，他早就对南子恨之入骨，立刻派人将南子杀死了。

【人物简评】

因为孔子指责卫灵公"吾未见好德如好色者也"。这一句话，后人多将南子视为以美色迷惑君主，使其疏远贤臣的淫妇，然而，这种评价对南子是很不公平的，南子之所以得到卫灵公宠信，美貌只是很小的一方面，她的见识、才智都是十分杰出的。孔子也曾称赞卫灵公重用贤能，这未必不是南子的功劳。正所谓瑕不掩瑜，南子虽然私生活放荡，但在劝灵公任用贤能、疏远庸才等方面的功劳都是不可磨灭的。无论在当时还是纵观整个历史，她都可以称得上是个杰出的女政治家。

许穆夫人：才高逾八斗，驱驰救国难

【人物简介】

许穆夫人，是卫公子顽和宣姜的女儿，许穆公的夫人。卫懿公无道，导致国家被北狄所灭，许穆夫人听说故国遭遇以后，忧心如焚，亲自驾车前往救援，并作诗讽刺那些制止他的许国大夫，表现出了强烈的爱国主义情怀。她的爱国情怀，感动了当时很多诸侯，尤其是霸主齐桓公，齐桓公因此派兵辅助卫文公，协助卫国重新建国，卫国社稷因此得以延续。

【人物生平】

许穆夫人的母亲是大美人宣姜，父亲是卫国公子顽。宣姜本为卫宣公夫人，宣公去世以后，在其兄齐襄公的主持下，又嫁给了卫宣公庶子公子顽。宣姜一生坎坷，但晚年与公子顽生活得很幸福，夫妻和谐，共生了三男二女，许穆夫人是他们的次女。

许穆夫人继承了母亲的美貌，天生一副美人胚子，肤如凝脂，齿如瓠犀，活泼可爱，楚楚动人，加上受到良好的教育，更有其母都不具备的书香气质。各个诸侯无不期望能得到这样一位蕙质兰心的好做夫人。在许穆夫人及笄之年，齐国、许国便都来到卫国求婚。两国都是临近之国，都需要交好，卫惠公也犹豫了，不知道该答应哪一国。

齐国求婚的是个公子，而许国求婚的是太子。卫惠公思量：齐国虽然是大国，但公子不一定能在齐国掌权；许国虽然是个小国，但太子一定能继承君位。与其将侄女嫁给大国不能掌权的公子，倒不如嫁给小国的太子，这样将来万一卫国遇到什么事情，许国肯定会看在这份姻亲的份儿上进行帮助。于是，他决定将侄女许给卫国。

许穆夫人知道了卫惠公的决定以后，便前去亲自劝谏这位叔叔（同时也是同母异父的哥哥），她分析形势说："我看当今天下大势，弱肉强食，弱小的国家一定会被强国所吞并。如今，许国、齐国一起求婚，许国弱小，离卫国又远，而齐国强大，又是卫国近邻，即便是齐国的公子，对卫国的帮助也比许国国君大。与其将我许配给许国，不如许配给齐国，这样的话，将来万一卫国出现了什么变故，也可救援，切不可因小失大，舍近求远。"但卫惠公固执己见，不听从许穆夫人的劝说，坚持将她许配给了许国。

许穆夫人虽然不情愿，但只能遵从国君的命令，出嫁到了许国。几年以后，许国国君去世，太子继承了君位，即许穆公。许国弱小，在大国的夹缝之间生存，但也算政治稳定，许穆公虽然性格软弱，无雄才大略，对夫人倒是很是宠爱、尊敬，可许穆夫人却经常担忧，不是为了许国，而是为了故国卫国。卫惠公去世以后，他的儿子卫懿公即位。卫懿公是历史上有名的荒唐君主，他不爱财宝，不爱美人，独独喜欢白鹤。卫懿公不仅在宫中、苑中养了成百上千的鹤，花空了国库中积蓄的钱财，还给白鹤封官，一时间国中出现了无数鹤将军、鹤大夫，国人都以此为忧，诸侯都以此为笑柄，卫懿公却怡然自乐。

许穆夫人知道卫国国君如此荒唐以后，日日忧心，害怕故国遭到灭顶之灾，曾多次托人劝谏卫懿公，但卫懿公就是不听。果然，很快许穆夫人所担忧的事情就发生了。卫懿公九年，临近卫国的赤狄，听说卫懿公如此荒淫无道、百姓离心离德后，便发兵攻打卫国。卫懿公准备派兵抵抗，但国人都怨恨他，不听他的调遣，反而讥讽说："国君喜欢养鹤，将士的俸禄都发给了鹤，就让鹤去抵抗吧！"大夫们也说："国君爱鹤，该是鹤报答国君的时候了。"卫懿公无奈，只好向国人道歉，承认自己的错误，好不容易匆匆组织起了一支军队。但这样匆忙建立的军队毫无战斗力，一触即溃，赤狄很快便攻入了卫国都城朝歌。

赤狄在朝歌之中烧杀抢掠，卫国百姓或死或逃，城中一片火海，尸体成山，卫懿公也在逃亡之时被杀死。许穆夫人听到卫国的遭遇以后，如遭雷殛，顿时泪如雨下，哭着去见许穆公，说："当初卫国将臣妾嫁给您，就是期望两国相互扶助，如今卫国遭遇大难，请您发兵前往救援，以报先君结好之情。"许穆公见夫人如此悲伤，准备同意发兵。然而，许国的大夫们听说以后，纷纷前来劝阻。他们说："国家相交，应当互相惠利。可卫懿公昏庸无道，自己招致灾祸，如今军败国破，百姓逃散，这是自作孽。自作孽，不可活，卫国的祸患，就让卫国独自承担吧，许国何必要去找麻烦！况且，卫国比许国强大得多，都被赤狄攻陷了，许国哪来力量救援呢？万一结怨于赤狄，岂不也是亡国之灾。国君万万不可为了对夫人的私情，而将许国社稷、百姓置于险境之中！"

许穆公听了这些大夫们的话，犹豫不决，不敢派兵相救，只是对许穆夫人进行口头安慰。过了几天，许穆夫人知道许国君臣不肯发兵，痛责他们抛弃姻亲、忘恩负义，于是私下带着当年自己出嫁时从卫国陪嫁而来的婢女、仆人驾车赶赴卫国，准备以死赴敌。许国的大夫们知道以后，连忙前往拦截许穆夫人，制止她奔赴卫国。许穆夫人见许国大夫们紧追不舍，知道他们要制止自己，悲愤交加，做了《载驰》一诗来表达自己救亡故国的迫切心情，以及对见死不救、自私自利的许国大夫们的讥讽。

许国大夫见夫人归国意志坚决，只好放她离去。许穆夫人回到卫国国都以后，见到兵燹之后的惨状，心痛不已。她听说残余的卫国民众汇集在漕邑，已经拥立自己的哥哥戴公为君，于是便立刻赶往漕邑。当她见到历尽劫难的卫国君民之后，再也忍不住了，与亲人们抱头痛哭。许穆夫人将从许国带来的物资，交给卫国难民，协助卫国君臣指挥民众重新建立家园，又建议卫人向强大的齐国求援。

不久，卫戴公病逝，卫人到齐国迎许穆夫人的另一个哥哥公子毁继位，即卫文公。齐桓公早就听说了许穆夫人驱驰救国难的事迹，很是感动，决心帮助卫国。他派遣公子无亏率领三千精兵护送卫文公回国，并联系宋国、许国等诸侯，一同攻打赤狄。许穆公见有齐国、宋国这些大国牵头，也欣然出兵帮忙。在这些诸侯的帮助下，卫人将赤狄逐出国土，并在楚丘重新建立了国都，卫国社稷由是得以恢复，又继续延续了四百年之久。其中功劳最大的人，就当属许穆夫人了。

【人物简评】

许穆夫人有文才，有远见，有一腔火热的报国情怀，若能嫁到大国去，必定能如邓曼、樊姬一样，协助夫君成就一番大业。不幸的是她只能屈居于弱小的许国，然而，即便是在许国，她也凭借自己的才华与爱国热情，挽救了卫国的危亡，使卫国的社稷得以延续。她是我国历史上见于记载的第一位爱国主义女诗人，其伟大而光辉的形象将永远鼓舞那些愿意为保卫国家、振兴国家而驱驰奔波的人。

哀姜：一身牵动朝堂乱，仁人君子亦不容

【人物简介】

哀姜，齐襄公之女，鲁庄公夫人，鲁庄公二十四年被聘为夫人，一生没有子

嗣。鲁庄公去世以后，哀姜与庄公兄弟庆父通奸，并合谋欲立庆父为君，弑杀鲁闵公。但遭到国人反对，并引发暴动，庆父出奔莒国，哀姜也出奔邾国，庄公弟季友扶立鲁僖公继位。鲁僖公继位以后，追究庆父、哀姜的罪责，庆父在引渡回国途中自杀身亡，哀姜也被齐桓公下令杀死。

【人物生平】

哀姜为齐襄公之女，如同自己的姑姑宣姜、文姜一样，也是个世间罕见的美人。哀姜幼年之时，荒淫的父亲齐襄公就被大夫们刺杀，之后公孙无知即位，再之后齐国又爆发内乱，最终哀姜的叔叔公子小白继承了君位，也就是齐桓公。在齐国政权更迭、动荡连连的岁月里，哀姜却在后宫默默地出落成了一个沉鱼落雁、闭月羞花的美人。

做叔叔的齐桓公整日忙着争霸，把哀姜的终身大事忘到了脑后，所以哀姜已过了及笄之年，还没有确定要嫁往何处。到了齐桓公十五年时，齐鲁两国在防地会盟，齐国大夫高傒与鲁庄公订立盟约，为了展示结盟的诚意，鲁庄公当即表示要娶一个齐国女子立为夫人，并称这也是刚刚去世的母亲的遗愿。于是双方便定下了哀姜与鲁庄公这门亲事。

订下亲事以后，鲁庄公有点儿不放心了：此时哀姜已经十八九岁了，在古代足以称得上是大龄女青年了；一个诸侯家的女子，十八九岁还没嫁，不会是长得太丑，不会是有什么毛病吧？为了考察将来的夫人，鲁庄公决定亲自到齐国纳聘礼，而且在当年冬天就出发了。

到了齐国以后，鲁庄公见到了哀姜，发现这个从未谋面的表妹竟然生得如此美丽，面如春花，眼含秋波，顾盼之间眉目含情，让人心魂摇荡，自己以前的那些嫔妃和她简直无法相比。鲁庄公真想立刻便将哀姜娶回国中，但这是不合礼制的，只得独自返回。回国之后的鲁庄公日日夜夜想得都是哀姜，吃饭也没有滋味了，对以前的那些妃子们也没有兴趣了。终于忍不住，第二年再次动身前往齐国，与哀姜会面。齐桓公将侄女嫁给鲁国，本就是政治婚姻，所以对他们这种越礼的行为也毫不在意，任其肆意而为。只有史官们看不过去，才在竹简上谴责了鲁庄公、哀姜这种"未娶而先淫"的行为。

第二年，哀姜便嫁往鲁国，鲁庄公又亲自到齐国迎接，与哀姜同行的还有她的妹妹叔姜，她同样也是一位绝色美人。哀姜到了鲁国以后，鲁庄公将所有宠幸都放在了她的身上，哀姜本该十分幸福。但也许是接触美人太多的缘故，鲁庄公的身体却一年不如一年，还不到四十多岁，就仿佛垂暮的老者。哀姜正是青春年少，怎能忍受守着这样一个病恹恹的丈夫，于是渐渐地便有了私情。

与哀姜私通的不是别人，正是鲁庄公的弟弟庆父。庆父比哥哥年轻，身体比哥哥好，长得也是玉树临风，但人品却极为卑劣，他贪婪残暴、利欲熏心，毫不在乎什么礼义廉耻。哀姜刚到鲁国的时候，他就看上了这个美丽年轻的小嫂子，哀姜哪能经得起他的诱惑，很快就和庆父勾引到了一起。鲁庄公沉溺于哀姜的美色，身体又不好，竟没有丝毫察觉，任由他们的奸情发展。

哀姜嫁到鲁国的第八年，四十五岁的鲁庄公便病入膏肓了。这些年，哀姜未生下一个子嗣，他的妹妹叔姜倒是为庄公生了个儿子公子开，哀姜主张立公子开为太子，但鲁庄公却不愿意，他打算立公子斑。公子斑是庄公最初的宠妾孟任的儿子，庄公在年轻的时候认识了孟任，也曾是海誓山盟，许下无数诺言，但娶了哀姜以后，便冷落了孟任，也背弃了立孟任之子为太子的誓言。或许是临死悔悟，庄公想在这个时候弥补孟任母子，很是希望让公子斑继承自己的位置。可孟任出身卑贱，公子斑又不是嫡子，他害怕自己立他为太子，反而会害了他。于是，庄公便打算试探一下国中重臣们的看法。

庄公首先找来三弟叔牙，叔牙与庆父狼狈为奸，当即表示庄公的儿子们都年少，不可继位，说："庆父贤能有才，假若让他来继承君位，您还有什么担心的呢？"庄公很是失望，沉默不语。叔牙出去后，庄公又召来季友，季友是庄公的同母弟弟，为人贤能有才，早就对庆父、哀姜等人不满，他对庄公发誓说："我宁死拥立公子斑为君。"庄公点点头，又说："叔牙准备拥立庆父。"便不再说话了。季友明白了庄公的意思，于是派兵将叔牙扣押，送给他一杯毒药，说："喝了毒药，身死之后后代可以显贵；不喝毒药，难免被杀，子孙也不能保全。"叔牙只得喝下毒药。

季友于是在庄公去世以后，拥立了公子斑即位。但庆父、哀姜等人很不情愿，他们于是挑唆与公子斑有怨的一个下人荦，让他在公子斑还未入宫的时候就将其杀害。季友见公子斑被杀，十分悲痛，于是又拥立了叔姜的儿子公子开为君，即鲁闵公。庆父连续两次没有得到君位，还是不甘心，他又勾结哀姜准备杀死鲁闵公。按理说，鲁闵公是哀姜妹妹的儿子，哀姜本不该杀他，但哀姜此时已经完全站在了庆父一边，对庆父言听计从。恰好鲁闵公的老师强占了大夫卜齮的田地，而鲁闵公在调节的时候自然偏向自己的老师，这让卜齮怀恨在心。庆父又前往挑唆，使卜齮产生了弑君之心。闵公年少，常常出宫门游玩，哀姜便与庆父合谋，自己将看护哀公的人用计调开，庆父则将闵公的行踪通告给卜齮。这样，闵公即位的第二年夏天，卜齮便在宫门外将闵公杀害了。

季友见庆父、哀姜连续害死了两个国君，便带着庄公剩下的一个儿子公子申逃到了邾国。季友、公子申逃走后，国中最有资格继位的就是庆父了，哀姜也鼎力相助，然而两人的如意算盘却打错了。他们残暴无道、倒行逆施的行为已经彻底失去了人心，鲁国人都对他们憎恨不已，怎么能让他们当权呢，于是国中发生暴动，平时彬彬好礼的鲁人都拿出兵器要找庆父、哀姜拼命。庆父惊慌失措，连忙逃往莒国，哀姜见庆父逃走，自己也慌忙逃往邾国。

　　哀姜、庆父逃走后，鲁国人又将季友和公子申迎接回来，立公子申为君，即鲁僖公。鲁僖公继位后，季友掌握了大权，他立刻开始追究庆父和哀姜的弑君之罪。鲁国给了莒国厚赂，莒国于是将庆父交还给鲁国，庆父走到路上，知道自己不会被赦免，于是便自缢而死了。同时，季友又派遣使者向齐国申诉哀姜的罪状，齐桓公听了哀姜淫乱弑君的行为，异常愤怒，立刻派遣使者到邾国引渡哀姜。齐国大夫劝桓公说："哀姜在鲁国犯了大错，您将她引渡回齐国，若审问她然而将其处死，那诸侯就会都知道她的罪名，这对我国的形象可大大不利；若不处罚她，诸侯们又一定会认为我们齐国护短，这也不是什么好的名声啊！"齐桓公听了觉得有道理，便派遣使者送了一杯鸩酒送给哀姜。哀姜知道自己再无活路，便举起鸩酒一饮而尽，一个绝色美女便香消玉殒了。

　　鲁国人虽然厌恶庆父、哀姜，但对哀姜的死却有一丝同情之心，她虽然跟着庆父犯下了弑君大罪，但毕竟是一个女子，是从犯，而且一个鲁国的夫人，被齐国国君赐死，也不是一件光彩的事情。于是，又派人到齐国接回哀姜的尸体，以夫人之礼进行了厚葬。

【人物简评】

　　哀姜虽然美丽却生性放荡，最初与鲁庄公未聘先淫就已经违背礼制，嫁到鲁国以后，又同庆父私通，弑君乱国，可以说是罪无可赦。刘向在《列女传》中评价道："哀姜好邪，淫于鲁庄，延及二叔，骄妒纵横。"

仲姬：远见奈何君不睬，事酿成灾妾命衰

【人物简介】

　　仲姬，又称仲子，宋国公室之女，与妹妹戎子同为齐灵公的姬妾。仲姬贤惠淑德，熟读诗书，有远见、识大体，却因不善巧媚而遭到齐灵公的冷落；相反，其妹妹戎子深得灵公欢心。戎子怂恿齐灵公废掉太子光，立仲姬的儿子公子牙为继承人。仲姬知道后强烈反对妹妹的这种行为，却不被戎子接受。后来，太子光趁灵公病重，发动政变杀死戎子与公子牙，证明了仲姬的远虑。

【人物生平】

　　仲姬为齐灵公姬妾，她本为宋国公室女子，从小就熟读诗书，长大以后贤惠淑德，很有远见，颇识大体。齐国、宋国交好，齐灵公向宋国求亲，宋国认为仲姬贤淑有才，定能得到齐灵公的尊重，从而维护两国之间的关系，便将仲姬许给了齐国。仲姬有个妹妹叫作戎子，年纪比她稍小，虽然没有仲姬有才，却长得娇丽柔美，活泼可爱，又善于讨好人，作为仲子的陪嫁一同被送到了齐国。

　　齐灵公早已妻妾成群，很早以前就娶了鲁国女子颜姬为夫人。仲子到来以后并未受到格外的宠幸，齐灵公好征伐，对仲子这样温柔贤淑的女子并不感兴趣，反而

喜欢英武有男子气概的女子，他的最大嗜好就是让后宫女子都穿上男子戎服，让自己观看。仲子知道齐灵公的这种爱好以后，觉得很不恰当，便劝谏齐灵公说："古代圣人制作衣服，不仅是为了让人们冬暖夏凉，也是为了彰显礼仪。所以，用不同制式的衣服，匹配不同的仪式、场合，祭祀有祭祀的礼服，出兵有出兵的戎装，闲居也都有闲居的便服。根据衣服不同的材质、不同的图案、不同的饰品来区分人们的身份等级。男女之间服饰也大不相同，女性衣服宽松、舒展，既能体现女子的美好，又不会让看到的人产生淫邪的想法；男性的衣服庄重、紧凑，既能体现男子的威严，又方便生活、做事。所以，天子穿天子的衣物，诸侯穿诸侯的衣物，大夫穿大夫的衣服，庶人穿庶人的衣服，这样，便上下有序；男子穿男子的衣服，女子穿女子的衣服，便男女有别。上下有序，男女有别，礼仪才得以维护，人们生活才有了准则。如今您身为国君，却让后宫女子穿上男子的戎服，这是公然抛弃礼仪啊！君主抛弃了礼仪，还凭借什么来治理国家呢？您身为国君，是民众效仿的对象，假若民众也都像您一样，女子穿男子的衣服，国家岂不就乱了，您不也会遭到诸侯的耻笑吗？"但齐灵公对仲姬的劝谏根本不屑一顾，继续我行我素。

戎子知道仲姬劝谏灵公以后，也来劝姐姐说："我们从宋国嫁到齐国，就是为了讨君主的欢心，君主高兴了，便会爱屋及乌结好宋国，我们自己也荣华而有光彩。您却总是拂逆国君的意愿，用他听了不高兴的话来劝谏，这样有什么好处呢？不过是让他逐渐讨厌我们，也讨厌宋国啊！"

仲子听后责备妹妹说："臣子以正道侍奉君主就是忠贞，女子以正道侍奉夫君就是贤惠。臣子对国君阿谀谄媚，助长他的过错就是奸佞；女子对丈夫阿谀巧媚，助长他的过错就是淫邪。我们嫁到齐国，就该以正道侍奉齐君，看到他的过错就该劝谏，怎么能阿谀纵容，看着他错上加错呢？"戎子不听，顺从齐灵公的意愿换上了男子戎衣，又用各种方法讨好齐灵公，很快便得到了灵公的宠爱；而仲子坚持礼仪正道，却逐渐被灵公所冷落。

戎子虽然受到宠爱，却一直没有儿子，而仲姬则生下了公子牙。为了弥补妹妹无子的缺憾，仲姬便将公子牙过继给戎子抚养。爱屋及乌的齐灵公也十分疼爱这个幼子。齐灵公年纪大了，戎子害怕他去世以后自己在齐国便会受到冷遇，便时刻想着让灵公废掉太子光，改立公子牙为太子，那样自己就可以荣登夫人之位，长享荣华富贵了。她凭恃灵公的宠幸，常常在枕边吹风，说太子光的坏话，劝灵公立公子牙。齐灵公年老糊涂，因为嬖爱戎子，很快就答应了下来。

太子光也非灵公嫡子，灵公夫人颜姬没有男孩，太子光是随她陪嫁的侄女声姬生的，早年齐灵公很宠幸声姬，便将他立为太子了。太子光已经成年，颇得朝中大臣拥戴，大夫崔杼、庆封等人都是他的亲信；他还经常代替灵公参加外交活动，在诸侯之间也具有相当的声望。

戒子得到许诺后，连忙把灵公将改立公子牙为太子的好消息告诉了姐姐。但仲姬听后却一点儿也高兴不起来，她觉得这并非什么好事，反而会导致严重的后果，斥责妹妹道："太子光年长有为，又深得大臣拥戴，哪里是那么好废掉的呢？你这不是在为子牙考虑，而是害他啊！趁着事情还能挽救，赶紧劝君上改变想法，同时结好太子光或许还能避免灾祸！"戒子哪里懂得她的深谋远虑，不以为然。仲姬只好自己前往求见齐灵公，劝阻说："您千万不可以废太子光而立子牙啊！无缘无故地废长立幼，本就不是什么好兆头。况且太子光确立已久，深孚众望，名列诸侯，声播四海。您无缘无故废掉了他，那些依附他的大夫们岂能甘心，那些与他交好的诸侯岂能满意？在内不符合大夫们的心意，在外违背诸侯们的意愿，您这样做怎么能得到好的结果？若坚持如此，只怕将来一定会悔之不及！"刚愎自用的齐灵公却说："有我在，哪个敢不服！"仲姬继续苦劝："您宠爱子牙，就应该让他得到安稳的生活。如今这样是将他摆在危险的位置之上，这是害了他啊！"齐灵公最终还是没有听从仲姬的劝告，下令将太子光流放到了边境守城，废黜他的太子之位，另立公子牙为太子，并任命大夫高厚、亲信宦官夙沙卫作为他的师傅。

改立太子没多久，齐灵公便患了重病。太子牙的师傅高厚掌握了朝政，这让从前亲附公子光的大夫们心中很是不满，于是他们偷偷将太子光接了回来。太子光趁齐灵公卧病在床不能临朝执政，在大夫们的拥护下闯入朝堂，赶走了高厚、子牙，并将曾经提议废立太子的戒子抓来当场斩杀。齐灵公在床上，听闻太子光等发动了政变，自己的宠姬戒子被斩杀，又急又悔，当即发病，吐血身亡。

齐灵公死后，太子光即位，即齐庄公。齐庄公当权的第一件事就报复自己的政敌，首先将子牙流放到穷乡僻壤，这样还不解恨，没多久又派人将其杀死；然后又处置辅佐子牙的夙沙卫和高厚，夙沙卫逃到边城高唐准备反叛，失败被杀，高厚也被齐庄公的亲信崔杼所杀。

齐庄公知道仲姬劝谏齐灵公的事情，本不打算追究她的罪责，但仲姬见妹妹、儿子都被杀死了，自己也不愿继续偷生，于是便在宫中饮鸩而死了。

【人物简评】

仲姬贤淑知礼，以正道劝谏齐灵公的过失却不被采纳，反而遭到冷落；她有远见卓识，知道废立太子会给自己的儿子带来灾祸，但意见却不被采纳，只能看着灾祸的到来。可以说，命运对她实在是不公平啊！仲姬自己虽然未能制止灾祸的到来，但她的远见却深深地启发着后人。

骊姬：妖媚偏能惑主，聪明反遭杀戮

【人物简介】

骊姬，或称丽姬，春秋时晋献公夫人，本为骊戎女子，为献公生子奚齐。骊姬姿容娇媚，深得晋献公宠幸，为了使自己儿子奚齐继位，设计害死太子申生，又诬陷公子重耳、夷吾，使之逃亡国外。晋献公死后，奚齐继位，但申生余党里克等人发动政变，骊姬、奚齐都被杀死。

【人物生平】

骊姬本为骊戎国君之女，骊戎是生活在西北一带的戎人部落，国君是姬姓。春秋时，晋献公攻打骊戎，骊戎战败，只好想晋国求和，便将骊姬和她的妹妹少姬献给了晋献公。开始骊姬得知父亲要将自己献给晋国作为赔偿之后，十分伤心，她从未想过要嫁给一个年纪比自己大很多的人，临行之时哭得天昏地暗。然而，到了晋国之中，她被安置在华丽的宫殿里，吃着以前从未见过的山珍海味，受到仆人们精心的照顾，骊姬又感到十分满足。

骊姬不仅生得十分娇媚动人，而且很有心计，善于察言观色，所以很快便得到了晋献公的宠幸。两年以后，骊姬为晋献公生了一个儿子奚齐，从此更是独擅宠爱。晋献公夫人是贾国女子，没有子嗣；献公即位后与其父晋武公的姬妾齐姜私通，生下了太子申生和女儿穆姬。后来献公又纳娶戎族两名女子为妻，大戎子生下公子重耳，小戎子生下公子夷吾。此时，献公的夫人和齐姜都已经去世了，一直没有再立夫人。如今得到了骊姬，对她宠爱得无以复加，献公便准备立骊姬为夫人。

朝中大夫听说献公的决定以后，大多不支持，有的说骊姬为戎人女子，不配立为夫人；还有人说骊姬巧媚无德，将来对国家不利……晋献公听了很不满意，坚持要立骊姬，便下令说以占卜来决定是否立骊姬为夫人。于是，晋国太史拿出龟甲进行占卜，占卜的结果不吉利；晋献公不死心，又让用蓍草占卜，得到了吉利的结果。晋献公说："就按照蓍草占卜的结果来办。"太史劝他说："蓍草测算的数短，而龟象预言得却长，不如按照龟甲的结果来办。而且爻辞中说：'专宠使人心生不良，必将偷走您的所爱。香草、臭草放在一起，十年之后臭气不消。'一定要遵循龟甲啊。"晋献公不听，将骊姬立为了夫人。

晋国太子申生十分贤能，又是个有名的孝子，侍奉父亲、继母都很周道，但骊姬自从有了奚齐，便将申生视为了眼中钉、肉中刺，时刻想废掉他，让自己的儿子奚齐成为太子。骊姬是个很有权谋的女人，她并未直接在献公耳边说申生等人的坏话，反而用重金贿赂献公身边的嬖臣梁五和东关嬖五，让他们对献公说："曲沃是晋国先祖宗庙所在的地方，应该派遣太子申生前去镇守，蒲城和屈城都是边塞重镇，应该派遣公子夷吾、公子重耳前去镇守。"晋献公中计，便将申生派往曲沃，让重耳居住在蒲城，夷吾居住在屈城。只留下骊姬的儿子奚齐和少姬的儿子卓子在身边。

晋国人看到献公这样安排，都知道申生将不会继位了，于是一些见风使舵的小人，便劝献公改立太子。晋献公回去后，私下对骊姬说："我想废黜太子申生，让奚齐做太子。"骊姬知道申生很得人心，势力根深蒂固，便装出反对的样子，哭着对献公说："太子被立已经很久了，有多次率军打仗，取得功勋，大夫和百姓都拥护他，您怎么能因为我的原因而将其废掉，改立奚齐呢？若您坚持这样做，我还不如自杀好了！"晋献公听了这话，以为骊姬通情达理，对她更是宠信了。

表面一套，背后一套，骊姬虽然对献公这样说，私下却安排人诽谤、诋毁申生，加紧陷害申生的步伐。晋献公二十一年，骊姬对申生说："君王昨夜梦见了你的母亲，你为何不去曲沃祭拜一下，然后将胙肉献给她呢？"申生于是到曲沃宗庙中祭拜母亲，然后将祭肉带了回来，献给父亲。恰好献公外出打猎，祭肉被放在宫中。骊姬于是派人趁机向祭肉中下毒。晋献公回来以后，厨师将祭肉献给他，献公正要食用，骊姬从旁阻止，说："祭肉从远方而来，应该让狗试试再吃。"于是，将祭肉先给狗吃，狗吃了便被毒死了；又将祭肉给宫中厮役尝，厮役吃了也被毒死了。

晋献公大怒，以为申生要毒害自己。骊姬见状趁机大哭，她说："太子怎么连自己的父亲都想杀害呢？人人都说他孝顺，现在却这般残忍，这都是因为我们母子啊！他是担心您宠爱我，将君位传给奚齐，这才出此毒计来加害您。您若是死了，我们母子哪还有活路呢！不如现在你就将我们赐死，或者将我们赶到其他的国家吧！"又说，"太子为了保全地位竟然如此狠毒，我们何时窥视过太子之位呢？当初您要改立奚齐，我还曾劝止您，如今看来我都做错了！"晋献公被她迷惑住了，连忙安慰说："这都是申生那禽兽做出来的，和你们母子又有什么关系呢！"于是，晋献公下令抓捕太子，太子得知消息连忙逃到了新城，献公于是杀死了申生的老师杜原款。

申生在新城，晋献公又派人前来抓捕，有人对太子说："毒药不是您放的，这都是骊姬的阴谋，君上只不过是一时遭到蒙蔽罢了，您不如赶回绛城，当面向他申辩，这样事情一定会真相大白的。"申生说："我若申辩，骊姬一定获罪，君王年老了，没有骊姬便吃不好饭，睡不好觉，这样会使他忧郁不乐，我不愿如此。"别人又劝他："既然不能申辩，那就赶快逃走吧，到国外尚可保全性命。"申生说："我背负着杀父的恶名而逃亡，那个国家会接纳我呢？况且父亲打算让儿子死，儿子哪还敢逃离！"于是在新城自杀而死。

申生死后，骊姬又在献公面前诬谮重耳、夷吾，说："太子申生的阴谋，公子重耳、夷吾都知道，他们却不汇报大王，这是想让大王死啊！"献公不辨是非，派人追杀重耳、夷吾，两个公子闻讯便逃到了国外。晋献公于是立奚齐为太子。

晋献公二十六年夏天，献公准备前往齐国葵丘参加诸侯会盟，在路上生了病，于是便途中返回。回到晋国以后，病情加重，献公知道自己将不久于人世，便召来大夫荀息，对他说："我将奚齐作为继承人，但他年龄幼小，恐怕大臣们不服，爆发祸乱，您能拥立他吗?"荀息说："能。"献公还不放心，荀息又说："我必定竭尽股肱之力来辅佐他，再加以忠贞之情。若成功，就是先君佑护；若不成功，我愿以死赴难!"晋献公于是拜荀息为相国，让他主持国政，辅佐奚齐。同年九月，献公就去世了。

献公去世后，荀息辅佐奚齐继位。骊姬成了国母，曾经帮助她夺嫡的嬖臣梁五、东关五也都被加官晋爵。然而，朝中重臣里克、邳郑父却大为不满，他们本就是太子申生的亲信，对骊姬陷害申生怀恨已久，如今见骊姬提携亲信，使自己的权势遭到威胁，便联合诸公子党羽准备发难。

当年十月，在给晋献公办丧事的时候，里克等人派遣刺客，在灵堂之中将奚齐刺死了。奚齐死后，荀息又立骊姬妹妹少姬的儿子卓子为君。里克等人仍不甘心，十一月又在朝堂之上，当众将卓子杀死，同时也杀死了献公托孤的荀息。里克等人又宣布骊姬陷害申生的罪过，将骊姬抓到朝堂之上，当众鞭打，羞辱一番，然后将其杀死。

骊姬虽然死了，但由她引起的晋国动乱却远远没有结束，直到十几年后，晋文公重耳回国即位，晋国才逐渐恢复安宁。

【人物简评】

骊姬有美貌，又有智慧，从其陷害申生一事中，就可以看出她的"聪明才智"，然而，她的聪明却没有用在正确的地方。她去陷害申生，虽然蒙蔽了昏庸的晋献公，却终究没有得到自己想要的长久富贵。不仅自己随即遭到杀身之祸，且使奚齐、卓子等人都成为自己野心的陪祭品，真可谓"聪明反被聪明误"啊!

季隗齐姜：斩断私情成霸业，妾身在彼犹待君

【人物简介】

季隗是咎如国的女子，在战争中被赤狄俘获，送给了晋公子重耳为妻，为重耳生下二子伯儵、叔刘。重耳遭到追杀之时，季隗从晋国的前途、重耳的前程考虑，鼓励他离开，立誓为他守节。齐姜是齐国宗室女子，重耳流亡在齐国之时，由齐桓公做媒许配给重耳。重耳在齐国受到厚待，生活安逸，不愿离去，齐姜以其前程为重，抛弃儿女私情，用酒将重耳灌醉，使其离开。重耳得以回到晋国，建立了霸业，季隗、齐姜都颇有功绩。

【人物生平】

春秋时期，在晋国北方，有一个叫廧咎如的小国，是赤狄人建立的国家。季隗就是廧咎如国的君主，她还有个姐姐叫作叔隗，姐妹二人同具国色天香之姿，如同国中两颗耀眼的明珠。人们都称赞说：前叔隗，后季隗，如珠比玉生光辉。

后来，狄国与廧咎如发生战争，廧咎如被攻灭，叔隗、季隗同国人一起做了狄国的俘虏。

狄王在得到这两个明珠般的美女后，并未自己占有，而是将她们赏赐给了逃亡至此的晋国公子重耳。重耳是晋献公之子，他的母亲就是狄国人，为了躲避骊姬的陷害逃来母国，当时已经四十多岁。重耳得到叔隗姐妹以后，自己娶了季隗，而将叔隗嫁给了亲信赵衰。季隗从公主沦为俘虏，又像礼物一样被送给一个年纪比自己父亲还大的人为妻，心中是痛苦、充满抗拒的，可作为俘虏，又如何能掌控自己的命运呢？只好任由他人安排罢了。然而，时间久了，她便对这个年长的流亡公子生出了爱意，重耳虽然当下落魄，在外流亡，却心怀大志，人品很好；更重要的两人同为天涯沦落人，在感情上很容易产生共鸣。重耳也对这个漂亮的落难公主充满同情、爱护。总之，两人婚后的生活过得十分完美，季隗为重耳生下了两个儿子，长子伯鯈、次子叔刘。

季隗以为自己就将这样在狄国同丈夫、儿子们一起度过平淡、幸福的生活。然而，很快这一切就被打破了。一天，季隗发现重耳将亲信们召集起来，聚在一起秘密商讨着什么。原来是重耳的外祖父晋国大夫狐突从国内捎信前来，告诉他晋国发生了翻天覆地的变化：晋献公已经病逝，死前托付大夫荀息扶立骊姬之子奚齐即位，但丧事还没办完，大夫里克便将奚齐刺杀。荀息又立骊姬妹妹的儿子卓子为君，里克再次将卓子杀死。随后又当朝鞭打、处死骊姬。国中大夫们准备迎立重耳为君。

回国为君是重耳的愿望，但重耳深思熟虑之后却未敢答应。晋国连续死了三个国君，国内一片混乱，权臣当朝，利弊尚不可得知，况且自己的弟弟公子夷吾就在秦国，有秦国的支持，比自己更容易取得君位。重耳可不愿做争位失败的公子纠，于是辞谢了来使的好意。

果然，不久以后，公子夷吾回国即位的消息就传到了狄国。夷吾即晋惠公，他继承君位以后，最担忧的就是流亡在狄国的重耳，他知道自己的才能、德行都赶不上重耳，于是便派遣侍卫寺人披来到狄国刺杀重耳。重耳得到消息以后，连忙准备逃离，但自己在狄国已经生活了十多年，又有了季隗和两个儿子，很是不舍。他的舅舅狐偃提醒说："我们来到这里并非为了娶妻生子，而是为了国家大事，现在狄国不能居住了，我们应该前往一个将来可以支持您回国争位的大国。"季隗知道丈夫要走，也劝他离开，说："我知道您心怀大志，怎么能为了我们母子而在狄国荒废一生呢？您就离开吧！"重耳拉着娇妻的手，嘱咐说："你一定要等着我，我将来必定接你母子回晋国！"季隗问："我要等多久呢？"重耳回答："你今年二十五岁，那就再等二十五年吧！"季隗说："再等二十五岁我已经五十了，还能再嫁人吗？虽然如此，我还是愿意等你。"重耳将季隗托付给狄国亲友，便立刻带着部下离开了。

季隗依依不舍地望着丈夫一行人离开，泪水蓄满了双眼。重耳走后，季隗一人照顾两个孩子，与姐姐相依为命。相传，她常常走到草原上的高丘上眺望晋国的方向，希望重耳回来迎接他。可是每次能望见的就只有连绵草原，风吹落她的眼泪，落到地上，久而久之，竟然形成两汪清澈的泉水。当地人知道这泉水是由季隗思念丈夫的眼泪化成，称之为"相思泉"。

重耳离开狄国以后，来到了卫国，卫文公见其落魄，不愿收留，礼节很是怠慢。重耳于是再次启程，来到了齐国。齐桓公隆重地接待了重耳，交谈之后对这个流亡的公子很是欣赏，于是将一个公室女子齐姜嫁给了重耳，并以二十架马车作为陪嫁。重耳流亡十几年，终于再次在齐国过上了锦衣玉食的生活，又娶了娇美温柔的妻子，他对此十分满意，甚至连当初的大志都忘记了。他的随从们都为此暗暗发愁，谋划着寻找机会劝重耳离开齐国。

几年以后，齐国爆发了内乱，齐桓公去世，齐孝公即位，齐国霸业不再，国力大衰。重耳的随从们都认为齐国已经无力护送重耳回国争位，是该离开的时候了。但重耳沉醉在温柔乡中，根本不想再过流亡的生活了。狐偃、赵衰等亲信谋划将重耳灌醉以后强行带离，他们在一棵大桑树下谋事，却没想到重耳夫人齐姜的一个婢女当时正在树上采桑，将他们的话听得清清楚楚。等他们走后，婢女连忙回去将他们的计谋告诉了齐姜。齐姜听了以后，并未告发他们，反而将知道秘密的婢女杀死，然后也劝重耳早日离开。重耳却说："人生本就该追求安逸享乐，现在我就在安乐之中，还管其他的事干嘛！我不走，就是死也要死在齐国。"齐姜说："您是大国公子，走投无路在来到齐国，您的那些随从都将你当作他们的希望。你不赶快想办法回国，报答那些追随你、对你有恩的人，却贪恋享乐和女色，我为您感到羞耻。况且，现在您不去努力追求，何时才能够成功呢？"重耳还是不听。

齐姜于是直接找到狐偃、赵衰等人，与他们共谋，把重耳灌醉，然后用车载着他离开了齐国。走了很长的一段路，重耳才醒过来，知道事情的真相后，勃然大怒，拿起戈来就要将狐偃杀死。狐偃说："我们这样做都是为了成就你的大业啊，你若真的想杀死我，我宁愿去死！"重耳生气地说："假若事情不能 成功，我就吃了你的肉！"狐偃笑道："事情不能成功，我的肉又腥又臭，你怎么吃得下口呢！"重耳平息怒气后，继续前行。

重耳等人辗转来到楚国，又从楚国来到秦国。此时晋惠公已死，他的儿子怀公当政。晋怀公很不得人心，晋国大夫都厌恶他，派人前来劝说重耳等人回国争位。秦穆公对晋惠公、晋怀公父子二人的背信弃义也很厌恶，也愿意派兵护送重耳回国。穆公还将五个宗室的女子都嫁给重耳为妃。

在秦穆公的护送下，重耳返回晋国，杀死晋怀公，夺得了君位。重耳继位以后，虽然身边有了秦国的五个美女，还是没有忘记旧情，他感念齐姜促成自己离开齐国之事，派人将她接到晋国，立她为夫人；同时又派人前往狄国，将季隗也接到了晋国。

【人物简评】

季隗、齐姜都是晋文公重耳在流亡之时所娶，当重耳需要离开的时候，她们能以重耳的大业为重，毅然斩断儿女私情，这是非常不容易的。尤其是齐姜，重耳不愿离去，她为丈夫的前途着想，竟与其亲信同谋，强迫丈夫离开；为了保守这一秘密，她不惜杀死婢女。正是因为她的识大体，才成就了晋文公的霸业。

穆姬：远嫁促成秦晋好，可气胞弟不堪扶

【人物简介】

穆姬，即秦穆公夫人，晋献公的女儿，为了秦晋两国结好，她遵从父命，远嫁秦国。在秦国，穆姬深得秦穆公尊敬，生下太子罃、公子弘两个公子，还有简璧一个女儿。晋国发生骊姬之乱，穆姬远在秦国，却时刻心系故国危亡，他劝说秦穆公帮助晋国先后扶立了晋惠公、晋文公两个国君。晋惠公背信弃义，在韩原之战中被俘，穆姬积极进行援救，最终使其得以安全归国。

【人物生平】

穆姬的母亲齐姜本是晋武公的小妾，晋武公去世以后，儿子晋献公即位，将庶母齐姜娶为夫人，生下了太子申生和穆姬。后来，秦穆公为了与强大的晋国联姻，向晋献公求婚。晋献公答应下来，便将穆姬许配给了秦穆公。

穆姬出嫁之前，晋献公进行了一场占卜，卦象显示由《归妹》变成《睽》卦。晋国太史，史苏说："不吉利。卦辞说：'男人宰羊，不见血浆；女人拿筐，白忙一场。西邻责备，无法补偿。《归妹》变《睽》，没人相帮。'《归妹》卦上为震，《睽》卦上为离，震为雷，离为火，雷、火之间相互战争，胜者姓嬴，败者姓姬。车子脱离车轴，大火烧掉军旗，不利于出师，在宗丘被打得大败。《归妹》意喻嫁女，而《睽》卦却象征孤单。卦辞显示：'敌人拉开弓箭，侄子跟随姑姑，六年之后，逃回自己所居，抛弃了他的家室，明年死在高梁的废墟之中。'"

晋国是姬姓，秦国是嬴姓，卦辞显示秦晋两国将发生战争，而且晋国将要被击败，这是很不吉利的，但晋献公还是坚持将女儿嫁给了秦穆公，而且送了很贵重的嫁妆。值得一提的是，穆姬陪嫁的臣之中，有一个晋国刚刚从虞国俘虏的大夫，名叫百里奚。百里奚十分有才干，后来辅佐秦穆公建立了霸业。

穆姬嫁到秦国以后，与秦穆公相亲相爱，生下了两个儿子，长子太子罃、次

子公子弘，两个儿子也都十分孝顺。秦国生活很幸福，但晋国却发生了令伯姬伤心欲绝的事情。晋献公得到美人骊姬以后，受到骊姬的蛊惑，废弃并逼死了太子申生。太子申生是穆姬唯一的同母哥哥，得知申生死讯以后，穆姬痛哭流涕，连续几日吃不下饭，怨恨父亲的昏庸糊涂，怨恨陷害申生的骊姬。

随着骊姬之乱，晋献公的另外两个儿子，公子夷吾、公子重耳都逃亡在外，几年以后，夷吾逃到了秦国。晋献公去世以后，晋国发生大乱，大夫里克连续杀死奚齐、卓子两个幼君，又当朝处死了骊姬，晋国大夫派人前来迎接公子夷吾回国即位。夷吾在秦国的时候，穆姬对这个弟弟很是照顾，见晋国人前来迎接，就力劝秦穆公帮助夷吾归国。秦穆公看在夫人面上，也为了两国以后的交好，便答应了。在夷吾离开之前，穆姬嘱咐他说："因为骊姬的缘故，导致晋国国内大乱，你们兄弟都流亡在外，你回到晋国以后，一定要善待国人，并将流亡在外的公子们都接回国去，好生安置。"夷吾当即许诺，向姐姐发誓说自己一定做个好国君，一定善待兄弟。穆姬又将贾君托付给夷吾，贾君是太子申生的遗孀。夷吾也答应了。

然而，晋惠公夷吾回国之后的所作所为，让穆姬失望不已。夷吾不仅背弃了对秦穆公的诺言，也将姐姐的嘱咐抛之脑后。他没有善待自己的兄弟们，而是派刺客前去刺杀对自己有威胁的哥哥重耳，使重耳被迫流亡；对于太子申生的遗孀，晋惠公见其生得美貌，竟与其私通，又公然接入宫中。穆姬在秦国听说这些事情，悲愤不已，痛恨自己当初相信夷吾这个无耻小人。

几年以后，晋国发生旱灾，派人前来向秦国购买粮食，秦穆公本不准备答应，但大夫百里奚劝他说："晋侯虽然有罪，但晋国百姓有什么过错呢？况且天灾是每个国家都会遇到的，见死不救有违仁道。"穆姬也请求秦穆公看在秦晋两国长期交好的面上，不计前嫌，救其危难。秦穆公于是将粮食卖给晋国。过了三年，秦国发生了大旱，颗粒无收，便向晋国请求购买粮食，没想到晋惠公再次忘恩负义，不仅不卖给秦国粮食，还准备趁火打劫，攻打秦国。于是，秦穆公起兵伐晋，双方在韩原展开大战。晋军理亏，士气低落，被秦军击败，晋惠公也做了俘虏。

俘虏到晋惠公以后，秦穆公痛恨他的忘恩负义，准备将他押往国都，当众处死。穆姬在宫中听说了秦军俘虏晋惠公，且要将其处死的消息，十分难过。虽然夷吾卑鄙忘恩，但他毕竟是自己祖国的国君，也是自己的弟弟啊！穆姬不愿见到夷吾，更不愿他被带到秦都中处死，于是带着两个儿子登上高台，堆起木柴，派人对秦穆公说："上天降下灾祸，让我两国国君不是用礼品相见而是兴动甲兵。假若晋君早上入城，臣妾就晚上自焚；晋君晚上入城，臣妾就早上自焚。请夫君裁度！"秦穆公爱惜夫人，于是将晋惠公囚禁在城外灵台。

晋惠公被囚禁在灵台，不仅不感激姐姐的救命之恩，反而抱怨起了父亲。他说："当初占卜对晋国不利，父亲非要坚持将姐姐嫁到秦国，这下报应却落在了我的头上！"陪在一边的晋国大夫韩简，说："占卜只不过是一种形式罢了，先君败坏的道德，难道可以数得完吗？史苏的占卜，即便是听从了，而不知修德，又有什么用处呢？人的灾祸不是由上天降下的，都是因为自己胡作非为才导致的啊！"

后来经过群臣的商议，穆姬的不断请求，秦穆公又将晋惠公放了回去，而扣留他的儿子太子圉作为人质。虽然是人质，秦穆公夫妇对太子圉却很好，还将穆公的一个女儿怀嬴嫁给了他。哪知道太子圉以小人之心，度君子之腹，天天觉得秦国要陷害自己，竟不顾国家大计，偷偷逃了回去。

晋惠公去世以后，太子圉继位，即晋怀公。晋怀公的心胸比他的父亲还狭隘，为了维护自己的统治地位，四处派人刺杀其他流亡的晋国公子。这时，公子重耳恰好从楚国来到秦国。穆姬对晋怀公失望至极，便请求秦穆公护送重耳回国争位。晋国大臣们也都私下联系重耳，希望他回国，愿为内应。秦穆公于是派遣大军，护送重耳返回晋国。晋怀公派军抵抗，但军队到了前线反而与重耳结盟，反攻晋怀公。晋怀公出逃到高梁，被重耳派出的追兵所杀。穆姬出嫁之时的卦辞至此都一一得到了验证。

【人物简评】

穆姬嫁到秦国，能够得到一代霸主秦穆公的敬重，与她的贤能淑慧是分不开的。穆姬嫁与他国之后，还时刻关心故国的安危，为了故国社稷忧心竭虑，这些都显示了她的爱国精神。对弟弟们的关心，对哥哥遗孀的照顾，则表现了她看重亲情一面，而她为秦晋两国交好所做出的努力则更值得人们钦佩。

西施：一去姑苏无复返，岸旁桃李为谁春

【人物简介】

西施，中国古代"四大美女"之一，"沉鱼落雁，闭月羞花"中"沉鱼"所讲的就是西施浣纱的传说。西施本为越国女子，被越王献给吴王夫差为妃。作为越国间谍，西施在吴国魅惑夫差，使他疏远贤臣，亲近佞人，贪图享乐，不务国事。后来，吴国被越国所灭，西施下落不明。有说被越王所杀，有说为吴王殉情，也有说法是西施与越国大夫范蠡共同归隐。经过千百年不断传说、演绎，西施已经成为了美的化身和代名词。

【人物生平】

西施为春秋时期越国人，出生在诸暨苎萝村，她本为农家女子，姓施，名夷光，因为家住村子西面，而被人们称为"西施"。西施的父亲卖柴，母亲浣纱，一家人相亲相爱，虽然生活并不富裕，却十分幸福。西施常随母亲到溪中浣纱，皮肤也被江南的水滋润得如丝绸一样洁白光滑，加之美如天仙的相貌，很快就成了远近闻名的美人。

西施有多美呢？据传所有看到她的人，无不称赞她是有生以来见过最美丽的女子，她的面容、身材处处都美得恰到好处，增半分嫌腴，减半分则瘦。每次西施到溪中浣纱，远近各村青年无不争相观看，为了一睹她的芳容，宁愿放下手中的农活。据说，就连溪中的游鱼看到了西施，都被她的美貌所吸引，沉到水底静静观看。

西施的一举一动，都让男人们神魂颠倒，乡中的女子们也都纷纷效仿，于是西施第一次引领了时尚：西施披轻纱，乡中的女子们便学着用轻纱做衣服；西施穿丝绸，乡中的女子们便也穿同样的丝绸衣服。由此还产生了一个"东施效颦"的故事呢！

有个被称为"东施"的女子，长得很丑，她也效仿西施的所作所为。西施心口痛，于是用手捂着胸口，皱着眉头，这样却更显娇媚，迷人。东施看到西施这样做还很漂亮，于是自己也模仿，用手捧着心口，故意皱着眉头……没想到，这让她显得更加丑陋，村中人见了纷纷躲避，他的邻居忍受不住，纷纷搬走了。

西施是个民间女子，虽然有美名，也只不过是在十里八乡之间，然而，一场战争却将她推到了历史的风口浪尖上。这场战争，其实只是吴、越两国之间长期纷争的一个节点，向前还可以追溯上百年。吴、越两国同在长江下游地区，实力相当，长期相互敌对，先是吴国打败越国，然后越国又打败吴国，吴国再报复越国，越国再报复吴国……不断地这样循环着。然而，在吴王阖闾的时候，任用孙武、伍子胥能能人，吴国国力大增，竟然击败了强大的楚国，称霸天下。恰好越王允常死了，阖闾便发兵攻打越国，然而阖闾太过轻敌，竟被越王勾践用奇计击败，还受了重伤，没多久就去世了。阖闾去世的时候，嘱咐儿子夫差一定要灭掉越国为自己复仇。夫差听从父亲遗训，在伍子胥的辅佐下，很快恢复国力，一举打败了越国。

越王勾践被围困在会稽山上，本欲拼死一战，但大夫文种、范蠡等人劝他暂时忍辱负重，向吴国称臣，等待时机复国、复仇。勾践采纳了文种、范蠡的建议，和夫人亲自前往吴国，为吴王夫差做奴仆。越国的大臣们都期望将勾践救回来，他们用金钱珠宝贿赂吴国的国君、大臣，终于使勾践得以回国。勾践回国以后，时刻不忘在吴国所受的羞辱，日日夜夜想着报复，大夫文种向他进献了九条灭吴奇计，其中有一条就是"美人计"：求访国内美人，将其进献给吴王，一方面让美人离间吴国君臣关系；另一方面，迷惑吴王，使其沉溺于美色之中，荒废政事。勾践听后，拍案叫绝，尤其对"美人计"十分看重，立刻下令让大夫范蠡亲自到民间求访聪明、可靠的美女。

范蠡走访越国大小城池，张出榜文重金求访美女，但大多不能如意，这些美女要么不够漂亮，要么不会讨好人，要么不够聪明，总之，都不能承担起入吴为间谍的重要任务。一天，范蠡路过诸暨县，正考察应召的女子，忽然听到有人在旁边感叹说："这些女子也称得上是美女吗？和苎萝村的西施相比，她们差得太远了!"范蠡听言，连忙将那人请了上来，询问有关西施的事情。听了那人的描述以后，范蠡将信将疑——他不相信世上竟然真的有如那人所说，天仙一般，连游鱼都被吸引的女子。于是，他决定亲自前往苎萝村察访。

范蠡来到苎萝村以后，恰好碰到西施在溪中浣纱，只见玉臂轻摇，轻纱飞舞，婀娜多姿的美人宛如溪水中亭亭玉立、随风摇荡的白莲花；走到近处，她的容颜却比莲花更美。范蠡深叹一口气，决心就选这个女子了。于是，他对西施以及父母说明来意。西施的父母爱惜女儿，露出不忍之色，西施却说："为国家分忧，本是义不容辞的责任，父母无须为儿女私情而放弃大义。女儿愿意同范大夫前往，为国君效犬马之力！"听西施如此识大体，范蠡心中更是高兴，便给了西施父母一大笔钱财，带着西施回到国都。

要想获得吴王的欢心，完成大任，单单有美色还是不够的。西施出身农家，不懂宫廷礼节，于是越王又派人对西施等选上来的美女进行培训：一教她们宫廷礼仪；二教她们歌舞乐曲，三教她们如何讨君主欢心。花了三年时间，西施从一个民间的浣纱女子，变成了一个精通乐舞、修养有素、言辞谈吐得体的美人。

之后，越王给这些美人穿上精心制作的衣服，带上专门打造的明珠首饰，派大夫范蠡亲自送到吴国。吴国大夫伍子胥见到这些美女，立刻看穿了越人的阴谋，他对吴王夫差说："当年夏桀得到美女妹喜而亡国，殷纣得到美女妲己而亡国，周幽王得到美女褒姒而亡国，一个美女就能导致国家灭亡，更何况这么多呢，越国这是包藏祸心，想要灭亡我们吴国啊！"可吴王夫差看到这些越国美女时，魂都飞走了，哪还听得进去伍子胥的逆耳良言呢！立刻将这些美女收入后宫，又下令为她们新建宫室。

自此以后，吴王整日与越国的女子相伴，通宵达旦地饮酒作乐，连朝政都顾不上了。在这些美女之中，吴王特别宠爱西施，为了讨好西施，他在姑苏城中大兴土木，建立春宵宫，又在宫中挖大池，与西施在池中乘龙舟饮酒赏月，又为西施建造了表演歌舞和欢宴的馆娃阁、灵馆等。几年下来，国中积蓄被他挥霍一空。伍子胥又开始劝谏，并指责西施就是妲己、褒姒那样的亡国女子，建议夫差将西施处死。西施听说以后，日夜在夫差耳边哭诉，说："臣妾远离父母，来侍奉大王，不过是为了讨大王的欢心，与大王长相厮守。如今，伍太傅却将我称为妲己、褒姒一样的妖女，这不就是讽刺大王是纣王、幽王那样的昏君吗？况且大王如此宠爱臣妾，臣妾享尽荣华富贵，又怎么会希望吴国灭亡呢？若大王不相信，这就杀了臣妾吧，也免得大王落下荒淫好色的恶名！"

听到爱妾的哭诉，吴王很是生气，逐渐对忠臣伍子胥不满起来，加上奸臣伯嚭也被越国收买，不断说伍子胥的坏话，夫差竟赐死了伍子胥。伍子胥死后，再也没人劝谏吴王了，吴王更加荒淫放荡，整日陪着西施作乐。西施善于跳"响屐舞"，夫差便专门为她筑"响屐廊"：用数以百计的大缸，连成一道长廊，上面铺上木板，让西施穿着木屐在上面翩翩起舞，裙系小铃，舞起来，铃声和大缸的回响声，"叮叮咚咚"交织在一起，夫差听了如醉如痴。

西施还故意夸耀夫差的勇武，夸耀吴国的强大，怂恿夫差出兵到中原与诸侯争霸。夫差听了西施的赞美，为了在美人面前争得面子，便不断北上攻打齐国等大国。这样，夫差在内沉迷女色，大兴土木；在外穷兵黩武，四处征伐，几年下来，国家就民力疲惫、外强中干了。越王勾践则卧薪尝胆，休养生息。

后来，越国趁夫差率军北上争霸之际，偷袭吴国，将吴国打得大败。几年以后，又再次进攻吴国，彻底将吴国灭掉了。夫差想到伍子胥当年劝谏自己的话，十分羞愧，便蒙面自杀了。

西施帮助越国灭掉吴国以后，下场却成了迷。几千年来，各种说法众说纷纭。有的说，吴国灭亡之时，西施虽然完成了任务，但她想到吴王夫差对自己的疼爱，心中十分愧疚，便随夫差一同自杀，也算是为他殉情了。还有的说，西施在吴国灭亡后，又被越人接回了越国，越王勾践见西施生得美丽，便将其纳入后宫；越王夫人嫉妒西施的美色，便宣称西施是祸国妖女，不能留下，派人将她装入袋中沉到了江中。也有的说，吴国灭亡之时，吴人痛恨西施魅惑夫差，陷害忠臣伍子胥，导致国家灭亡，便冲入宫中将西施活活打死，丢入了太湖之中。其中最美好的说法是，西施在越国的时候，范蠡就爱上了她，为了国家大计才忍痛将西施献给吴国。吴国灭亡以后，西施被范蠡偷偷接回了乡下，之后范蠡也辞去官职，两人一起泛舟五湖，隐姓埋名度过了幸福的下半生。

【人物简评】

在后人心中，西施早已成为"美"的代名词，苏轼诗云："欲把西湖比西子，淡妆浓抹总相宜。"西湖那么美的景色，还要以西施为比，可以想象西施之美，已至极端。然而，除了美貌之外，西施身上那种为国家忍辱负重、深入虎穴的牺牲精神，则更为可贵。她牺牲了自己一生的幸福，成就了自己的国家；为国家的利益，抛弃对个人幸福的追求，这才是最伟大的。

钟离春：明君从不以色取，唯修贤德固国基

【人物简介】

钟离春，又名钟无艳、钟无盐，战国之时，齐宣王的妻子。她非常有才华，但相貌异常丑陋，是我国古代"四大丑女"之一。因为貌丑，钟离春四十岁未能出嫁，于是自请见齐宣王，陈述齐国存在的弊端、危害，齐宣王听后大为震惊，采纳她的意见，并立她为王后。

【人物生平】

钟离春，复姓钟离，名春，因为家住齐国无盐邑，又被称为钟无盐，又因相

貌丑陋，后人多将"无盐"，记为"无艳"。她虽然相貌丑陋，但最终却嫁给了齐国国君，而且还成了王后。这到底是怎么一回事儿呢？

战国时候，齐国是东方的大国，经过齐威王的改革，国力强盛一时，威震诸侯。齐威王去世以后，他的儿子田辟疆即位，史称齐宣王。齐宣王继承了父亲留下的大好基业，却没有继承父亲的雄才大略。他整日在后宫与美姬们饮酒玩乐，日日笙歌，夜夜欢饮，朝事堆积如山，也视而不见。国中贤臣隐退，奸佞结党，百姓生活困苦却无处申诉；国外秦、楚、燕、赵等诸侯都蠢蠢欲动，准备趁机讨伐，齐国的形势变得岌岌可危。

在齐国的无盐邑，有个叫钟离春的女子，长得远近闻名——不是因为她漂亮，而是因为丑陋。中国历史上有"四大美女"，西施、昭君、貂蝉、杨贵妃，同样也有"四大丑女"，嫫母、钟无艳、梁鸿妻孟光、许允妻阮氏，能够在"四大丑女"中占得一席之位，钟无艳容貌如何可以想象。据记载，她长得：额头宽阔，中间下凹；双眼黯淡，头发无光；鼻子朝天，脖子肥粗；皮肤黢黑而粗糙，耳朵巨大而下垂；腰粗腿壮，骨架大如男人……总之，女性该有的柔媚娇俏之态，在她的身上是找不到一点儿。

因为，长相丑陋，钟离春直到四十岁还没有嫁人。无盐当地的人谁要是没有娶上媳妇，人们就会嘲笑说："娶钟离春吧！"这算是对人最大的捉弄、羞辱了。钟离春的父母都放弃了将女儿嫁出去的希望。然而，钟离春自己却丝毫不以丑陋为羞，别人讥讽的话她听了也不生气，就当没有听见。反而，对人说："我没有嫁出去，是因为这里的人都配不上我，配得上我的人一定要居于万人之上，手握天下大权！"听到的人都以为笑话，打趣说："照你这么说，你将来要嫁给大王，入宫做王妃了？"钟离春并不回答。

一天钟离春忽然告别家人，真的来到了齐都临淄，请求拜见齐宣王。谒者问她为何要见齐王，钟离春说："听说大王还没有册立王后，我来自荐枕席！"谒者听后，见她容貌如此丑陋，以为她是在胡闹，便将她轰走了。没想到，三天以后，钟离春再次前去，拜见齐王，通报的人很生气，以为她在捣乱，便轰走她，告诫说："看你无知，不与追究，假若再次捣乱，便要治你的罪了！"

钟离春见谒者不肯为自己通报，于是在宫外等待。一天，齐宣王登上宫墙，观看城中景色，钟离春见了，连忙跑到墙下，睁大眼睛，张着口，挥着双臂，拍打膝盖，高呼："危险啦！危险啦！"宫外的侍卫，连忙跑过去驱赶她。齐宣王在宫墙上看到了这一幕，便问："下面出了什么事情？"身边的侍从回答："听谒者说，最近有个女子，要求见大王，自荐枕席，被赶走了！想必这就是那个女子吧！"齐宣王站在宫墙上，看不清钟离春的相貌，很不高兴地说："有女子主动求见，愿意侍奉我，这是仰慕、爱戴我啊，怎么不给及时通报呢？这是谒者的过错!"于是,下令召见钟离春。

齐宣王见到钟离春之时,才明白为何谒者不给她通报。自己身为一国之君,见过各种人物,却从未见过如此丑陋的女子,他疑惑地问:"难道声称自荐枕席,愿意入宫侍奉寡人的就是你?"钟离春回答:"正是民女。"齐宣王被钟离春的自信惊呆了,茫然张口不知说什么好。

钟离春见状说:"大王张口无言,一定是觉得民女丑陋极了?民女窃为大王不取。"齐宣王问:"为何?"钟离春回答:"从前嫫母丑陋,却能辅佐黄帝平定天下;西施美貌,却使夫差国破身死。君主轻视外貌,重视德行,国家便能兴盛;君主看重外貌,轻视德行,国家便会灭亡。如今齐国西有强秦,南有大楚,北有燕赵,它们无不对齐国虎视眈眈,而您却整日沉迷于后宫女子的美色,使朝政荒废,兵甲松弛,贤人退隐,佞臣上位,可以说齐国已经十分危险了!到了这样危险的时候,您却还以貌取人,这怎么可以呢?"

宣王见她很有见识,便问:"依你而看,寡人该怎么办呢?"钟离春说:"刚才臣妾在宫外拜见大王的时候,就已经说明了,只不过大王没有察觉罢了。"齐宣王很奇怪,问:"你是如何说明的呢?"钟离春回答:"臣妾刚才呼喊'危险啦',就是在说齐国的社稷啊!我睁大眼睛,是要大王谨慎观察国际风云的变化;我张开口,是希望大王能广泛纳谏;我挥手,是希望大王赶走那些阿谀诌媚的小人;我拍腿,是要为大王拆除那些专门享乐的宫殿、苑囿。大王若能采纳臣妾的意见,将臣妾留在身边,齐国还有什么危险呢?"

钟离春说完,齐宣王恍然大悟,他大为感动地说:"我的过错真是太深了!若不是你前来提醒,我哪能醒悟呢!"齐宣王为了表示自己痛改前非,他将钟离春接入宫中,以她作为自己的一面镜子,并封她为王后。

钟离春做了王后以后,常劝谏齐宣王,提醒他选任贤能,疏远奸佞,又督促他远离酒色,勤于政务。在她的帮助下,齐宣王成了一个合格的君主,齐国国力也很快恢复、强大起来。

钟离春又返回无盐邑,当地之人得知钟离春果然做了王后,无不嗟叹。做父母的都教育孩子说:"一定要勤学、修德,有德行、有学问,即便是长得像钟离春也能做王后、享富贵!"人们为了纪念这位从无盐邑出去的丑女王后,还为她立庙祭祀,称钟离春为"丑娘娘"。元代著名剧作家郑光祖曾根据钟离春的故事,编了一本著名的杂剧《丑齐后无艳连环》,其中对钟离春的智慧、贤德大加赞赏。

【人物简评】

钟离春虽然相貌丑陋,却有远见卓识,正是因为她的一番劝谏才使齐宣王认识到自己过错,改过自新。可以说,她振聋发聩的一番话,挽救了齐宣王,挽救了齐国。这样的见识,即便是男子也少有。她自荐枕席,以身侍奉齐宣王,又彰显了齐宣王重德轻色的美名，这又比郭隗献计燕昭王更为难得。齐宣王得到钟离春，实在是他的大幸啊！

宣太后：居宫弄权败绩少，放纵风流韵事多

【人物简介】

宣太后，战国时期楚国公室女子，芈姓，又称芈八子，秦惠文王之妾，秦昭襄王之母。秦昭襄王年幼即位，宣太后长期执掌国政。掌权期间，她色诱义渠王，攻灭义渠，消除秦国西方大患，又向东与诸侯争强，为昭襄王日后攻破诸侯奠定了坚实的基础。

【人物生平】

宣太后，秦惠文王之妾，又称芈八子，是楚国公室女子。芈八子嫁给惠文王时，年轻貌美，为人机智，深得惠文王宠幸，不久便为惠文王生下了三个儿子，公子稷、公子芾、公子悝。秦惠王去世以后，秦武王继位，此时芈八子的长子嬴稷被送往燕国做人质。母子分离一定让芈八子感到十分痛苦，这也让她认识到了，在王室之中，手握大权是多么的重要。

秦武王四年，秦军进入洛阳，武王好力，见到周王室的龙文赤鼎，便与大力士孟说比赛举鼎。结果，力气不足，秦武王被大鼎砸断腿骨而死。秦武王忽然去世，又没有子嗣，在继任者问题上引发了激烈争夺。秦武王的母亲惠文后扶持公子壮，而芈八子则期望自己的儿子公子芾即位，芈八子地位虽低，但得到了秦惠文王母弟，右丞相樗里疾的支持，反而在这场争夺战中占了上风。

此时，秦、赵、燕三国互为盟友，雄才大略的赵武灵王一直严密观察着秦国动态，当他知道芈八子即将战胜惠文后拥立公子芾的消息以后，决定插手秦国内政。于是，赵武灵王派人前往燕国，迎接在燕国为人质的公子稷，燕国也期望公子稷能成为新的秦王，对赵武灵王的建议很是支持。两国将准备迎立公子稷的主张通知了秦国，秦国虽然不希望国君由外国拥立，但当时若不答应赵、燕两国的要求，必然会失去盟友，而且赵、燕很可能联合其他诸侯，以拥立公子稷为借口，攻打秦国。楚国在南面对秦国的巴蜀之地早已垂涎不已，韩、魏两国也蠢蠢欲动，假若再将燕国、赵国推到敌方，那秦国就危险了。于是，芈八子与其同母异父的弟弟魏冉，带头主张同意赵国立公子稷的建议，毕竟嬴稷同样是芈八子的儿子，立他与立公子芾并无差别。

于是，公子稷被立为新的秦国君主，也就是后来的秦昭王，芈八子也就变成了宣太后。秦昭王继位后只有十几岁，朝中大权都掌握在宣太后手中，宣太后封魏冉为穰侯，任他为国相，又封其同父异母弟芈戎为华阳君，后来又封了另外两个儿子为高陵君、泾阳君，使他们亲党结连，共掌大权。

宣太后姐弟掌握大权，很快引起了秦武王母亲惠文后的不满，在扶持公子壮争位失败以后，她就很不甘心，与同样心存怨望的公子、大臣们暗中勾结，准备发动政变废黜秦昭王，改立其他公子为君。但身为国相，手握大权的魏冉很快就将动乱平定了，秦国于是诛杀公子壮、公子雍，赐死惠文后，又将秦武王后驱逐回母家魏国，肃清了对秦昭王及宣太后不满的公子、大臣。政权从此牢牢把握在了宣太后手中。

宣太后可不是一个只会夺权弄势的人，她在治国之上很有智慧，才能要远超当时的大多数诸侯。她执政后的第一个考验是处理韩国的求援。楚怀王派遣大军包围韩国雍氏城，雍氏是韩国重镇，楚军连攻五个月，都没有攻破，但城中也已经兵疲粮尽了。韩襄王多次派遣使者，向秦国求援，但秦国军队一直不出崤山。韩襄王于是再次派遣使者尚靳求见宣太后，尚靳以唇亡齿寒的道理劝说秦国尽快派兵救援。朝中大臣也有应和尚靳劝太后出兵的，宣太后于是对他们说："当年我服侍先王的时候，先王将大腿压倒我的身上，我感到疲倦而不能承受。可当他将整个身体都压倒我的身上时，我却感不到重，这是为何呢？秦国要想帮助韩国，若兵力不足，粮草不济，就无法成功。解救韩国的危难，每天要耗费数以千计的财物，这对秦国来说又有什么好处呢？"韩襄王于是又派新的使者，答应为秦国提供粮草，并送来一大笔金钱，宣太后这才同意出兵。秦国出兵以后，楚国便撤兵离开了。

秦昭王准备支持韩国公子成阳君兼任韩、魏两国的国相。宣太后知道以后，便通过魏冉劝昭王不要这样做。秦昭王很疑惑，说："我扶立成阳君为韩、魏的相国，他一定会感激我，从而亲附秦国。这样，韩、魏两国就会唯秦国马首是瞻，这样的利事为什么不做呢？"宣太后说："当年成阳君曾因为秦王的缘故困居在齐国，那个时候你没有任用他，现在他显贵了又加以任用，他怎么会感激你呢？况且，韩、魏两国未必愿意以成阳君为相国，你强行扶立他，返回会引起两国的不满，损害秦国和韩、魏的关系。"秦昭王听后，于是打消了念头。

宣太后在秦国掌权之时，所建立的最大功业就是消灭义渠。义渠是活跃于秦国西北部的一个古代民族，该国人半农半牧，英勇善战，曾长期与秦国发生战争。在秦惠文王的时候，义渠发生内乱，秦国趁机攻打，使其臣服于秦国。但秦昭王继位之后，义渠再次强大，逐渐显示出不臣之心。宣太后知道义渠军力强盛，难以一举消灭，便决定暂时将其稳住，等待时机。

为了稳住义渠，宣太后不惜以身做饵。在义渠王前来朝见之时，宣太后独自宴请他，在宴席中，她主动投怀送抱，义渠王一下就被年轻美貌的宣太后俘虏了。义渠王从此常常流连秦都，与宣太后相会。宣太后表面迎合义渠王，还为他生下了两个儿子，但私下却紧密筹划攻灭义渠之事。

多年以后，秦国军力大增，而义渠却逐渐变得弱小。宣太后觉得时机已经成熟，便在甘泉宫大摆酒宴，招待义渠王，在席间将其刺杀了。杀死义渠王的同时，秦国大军迅速北上，攻入义渠国中，义渠人毫无准备，国君又被杀，很快便被征服了。秦国在义渠故地设立了陇西、北地、上郡三郡，国土、国力都大大增加。

宣太后虽然为秦国建功立业，但她独掌大权，架空秦昭王，使国中只知有太后、四贵，不知有秦王，这逐渐引起了秦昭王的不满。秦昭王自己也是一个有雄才大略的君主，他不愿意一辈子都生活在母亲、舅舅的阴影之下。秦昭王三十七年，秦昭王任命魏国人范雎为客卿，而范雎之所以能获得秦昭王信任，就是因为他劝说秦昭王独揽朝政，罢黜宣太后、穰侯等人的权柄。不久，秦昭王便彻底采纳了范雎的建议，罢黜宣太后的权柄，又将穰侯、华阳君、高陵君、泾阳君都赶回封地，使他们不得继续干预朝政。

宣太后不再干政以后，独居宫中，晚年她十分宠幸男宠魏丑夫，曾下令在自己去世的时候，要魏丑夫陪葬。魏丑夫很是担忧，便请庸芮为自己游说宣太后。庸芮请求拜见，宣太后接见了他，寒暄之后，庸芮便问："臣有一事不明，敢请教太后。"宣太后说："请问。"庸芮说："人死之后，不知是有知还是无知呢？"宣太后说："大概是死后无知吧！"庸芮继而说："既然死后无知，那您为何又要将自己心爱的人置于死地，让他陪葬呢？假若人死后真的有知觉，那么先王早就会对您的所为恨之入骨了。太后您弥补自己的过失都来不及，又怎么能和魏丑夫继续私情呢？"宣太后知道他的来意了，也觉得他说的有道理，便下令撤销了让魏丑夫殉葬的旨令。

公元前 265 年，即秦昭襄王四十二年十月，宣太后去世，秦国举行隆重的葬礼，将其安葬在骊山。

【人物简评】

宣太后是我国历史上第一个称为"太后"之人，也开启了太后专权的先河。她以太后身份统治秦国长达三十六年，而且大大发展了秦国的国力，向东削弱诸侯，向北攻灭义渠，这些功劳足以彪榜青史，使她担当起"著名女政治家"的称号。

君王后：民间有幸识王胄，宫室无畏碎玉环

【人物简介】

君王后，齐襄王王后，齐王建之母，为太史敫之女。六国伐齐之时，齐愍王被杀，其子田法章逃亡到莒地，隐姓埋名在太史敫家为仆，太史敫的女儿见其相貌非凡，便与其私通。后田法章回临淄即位，即齐襄王，将太史敫的女儿接去，立为王后，即君王后。齐襄王去世后，君王后辅佐儿子齐王建，她知人善用，很

有才能，与秦国即其他诸侯同时交好，使齐国繁荣富裕。

【人物生平】

君王后是齐国太史敫的女儿。太史敫家住莒城，十分富有，对自己的女儿十分宠爱，从小就教她读书识字，希望她成为一个有见识的女子。君王后不负父亲的期待，从小就显出了与众不同的聪慧，同时相貌也十分美丽，成为远近有名的才女、美女。

当时，齐国正是齐湣王当政，齐湣王凭恃国力的强大，四处发动战争，妄图称霸中原，虽然取得一时胜利，却引来了众怒，诸侯们对齐国都十分不满。在齐湣王十七年时，燕昭王任命乐毅为上将军，联合赵、韩、魏、秦大举进攻齐国。齐国不敌五国联军，国都临淄被攻破，乐毅又率领燕军南下，一连攻克齐城七十余座，只有即墨和莒两座小城尚存。

齐国沦陷，难民纷纷涌入莒城之中，看着这些国人，君王后心中万分难过，只恨自己不是男儿，不能上阵杀敌，将燕人驱逐出齐国。莒城之中充满难民，物价暴涨，然而即便有钱也难以买到粮食，而太史敫家却即积蓄了大量谷物。君王后于是劝说父亲："我听说燕军每当攻下一个城池，就大肆抢掠，将城中钱财洗劫一空，齐国富人少有幸免者。我家富贵，城破之后，只怕首当其冲被劫掠，与其守着钱粮等待燕军来抢，不如现在就将其捐出，用于守城之用。这样，城池守住了，您就是齐国的大功臣；即便不幸城破，钱财散出去也能免除灾祸啊！"太史敫对女儿的见识深表赞赏，立刻采纳了她的意见，将家中积蓄的多余粮食全部献给官府，用作守城军粮。

之后，太史敫又拿出家中钱财，招募流亡莒城无处可归的难民，让他们制造铠甲、兵器，捐献给守城将士。城中的富人，听到了太史敫的所为，也都纷纷效仿，捐粮捐钱，支援将士。因此，整个莒城之中，官民万众一心，众志成城，燕国大军围城三年，都没有攻破。

君王后每日也亲自同难民们一起制造铠甲、兵器，很快她发现父亲雇佣的人中，有一个人与众不同：他虽然衣着破烂，却相貌奇伟，而且有种不同于常人的气质。君王后对这个人格外留意，交谈之后又发现他很有见识，且对国事特别关心。于是，君王后常常偷出家中的食物、衣服送给他，两人之间渐渐产生了感情。这时，他才告诉君王后说，自己就是齐湣王的太子田法章，齐湣王逃入莒城被楚将淖齿杀死以后，他怕再次遭到陷害，便藏在民间，隐姓埋名受雇佣。知道他就是齐国太子，君王后对他更加敬重，两人还私订了终身大事。

后来，即墨的田单施展反间计，使燕王猜忌乐毅，并以骑劫代替乐毅为将领，后又用火牛计大败燕军。各地齐人都起兵反燕，莒城也开始了反攻。在田单的领导下，齐国七十余城全部光复了。光复之后，就开始寻找国君，齐湣王已经被淖齿所杀，田单便派人来到莒城寻找失散的太子田法章。

田法章见齐国大势已定，便表明了身份，告别君王后，回到临淄。到了临淄以后，田法章即齐王位，即齐襄王。齐襄王登基以后，封田单为安平君，为齐愍王发丧，紧接着便派人到莒城接回君王后，立她为自己的王后。经历兵燹，国家一片破废，君王后劝齐襄王与各国交好，互订盟约，休养生息。齐襄王接受了夫人的建议，派人到燕、赵、韩、魏等国签订停战协定，又采取一系列减轻百姓负担、促进百姓生产的措施，齐国这才渐渐从战后恢复起来。

齐襄王派人迎接君王后的时候，太史敫才知道女儿早已与人私订终身，他是一个很看重礼法的人，并不因为女儿将成为王后而高兴，反而生气地说："女儿不经过媒人介绍就嫁人，不配做我的女儿，玷污了祖宗的名声。"因此，他终身不再见君王后，但君王后并未因父亲怪罪而不尽做女儿的责任，她常常派人前去探望太史敫，嘘寒问暖，从不荒怠。

齐襄王在位十九年去世，君王后的儿子田建继位，史称齐王建。齐王建性情暗弱，即为以后朝中大事全部都由君王后决断，在辅佐儿子处理政事的过程中，君王后展现出了杰出的政治才干。她任用贤能，疏远庸才，与列国交好，使齐国独处战乱之外，获得了难得的安宁。

秦始皇听说齐国太后贤能，便派使者送给君王后一个玉连环，说："听说齐国人都十分聪明，但能解开这个玉连环吗？"君王后将玉连环拿给臣子们看，没有能够解开的。君王后拿起一把锤子将其敲碎，对秦始皇的使者说："如此岂不就解开了？"使者回报秦始皇，秦始皇对她的果断非常钦佩。

齐王建十六年时，君王后病重。她知道自己的儿子暗弱无能，便想任命一些贤臣来辅佐他，于是告诫齐王建说，某某可用，某某不可用……齐王建没有听清，请求拿来笔墨将他们的名字记下。君王后同意，齐王建于是下令呈上笔墨，请母亲重复，但笔墨拿来以后，君王后却说自己已经忘记了，随即便病逝了。

君王后去世以后，齐王建继续此前结好秦国、不参与诸侯相攻的政策，坐视秦国消灭列国。二十多年后，秦军灭掉燕赵以后挥师南下，齐国无力抵抗，只好投降。秦始皇将齐王建安置在边远之处，不给他食物，齐王建竟被活活饿死了。

【人物简评】

君王后慧眼识才，与隐藏民间的齐襄王私订终身，又在齐襄王去世以后任贤使能，将齐国治理得繁荣富裕，足见其识人之明与出众的政治才能。然而，她辅佐齐王建十六年，独断朝纲，却未将齐王建培养成一个合格的君主，也未能留下贤人进行辅佐，这是她的不足与失误。并且在长平之战时，齐国坐视赵国大败而不借粮，又不支援列国的抗秦战争，也显示了她为政的目光不够长远。但总的来说，君王后作为一个女子能有这样的见识已经十分难得了。

赵威后：爱子岂不计长远，为君当以民为先

【人物简介】

赵威后为齐国女子，一说为齐愍王之女，赵惠文王的王后。赵惠文王去世以后，儿子孝成王年幼，于是赵威后临朝执事。秦国趁机攻打赵国，赵国向齐国求救，齐国要求以赵威后的幼子长安君为质，赵威后不允许。后经过大夫触龙劝说，赵太后派遣长安君到齐国为人质，齐军方出，秦军退，赵国得以保全。

【人物生平】

赵威后是齐国女子，一般认为是齐愍王的女儿，在赵惠文王十年的时候，嫁给惠文王为王后。赵威后为惠文王生了三子二女，长子赵孝成王，其次为庐陵君、长安君，长女夭折，次女为燕武成王后。赵惠文王在世之时，赵威后深居内宫，并不参与政事。

公元前 266 年，赵惠文王去世，太子丹继位，为赵孝成王。赵孝成王当时还年轻，而赵国周围形势非常复杂，秦国准备东出，将赵国视为眼中钉，虎视眈眈地时刻伺机攻打，大臣们于是建议赵威后暂代孝成王执政。赵威后于是从后宫走入朝堂，开始接替夫君的重任代替儿子执掌起赵国大政。

果然，赵威后刚刚掌权，秦国就趁赵国大丧起兵攻打，赵军不敌，连失三城。这时，只有联合齐国，共同抵抗秦军才是上策。于是，赵威后派遣使者向齐国求援。此时的齐国，国力大不如前，且自从齐襄王执政以后，只知自保，不想搅入诸侯纷争中，不愿发兵救赵。赵威后多次派遣使者求援，又陈述唇亡齿寒的大道理，齐国这才同意出兵。但在出兵前，提出了一个要求：以赵威后的小儿子长安君做人质。

长安君是赵威后幼子，也是最宠爱的儿子，赵威后听到这个要求以后，当即拒绝了，所以齐国援兵也迟迟不出。赵国的大臣们都很着急，纷纷入宫劝谏，赵威后就是不听。劝的人多了，赵威后甚至愤怒地告诉左右，要是还有人敢入宫劝说，"老妇必唾其面"。

当时朝中大臣都面面相觑，不知如何是好，因此左师触龙主动入宫。触龙不愧是多年为官的老臣，劝说艺术极其高明。面见赵威后之后，他先是拉起家常，缓和紧张气氛，紧接着又站在赵威后的立场上进行分析，指出让长安君为国建功的必要性。最终赵威后幡然大悟，认识到自己的错误并当即表示答应。最终赵国凭借成功换得了齐国的帮助，危急战况也得以解决。

等到齐国出兵帮助赵国击退秦军，两国的关系也进一步巩固，因此，仅仅在一年之后，齐王便派遣使者前去探视赵威后。此时的赵威后一改之前固执脾气，表现出了惊人的政治远见。接见使者时，赵威后不等下人打开书信，就向使者询问齐国当年的收成以及百姓安乐的情况，最后才询问齐王的身体健康。当时齐国

使者有些不高兴，说："臣奉齐王之命来向太后问安，您不先询问我们大王的状况，却打听年成、百姓，这不是先卑后尊吗？"赵威后当即回答说："怎么能如此说呢？若没有年成，百姓靠什么生活？若没有百姓，齐王又怎么南面称尊？年成、百姓才是国家的根本，怎么能舍本问末呢？"

不仅如此，赵威后接着又向使者询问了许多齐国的隐士、贤士，如钟离子、叶阳子、北宫氏的女子婴儿子等人，对他们不被起用和表彰表示不解，同时又质问使者齐国为何不将佞臣仲子诛杀，使者听到后瞠目结舌，不知如何作答。赵威后就这样不失风度地赢得了辩论，也借机向齐国君臣宣示了赵国的强大。

公元前265年，也就是齐国遣使访赵不久之后，赵威后就因病逝世，一代富有政治远见的优秀女政治家就此远去，赵国也很快就再度陷入了危机。

【人物简评】

赵威后于先王病逝、幼主新立时担负重任，为保全赵国做出了重要贡献，从她的言辞中，也足以看出她的过人才智。可惜的是，赵威后并未能长久地执政赵国。正是在赵威后死后，利令智昏的赵国君臣接纳了上党郡，因此在长平之战中元气大伤，此后更走向灭亡。

郑袖：君心何曾有负，妾身一再误国

【人物简介】

郑袖是楚怀王的妃子，她姿色美艳，聪慧多才，又能歌善舞，深得怀王宠幸。但她为人善妒，又阴险狡诈，为了专宠不惜设计害人，且又贪婪自私，张仪为秦国欺骗楚国，遭到扣押，就是通过贿赂郑袖而被释放的。

【人物生平】

春秋之时，郑袖是楚怀王的宠妃，她不仅姿色美艳，而且极有心计，很会讨好楚怀王，所以，虽然楚宫之中美女如云，但楚怀王只宠幸她一人。郑袖集万千宠爱于一身，成天将楚怀王把持在自己手中，十分忌妒，楚怀王稍稍亲近其他美人，她便设计排挤，使楚怀王乖乖地回到自己身边。

一次，魏王为了结好楚国，派人将一名魏国的美女献给楚王。魏国美人年轻漂亮，长得貌美如花，能歌善舞，立刻将楚怀王深深迷住了。郑袖见怀王成日陪在魏美人身边，担心自己失宠，便想出了一条毒计。

郑袖主动接近魏美人，与其以姐妹相称。魏美人没有防范，便真的将郑袖当作了姐姐。郑袖为了讨好她，将自己最好的衣服首饰送给她，让人将自己最喜欢的家具搬入魏美人的房间，成天关心她的起居饮食，似乎比楚怀王更喜欢他。魏美人十分感动，向楚怀王称赞郑袖的体贴大度。楚怀王也高兴地说："女人都是靠美貌来博取丈夫的欢心，忌妒乃是人之常情。现在郑袖看到寡人喜爱魏女，竟然比寡人还关心她。这都是因为爱寡人啊，这才是天下孝子侍奉父母、女子侍奉丈夫、忠臣侍奉君主的方法！"

过了一段时间，郑袖知道楚怀王认定她不忌妒，便对魏女说："妹妹貌美绝伦，大王在背后也时常夸赞呢！只不过他虽然宠爱你，却说你的鼻子长得不够完美。"魏美人连忙求教。郑袖说："你只是鼻子不完美，不如下次陪侍大王的时候，就将鼻子捂住，这样大王岂不是看不到你的缺点，会更加宠爱你。"魏美人听从了郑袖的话，于是每次见到楚怀王都将自己的鼻子捂起来。

楚怀王感到很奇怪，于是问郑袖："魏女最近服侍寡人的时候，怎么常常捂着鼻子？是不是生了什么病？"郑袖听后，笑着说："我不知道。"楚怀王知道她欲擒故纵，便坚持追问。郑袖说："既然大王坚持要问，那我说了您可不要生气啊！"楚怀王说："即便是再难听的话你也不要隐瞒。"郑袖于是说："她的鼻子并没有毛病，不过前些日子臣妾曾听她说大王身上有股难闻的味道，所以她宁愿捂起鼻子接近大王。"楚怀王听了大怒，骂道："真是个泼辣无礼的妇人！我要将她的鼻子割掉！"

郑袖早就告诫过侍从，说："大王若是有什么命令，一定要立刻去执行！"楚王怒骂魏美人之后，郑袖便对侍卫说："大王的话你们难道没有听到吗！"侍卫们于是立刻前往魏美人的住处，将她的鼻子割了下来。没有了鼻子的美人，自然不再美了，所以也就无法再威胁到郑袖的位置了，于是，郑袖得以继续专宠。

郑袖不仅专宠后宫，还干扰朝政，很多人知道郑袖枕边风的威力，都私下贿赂、讨好她，以得到楚怀王的重用。朝中佞臣上官大夫、靳尚等等都通过贿赂郑袖而得到信任，而那些不愿行贿、诌媚的忠臣如屈原等，则被疏远。

齐国、楚国结盟，秦国感到担忧，便派遣张仪出使楚国，欺骗楚怀王说："秦王厌恶齐国，准备讨伐它。只要大王与齐国断交，秦王愿意将六百里土地割让给楚国。"楚怀王利令智昏，答应了张仪的请求，与齐国断交。可当派使者前往秦国索要土地的时候，张仪却说："我什么时候说过六百里土地啊，只是六里罢了！"楚怀王大怒，发兵攻打秦国，却打了败仗，因此对张仪恨之入骨。几年以后，诸侯准备合纵攻秦，秦王畏惧，便请求与楚国和解，表示愿意将占领楚国的土地还给楚国。楚怀王却称："宁愿得到张仪，不要土地。"秦国于是将张仪交给了楚国。张仪到了楚国以后，楚怀王就将其囚禁起来，准备杀死。

张仪贿赂奸臣靳尚，靳尚又替他贿赂郑袖，并对郑袖说："你可知道，你就要失宠了？"郑袖问："为什么这么说？"靳尚回答："张仪是秦王的宠臣，如今被大王囚禁起来，秦王一定会用各种办法来救他。我听说秦国公主美如天仙，秦王为了结好楚国，换回张仪，一定会将她嫁给大王，且陪送很多嫁妆。到了那个时候，大王得到秦国的公主，一定会十分宠爱她，而公主仰仗秦国来抬高自己的位置，又用陪嫁的金玉明珠收买大王身边的人，不久以后必将被大王立为王后。她年轻漂亮，又是公主、王后的身份，你还如何能得宠呢？不仅要失去大王的宠幸，只怕在宫中立足都很难了！"

郑袖说："该如何是好呢？还请大夫您指教，将来我必有重谢！"

靳尚说："您不如向大王进言，释放了张仪。这样张仪感激您的恩情，不仅会给您重报，而且秦国公主也就不会来了，您就将永远得到大王的宠幸，享有王后一般的地位。"

于是，郑袖日夜劝说楚怀王放掉张仪，说："臣子各为其主，张仪当初在秦国为了秦王欺骗大王也无可厚非，况且他如今落入大王的手中，杀掉他只不过出口气，能带来什么实际好处呢？您不如放了他，让他感激楚国，为楚国谋划，岂不更好？"楚怀王没有听从，郑袖又哭着说："秦国如今比楚国强大，大王却要杀死秦王的宠臣，那秦王岂能善罢甘休。到时秦军前来进犯，您凭借什么抵抗呢？我听说韩国、魏国如今都争着讨好秦王，您却非要触怒他，楚国岂不危险了！我请求您让我带着儿子搬到东方去住，以躲避秦国的大军。"楚怀王经不过郑袖的软磨硬泡，竟然白白将张仪释放了。

张仪死里逃生，回到秦国后继续与秦王合谋算计楚国，最终将楚怀王骗出国都并囚禁，此后楚怀王就死在了异国他乡。

【人物简评】

郑袖以姿色赢得楚怀王的宠爱，却在攸关国家存亡的问题上蛊惑怀王，导致楚国放虎归山，再度陷入危机。更讽刺的是，最后就连怀王也因此受害，客死异乡，郑袖显然是辜负了这一份君王之爱。

庄侄：大鱼失水国将去，十二幼女谏君来

【人物简介】

庄侄为战国时楚国人，是楚顷襄王的夫人。庄侄 12 岁时，曾在道旁劝谏受人蛊惑而出游的楚王，就此得到楚王的垂青，后来更被立为夫人。此后庄侄更协助楚王处理政务，使得楚国再次富强。

【人物生平】

公元前 299 年楚怀王被秦国欺骗，并将其扣押，其子熊恒即位，即楚顷襄王。顷襄王即位之后，很快就在奸臣的蛊惑下沉迷享乐，从此不再问过政事，甚至直到 40 岁时，还没有选定储君。当时的秦国为了入侵楚国，便买通楚国大臣蛊惑襄王，使其走出都城、游山玩水，一直走到距都城 500 里之外的地方。

当时庄侄年方 12 岁，想要劝阻襄王，却不被家人准许，便独自跑到路边觐见襄王，指出他当前所面临的大鱼失水、有龙无尾、墙欲内崩而王不视的危险处境。所谓大鱼失水即远离国都，有龙无尾即国无储君，墙欲内崩则是指楚国国富民贫、

奸盛贤衰的情况。襄王这才醒悟并带着庄侄极速返回。

当襄王抵达国都时，都城果然已经被叛乱者占据，所幸襄王及时召集军队，很快就平定了叛乱。于是襄王便以庄侄为后，更以她来执掌国家财政。

【人物简评】

庄侄虽然年方 12，却对国家大事有着清晰的认识，更能够挺身而出，劝阻君王，表现出过人胆识。尽管此时的楚国已经衰败，但在庄侄的努力下，国祚总算得以再次延续，可谓功不可没。

华阳夫人：得君宠不必有子，保荣华不可无谋

【人物简介】

华阳夫人姓芈，本是楚国贵族，后来又嫁入秦国为秦孝文王夫人。由于自己无子，华阳夫人后来接受吕不韦的建议，将异人收为自己的义子，并凭借着这一层关系当上了秦国王后。华阳夫人于公元前 230 年去世。

【人物生平】

华阳夫人的丈夫即是秦昭王次子安国君。公元前 267 年安国君的兄长、秦昭王的太子病逝，安国君因此被改立为太子，华阳夫人也成为太子妃。

尽管自己深得宠爱，华阳夫人却始终没有子嗣，因此心中十分担心。恰好此时卫国大商人吕不韦与安国君之子、人质异人相结识，并有了"奇货可居"的打算。吕不韦先是替异人打通在赵国的关节，后来又亲自赶到秦国，以华阳夫人为跳板来实现自己的政治理想。在吕不韦的劝说下，华阳夫人很快就确定了以异人为自己子嗣、安国君继承人的打算。公元前 250 年安国君即位，却在守丧 3 日后病逝，死后异人顺利即位，即秦庄襄王。

庄襄王登基后，先是将自己的生母追封为后，随后又将已经成为王后的华阳夫人尊为太后。华阳夫人就此实现了自己永保富贵的夙愿。华阳夫人直到公元前 230 年才去世，享年约 66 岁。

【人物简评】

自古以来妃子一旦年老色衰，就很难得到君王宠幸，没有子嗣就更是大忌。幸运的是，华阳夫人却遇到了及时"送枕头"的吕不韦，更果断地抓住了这一机会。由此来看，她的投机和睿智头脑也足以令人佩服。

赵姬：红颜无奈多薄幸，祸乱宫闱少廉耻

【人物简介】

赵姬身世不详，一说为赵国邯郸名妓，一说为赵国富户人家之女。赵姬在赵国时，先是得到吕不韦的宠爱，后来又被送给异人（即秦庄襄王）为妻。庄襄王驾崩后，赵

姬淫乱宫闱，因此引发嫪毐之乱，最终被秦王嬴政囚禁，于公元前 228 年去世。

【人物生平】

赵姬是赵国邯郸的一名绝色歌姬，最先被吕不韦重金赎回，后来又被在赵国为质的异人看中。为了进一步完成自己的大计，吕不韦干脆将赵姬送给异人。后来赵姬就生下了秦王嬴政，因此导致了日后关于始皇身世的不解之谜。

吕不韦帮助异人出逃后，赵姬带着嬴政东躲西藏，直到公元前 250 年异人即位，这才被送回秦国，随即就被立为王后，嬴政即位后又被尊为太后。然而赵姬为人淫荡，不仅与吕不韦藕断丝连，更与假阉人嫪毐淫乱宫闱，甚至还为他生下两个儿子。

公元前 238 年，嫪毐因叛乱被杀，与赵姬所生的双子也被处死，赵姬则被驱逐幽禁。当时秦王一怒之下，接连杀死 20 多名进谏之人，最终在茅焦的劝说下才改变心意。此后赵姬便幽居王宫，直到公元前 228 年去世。

【人物简评】

赵姬有着过人的容貌，但却只是一个手无缚鸡之力的柔弱女子，因此终其一生也不过是沦为政治野心家的棋子，任人丢弃、宰割。当然，赵姬本人也过于淫荡、寡耻鲜廉，这是她晚景凄凉的又一重要原因。

如姬：知恩何畏死报，爱君更忧国家

【人物简介】

如姬是战国时期魏国安釐王的爱妾，也是战国时期的一名奇女子。为了报答信陵君的恩情，如姬毅然盗取虎符，使信陵君得以发兵救赵，不仅解除了赵国当下之围，暂时消除了赵国风险，更使得魏国和信陵君的威望进一步提高。

【人物生平】

公元前 257 年，也就是长平之战 3 年后，秦国再次发兵攻赵，甚至将赵都邯郸围困。由于畏惧秦国，安釐王在出兵之后，又下令停止援助，信陵君因此只得想办法盗取虎符。

此前信陵君曾经帮助如姬诛杀了她多年不得雪恨的杀父仇人，如姬对此深为感激，不惜以死相报。当得知信陵君需要窃取虎符之后，如姬当即依仗安釐王的宠爱，从宫中成功盗取虎符，使信陵君得以发兵。最终信陵君成功解除赵国之围，也在无形中消除了魏国的风险。

据《东周列国志》所载，此后如姬也被安釐王迁怒，更主动向安釐王痛陈利害，表明自己为国担忧的苦心，却被安釐王打入冷宫，后来更在父亲的墓前自尽而死。

【人物简评】

如姬不仅知恩图报，不畏风险，更有为国家考虑的胸襟，比起安釐王这位君主都要更胜一筹，可谓是战国一代的奇女子。

汉

西汉

吕雉：心如蛇蝎毒宫内，胸怀善政治国家

【人物简介】

吕雉，字娥姁，她是汉高祖刘邦之妻，也是汉初著名的女政治家。吕雉生于公元前 241 年，卒于公元前 180 年 8 月 18 日，享年 62 岁，后世通称为吕后。

【人物生平】

吕雉最初因跟随父亲吕公避仇，而迁居到沛县一地，此后便在沛县定居下来。当时沛县的官吏全数前去祝贺，时为亭长的刘邦也打出"贺钱一万"的口号，趁机混了进去。然而精于相面的吕公，却对刘邦十分看好，不仅不计较他的欺骗，反而在妻子不理解的目光中，将吕雉嫁给了刘邦为妻。

此后吕雉便在刘邦家中相夫教子，洗手做羹汤，表现出十分贤惠的模样。当时刘邦为人无赖，经常四处闲逛，后来更在押送途中释放犯人，因此不得不流亡于芒砀山，吕雉还需要长途跋涉前去探望。公元前 209 年刘邦斩白蛇起义，后来又投到项梁麾下，此时吕雉也已经为刘邦生下一子刘盈以及一女鲁元公主。公元前 205 年楚汉相争，吕雉及子女一度被项羽俘虏，直到双方议和之后才得以被放回。

公元前 202 年刘邦登基为帝，却逐渐对太子刘盈产生不满，宠姬戚夫人也极力劝说刘邦改立其子刘如意。吕后对此十分惊慌，只得向张良请教对策。在张良的建议下，吕后当即派人，以刘盈的名义送上重礼，终于请动了此前对刘邦避而不见的著名隐士——商山四皓。公元前 195 年刘邦在平叛中受伤，废立太子的心思愈发强烈，吕雉于是命令刘盈在早朝时，特意将商山四皓一并带入朝堂。刘邦经过询问才得知四人身份，这才对刘盈感到惊讶，认为太子羽翼丰满，已经难以撼动。此后刘邦再也没有提过废立太子之事。

这一时期在吕后的辅佐下，刘邦先后诛杀了韩信、彭越等拥兵自重的开国名将，同时也趁机巩固了自己的权势和地位。公元前195年刘邦驾崩，死前吕雉询问他，谁可以代替萧何任相。刘邦先后列举了王陵、陈平、周勃等一干人选，随后便以他活不了那么久为由拒绝再说。

刘邦死后，吕雉便按照刘邦生前的安排委任大臣，同时又极力迫害此前与自己争宠的戚夫人。戚夫人因此悲伤作歌，吕雉干脆将她砍手剁脚、熏聋刺瞎，扔在厕所里，并以"人彘"的名义来让惠帝刘盈观看。刘盈为母亲的残忍痛哭流涕，更因惊悸而不再过问政事。两年之后，吕雉又趁着宫廷宴会的机会，毒杀刘邦的另一子刘肥，却因惠帝的意外参与而不得不作罢。

公元前188年刘盈驾崩，吕雉执掌大权，此前此后吕雉又先后颁行了一系列政策，废除秦时苛法，推行无为而治，支持商业贸易，鼓励献书藏书，为汉初社会、经济、文化的进一步发展做出了重要贡献。当时匈奴冒顿单于曾写信调戏吕雉，但吕雉最终选择了忍耐。冒顿单于因此收起小觑之心，继续与汉朝通婚议和。

公元前180年吕雉病逝，享年62岁，死后与刘邦合葬于长陵。随着她的死去，朝中汉室宗亲和大臣很快就发动政变，将朝中吕氏一网打尽。

【人物简评】

吕雉是中国历史上有史可考的第一位皇后，也是首位临朝称制、开启外戚专权先河的太后，如此众多头衔集于一身，可谓享尽"殊荣"。尽管晚年毒如蛇蝎，做出令人发指的残暴之事，同时又放任外戚专权，但吕雉依旧为汉初的社会生产发展做出了巨大贡献，甚至为后来的"文景之治"打下了基础，因此吕雉又是一位无可争议的女政治家。

戚夫人：子贵为王母做虏，一朝运尽俱死途

【人物简介】

戚夫人，又称戚姬，为汉高祖刘邦宠妾，也是汉初著名的舞蹈家、歌唱家，历史上第一位女围棋手。汉高祖刘邦死后，戚夫人因参与夺嫡而受到吕后疯狂报复，于公元前194年被做成"人彘"，结局十分悲惨。

【人物生平】

戚夫人是定陶人氏，在刘邦受封为汉王之后进入宫中，就此成为刘邦的宠妾。甚至刘邦还将刚从楚军大营释放的吕后安置于他地，身边只留下戚夫人一人。

后来，戚夫人为刘邦生下一子，即赵王刘如意，此后戚夫人多次请求刘邦改立自己的孩子，刘邦也因不满刘盈的善懦而有所动摇。但当时的大臣却纷纷反对，吕后又费尽种种力气将著名的隐士商山四皓请出，因此，刘邦知道刘盈天下归心，

已经无法撼动。最终刘邦只得无奈地安抚戚夫人，并作歌哀叹自己的无奈。

公元前195年刘邦驾崩，刘盈登基，吕后执掌大权，戚夫人很快就受到无情的迫害。吕后先是派人剃掉她的头发，将她贬去做苦役，等到戚夫人唱出"子为王，母为虏。终日舂薄暮，常与死为伍，相离三千里，当谁使告汝"的《舂歌》后，吕后更加愤怒。为了彻底打消戚夫人的念头，吕后先是趁机将刘如意毒杀，随后又下令将戚夫人砍手剁脚、熏聋刺瞎，丢在厕所之中，并对惠帝表示这是"人彘"。后来惠帝才得知这是戚夫人，为此痛哭流涕。戚夫人此后不久即死去。

【人物简评】

戚夫人目睹自己的儿子被害，自己更是受到生不如死的折磨与摧残，结局实在可怜。但从早期的种种夺嫡举动来看，戚夫人也并非不谙世间凶险的单纯女子，只是一位下场悲惨的政治斗争的失败者而已。

薄姬：苍龙盘腹孕帝子，清静无为后胜先

【人物简介】

薄姬生年不详，卒于公元前155年，是汉高祖刘邦的妃子，汉文帝刘恒的生母，也是唯一一位从吕后手下幸免的高祖之妃。

【人物生平】

薄姬的母亲出自魏国宗室，因此薄姬也算得上是王族之后。秦朝末年农民起义不断，薄姬的生母干脆将薄姬送至魏豹府上为妃。当时有相士说薄姬将会生下天子，魏豹当即背叛高祖自立，不料却被击败，并成了俘虏。

魏豹兵败之后，薄姬也被送至宫中劳作，却意外被刘邦看中并选入后宫。但在此后长达1年多的时间里，刘邦却从未临幸过薄姬。直到有一次高祖的两位侍妾管夫人、赵子儿侍奉高祖，期间提到早年与薄姬"苟富贵，勿相忘"的誓约，刘邦这才感到她的哀怜。等到刘邦召见薄姬，薄姬也表示自己前一晚梦到苍龙盘腹，于是刘邦便宠幸了薄姬。

此后，刘邦再未召见薄姬，但薄姬却怀上一子，也就是后来的文帝刘恒。公元前195年高祖驾崩，吕后问政，后宫妃嫔纷纷受到迫害，戚夫人更是下场悲惨，唯独薄姬因此前受冷遇而得以幸免，与刘恒共同赶赴封地。尽管就此离开皇宫，但对于当时的薄姬来说，这反而是一份意外的幸运。

公元前180年吕后病逝，诸吕之乱也被平定，朝中大臣纷纷寻访汉室宗亲。此时刘邦诸子几乎都被吕后害死，刘恒作为高祖所剩不多的儿子中的一位，自然得到了大臣的拥戴。薄姬很早的时候就寄情于道家无为的学说，刘恒也深受母亲的影响，为人谦逊守礼、无欲无争，很快就被选为汉朝的君主。

薄姬显赫之后，便对自己的宗族子弟大加封赏，更将自己娘家的一名女儿嫁

给孙子刘启，即后来的薄皇后。公元前155年薄姬病逝，由于不是高祖皇后而不得与其合葬，也无法被追为皇后，只是以"文帝太后"相称，葬于文帝的霸陵之侧。

【人物简评】

薄姬深谙后宫斗争的残酷，因此很早的时候就寄情于道家黄老学说，养成了淡泊无为的性格，因此才能躲过一劫。虽然在高祖生前无法与戚夫人、吕后等人相比，薄姬却是真正地笑到了最后，可谓是真正的赢家。

唐姬：汉室楚声动千古，谁忆深宫郁郁魂

【人物简介】

唐姬，姓唐山，名不详，又称唐山夫人，是汉高祖刘邦的妃子，也是汉初的著名女诗人。

【人物生平】

唐姬是汉高祖刘邦的宠妾，入宫后被封为夫人，与著名的戚夫人贵为同一等级、仅次于皇后吕氏的妃嫔。刘邦喜好楚声，而唐姬正好精于楚声，因此刘邦十分喜爱她。

后来刘邦又命令唐姬，创作了著名的《房中祠乐》，后来又改名为《安世房中歌》。《安世房中歌》作为汉朝当时的祭祀雅乐，虽出自女性之手，却雄浑大气，毫无纤柔妖媚之风，因此在文学史上具有很重要的意义，唐姬也因此成为目前已知的、汉代最早的女诗人。

公元前195年刘邦驾崩，除了薄姬以外，所有的妃子都遭到吕后的钳制，此后，关于唐姬的记载不详。

【人物简评】

从吕后的行事风格来看，唐姬在刘邦死后的生活应当并不如意，但不论红颜是否薄命，单凭《安世房中歌》这一作品，她的文采就足以彪炳文坛。

赵姬：无辜身陷牢狱，何异孤儿寡母

【人物简介】

赵姬是汉高祖刘邦的妃子，为真定县人士，最初为赵王张敖的小妾，为淮南王刘长之母。

【人物生平】

赵姬原本是赵王张敖的宠妾，后来又被张敖在汉高祖刘邦出巡时，趁机献入营帐。此后赵姬便怀有身孕，张敖得知后又另建宫殿供他居住。

公元前198年，赵国丞相贯高阴谋刺杀刘邦，不料消息却被泄漏，事后张敖

和赵姬全数受到牵连下狱。赵姬虽然通过狱卒申明了自己的情况，刘邦却因处于气头上而不予理会。赵姬无奈之下只好向吕后求援，但吕后也因忌妒而不加理会。赵姬因此万念俱灰，于是等到孩子出生（即淮南厉王刘长），便在狱中自尽而死。

直到狱卒将刘长抱到自己面前，刘邦这才得知赵姬的死，并感到十分后悔，于是下令将赵姬安葬于老家，同时又令吕后亲自抚养刘长。

【人物简评】

赵姬虽然是皇子之母，但却从未享受过一日妃嫔的待遇，更不幸地被卷入谋反风波，结局十分悲惨。

张嫣：花神当知女子恨，来生愿能逢良人

【人物简介】

张嫣是汉惠帝刘盈的皇后，同时也是刘盈之姐鲁元公主之女，与刘盈是舅甥关系。张嫣生于公元前 202 年，卒于公元前 163 年，享年 40 岁。

【人物生平】

张嫣是鲁元公主与宣平侯张敖（即赵王）所生，与惠帝本是舅甥关系，公元前 192 年却被吕后以"亲上加亲"为名义，许配为惠帝的皇后。由于自己太过幼小，吕后始终无法使她怀孕，只得将惠帝与宫女所生之子，作为张嫣的亲子来抚养。

公元前 188 年惠帝驾崩，吕后仍以皇太后的名义问政，因此张嫣的身份仍是皇后而非太后。8 年之后吕后病逝，朝中诸吕均遭到清算，张嫣由于年龄幼小、不曾乱政而得以幸免，从此幽居深宫，直到公元前 163 年去世。直到死后，为其收殓的宫女才发现她仍是女儿身。天下百姓得知后都十分惋惜，于是自发为其立庙，并尊她为"花神"。

【人物简评】

张嫣在很小的时候，就沦为政治婚姻的工具，一生中从来没有得到过女子向往的爱情和疼惜。当时民间百姓自发立庙，也可以看作是对这位苦命女子的同情。

窦漪房：远行辞乡枉哭泣，去路原是富贵梯

【人物简介】

窦漪房是汉文帝刘恒的皇后，汉景帝刘启的生母，她出自普通平民家庭。窦漪房先后经历惠帝、文帝、景帝、武帝四代君主，也是汉代一位著名的女政治家。

【人物生平】

窦漪房的父亲早逝，之后窦漪房便与两位兄弟相依为命，生活极为清苦。当时正值高祖驾崩、吕后专权，窦漪房由于出身清白而被选入宫中，有幸成为吕后

的贴身侍女。后来吕后打算将一批宫女遣送各诸侯国，窦漪房初时特意请求宦官，将自己分配至靠近家乡的赵国，宦官却临时忘记了嘱托，将窦漪房安排至偏远的代国。

窦漪房最初十分怨恨，却又不得不赶赴代国，然而她却没有想到，这正是她日后显赫的开始。到了代国之后，窦漪房很快就得到刘恒的专宠，并为他生下一女刘嫖以及两子刘启和刘武。公元前 180 年刘恒被京城诸臣拥立为帝，此前自己的王后及其 4 子也都病逝，于是文帝便将刘启立为太子，册立窦漪房为皇后。在薄姬的主持下，朝廷又对窦漪房的父母进行追封，她那两位早年失散的兄弟也被找回，并受到宫中的良好规范和引导。

到了文帝后期，窦漪房因病而导致失明，文帝的宠爱逐渐开始转移到其他妃子身上。尤其是有一位深得宠幸的慎夫人，甚至与窦漪房同席而坐。但此后窦漪房的地位仍旧稳固，公元前 157 年文帝驾崩后，又被即位的景帝尊为皇太后。

晚年的窦漪房偏爱幼子梁王刘武，不仅多次赏赐给他钱财，甚至先后数次劝说景帝改立梁王为储君。然而这一决定却先后遭到窦婴和袁盎等人的竭力反对，窦漪房因此十分不满。公元前 154 年吴楚之乱爆发后，窦漪房这才不得不起用窦婴，等到梁王抑郁而死之后，又整日哀泣指责景帝，直至景帝追封梁王五子之后，这才高兴。

窦漪房喜好黄老之道，因此景帝时期儒生、儒术始终不得重用，及至景帝驾崩、武帝即位之后，朝中大权依旧掌握在她的手中。这一时期，窦漪房依旧对儒生大加排斥，儒生不得不劝说武帝不再向太后秉政。窦漪房知道后大为恼怒，不仅斥责武帝、抓捕儒生，而且还将喜欢儒术的田蚡和窦婴一起罢官。除此之外，武帝于公元前 140 年推行的新政也全数被废除。

公元前 135 年，窦漪房病逝，与汉文帝合葬于霸陵，死前又将所有的钱财都遗留给唯一在世的女儿，即长公主刘嫖。

【人物简评】

窦漪房入宫之后，先后经历四代君主、一代权后，更在经受波折之后，意外成为后宫之主，可见命运的无常。由于偏向黄老之术，窦漪房与景帝、武帝的政治理念，都有着很多的分歧，但也正是在她的坚持下，汉朝得以延续高祖以来的无为而治，为后来西汉的强大做出了重要贡献。

慎夫人：人彘在前多可鉴，妾身岂敢居后前

【人物简介】

慎夫人是汉文帝刘恒的妃子，生平不详。慎夫人精擅歌舞、乐器，在当时深得文帝宠爱，甚至能与窦皇后同席而坐。

【人物生平】

慎夫人是邯郸人士，被选入宫后深得文帝的喜爱，甚至有资格与窦皇后同席而坐。大臣袁盎看到之后，主动上前拉扯慎夫人的坐席，使其稍低于窦皇后，私下更以戚夫人的"人彘"之事相告。慎夫人因此不再恼怒，反而赏赐袁盎50金。

当时文帝倡导节俭，慎夫人虽得宠幸却不恃宠，反而处处身作表率，从不穿长及地面的衣物，因此深得文帝喜爱。同时，慎夫人又用心侍奉薄太后和窦太后，因此在宫中享有很好的口碑。凭借着自己的谦恭友善，慎夫人成功地在后宫中保全了自己。

【人物简评】

慎夫人虽然深得帝王宠爱，但总算没有得意忘形，私下也没有进一步的图谋不轨，这是她能在杀机四伏的后宫中，得以幸免的重要原因之一。

薄皇后：深宫自有贤淑在，但悲君郎不复来

【人物简介】

薄皇后是汉景帝刘启的第一任皇后，与薄姬出自同族。薄姬为后20余年却始终无子，更不被汉景帝喜爱，公元前151年又被废黜。薄皇后于公元前148年病逝。

【人物生平】

薄皇后因与汉文帝之母薄姬同族，而被薄姬选为刘启的妃子；等到刘启即位之后，薄氏正式成为皇后。然而刘启其实并不喜欢薄皇后，只是迫于汉时"以孝治天下"的传统而不得不接受这一安排。

薄皇后为人端庄大方、贤淑仁惠，但却始终没有儿子，汉景帝因此对她更加不满，只是迫于薄太后的面子只得容忍。公元前155年薄太后病逝，两年之后汉景帝便将栗姬之子刘荣立为太子。但等到公元前151年时，栗姬又因忌妒不能容人而被冷落，刘荣的储君之位也被剥夺。同年汉景帝又将薄皇后的后位废去，改立胶东王刘彻为太子，并将刘彻的生母王娡立为皇后。

此后薄皇后便幽居深宫，终其一生再也没有得到景帝的宠爱。公元前148年薄皇后病逝，死后葬于长安城东平望亭南。

【人物简评】

薄皇后为人贤良淑德，宽仁大方，较之栗姬、王娡等人可谓是后宫清流，但可惜的是感情从不由人，她也偏偏身处于注重子嗣传承的旧时代。这一切都注定了她一生的凄凉。

王娡：求贵肯忍辞夫婿，梦日入怀拥帝子

【人物简介】

王娡是汉景帝刘启的第二任皇后、汉武帝刘彻的生母，在刘彻的登基过程中，她扮演着至关重要的角色。王娡于公元前 126 年病逝，死后被尊为孝景皇后。

【人物生平】

王娡的母亲臧儿是臧荼的孙女，臧荼即是项羽生前分封的诸侯之一。虽然出身名门，王娡的家道却早就衰落，自己也被迫嫁给一户普通人家。然而臧儿在听说自己的女儿有皇后之命后，当即将王娡从夫家带回并送入宫中，王娡对此也积极踊跃。

尽管此前自己已经有过夫家，刘启依旧对王娡十分喜爱，后来王娡便诞下一子，此前更有太阳入腹的吉梦。同年刘启正式登基为帝，于是便为孩子起名刘晨，又封王娡为夫人，地位还在栗姬之上。

刘彻自小就十分聪颖，深得景帝喜爱，公元前 153 年景帝更是打破惯例，同时册立刘荣为太子，封刘彻为胶东王，甚至还将王娡封为胶东王太后，丝毫不理自己尚在人世的忌讳。当时长公主刘嫖曾打算与栗姬联姻，嫁女陈氏与刘荣为妃，栗姬却在得意忘形之下断然拒绝。刘嫖因此十分恼怒，于是转而与王娡联盟。

恰好王娡也对后位十分觊觎，两人因此一拍即合，刘彻于是迎娶了陈氏为妻，后来的"金屋藏娇"正是由此而来。于此同时，栗姬却逐渐因恃宠骄横而被景帝不满，刘嫖为了将刘彻推上皇位，更是不遗余力地在景帝面前大进谗言。有一次景帝向栗姬嘱托后事，栗姬却以撒泼辱骂作为回应，景帝从此愈发恼怒。

眼见时机愈发成熟，王娡于公元前 151 年末薄皇后被废不久，就趁机怂恿大臣劝说景帝立后，景帝终于再也抑制不住，怒而将大臣处死，同时又废去刘荣的太子之位。栗姬很快就因忧惧而死，此后刘彻正式被立为储君，王娡也被册立为后。

公元前 141 年景帝驾崩，刘彻即位为帝，王娡也被尊为太后，地位更加显赫。成为太后之后，王娡并没有过多干涉武帝的行动，甚至还在武帝骄纵时加以劝阻。但王娡也在私下偏袒家人，为此扩大了朝中田蚡与窦婴的斗争。公元前 126 年王娡病逝，死后与景帝合葬于阳陵。

【人物简评】

王娡仅因一句算命之言，便抛弃家人进入深宫，胆识不可谓不小，但也难免显现出几分人性的凉薄。不论如何，王娡至少还是幸运的，因为她最终击败对手，从宫斗中脱颖而出，比起同一时期的薄皇后、栗姬等人，是不折不扣的赢家。

栗姬：只因一点妒火起，不辨君意毁登极

【人物简介】

栗姬是汉景帝刘启的妃子，临江王刘荣的生母，生卒年不详。栗姬为人心胸狭隘，最终触怒景帝而被疏远。

【人物生平】

栗姬在汉景帝还是太子的时候，就已经得到景帝的殊宠，并接连为景帝生下长子刘荣、次子刘德、三子刘阏。

景帝的皇后薄氏出自文帝皇后薄姬家族，但景帝对她并不喜爱，而且薄皇后始终没有诞下龙子，因此地位更加不稳。等到薄姬死后，景帝很快便将他与栗姬所生长子刘荣立为太子。当时馆陶公主刘嫖曾打算与栗姬联姻，栗姬却因嫉恨刘嫖为景帝举荐美人而心怀不满，断然拒绝了这一请求，刘嫖因此感到十分丢面子，便转而与景帝美人王姁联盟。

此后，刘嫖故意多次在景帝面前进谗言，景帝便逐渐心生不满。一次景帝心情不佳，便告诫栗姬以后要善待各位妃子，话中透露出浓浓的托孤之意，然而栗姬却被嫉妒心冲昏了头脑，不仅没有听出话外音，反而在景帝面前撒泼，甚至骂他是"老狗"，景帝因此更加愤怒。

公元前150年，王姁又故意指使大臣进言立后，景帝顿时雷霆震怒，一气之下便将这位大臣处死，同时又废去刘荣太子之位。此后，栗姬再也得不到景帝的信任，最终抑郁而终。

【人物简评】

以栗姬的资历和资本，本来无论如何都不应该错失后位，但她致命的性格缺陷，却使她的境况在短短一日内便有了天翻地覆的改变。

程姬：无心栽种龙种，有幸史书留名

【人物简介】

程姬是汉景帝刘启的妃子，生卒年不详，以"程姬之疾"这一典故而留名于史书。

【人物生平】

公元前195年，汉高祖刘邦驾崩，吕后将宫中未曾受到宠幸的宫女外嫁给各诸侯王，程姬也于这一时期被分至代国，并受到代王刘恒之子刘启的宠爱，为其生下两子刘余、刘非。

有一次刘启在酒后临幸程姬，程姬却因月事而无法侍奉，便趁机以自己的侍女代替自己，刘启也没有察觉到。这位侍女就此怀上龙种，公元前157年刘启即

位后，这名孩子也被封为长沙王。

由于这一出阴差阳错，后世便以"程姬之疾"来代指女子月事，此后关于程姬的事迹不详。

【人物简评】

由于一时的临机应变，程姬不仅成全了另一名皇子的诞生，还为自己在历史上留下姓名，也算是意外的收获了。

王儿姁：姐妹同受君宠，一人早入幽冥

【人物简介】

王儿姁，又名王兒姁，是汉景帝刘启的妃子，皇后王娡的胞妹，与王娡先后入宫侍奉景帝，深得景帝的宠爱。

【人物生平】

王儿姁是王娡的妹妹，在王娡入宫之后得到姐姐的推荐入宫，并于姐姐一起受到景帝宠爱。入宫之后，王儿姁先后为景帝生下广川王刘越、胶东康王刘寄、清河王刘乘、常山王刘舜四个儿子。

王儿姁虽然深得宠爱，却早在姐姐成为皇后之前便病逝，没能看到王家进一步显赫的那天，即便如此，王儿姁的子孙后人，却都得到姐姐王娡和外甥武帝的关照，景帝在位时期，更是赦免了小儿子常山王刘舜的许多罪过。

【人物简评】

王儿姁在宫中所受到的宠爱，比起后来成为皇后的姐姐王娡也不遑多让，但可惜的是红颜薄命，她没能活到显赫的那一天。

陈阿娇：长门深宫妃子泪，金屋原不贮佳人

【人物简介】

陈阿娇是汉武帝刘彻的第一任皇后，为长公主刘嫖之女，因"金屋藏娇"这一典故而为世人所知。陈阿娇虽然贵为皇后，却始终没能生育子嗣，后来更因恃宠骄横、暗行巫术而被废黜。

【人物生平】

陈阿娇的本名不详，"阿娇"一名则是出自一本名为《汉武故事》的志怪小说，后来又被人们所引用。陈阿娇的母亲即是窦漪房的女儿、长公主刘嫖。

等到陈阿娇长大后，刘嫖曾打算将她嫁给太子刘荣，但刘荣之母栗姬却忌恨刘嫖为景帝选取美女，断然拒绝了这一联姻的建议。刘嫖恼怒之下，便选择与景帝夫人王娡联姻，将陈阿娇嫁给了刘彻。值得一提的是，"金屋藏娇"的故事也是出自《汉武故事》，但后人对此事却信以为真。

由于刘嫖的进谗和栗姬的骄纵，景帝最终改立刘彻为太子，公元前 140 年刘彻正式即位，陈阿娇也被册立为皇后。此后陈阿娇依仗着母亲的出力，在武帝面前十分骄纵，刘嫖也多次索取钱财。再加上陈阿娇多年不曾生育，武帝对她也愈发不满。

公元前 139 年卫子夫入宫，陈阿娇当即大吵大闹，次年卫子夫怀孕之后，陈阿娇更与母亲私下密谋杀害卫青。公元前 130 年陈阿娇为了让武帝回心转意，又偷偷在宫中施巫术，武帝终于再也无法忍耐。不久之后，武帝就下令将陈阿娇废黜并迁居长门宫，又出言好生安抚长公主刘嫖。

此后，陈阿娇便居住在长门宫，再也没有得到武帝的宠爱。陈阿娇的父母分别辞世后，陈阿娇也在几年之后去世，死后葬于霸陵东。

【人物简评】

正如为世人所熟知的"金屋藏娇"原是虚构那样，陈阿娇的皇后之位，最终也因她的恃宠而骄而成为水中月、镜中花。古代许多妃嫔都有早年受宠、晚景凄凉的经历，但至少现在看来，陈阿娇的结局并不能埋怨他人。

卫子夫：独见卫娘霸天下，一缕香魂绕椒房

【人物简介】

卫子夫是汉武帝的第二任皇后，本是一名出身卑微的歌女，后来却意外得到武帝的宠爱，稳坐皇后之位长达 38 年。公元前 91 年武帝朝爆发"巫蛊之祸"，卫子夫因不堪受辱而自尽，宣帝即位后又为其追谥。卫子夫因此成为历史上第一位拥有独立谥号的皇后。

【人物生平】

卫子夫出身在一个贫寒的家庭，家中兄弟姐妹众多，其母曾在平阳公主府上为仆。由于姿色美貌、歌声优美，卫子夫又被送入平阳公主府中做了歌女。

公元前 139 年，武帝在祭祀的归途中，突然造访平阳公主这位姐姐，平阳公主当即进行隆重招待。当时武帝娶妻已有数载，却始终不曾生下皇子，平阳公主于是又准备了许多美人，留给自己的这位弟弟。然而武帝对这些美人却毫不动容，反倒是接下来以歌女身份登场的卫子夫，令武帝眼前一亮。接下来武帝趁着在车中换衣服的机会，就临幸了卫子夫，并将她带进了宫中。

此后，卫子夫长达 1 年没有再受到武帝召见，直到武帝下令遣返一批宫人时，卫子夫才再次得到恩宠，不久后就怀上皇长公主。此后卫子夫时来运转，愈发受到武帝宠幸，她的家人也都得到武帝的封赏。公元 130 年陈皇后因多年无子、恃宠而骄、暗施巫术而触怒武帝，被打入长门冷宫，2 年之后，卫子夫又为武帝生下第一位皇子刘据。武帝大喜之下采纳了主父偃的建议，将卫子夫立为皇后。

卫子夫虽然出身微寒，入主后宫之后却表现出过人的贤淑和仁德。当时卫氏一族显赫天下，但却从来没有恃宠而骄、觊觎权位的谋逆心思，卫子夫的弟弟卫青和外甥霍去病，更是接连数次领军远征匈奴，为扫除汉时边境侵扰，做出了不可磨灭的巨大贡献。这一时期卫子夫始终端正言行、统领后宫，几乎没有犯下任何错误，为武帝专注庙堂、励精图治发挥了重要作用。

后来卫青又娶了当初引荐卫子夫的平阳公主，两家因此亲上加亲，卫氏一族更加显赫，时人更做《卫皇后歌》夸奖，歌曰："生男无喜，生女无怒，独不见卫子夫霸天下！"尽管随着时间推移，卫子夫的容貌逐渐老去，武帝也开始宠爱其他妃子，但卫子夫依旧受到武帝的敬重，武帝甚至特许她在自己出巡时，处理一些国家大事，事后更无须向自己汇报。

公元前91年，武帝宠臣江充因担心日后遭到太子报复，便将当时沸沸扬扬的巫蛊案件祸水东引，刘据不得不向母亲求救。眼见巫蛊之祸已经导致数位权贵身死灭族，卫子夫当即调动京城军队予以协助。由于其他大臣的畏惧、污蔑，武帝最终误以为太子要谋反，于是发动大军将太子击败，并下令收回卫子夫的皇后印绶。虽然武帝还没有进一步下令，卫子夫却选择自尽而死，同年刘据也因不堪受辱而死。

【人物简评】

卫子夫出身卑微，但在执掌后宫的38年间，卫子夫看似默默无闻，却从未犯下过任何疏忽，更能够稳坐后位不可撼动，足见其贤德睿智。除此之外，她所在的卫氏外戚一族，也为西汉王朝立下不可磨灭的军功，这一切都将卫子夫的形象衬托得愈发高大。

李夫人：容貌已衰何必见，留念于君更胜前

【人物简介】

李夫人是汉武帝刘彻最为宠爱的妃子之一，也是当时的著名音乐家李延年、贰师将军李广利的胞妹。李夫人曾为汉武帝生下昌邑王刘髆，死后更以皇后的身份配祭武帝宗庙。

【人物生平】

李夫人的兄长李延年是西汉著名的音乐家，同时又与太史公司马迁一样，因犯罪而接受宫刑，此后就在宫中任官。李延年入宫之后，很快就得到武帝的宠爱，当听说李延年的妹妹十分貌美后，武帝便将李夫人纳入后宫。

李夫人入宫之后，就为武帝生下一子昌邑王刘髆，也就是后来的昌邑王刘贺之父。后来李夫人因故病重，武帝想要掀开帘帐探视，李夫人却不惜触怒龙颜，坚决不肯应允。汉武帝走后，她的妹妹责备她不肯逢迎君主、为家人邀宠，李夫

人则表示说，自己正是担心武帝见到自己现在衰败的容貌后，心中会生出厌恶，这才坚决不肯见面，以此来为武帝留下念想。李夫人死后，武帝果然深以为憾，不仅对她的家人进行优待，更常常为思念她而惆怅、彷徨。

公元前87年武帝驾崩，昭帝即位，由于此前皇后卫子夫已经被废，霍光便依照武帝意愿，将李夫人配祭武帝宗庙，并追封她为皇后。

【人物简评】

李夫人不仅姿容优美，同时又深谙帝王心理，因此，表面上看似忤逆君主，其实却使得汉武帝对自己更加深情。除此之外，她又恰好赶上巫蛊之祸、卫皇后身死的时间点，得以与武帝共享宗庙，实在是意外之幸。

钩弋夫人：子贵母死尧母伤，唯留孤幼坐朝堂

【人物简介】

钩弋夫人本姓赵，名不详，是汉武帝刘彻晚年最为宠爱的妃子，也是汉昭帝刘弗陵的生母。为了防止吕后专政之事重演，武帝在立刘弗陵为太子后，又借故将钩弋夫人处死，但《汉书》中却记载钩弋夫人是因犯错受责而抑郁病死。

【人物生平】

钩弋夫人的父亲曾在宫中做宦官，钩弋夫人则是其在受宫刑前所生。一次武帝出巡时，当地官员又将钩弋夫人献给武帝。此前，钩弋夫人才10多岁，双手却自出生以来便握成拳状，不曾舒展，直到武帝亲自动手才成功掰开。伸展双手之后，武帝发现钩弋夫人手中握有一枚玉钩，便将其带回皇宫，并称其为钩弋夫人。

入宫之后，钩弋夫人深得武帝的宠爱，后来更为武帝生下昭帝刘弗陵。据说刘弗陵是钩弋夫人怀胎14月才生下，与上古传说的圣帝尧一致，因此武帝更加喜悦，并将钩弋夫人的宫门称为尧母门。公元前91年太子刘据因巫蛊之祸惨死，此后武帝多年不曾册立太子，直至公元前87年才在几番权衡之下，最终选定了刘弗陵。但早在刘弗陵被立为太子之前，钩弋夫人却因犯错受责而抑郁病死，《史记》补记中却指出武帝是为了防止吕后之事重演，而忍痛将钩弋夫人处死。

公元前87年武帝驾崩，昭帝即位，钩弋夫人这才被自己的幼子追封为皇后，家族子弟也都得到钱财赏赐，但并没有一人在朝中为官。

【人物简评】

钩弋夫人早年与武帝的故事，应当只是一出精彩的祥瑞戏码，其本人只怕并没有那么传奇。无论真实死因为何，至少钩弋夫人死后，她所在的家族确实没能进入庙堂以致引发外戚之乱，因此野史中"杀母立子"的说法，倒也颇有几分依据。

上官皇后：独居深宫三十载，梦里不见一双人

【人物简介】

上官皇后是汉昭帝刘弗陵的妻子，辅政大臣上官桀的孙女，生于公元前 89 年，6 岁时就进入后宫，成为汉昭帝的妃子。在汉昭帝死后，上官皇后独居深宫 30 多年，直至公元前 37 年病逝，享年 52 岁，死后与汉昭帝合葬于平陵。

【人物生平】

上官氏是辅政大臣上官桀的孙女、霍光的外孙女，地位十分显赫，因此在父亲的运作下，成为汉昭帝的皇后，时为公元前 83 年。上官氏此时年仅 6 岁，就此成为中国历史上年龄最小的皇后。

当时上官皇后的父亲是凭借外力才将女儿推上后位的，但此后霍光并不买账，不肯封赏帮助上官家族之人，因此上官桀十分不满。再加上霍光为人专横，上官桀等人处处受制，便在暗中谋划除掉霍光。最终霍光得知了这一阴谋，将上官桀父子等人全数杀死，只有上官皇后因年幼而得以幸免。

由于与上官皇后拥有亲缘血统，霍光对她十分重视，为了让上官皇后怀上龙种，更是对宫中其他妃子进行严格的限制。然而由于太过年幼，直至公元前 74 年汉昭帝驾崩，上官皇后都没能生下孩子，霍光只得将李夫人的孙子刘贺过继给昭帝和上官皇后，以他来继承皇位。

刘贺在位之后荒诞不经，不到一个月就被废黜，之后霍光又迎回了流落于民间的卫太子嫡孙刘询，即汉宣帝。汉宣帝即位之后，与上官皇后母子相称。公元前 66 年，霍氏子弟阴谋造反被诛杀，上官皇后的母族也就此消亡。此后，上官皇后便孤零零地居住在宫中，直到公元前 37 年病逝，死后与汉昭帝合葬于平陵。

【人物简评】

上官皇后的婚姻本来就是一场政治交易，所幸的是她当时实在幼小，没有参与政治阴谋，而本家上官氏和政敌霍氏，又分别是她的父族、母族，因此得以保全自己。但她早早失去亲人和丈夫，幽居深宫数十年举目无亲，对于她这位弱女子而言，也实在是一件悲凉的事情。

许平君：杜陵汉主空遗爱，南园故剑情未寒

【人物简介】

许平君是汉宣帝刘询的首任皇后，汉元帝刘奭的生母，她生于公元前 88 年，是一位出身低微的平民皇后。公元前 71 年许平君被毒害而死，却与宣帝在历史上留下了"故剑情深"与"南园遗爱"的浪漫爱情故事。

【人物生平】

许平君的父亲许广汉早年曾在昌邑哀王刘髆麾下任官，却因一时疏忽而被判为盗窃罪，因此受到宫刑，此时许平君已经出生。后来许广汉又因搜捕不力而被贬至掖庭，恰好此时年幼的宣帝刘询也在掖庭接受抚养。

当时的掖庭令张贺曾打算将自己的孙女嫁给刘询，却被胞弟所阻，正好此时许平君的未婚夫去世，张贺便极力撮合。最终许广汉于公元前75年，将许平君许配给刘询，次年两人就生下了后来的太子刘奭。同年汉昭帝驾崩。昌邑王刘贺在位不足1月就被废黜，大将军霍光于是拥立刘询为帝。

当时大臣都认为宣帝应该改立皇后，属意于霍光的女儿霍成君，宣帝却在此时下达诏令，表示要寻回自己早年微寒时佩戴的宝剑，群臣因此明白上意，纷纷上疏请立许平君为皇后。同年宣帝正式册立许平君为后，留下著名的"故剑情深"典故。

公元前72年，霍光的妻子霍显非常希望女儿成为皇后。次年，许平君再次怀孕，生下一女，霍显趁机买通御医淳于衍，在许平君的调理药物中下毒。许平君在服下药后，很快就觉得身体不适，一再询问淳于衍药物是否有问题，淳于衍却极力否认。不久之后许平君就毒发身死，年仅18岁，宣帝因此十分悲痛，追封她为恭哀皇后，并将她安葬于杜陵南园。

当时有人控告御医治病不力，霍显这才将真相告知霍光，霍光眼见事已至此，只得劝说宣帝不要追究，不知情的宣帝于是应允。此后霍成君成功入主后宫。直到公元前66年阴谋逐渐败露，霍氏子弟铤而走险、发动叛乱，宣帝这才将霍氏一网打尽，又将霍成君的后位废黜。

【人物简评】

许平君与宣帝自微寒时就已结识、相爱，并成婚，宣帝身登大宝之后，也从未忘记这位陪伴自己走过艰难岁月的结发之妻，两人的爱情故事实在令人感动。虽然许平君命途多舛，没能与宣帝厮守终生，但"故剑情深"与"南园遗爱"却成为两人爱情的最佳证明。

霍成君：无母恩而行失道，难奉庙而承天德

【人物简介】

霍成君是汉宣帝刘询的第二任皇后，也是汉代著名大将军霍光的女儿。霍成君在成为皇后之后，又因阴谋毒杀太子刘奭而被废去后位，于公元前54年自杀身亡。

【人物生平】

霍成君是霍光的小女儿，自小就深得母亲霍显的宠爱，然而这却成为许皇后

后来悲剧的一大原因。公元前 71 年许皇后产后虚弱，霍显当即收买御医毒杀许皇后，随后又将霍成君送入宫中。

入宫之后，霍成君先是被封为婕妤，一年之后又被立为皇后。当时上官太后虽然地位尊贵，但论辈分却又是霍成君的外甥女，因此对她十分礼遇，霍成君因此在后宫愈发奢侈。宣帝出于宠爱，对此并未加以干涉，霍成君因此愈发骄横。

公元前 67 年，宣帝将自己与许许平君所生的刘奭立为太子，霍显得知后十分气愤，更不甘心霍成君将来的儿子屈居其下，便极力劝说霍成君趁着赐食的机会，毒杀刘奭。然而刘奭的保姆动辄验毒试菜，因此霍成君最终没能成功。

更加祸不单行的是，公元前 66 年时，霍显毒杀许皇后的阴谋也逐渐泄漏，此时霍光已死，霍氏家族便在暗中计划谋反。宣帝得知消息之后，当即以雷霆万钧的手段诛杀霍氏，更以失德狠毒、无人母之德为由，废掉了霍成君的后位并将其打入冷宫。

公元前 54 年宣帝又下令将霍成君迁居他宫，霍成君得知后便自杀而死，死后葬于昆吾亭东。

【人物简评】

霍成君通过族人的卑劣手段登上后位，期间或许自己是无辜的，但从后来毒害太子的行径来看，她也绝不是什么贤良女子。许皇后虽然命途多舛，但霍成君也同样没能笑到最后。

邛成皇后：屡嫁不成入宫室，荣华原是在我身

【人物简介】

邛成皇后姓王，名不详，是继许平君、霍成君之后，汉宣帝刘询的第三任皇后。邛成皇后于公元前 16 年病逝，死后与汉宣帝合葬于杜陵。

【人物生平】

王氏的先祖曾在汉高祖时，因从龙之功而被授予侯爵，汉宣帝早年流落民间时，也与王氏的父亲相识。或许是冥冥之中有所安排，早年的王氏每逢出嫁，都恰好赶上男方去世，因此拖到最后，还是于公元前 74 年被继位的宣帝娶回了宫中。

从公元前 71 年到公元前 66 年，宣帝的两人皇后许平君和霍成君一者被害，一者被废，宣帝为了保证太子刘奭的安全，决定选一位性情敦厚、没有子嗣的妃子为后，王氏恰好是符合标准的不二人选。公元前 64 年王氏正式被立为皇后，但事实上宣帝对她并没有太多的情感，因此夫妻二人相处十分平淡。

公元前 49 年，宣帝驾崩，元帝即位，尊王氏为皇太后；公元前 33 年，成帝即位后，又尊王氏为太皇太后。王氏的族人也受到宣帝、元帝、成帝三代君主的

封赏。公元前16年王氏去世，此时距离自己成为皇后，已经过了整整49年，死后与汉宣帝合葬于杜陵，即东园。

【人物简评】

汉代鲜有显贵已极而得以善终的外戚，邛成皇后王氏则恰恰是一个例外。在很大程度上，都和王氏的低调、谦和有着不可分割的紧密关系。

王政君：老身何曾背汉室，难抑外戚有负君

【人物简介】

王政君是汉元帝刘奭的皇后，汉成帝刘骜的生母，生于公元前71年，卒于公元13年2月3日，享年84岁，是中国历史上寿命最长的皇后之一。

【人物生平】

王政君的母亲在生下她前，曾梦见月光照射自己，等到王政君出生之后，又因忌妒丈夫纳妾而带着她改嫁。王政君长大之后，两任未婚夫都意外死去，有相士指出这是因为她命中注定大贵，于是王母便将王政君送入宫中。

当时，宣帝的太子刘奭因爱妃之死而迁怒于其他妃子，宣帝只得在宫中选择美女填充东宫，王政君也成为5位候选人之一。当时刘奭为了应付皇后，便随口说其中一人自己十分满意，而王政君恰好距离刘奭最近，穿着也有别于其他几位。宫人误以为刘奭所指是王政君，于是便将她留在了东宫。不久之后，王政君就怀上龙种，后来生下了皇孙刘骜。

此前，刘奭多年不曾有子，宣帝因此十分高兴，公元前49年刘奭即位，很快就将王政君册立为太后，刘骜也被立为太子。但刘奭对王政君并没有什么情感，只是由于王政君为人微小谨慎，太子刘骜又深得先帝喜爱，这才没有因宠爱新人傅昭仪而改立新君。

公元前33年，元帝驾崩，刘骜即位，王政君被尊为皇太后，王氏家族也由此愈发显贵，甚至其同母异父的弟弟也被大肆封赏。后来篡夺汉代江山、建立短暂新朝的王莽，正是王政君的亲侄儿。

公元前7年，成帝因纵欲过度而死，傅昭仪的孙子刘欣即位，即汉哀帝，王氏外戚的势力受到打击，傅昭仪后来更是当着王政君的面称其为"老太婆"，王政君也只能默默忍受。王莽曾为此据理力争，但最终还是难以扭转局面，自己也被哀帝贬去官职。直到公元前1年哀帝驾崩，平帝刘衎即位，王政君这才趁机夺回王氏大权，再次以太皇太后的身份秉政。

此后王莽复出，并在私下谋划篡夺江山，王政君多次进行批评，王莽却始终不肯停止。公元9年王莽正式建立新朝，并派人向王政君索要玉玺，王政君一怒之下，竟将玉玺砸出一个缺角。此后王政君对王莽愈发厌恶，在宫中也从不使用

新朝的各项礼制。

公元 13 年王政君病逝，享年 84 岁，死后与汉元帝合葬于渭陵。

【人物简评】

王政君的得宠可说是完完全全的意外，但同时又确确实实是一种幸运。王政君执政期间，虽然也曾偏私本家，但更多的是心怀汉室，忠于刘氏江山，但她的见识毕竟有限，因此导致王莽坐大，对此，她也应负有一定责任。

傅昭仪：百般钻营逞恶性，生年有幸死难逃

【人物简介】

傅昭仪是汉元帝刘奭的妃子，汉哀帝刘欣的祖母，于哀帝即位后被尊为太后。公元前 2 年傅昭仪病逝，死后以皇后的身份与元帝合葬，后来又被王莽贬去尊号，掘墓重葬。

【人物生平】

傅昭仪出身于普通家庭，被选入宫中之后，有幸成为上官太后的贴身女官，后来又被刚成为太子的刘奭看中。公元前 49 年刘奭即位，傅昭仪也被封为婕妤，深得元帝的宠爱。

此后，傅婕妤先后为元帝生下一子一女，并被元帝正式册封为昭仪。有一次，元帝携众妃游览熊圈，一只大熊意外冲出牢笼，另一名妃子冯媛挺身而出，护卫元帝，事后得到元帝赞许，傅昭仪却因此心生惭愧、嫉恨。

公元前 33 年，元帝驾崩，傅昭仪随儿子前往封国。当时汉成帝多年没有子嗣，傅昭仪又私下贿赂赵合德及成帝外戚，终于将自己的孙子刘欣立为储君，即后来的汉哀帝。公元前 7 年哀帝即位，傅昭仪因此一跃成为皇太后，并对自己的族人大肆封赏。

成为太后之后，傅昭仪很快就表现出自己骄横、丑恶的嘴脸，甚而面对成帝的生母王政君也十分不敬，当面辱骂她是"老太婆"。傅昭仪更没有忘记往日与冯媛的恩怨，便趁着朝中大臣构陷冯媛的机会，诬告冯媛暗中诅咒皇帝。等到朝廷派人前去问罪之后，冯媛初时不肯承认，使者却以她先前护卫元帝的旧事，嘲讽她没有认罪的胆魄。冯媛因此得知朝中有人嫉恨、构陷自己，于是选择自杀。

公元前 1 年，傅昭仪病逝，死后以皇后的身份与元帝合葬于渭陵。然而等到王莽专政，傅昭仪很快就又遭到清算。在王莽的授意下，朝廷先是废去傅昭仪的皇后尊号，紧接着又将其掘墓改葬。

【人物简评】

傅昭仪为人工于心计，善于隐忍，最终从宫闱中脱颖而出，但她的所作所为，又无一不符合"小人得志"四字。尽管生前荣华已极，傅昭仪死后却又落得个凄

惨下场，也算是对生前种种恶行的报应了。

冯媛：拦熊护主旧勇在，岂能畏事认罪谗

【人物简介】

冯媛是汉元帝刘奭的妃子，也是汉平帝刘衍的祖母，曾为救驾而奋不顾身，挡住逃脱的大熊，因此受到元帝宠爱。公元前7年冯媛因受傅昭仪构陷而死。

【人物生平】

冯媛的父亲在汉元帝时官至左将军，其兄后来也担任了左冯翊。但自公元前47年入宫之后，朝中始终没人以裙带关系指责、质疑冯家，由此可见冯媛的贤淑。

公元前38年，汉元帝携傅昭仪、冯媛等人一同前往虎圈，不料一只大熊却突然跑出囚牢，场中顿时一片混乱。混乱中，只有冯媛始终挡在大熊前面，终于为侍卫争取到时间。士兵杀死熊后，元帝对冯媛的忠勇十分感动，然而傅昭仪等人却因惭愧而心生忌恨。

公元前33年元帝驾崩后，冯媛也被尊为太后，后来又与儿子中山王刘兴一同前往封国。公元前7年，朝廷派去中山国的使者因故先行离去，为了逃避追究便谎称冯媛等人诅咒哀帝。已经成为太后的傅昭仪趁机派人前去问罪，官吏更以先前冯媛只身阻熊的旧事作为讥讽。冯媛因此猜测到宫中有人要陷害自己，于是服毒自杀。

【人物简评】

冯媛的父亲冯奉世曾率军远征匈奴，立下赫赫战功，冯媛虽然身为女子，却也继承了勇武的家风。遗憾的是，她的忠勇虽然可以得到君主的赏识，却无法应付杀机暗伏的后宫，最后也只能冤屈而死。

许皇后：抛却淑贤争君宠，孰知事败终成空

【人物简介】

许皇后是汉成帝刘骜的第一任皇后，也是汉宣帝刘询皇后许平君的外甥女。许平君很早就被毒杀，元帝为了补偿母亲，便将许氏立为太子妃。晚年，许皇后因失宠而受到赵飞燕姐妹构陷，后来又因与外戚淳于长有所牵扯而被赐死。

【人物生平】

许平君虽然出自市井微寒之家，但自从宣帝即位之后，她的兄弟就都被接入宫中，接受良好的教导和规范，因此等到许氏出生，家风已经焕然一新。许氏从小就受到良好教育，不仅容貌漂亮，而且精通隶书、文辞，因此公元前34年又被元帝选入宫中，为太子刘骜的妃子。

初见许氏时，刘骜也对这位妃子十分喜爱，元帝更是高兴地当场命人斟酒祝

贺。但许氏入宫之后，所生的子女全数夭折，没有一人能够长大。尽管自己独受成帝宠幸十数年，但随着时间的推移和容貌的衰老，成帝对她的喜爱也逐渐淡薄。此时又正好连续三年出现月食景象，王太后等人因此归咎于后宫无子，成帝也下令限制后宫的费用。许皇后为此专门上疏辩护，却得不到成帝的采纳，事后成帝对她也愈发不满。

随着公元前18年赵飞燕姐妹的先后入宫，许皇后更加失宠，此时她的家人又在暗中诅咒赵氏姐妹，赵飞燕姐妹当即在成帝面前揭发此事。成帝得知后十分震怒，当即下令将许皇后废黜，就连另一名深得宠爱的妃子班婕妤也险些受到牵连。

公元前10年时，许皇后眼见姐姐的情夫淳于长深得成帝宠信，便花费重金贿赂淳于长，希望他帮助自己恢复后位，淳于长趁机欺骗许皇后，以此大肆敛财，同时又在书信中言辞轻佻，故意调戏许皇后。

公元前8年，王莽因与淳于长有矛盾而揭发此事，汉成帝初时半信半疑，后来经过彻查却发现事情属实，那些言辞暧昧的书信也被找到，于是成帝派使者将许皇后赐死。许皇后死后葬于延陵西面。

【人物简评】

许皇后为人贤明淑德，但在后宫的激烈斗争中却无奈落败，实在令人扼腕叹息。更令人遗憾的是，不肯死心的她后来又轻信他人，为了夺回后位不惜做出失德之事，最终反而丢失了自己的性命。

班婕妤：行者无言留者恨，不见君兮为谁荣

【人物简介】

班婕妤是汉成帝刘骜的妃子，为西汉历史上著名的淑德才女，也是班固、班超和班昭三兄妹的祖姑。班婕妤生于公元前48年，卒于公元前2年，享年47岁。

【人物生平】

班婕妤的名字不详，但据考证是春秋时楚国令尹斗谷于菟的后人，因此也算是王室后裔。班氏家族世代在汉朝立下战功，班婕妤本人也从小就受到良好教育，为人聪颖贤淑，知书达礼。

公元前32年成帝即位，班婕妤也被选入宫中，受到成帝的宠爱。早年，班婕妤曾育有一子却早夭，此后再也不曾生育。入宫之后，班婕妤始终依照古礼侍奉成帝，并以过人的诗歌文采博得成帝的赏识。有一次成帝命人制作了一辆大辇车，想要与班婕妤一同出游，班婕妤却断然拒绝。当成帝表示不解时，班婕妤则表示古代圣主之侧，当以贤士相伴，成帝因此打消了这一想法。太后王政君得知之后，也对班婕妤十分赞赏，并将她与郑庄公的姬妾樊姬相比。

但随着公元前18年赵飞燕的入宫，成帝对班婕妤逐渐开始冷落，赵氏姐妹更

在后宫中钩心斗角，想尽方法迫害其他妃子。不久，许皇后的姐姐因不满而诅咒赵氏姐妹，赵飞燕趁机在成帝面前揭发，并嫁祸于班婕妤。成帝一怒之下，便将许皇后废黜，班婕妤因应对合宜而打动了成帝，因此得到赏赐和安慰。

尽管逃过一劫，班婕妤却深知后宫倾轧残酷，不久后就主动请求前去侍奉王太后，以此来逃避宫闱斗争。但在心中，班婕妤始终十分伤感，这一时期先后写下了《团扇歌》《自悼赋》《捣素赋》等描述古代后宫女子悲凉命运的诗篇。

公元前 7 年，成帝驾崩，班婕妤又主动请求为其守陵，在孤寂中度过了自己生命的最后时光。公元前 2 年班婕妤病逝，死后随葬于延陵。

【人物简评】

班婕妤为人知书达礼、仁惠淑贤，堪称一代贤妃，可惜汉成帝却不是一位英明君主。但尽管自己晚景凄凉，比起在宫斗中失败而下场悲惨的女子，班婕妤倒也显得要幸运许多。

赵飞燕：轻歌倾得朝堂乱，曼舞漫说保荣华

【人物简介】

赵飞燕生于公元前 45 年，是汉成帝刘骜的第二任皇后，也是中国历史上著名的美女，与杨贵妃并称"燕瘦环肥"。入宫之后，赵飞燕与妹妹赵合德一起以美色来迷惑成帝，暗中又大肆迫害其他妃子。公元前 1 年赵飞燕于被贬后自尽，享年 45 岁。

【人物生平】

赵飞燕本名不详，飞燕是她入宫后得到的赐名。赵飞燕出生于贫寒之家，其父母曾打算将她抛弃，然而赵飞燕却顽强地活过了 3 日，于是又被父母抱回。长大之后，赵飞燕因出身清白而进入皇宫，成为阳阿公主的婢女，并因善于舞蹈而被称为飞燕。

公元前 18 年，汉成帝去阳阿公主家宴乐，在筵席上偶然看到赵飞燕的曼妙舞姿，当即被她的美色吸引，当天就将她带入宫中。赵飞燕也充分发挥"挑逗"艺术，一连 3 天故意拒绝成帝，撩拨得成帝愈发心痒难耐，因此，成帝对赵飞燕愈发垂涎，恩宠长久不衰。等到赵飞燕的妹妹赵合德入宫之后，赵氏姐妹的地位愈发巩固，许皇后、班婕妤等人纷纷失宠。

不久后，赵氏姐妹便抓住机会诬告许皇后，使成帝在一怒之下将其废黜，随后赵氏姐妹又积极争夺皇后之位。最初，太后王政君看不起出身贫寒的赵飞燕，但成帝却将赵飞燕的父亲封侯，以此来提高了她的家世。公元前 16 年赵飞燕成功地被册立为皇后。然而此后赵氏姐妹始终没能生育子嗣，据说是为了驻颜使用药物所致。

由于自己无子，赵氏姐妹对宫中的怀孕妃子大肆迫害，甚至逼迫昏聩的成帝亲手掐死龙子，私下又接受元帝昭仪傅氏的贿赂，极力劝说成帝立定陶王刘欣为储君。公元前 7 年刘欣即位，赵飞燕被尊为皇太后，赵合德则在此前因成帝之死而自杀。

公元前 1 年哀帝驾崩，赵飞燕就此失去依仗，很快就遭到王氏外戚的打击，更被王莽下令贬为庶人，为成帝看守陵墓。接受诏令的当天，赵飞燕就自尽而死，享年 45 岁。

【人物简评】

以容貌而论，赵飞燕堪称风华绝代的佳人，但在西汉的庙堂上，她又同样扮演了狐媚惑主的负面角色。尽管生前汲汲营营、费尽心机，到死前的那一刻，赵飞燕却一无所得，命运充满了讽刺意味。

赵合德：温柔乡做帝王冢，君先死而妾后终

【人物简介】

赵合德是赵飞燕的妹妹，也是汉成帝刘骜的宠妃，生于公元前 45 年，卒于公元前 7 年，享年 39 岁。

【人物生平】

赵合德刚出生时，他的父母由于家贫且重男轻女，曾打算将她抛弃，然而过了 3 日赵合德仍然顽强地活了下来，于是她的父母又把她抱回家中（一说为赵飞燕）。赵合德长大之后，也成为姿容不输于姐姐的美人。

赵飞燕入宫之后，很快得到汉成帝的宠爱，当听说赵飞燕还有个更为美貌的妹妹时，汉成帝更加惊喜。赵合德因此被召入宫中，与姐姐一起被封为婕妤，成为汉成帝最为宠爱的两名妃子。但赵合德入宫之后，与姐姐联合起来，大肆迫害其他妃子，公元前 18 年又趁机将许皇后扳倒。

公元前 7 年，汉成帝暴毙于赵合德床上，群臣因此声讨赵合德，赵合德迫于形势，只好无奈地自杀。

【人物简评】

赵合德在入宫之后，与姐姐一同谄媚邀宠、惑乱后宫，因此，被班固写入史书，予以大力批判。

许美人：天子昏聩不知爱，竟驱飞燕啄皇孙

【人物简介】

许美人是汉成帝刘骜的妃子，生平不详，曾为成帝育有一子。然而在赵氏姐妹的挑唆下，许美人的儿子最终被成帝亲手杀死，留下令人触目惊心的故事。

【人物生平】

许美人入宫之后，最初居住在上林涿沐馆，期间多次受到成帝的召幸。公元前 11 年许美人怀上身孕，成帝得知之后，便派人为许美人送去调理身体的药物。

然而这一消息很快就被赵氏姐妹得知，赵合德更是又哭又闹，指责成帝"始乱终弃"，成帝因此束手无策。为了安抚赵合德，成帝又下令许美人抱出幼子，许美人自然应允。然而不久之后，成帝便将幼子的尸体从另一处宫殿抱出，交由侍卫埋于宫内，史传为成帝亲手掐害。此后关于许美人的记载不详。

【人物简评】

《汉书》中关于许美人的记载，仅有寥寥数百字，但就是这样一份简要的记载，却字字透露出后宫争斗的残忍血腥以及深宫女子的悲惨凄怆。

傅皇后：一己贤淑终有限，难挽家族立堂前

【人物简介】

傅皇后是汉哀帝刘欣的妻子、汉元帝之妃傅昭仪的堂侄女，据说名为傅黛君，生年不详，卒于公元前 1 年。公元前 1 年，哀帝死后，傅氏家族很快就遭到外戚王氏的打压，傅皇后也在被废之后自杀。

【人物生平】

公元前 33 年汉元帝驾崩后，妃子傅昭仪受命随同儿子刘康前往封国，等到孙子刘欣承袭王爵后，又积极张罗为刘欣娶妻。为了亲上加亲，也为了巩固娘家的权势，傅昭仪便将堂侄女傅氏嫁给他。

公元前 7 年，汉成帝驾崩，刘欣在傅昭仪的谋划下即位，即汉哀帝，傅氏也被册立为皇后。虽然傅氏为人大方，贤惠高雅，但其家族却在傅昭仪的弄权下，很快就显赫起来，为此朝中许多大臣心中都颇有微词。

公元前 1 年哀帝驾崩，平帝即位，以王政君、王莽为首的外戚势力再次崛起，此前，曾羞辱过王氏的傅氏家族，就此遭到清算。同年王莽就下令废去傅昭仪的皇后尊号，掘墓改葬，傅氏也被废为庶人，同时被废的还有成帝之妃赵飞燕。在被贬至义陵看守后，眼见情势不利的傅氏干脆自杀身亡，赵飞燕也在不久后自尽。

【人物简评】

相比于谗害贤妃、骄纵蛮横的堂姑母傅昭仪，傅皇后本人倒是没有什么流传后世的不端举动，野史中更对这位皇后大加褒奖，称赞她的贤淑端庄。但不论真相为何，在当时权斗激烈的背景下，傅皇后的家族既然落败，她就必然没有幸免的道理，这也是她的可悲之处。

王嬿：孝贤侍君终无用，有何面目见汉家

【人物简介】

王嬿生于公元前 4 年，为汉平帝刘衎的皇后，其父为新朝太祖王莽，其母为王静烟。王嬿在 8 岁时就被立为皇后，其父篡汉之后，又表现出忠于汉室的贞节。公元 23 年新朝覆灭后，王嬿以"愧对汉室"之故自杀，享年 27 岁。

【人物生平】

王嬿是王莽与发妻王静烟所生，出生时正值西汉末年，朝中大权已经尽数落入外戚王氏之手。公元前 1 年汉哀帝驾崩，平帝刘衎即位，王莽开始掌握庙堂。

为了进一步巩固自己的权位，王莽不顾太后王政君的反对，硬是将王嬿嫁给平帝，彼时王嬿年方 8 岁，比起 6 岁成为皇后的上官氏，也相差不了太多。凭借着女儿的封后，王莽摇身一变成为国丈，权势愈发显赫。

公元 6 年平帝驾崩，王莽扶持孺子婴登基，2 年之后又正式篡汉自立，建立新朝。此时王嬿正值芳龄，王莽便想将她改嫁，但王嬿始终不肯屈从。不仅如此，王嬿还对父亲安排上门"相亲"的公侯子弟，一律加以冷眼，王莽只得顺遂她的心意。

公元 23 年绿林军攻破京城，新朝就此覆灭，王嬿因此哀叹"何面目以见汉家"，不久后便自焚而死。

【人物简评】

王嬿为人温柔贤惠，同时又有着不输父亲的忠贞节义，因此在后世受到称赞，被誉为"孝贤之楷模"。

王静烟：朝堂未倾身先殒，唯流芳魂可待君

【人物简介】

王静烟生于公元前 46 年，为新朝太祖王莽的发妻，公元 8 年王莽即位后，又以王静烟为皇后。公元 23 年，王静烟病逝，享年 69 岁。

【人物生平】

王静烟的祖上在汉昭帝时就担任朝中大官，其父王咸后来也承袭爵位，为宜春侯。

当时王莽虽然贵为外戚，但自己的这一支族人却十分落魄，其父王曼是大将军王凤的同父异母弟，却沦落到只能卖炊饼度日，其兄好不容易官至尚书却又早逝。由于王莽为人孝顺、闻名乡里，王静烟的家族最终选择与其联姻，将王静烟嫁给了王莽。

公元 8 年王莽篡汉，建立新朝，王静烟这位发妻也被册立为皇后。公元 23 年

新朝在全国各地的起义中走向覆灭，王静烟也在此前病逝，死后追谥为孝睦皇后，葬于渭陵。

【人物简评】

不论王莽风评如何，王静烟能够嫁给他并成为皇后，也总算是显赫至极，比起日后在战乱中倾覆的新朝，王静烟也算是寿终正寝，比别人要幸运许多。

史罗：乱世从不恤孤弱，桃花由来易摧折

【人物简介】

史罗是王莽的第二任皇后，生于公元前 46 年，为卫太子刘据姬妾史氏的族人。史罗在王静烟死后，被王莽册立为皇后，同年就在新朝覆灭中下落不明。

【人物生平】

史罗与卫太子刘据的姬妾史良娣同族，其父史谌在新朝官至将军、受封侯爵，因此，史罗得以凭借着显赫出身进入后宫。

公元 23 年，孝睦皇后王静烟病逝，王莽为此愀然不乐，大臣得知其心意后，便上疏建议册立新后，王莽于是将史罗册立为皇后。然而仅仅在 7 个月后，京城就被绿林军攻破，其父史谌尽管投降，但也难逃被杀害的命运。史罗则在战乱中下落不明。

【人物简评】

史罗的皇后之位看似来得轻易，但放在当时混乱的时代背景下，却又无异于一场灾难。尽管成为最为尊贵的皇帝枕边人，史罗却很快就饱尝国破家亡之恨，对于女子而言，这也实在过于残酷。

东汉

郭圣通：二人相合本无爱，孑然一身岂有荣

【人物简介】

郭圣通是光武帝刘秀的第一任皇后，出身于中山郡的名门望族，因此，她受到光武帝的重视。嫁给光武帝之后，郭圣通先后为刘秀生下五位皇子，公元 26 年更因阴丽华固辞后位，被刘秀册立为皇后，但在晚年由于恩宠不再，矛盾频频，郭圣通又被废去后位。公元 52 年郭圣通病逝。

【人物生平】

郭圣通出自名门望族，其父早早病逝，因此郭圣通是在母亲和娘家真定王的抚养、教导下长大。公元23年，刘秀奉命招抚河北，期间屡经波折，不得不与真定王势力联合。为了巩固双方的同盟关系，最终真定王将郭圣通嫁给刘秀，刘秀的势力因此得以巩固、壮大。

公元25年，刘秀终于登基成帝，郭圣通于同年为他生下皇长子刘疆，此后，刘秀又将发妻阴丽华接至身边。虽然二人伉俪情深，阴丽华的家世、资历和势力却都无法与郭圣通相比，因此阴丽华主动推辞后位，劝说刘秀从大局出发，册立郭圣通为皇后。此后，郭圣通又先后为刘秀生下刘辅、刘康、刘延和刘焉四个儿子。

然而刘秀与郭圣通的姻缘，本就是一场政治婚姻，随着时间的推移，刘秀对郭圣通的恩宠也日渐衰减。再加上后来国中天灾爆发，度田一事也饱受阻碍，刘秀因此深受其扰，郭圣通又在此时与他争执，刘秀于是于公元41年正式下令将郭圣通废黜。鉴于当时朝政不稳，国内人心惶惶，郭圣通虽有过错却无大罪，刘秀并没有将她彻底废黜，而是以王太后的身份迁居他处，并对她的家人进行大力安抚。为了尽可能减小影响，刘秀又下令不要大张旗鼓地祝贺新后，刘疆的太子之位也暂时得以保全。

公元52年郭圣通病逝，死后被刘秀葬于邙原北陵。

【人物简评】

郭圣通与刘秀虽然名为夫妻，但刘秀心中始终将阴丽华视为自己的最爱，对于身为女子的郭圣通而言，这显然是一份苦楚。鉴于多年的陪伴和早期的帮助，刘秀并没有如同其他帝王那样，彻底剥夺郭圣通的一切，而是在废后的前提下，尽可能的予以照顾、优待，这也算是对她的些许愧疚补偿吧。

阴丽华：帝王亦爱贤淑女，娶妻当娶阴家娘

【人物简介】

阴丽华是光武帝刘秀的结发之妻、第二任皇后，也是刘秀最为宠爱的女人。公元5年，阴丽华出生于春秋名相管仲的后裔家族，早在少时，她就得到刘秀的仰慕，公元41年又被刘秀册立为皇后。阴丽华为人端庄、恭谨，在历史上有很高的评价，公元64年病逝后，与刘秀合葬于原陵。

【人物生平】

阴氏家族是管仲之后，祖上因受封阴大夫而改姓阴，直至西汉末年时仍是当地一大豪门。阴丽华长大之后，出落成一位亭亭玉立的美人儿，刘秀在见到她的美貌后，更是发出"仕宦当作执金吾，娶妻当娶阴丽华"的感慨。

公元 22 年，刘秀与兄长刘縯一同起兵，次年就迎娶了阴丽华为妻，实现了自己的一半梦想；但仅仅过了 3 个月后，刘秀就不得不带兵出征，因此与阴丽华分别。投奔更始政权之后，刘縯、刘秀屡立战功，反而受到更始帝的猜忌，刘秀最终不得不选择拥兵自立。公元 25 年刘秀正式登基称帝，又派人将阴丽华接回身边。

此前，刘秀为了巩固势力，已经迎娶了真定王的外甥女郭圣通并育有一子，因此阴丽华从现实角度考虑，极力推辞刘秀的好意，刘秀将郭圣通立为皇后。此后，刘秀经常将阴丽华带在身边，即便是行军打仗也不例外，后来的太子刘庄正是在这一时期诞生。此后刘秀又对阴丽华的家人大肆封赏，更摸着刘庄的头感叹春秋时谦让王位的贤士季札，表明了自己的心思。

公元 41 年，刘秀正式下令，废掉郭圣通的皇后之位，改为中山王太后，以阴丽华作为后宫之主，至此刘秀总算完成了心中由来已久的期望。为了稳定人心和局势，刘秀下令朝廷不得大张旗鼓进行恭贺，也没有当即将太子刘疆废黜。

公元 43 年，刘疆主动让贤，刘秀于是将刘庄立为太子，阴丽华的地位愈发稳固。这一时期阴氏家族也得以显贵，但阴丽华的幼子刘荆和弟弟阴就也做出了许多欺君罔上的事情。但阴丽华在执掌后宫期间，始终不曾对之前的郭氏家族有所报复，还为太子刘庄迎娶了日后的著名明德马皇后。

公元 64 年，阴丽华病逝，享年 60 岁，死后以隆重的礼节与光武帝合葬，并被追谥为"光烈皇后"。

【人物简评】

阴丽华不仅是中国历史上的著名美女，品行也殊为高洁、端庄，是当之无愧的贤妻、贤母、贤后，因此，刘秀的感叹也就不难理解了。

马皇后：十岁便有齐家术，抚养他子成贤君

【人物简介】

马皇后是汉明帝刘庄的妻子，东汉开国名将马援的小女儿，生于公元 39 年，从小就以贤良淑德闻名，被选入东宫为太子妃。成为皇后之后，马皇后始终以身作则，治理后宫，同时又严格约束外戚，为后世留下"车水马龙"这一著名成语。公元 79 年，马皇后病逝，享年 41 岁，死后与汉明帝合葬于显节陵。

【人物生平】

马氏在 10 岁时，其父马援就病逝军中，事后家族又遭到马援政敌的构陷，门庭一夕衰败。然而马氏却主动承担起管理家事的重任，并且处理得井井有条，因此受到时人的好评。

公元 52 年，马氏的兄长主动上疏，请求将马氏充入后宫，马氏有幸被选为东

宫妃子。当时马氏年仅 13 岁，侍奉皇后阴丽华却十分周道，与其余的太子妃嫔相处也十分友善。马氏因此得到阴皇后的喜爱，太子刘庄更是经常将她留在自己的寝宫。

公元 60 年，朝中请求立后，明帝尚未主动表示，阴太后便主动提出册立马氏的建议，马氏得以成为后宫一人之下、万人之上的主宰。成为皇后之后，马氏始终保持勤俭之风，并且从不参加宴乐，明帝每逢与妃嫔宴乐，也都会知趣地不带上她。但在日常理政时，马氏经常能够提出新颖的建议，劝说明帝宽宏御下，同时从不为娘家人谋取私利。因此两人虽然不能"同乐"，明帝却对马氏真心实意地宠爱、敬重。马氏入宫之后始终无子，明帝更是干脆将妃子贾贵人的儿子交给她抚养，马氏的用心程度也远远超出了生母。这个孩子就是后来的汉章帝刘炟。

公元 75 年，明帝驾崩，章帝即位，尊马氏为太后。马氏多次拒绝明帝及大臣分封娘家人的请求，并下诏批评娘家人过于张扬，"车水马龙"的成语即出于此。不仅如此，马氏还在自己亲自撰写的《显宗起居注》中，特意对家人的事情予以删减，希望以此来减少娘家在朝中的声望。

公元 79 年马氏病重，下令禁止祷告祭祀，同年就因病去世，享年 40 岁。马氏死后，章帝追封她为明德皇后，将她与明帝合葬于显节陵。

【人物简评】

马皇后因编写《显宗起居注》一书，成为中国历史上首位女史学家，除了对史学的贡献之外，她的一言一行无不彰显贤良淑德，无一不是留给后人的宝贵精神财富。

贾贵人：生儿显贵不得养，亲情不失犹有偿

【人物简介】

贾贵人是汉明帝刘庄的妃子、汉章帝刘炟的生母，生卒年不详。贾贵人在明帝即位当年就生下刘炟，但明帝却将刘炟交由马皇后抚养，因此贾氏直到马皇后死后才得以显贵，但也没有被尊为皇后。

【人物生平】

贾贵人的母亲是明德皇后马氏的异母姐，按辈分应当是马皇后的外甥女。公元 57 年光武帝驾崩，明帝即位，马氏和贾氏均被册立为贵人。同年，贾贵人生下儿子刘炟，明帝却以人不需要有子、只怕不精心养护为由，将刘炟交由无子的马氏抚养，公元 60 年时又将刘炟立为太子，而以马氏为皇后。

马皇后与刘炟虽无血缘关系，却依旧对刘炟精心抚育，关怀爱护甚至超过生母贾贵人，生性仁厚的刘炟也对马氏十分孝顺。因此，公元 75 年刘炟即位后，也是将马氏尊为皇太后，对于生母贾贵人却并没有进行任何封赏，贾氏家族也并没

能一跃成为外戚。

公元 19 年马皇后病逝，刘炟追封她为明德皇后，之后才开始对自己的生母贾贵人进行补偿。在他的授意下，朝廷赐予贾贵人诸侯王印绶，以及大量奴仆、布匹、黄金和钱财，待遇十分优厚。此后，关于贾贵人的记载不详。

【人物简评】

由于明帝的宠爱，贾贵人并未能亲自抚养章帝长大，但所幸的是她也没有遭逢血腥的后宫争斗，只是享受天伦之乐更晚了一些。刘炟登基后虽没有立即优待贾贵人，但考虑到他的身世背景，以及日后的优厚补偿，倒也不能简单地加以指责。

窦皇后：养子害母伤天理，幸有以德报怨君

【人物简介】

窦皇后是汉章帝的妻子，祖上在东汉官至大司徒，母亲则出自刘氏宗室。窦皇后一生没有子嗣，收养梁贵人之子（即汉和帝）后，又将梁贵人父女迫害致死。公元 97 年窦太后死后，和帝也没有进行报复，依旧将她以皇后的身份，与章帝合葬于敬陵。

【人物生平】

由于出身显赫，窦氏从小就受到良好教育，据说，她 6 岁时就已经能够作文。公元 77 年被选入皇宫后，窦氏很快就因容貌美丽、言行得体，受到马太后的喜爱，第二年就被册立为皇后。

公元 79 年马太后病逝，窦氏成为后宫之主，此后却开始倾轧妃子、恃宠而骄。同年章帝之妃宋贵人之子刘庆被立为太子，窦氏当即在暗中挑拨，最终促使章帝于公元 82 年将刘庆废黜，宋贵人也在不久后自尽；另一名妃子梁贵人为了自保，主动将自己的儿子刘肇交由窦氏抚养，窦氏却在听说梁家私下十分得意后，干脆将梁贵人父女诬陷下狱。

公元 88 年，章帝驾崩，刘肇即位，窦氏以太后的身份临朝听政，窦氏外戚也开始掌握大权。这一时期窦氏重用族人窦宪，对章帝以来的一些政策做了调整，同时又积极准备北征匈奴。尽管窦宪有以军功沽名钓誉的利益考量，这一次用兵却成功抵御了北匈奴的入侵，维护了东汉边境的和平稳定。

公元 92 年，窦宪因谋反被杀，窦氏外戚也遭到清剿，窦太后则被软禁于后宫，再也无法干预政事。公元 97 年窦太后郁郁而逝。窦太后刚死，和帝的姨母梁氏便上疏为家人申冤，群臣也纷纷上疏建议废去窦氏的后位。和帝鉴于窦氏养育自己的恩情，以及平日对自家外戚的限制，最终没有采纳这一建议，仍以皇后的身份将她与章帝合葬。

【人物简评】

窦太后看似举止温婉、气态端庄，其实心胸狭窄、量小善妒，只是马太后一时不察，这才让她得以出头。以太后的身份临朝听政期间，窦氏曾多次抑制自己的族人，也做出了一些政绩，但残害后宫妃嫔，却又是她无法抹去的一段历史。

梁贵人：父女不堪宫斗，姐妹同做冤鬼

【人物简介】

梁贵人生于公元62年，是汉章帝刘炟的妃子，其父为东汉著名的文学家梁竦。公元76年梁贵人与姐姐一同入宫，后来却受到窦皇后的忌恨，整个家族都受到迫害。公元83年梁竦被下狱害死，梁贵人和姐姐也在不久后死去，梁贵人死时年仅22岁。

【人物生平】

梁贵人的父亲梁竦，他是东汉时期十分有名的学问家，就连班固也对他的才学十分钦佩。但梁竦的妻子很早就去世，因此梁贵人是在伯母的养育下长大。

公元76年，梁贵人与姐姐一同被选入后宫，姐妹二人均被封为贵人，2年后，梁贵人生下和帝刘肇。当时窦皇后亲自抚养刘肇，私下却对梁氏姐妹十分厌恶。公元83年，窦皇后更指使他人进谗，将梁竦抓捕下狱处死，不久后梁贵人也与姐姐忧愤而死（一说为被窦皇后所害）。

公元97年窦太后病逝，梁贵人的另一位姐姐这才上疏申冤，和帝于是将生母改葬于西陵，并追封她为恭怀皇后。

【人物简评】

梁贵人的儿子虽然在日后显贵，却也连累家族在当下败亡，代价不可说不大，结局不可说不悲惨。

宋贵人：怀璧无罪怀胎罪，生子无咎偏遭咎

【人物简介】

宋贵人是汉章帝刘炟的妃子，汉安帝刘祜的祖母，最初因儿子刘庆被立为太子而显赫，但后来却被窦皇后构陷，最终自尽而死。

【人物生平】

宋贵人的祖上宋昌，曾在西汉时为文帝登基立下大功，家族十分显赫，同时又与马太后家族为亲戚。宋贵人因此被马太后选入东宫，得到时为太子的刘炟的宠爱，并生下一子刘庆。

公元75年刘炟即位，刘庆被册立为太子，不料却引起了窦皇后的厌恶。在窦皇后的挑唆下，章帝逐渐疏远了刘庆和宋贵人，后来，窦皇后更污蔑宋贵人暗施

巫术。章帝一怒之下，便将刘庆的太子之位废黜，宋贵人也被关入狱中。

入狱之后，宋贵人始终不肯承认罪名，但窦太后却指使掖庭判定其罪，宋贵人在绝望下无奈自杀。直到公元106年刘庆的儿子刘祜即位，公元121年邓太后也辞世，宋贵人这才得到平反和追谥，几位兄弟也被赐予侯爵。

【人物简评】

都说匹夫无罪怀璧其罪，在古代的后宫中，则是不折不扣的女子无罪，怀胎其罪。为了高人一等，为了荣华富贵，许多女子都被利益冲昏了头脑，扭曲了思想，做出许多令人发指的事情，宋贵人就是这种血腥斗争中的无辜牺牲者。

阴皇后：未以善艺称天下，反因妒火困深宫

【人物简介】

阴皇后生于公元80年，是汉和帝刘肇的第一任皇后，也是阴丽华的同族后辈，因此被和帝选入宫中，受到特别的宠爱。但阴皇后为人气量狭小，后来又阴谋暗害妃子邓绥，因此逐渐失宠，皇后之位也被废去，公元103年，她抑郁而逝，享年24岁。

【人物生平】

阴氏家族为春秋名相管仲之后，本就十分显赫，等到阴丽华成为光武帝皇后，就更是贵不可言。作为阴丽华兄长的曾孙女，阴氏从小就受到家族的悉心教导。公元92年时，年方13的阴氏就被选入和帝后宫，受到和帝的宠爱，次年又被正式册立为皇后。

公元95年，邓绥被选入宫中，侍奉和帝及阴皇后都十分小心、谨慎，因此受到和帝称赞，阴皇后却感到十分嫉恨。随着自己渐渐失宠，阴皇后先是在宫中使用巫术，后来又当众扬言以后要对付邓绥。邓绥因此悲愤想要自尽，所幸又被婢女劝阻。

公元102年，有人上疏揭发此事，和帝经过查证后，便下令废去阴氏的皇后之位，阴氏的父亲不久后就自杀，其他家人也被免官遣返或流放。次年，阴氏就因抑郁而死，公元110年，其族人才被成为太后的邓绥赦免。

【人物简评】

阴氏自小聪慧，又精于书艺之道，但她却没能像成帝时的班婕妤、明帝时的马皇后等人那样，以才女的身份扬名后世，或是急流勇退，才得以保全声名。仅仅是因为一时的忌妒，阴氏最终毁掉了自己的荣誉和家族的前程，实在得不偿失。

邓绥：扶持幼主继绝世，亲镇朝堂兴灭国

【人物简介】

邓绥是汉和帝的第二任皇后，其祖父即是云台二十八将之首的邓禹，家族十分显赫。汉和帝驾崩后，邓绥以皇太后的身份，临朝听政十数年，为当时汉室江山的稳定，做出了巨大贡献。邓绥生于公元 81 年在，卒于公元 121 年，享年 41 岁，死后与和帝合葬于慎陵。

【人物生平】

邓绥从小就不好女红，一心学习，受到母亲的批评后，又改为白天学女红，晚上读书本，因此被家人戏称为"诸生"。公元 95 年时，15 岁的邓绥被选入后宫，成为汉和帝的妃子。

当时的皇后阴氏依仗家族权势，在后宫中十分骄纵，邓绥尽管尽心侍奉，坐卧不敢有丝毫懈怠，却仍然被阴氏忌恨。一次，阴氏更扬言要在日后根除邓氏，邓绥悲愤之下险些自尽。公元 102 年，阴氏因巫蛊之案而被废，邓绥几番求情都不被准许，反而被和帝册立为新一任皇后。

公元 105 年，和帝驾崩，诸位皇子皆无法继位，邓绥于是迎立殇帝刘隆，由自己临朝称制，过问政事。刘隆早夭后，邓绥又迎立汉安帝刘祜即位。鉴于这一时期朝政动荡，邓绥凡事以稳妥宽容为上，同时又对自己的娘家人进行严格的约束。在她执政期间，东汉王朝不仅度过了长达 10 年的灾害期，更成功抵御了西羌的入侵，被后世誉为是"兴灭国，继绝世"。由于自己长期执掌国事，朝中大臣也私下认为她擅权。

公元 121 年，邓绥病重，自知将不久于人世，于是宣布大赦天下，并下达诏令自陈心迹，表示人生生死有命，嘱托大臣竭力辅君，不久后邓绥病逝，享年 41 岁，死后与和帝合葬于顺陵。

【人物简评】

邓绥临朝听政长达 16 年，期间虽然擅权之嫌，但却实实在在为东汉政权的稳固、社会的发展做出了杰出贡献。在她的抑制下，邓氏子弟虽然也有不法之事，但总体上仍是不敢逾越，由此可见邓绥的贤明。

阎姬：生前侍宠多为恶，身后侥幸有善果

【人物简介】

阎姬是汉安帝刘祜的皇后，为人富有姿色、才华，但又恃宠而骄，量小善妒。成为皇后之后，阎姬大肆迫害宫中的其他妃子，安帝驾崩后又迎立前少帝登基。汉顺帝即位后，阎氏外戚遭到清算，阎姬也被迁居他处，公元 126 年，她以皇后

身份葬于安帝恭陵。

【人物生平】

阎姬的祖父和父亲都在东汉王朝担任官职，其父被封为北宜春侯。由于自己容貌美丽、才华过人，阎姬于公元 114 年氏被选入后宫，成为汉安帝的贵人，次年又被立为皇后。

当时，宫人李氏为安帝生下一子刘保，阎姬因此十分忌恨，便指使心腹将李氏鸩杀，刘保侥幸逃过一劫，并得到太后邓绥的护佑。公元 121 年邓太后病逝，阎氏外戚趁势崛起，已被立为太子的刘保也遭到废黜。

公元 125 年，安帝在出巡途中驾崩，阎姬和兄长阎显为了独揽大权，便迎立前少帝刘懿登基，但刘懿在位仅 200 多天便因病驾崩。此后，阎氏又打算改立他人，但刘保却在宦官的协助下抢先一步登基。此后阎氏外戚大多遭到清算，唯有阎姬幸运地没有受到顺帝报复，只是被迁居到其他宫殿中居住而已。

公元 126 年，阎姬病逝，以安思皇后的身份葬于恭陵，此后，宫人才将顺帝的身世告知他。于是顺帝又为自己的生母进行祭拜、追封和改葬。

【人物简评】

阎姬生前心狠手辣，因忌妒而残害幼子生母，品行实在卑劣不堪，之后又故意构陷顺帝，使其一度与皇位失之交臂，同样有负于安帝的恩宠。只是由于顺帝为人温和敦厚，阎姬才侥幸得以保全，死后更没有被得知真相的顺帝进一步追究。

恭愍皇后：此生已再难伴子，身后空有显赫名

【人物简介】

孝愍皇后姓李，是汉安帝刘祜的妃子，曾为安帝生下后来的汉顺帝刘保。李氏本是宫人出身，地位十分卑微，公元 115 年，她生下顺帝后不久后，就被嫉妒的阎姬鸩杀，直到顺帝即位后才被追封为皇后。

【人物生平】

李氏原本是一位出身卑微、在宫中无所依靠的宫女，却意外得到汉安帝的宠幸，于公元 115 年时生下儿子刘保。

同年阎姬被立为皇后，却因多年无子而心生忌恨，于是指使心腹将李氏毒杀，尚在襁褓的刘保就此失去生母。此后，在皇太后邓绥的护佑下，刘保得以顺利长大，公元 120 年时又被立为太子。

公元 125 年刘保即位，次年阎姬病逝，直到此时左右才将顺帝的身世相告，顺帝十分悲痛，于是亲自前往拜祭，为母亲改葬并追封她为皇后。

【人物简评】

在历代后宫中，从来都不乏残酷的血腥斗争，像李氏这样的苦命女子，若不

是儿子后来显贵，只怕会更不为人所知。

梁妠：日角偃月托汉室，后德岂容独君宠

【人物简介】

梁妠是汉顺帝刘保的皇后，其父为大将军梁商，其兄则是汉代一大奸臣梁冀。梁妠生于公元106年，13岁时就被选入宫中，顺帝死后，她又以太后的身份临朝听政，先后经历冲帝、质帝、桓帝三代君主。公元150年，梁妠在归后年病逝，享年45岁，死后与汉顺帝合葬于宪陵。

【人物生平】

梁妠的父亲梁商官至大将军，门庭十分显贵，梁妠从小出生于这样的富贵之家，表现自然与众不同。梁妠在年仅9岁的时候，就已经掌握了《论语》《诗经》等儒家典籍，同时又精熟女红之事。因此就连梁商也对这位女儿十分惊奇，梁妠的叔叔们也表示她将来必然大富大贵。

公元128年，梁妠与自己的姑母一同被选入后宫，当时的相士看到梁妠的面容，顿时十分惊讶，称之为"日角偃月之相，至尊至贵，平生前所未见"，汉顺帝于是将她册立为贵人，对她十分宠幸。对于这种后宫女子皆求之不得的美事，梁妠反而并不在意，甚至有一次还主动劝谏顺帝，表示帝王应该像太阳一样光耀四方，女子应该像螽斯那样不独君宠，以便于为帝王添加子嗣，希望顺帝能够对后宫其余妃子多加宠爱。梁妠还坦然表示，这也是为了让自己不至于受到后宫的忌恨。顺帝心中甚为触动，对梁妠也越发喜爱。

公元132年时，顺帝采纳大臣的建议，正式将梁妠册立为皇后。梁妠虽然贵为后宫之主，却从来没有丝毫骄横、放纵，每逢国中出现灾害，更要穿上素服以示反思、检讨。然而梁妠入宫之后，始终没有生育子嗣，因此公元144年顺帝驾崩后，汉廷只得以顺帝之妃虞美人的儿子刘炳为帝，即汉冲帝，尊梁妠为皇太后。

冲帝在位仅仅1年便去世，此时大权已经旁落在梁氏手中，也就是历史上著名的跋扈将军梁冀。在梁妠与梁冀兄妹的商议下，汉廷又迎立渤海王之子刘缵即位，即汉质帝，由于质帝年幼仍由梁妠秉政。当时汉朝内有流寇作乱，外有羌族、鲜卑等异族侵扰，国力愈发衰颓，梁妠因此竭尽心力，重用朝中贤能、罢黜朝中奸佞，终于将局势再次稳定。但此时其兄大将军梁冀也开始擅权，梁妠对此无法阻止，同时又对宦官过于信任，因此有识之士无不对此感到担忧、失望。

公元146年时，梁冀又因质帝的一句"跋扈将军"，怒而将质帝毒杀，梁妠于是迎立蠡吾侯刘志即位，即汉桓帝，同时还将自己的妹妹嫁给他。当时桓帝年仅15岁，梁妠因此继续垂帘听政。

公元150年，桓帝已经长大，梁妠此时也已病重，于是宣布正式归政，并召

见群臣和梁氏子弟，向他们提出请托。不久后梁妠病逝，享年 45 岁，谥顺烈皇后，与顺帝合葬于宪陵。此后，梁冀愈发肆无忌惮，直至公元 159 年被桓帝铲除。

【人物简评】

梁妠在进入后宫、成为皇后之后，表现出过人的开明与宽厚，是一位当之无愧的贤明皇后。然而自从顺帝死后，大权就开始落入梁氏手中，梁妠对此优柔寡断，没能有效加以阻止，这不得不说是一种巨大的遗憾。但即便如此，梁妠执掌大权时，也为汉室江山的稳固做出了许多贡献，这些功绩是无论如何都不能抹去的。或许正是这一缘故，桓帝在铲除梁冀之后，仍旧保持了梁妠生前死后的殊荣。

虞美人：一生所好非名利，最悲只在子夭亡

【人物简介】

虞美人是汉顺帝刘保的妃子，汉冲帝刘炳的生母。由于当时梁氏专权，虞美人迟迟没有得到册立和封赏，直到汉灵帝即位之后，才被封为贵人。虞美人于公元 179 年病逝。

【人物生平】

虞美人的父亲虞诗曾任郎中官，虞美人在 13 岁时，就以良家子的身份被选入后宫。入宫之后，虞美人很快就为顺帝生下一女，公元 143 年时又生下皇子刘炳。

公元 144 年顺帝立刘炳为太子，同年，他在宫中驾崩，于是刘炳登基为帝，即汉冲帝。但此前梁妠已经被立为皇后，虞美人又多次推辞封赏，因此始终没有显赫的名号。冲帝在位仅仅 1 年就夭折，虞美人也就无法"母以子贵"，此后大权都落入外戚梁氏手中。

直到公元 175 年时，宫中的宦官才上书灵帝，陈述虞美人育有天子却不得尊崇的情况，灵帝因此会十分触动，便敕封虞美人为宪陵贵人，汉质帝的生母也一并得到封赏。4 年之后虞美人病逝于宫中。

【人物简评】

虞美人生性不慕虚荣，当时又正值梁氏势大，因此虞美人始终淡泊、不争，表现出真正的智慧。冲帝在后来早早夭折，想必也给她带来了很大的伤痛，只是这一切今人就无从得知了。

梁女莹：一无贤淑与仁惠，仗势作恶君王非

【人物简介】

梁女莹是汉桓帝刘志的皇后，与顺帝皇后梁妠为亲姐妹。梁女莹在姐姐梁妠的安排下，成为刘志的妻子，刘志即位后又被立为皇后。梁女莹不仅姿色平平，也没有其姐梁妠的雍容气度和高贵品德，因此逐渐受到桓帝冷落，于公元 159 年

忧愤而死。

【人物生平】

梁女莹是大将军梁冀和太后梁妠的胞妹，公元 146 年，她在姐姐的"撮合"下，成为蠡吾侯刘志的妻子。同年，梁冀将年仅 8 岁的汉质帝毒杀，拥立刘志为帝，即汉桓帝。此时，梁女莹甚至没来得及与桓帝举行婚礼。

次年，朝廷有官员上疏，请求皇帝举行婚礼、册立皇后，梁女莹正式成为桓帝众妃之首。梁女莹虽与梁妠、梁冀同出一家，却没有姐姐梁妠的美貌、贤淑，反而像兄长梁冀那样强势、蛮横，因此桓帝心中对她并不喜爱。由于自己也没有子嗣，梁女莹又依仗着梁氏在朝中的地位，肆意欺凌其他妃子，不仅不允许她们接近桓帝，一旦她们怀孕更是要受到摧残。迫于梁氏的滔天权势，桓帝无法奈何梁女莹，只好以"非合作不抵抗"的方式，一再冷落、疏远梁女莹。

桓帝的"冷暴力"显然更为致命，梁女莹很快就因忌恨、忧愤而染病。公元 159 年时梁女莹病死，以皇后的身份下葬，同年梁冀就被诛杀。因此桓帝又将梁女莹贬为贵人。

【人物简评】

梁女莹并无姐姐的贤德，却有兄长的跋扈，倘若不是家族势力作为支撑，只怕早就遭到贬谪，被冷落深宫了。事实上，她后期的遭遇也只是比这稍微好一点而已，对此也只能归咎于她个人的失德。

邓猛女：摆脱束缚兴家室，恃宠忘形绝前程

【人物简介】

邓猛女是汉桓帝刘志的第二任皇后，祖上为东汉云台二十八将之首的邓禹，家世十分显赫。邓猛女早年曾随母改嫁梁氏，后来又被举荐入宫，得到桓帝的宠爱。也正是由于邓猛女的缘故，桓帝最终下定决心诛杀梁氏，梁氏伏诛后又改立邓猛女为后。公元 165 年，邓猛女因恃宠而骄被废，不久后抑郁而死，死后葬于北邙。

【人物生平】

邓猛女的父亲邓香早逝，此后邓猛女随母改嫁入梁氏，邓猛女也改姓为梁。由于自己本就身世显赫（东汉开国名将邓禹之后、和帝皇后邓绥侄孙女），又攀上了外戚梁氏这棵大树，邓猛女又被举荐进入后宫。

邓猛女长得十分美貌，入宫之后很快就得到桓帝的宠幸，被封为贵人，她的兄长也被赐授侯爵。眼见邓猛女受到宠爱，大将军梁冀又生一计，他打算将邓猛女收为自己的女儿，以此巩固自己的势力。然而梁冀为人太过蛮横，为了达到目的，他竟计划杀死邓猛女的姐夫和生母，桓帝得知后十分震怒。公元 159 年，桓

帝趁机诛杀梁氏，又因厌恶梁姓而将邓猛女改为薄姓。

公元163年时，有官员提出应恢复邓猛女的原本姓氏，桓帝采纳了这一建议，邓猛女这才得以恢复原姓，她的父母、侄子也分别得到追封和封赏。眼见自己和家族都得到桓帝的青睐，邓猛女愈发恃宠而骄，气焰十分嚣张。

当时除了邓猛女之外，宫中还有一名姓郭的贵人，也深得桓帝的宠爱，邓猛女感到十分不满，便与郭贵人互相斗争，甚至因此发展到在桓帝面前争执。桓帝对此十分愤怒，公元165年，正式将她废黜并打入冷宫。

不久，邓猛女抑郁而死，死后家人也因受牵连而被罢官遣返，甚至下狱处死。

【人物简评】

桓帝对梁冀虽然早就不满，但邓猛女一事却成为君臣反目的引爆点，从这一角度来看，桓帝倒颇有几分冲冠一怒为红颜的气势，但是邓猛女这位红颜在摆脱束缚后，很快就表现出自己失德的地方，因此最终沦为冷宫废后，可见最忌得意忘形。

窦妙：拥立新君除旧怨，未料生辱偏死荣

【人物简介】

窦妙是汉桓帝刘志的第三任皇后，其父为大将军窦武。窦妙虽然贵为皇后，却并不为桓帝所宠爱，后来更是逐渐被冷落。由于自己的父亲密谋诛杀宦官失败，窦妙也被迁居他处。由于拥有迎立之功，灵帝即位后对窦妙多有照拂，公元172年，窦妙因忧愤去世，死后与桓帝合葬于宣陵。

【人物生平】

窦妙于邓猛女被废的同年被选入宫，不久后就被桓帝先后封为贵人、皇后。但是桓帝对窦妙并不宠爱，因此窦妙看似地位尊崇，却远不如其他妃子得意。

由于忌妒心作祟，窦妙依仗自己的皇后权威，多次在后宫倾轧其他妃子，公元167年，桓帝驾崩，窦妙又被尊为皇太后。在窦妙之父窦武的建议和主持下，窦妙派人迎立解渎亭侯刘宏即位即汉灵帝。当时桓帝尸骨未寒，尚未下葬，窦妙就趁机将深受桓帝宠爱的田圣处死，其他桓帝妃子也险些遭到毒手。

灵帝即位后，宦官势力迅速膨胀，窦武暗中谋划诛杀宦官，公元168年，因事败被杀，窦妙因此受到牵连。此后，灵帝虽然没有剥夺窦妙的太后尊号，宦官却将她迁居至其他宫殿，实质上是把她囚禁。当时有许多大臣都建议灵帝网开一面，却无一例外遭到宦官的杀害，所幸灵帝念在登基之情分上，对窦妙也有所照应。

公元172年，窦妙的生母去世，不久后窦妙也忧愤而死，死后宦官为了报复，不仅迟迟不予收敛，还打算降低下葬品级。灵帝得知后，坚持要以礼下葬，朝中

的诤臣也趁机发声予以支持。最终灵帝以皇后的礼节，将窦妙与桓帝合葬于宣陵，并追谥为桓思皇后。

【人物简评】

窦妙因父亲参与庙堂之争而受到牵连，可谓遭受无妄之灾，但参考她在灵帝即位之初，大肆迫害宫中妃子的行为来看，她也并不是什么贤淑女子，只是一个得意于一时、晚景凄凉的狠心女人罢了。

宋皇后：人无罪兮荣为咎，妃宦谗兮性命休

【人物简介】

宋皇后是汉灵帝刘宏的第一任皇后，也是章帝之妃宋贵人的堂曾孙女。公元178年宋皇后因宦官的构陷而被打入冷宫，不久后就抑郁而死。

【人物生平】

宋氏是汉章帝刘炟之妃宋贵人的堂曾孙女，公元170年时被选入后宫。由于家世背景显赫，宋氏很快就被灵帝册立为皇后。

但是灵帝心中对宋皇后并没有太多的情感，因此宋氏的皇后之位不仅没有带来荣誉，反而为自己招来了祸患。灵帝为人淫荡放纵，宫中本就有不少妃子，这些妃嫔出于觊觎和忌妒，经常在灵帝面前进谗，灵帝因此对宋氏更加疏远。

当时的奸宦王甫勒索渤海王刘悝不成，一怒之下将其全家构陷致死，而刘悝的王妃正是宋氏的姑母。事后，王甫十分畏惧，为了防止遭到报复，又诬陷宋氏在宫中施行诅咒。灵帝信以为真之后，便将宋氏废黜并打入冷宫，时为公元178年。

此后，宋氏多次申冤，却得不到回应，最终抑郁而死，家人也因此受到牵连。由于自己素来贤淑，从不结怨，宫中的其他宦官都十分同情她，于是一起凑钱将宋氏及其家人安葬。

【人物简评】

宋氏入宫为后8年，期间并没有犯下任何过错，至于其余妃嫔的诋毁，无非是出于女性的忌妒心理。宋氏死后所得到的宫人的同情，也在很大程度上证明了她品行的高洁。

何皇后：抛丧天理得名利，算尽机关舍生途

【人物简介】

何氏是汉灵帝刘宏的第二任皇后，后少帝刘辩的生母，入宫后逐渐得到灵帝宠爱，并在宋皇后死后得到册立。董卓入京之后，已经登基的刘辩被废杀，同年何氏也被董卓毒杀。

【人物生平】

何氏出身于卑寒之家，父亲、兄长均以屠宰为业。由于父母早逝，何氏兄弟姐妹5人，都是被兄长何进一手抚养长大的，后来何氏又被选入宫中，得到灵帝的临幸。

由于此前自己的皇子全数早夭，等到何氏生下刘辩，灵帝便将他送至民间抚养。何氏依仗着自己得宠，在宫中十分蛮横，因此宫人大多畏惧她。宋皇后被陷害而死后，何氏于公元180年被册立为皇后，何氏家族由此显贵起来。

何氏成为皇后之后，又杀死了生下刘协（即献帝）的宫人王荣，为此，灵帝险些将她废黜，在宦官的劝阻下才打消了这个念头。此时何进已经掌握重兵，因此公元189年灵帝死后，刘辩得以顺利登基。由于董太后此前曾属意刘协，何氏又对董氏一族加以迫害，董太后也因忧惧而死。

同年何进谋划不当，为十常侍所杀，死后麾下董卓进京，又将刘辩废为弘农王。董卓以董太后之死为由，斥责何氏不守妇道、孝道，将她迁出后宫，不久后又派人将她毒死。何氏死后与灵帝合葬于文昭陵。

【人物简评】

何氏出身卑寒而不通礼义、不明妇道，鸩杀妃嫔在前，迫害婆婆在后，堪称心肠狠毒。为了给儿子和家族谋夺利益，何氏可谓机关算尽，但最终却不免母子同死，冥冥之中又见天理昭彰。

王荣：负日长行非吉梦，生子荣华却丧生

【人物简介】

王荣是汉灵帝刘宏的妃子，入宫后为灵帝生下后来的献帝刘协。由于当时何皇后心狠善妒，王荣一度想要自行堕胎，但最终却没能成功。生下刘协之后，王荣果然于公元181年被何氏鸩杀，直到献帝即位后才得到追封，改葬于文昭陵。

【人物生平】

王荣是五官中郎将王苞的女儿，自小就长得楚楚动人，再加上出身较好，因此被选入宫中。入宫之后，灵帝也对王荣十分宠爱，然而，这却引起了皇后何氏的不满与嫉恨。

由于灵帝经常宠幸王荣，所以她很快就怀上身孕，但得知这一本该是喜讯的消息之后，王荣反而十分担忧。为了避免遭到报复，王荣多次在私下堕胎，然而胎儿却始终没有任何不妥。恰好此时王荣又梦到自己背着太阳行走，于是便改变了心意。

公元181年，孩子出生了，即是后来的汉献帝刘协，何皇后得知消息后，果然十分愤恨，于是趁着灵帝不备将王荣毒死。灵帝一怒之下，差点就要将何氏处

死，却因宦官纷纷劝阻而作罢。

灵帝的生母董太后出于担心，便亲自抚养刘协长大，公元 189 年，刘协即位为帝。公元 194 年献帝加冕，当即下令为生母追谥，同时又将其改葬于文昭陵。

【人物简评】

王荣为了保全自己不得不自行堕胎，这一举动不仅看似残忍，同时更揭露了古代后宫斗争的血腥。最终王荣放弃了堕胎，却也因此放弃了一线生机，其中的心酸无奈，更是令人唏嘘不已。

唐姬：天将倾兮汉室颓，妾独生兮君命摧

【人物简介】

唐姬是东汉后少帝刘辩的宠妾，与刘辩互相倾慕，素来十分恩爱。刘辩被董卓鸩杀后，唐姬几次三番拒绝改嫁，甚至不惜以死来抗争。最终汉献帝听说之后，又将唐姬迎回宫中，以刘辩妃子的名义奉养于宫中。

【人物生平】

公元 189 年，汉灵帝驾崩，后少帝刘辩即位，然而同年就爆发了十常侍之乱，刘辩不得不仓皇出逃。等到董卓勤王之后，又将刘辩废为弘农王，唐姬也降为弘农王妃。

次年，董卓为了消除隐患，便赐给刘辩一杯毒酒，刘辩虽然不情愿，但却受到强迫，只得与唐姬挥泪作别。刘辩在饮下毒酒前悲歌一曲，唐姬当即也作歌回应，歌曰："皇天崩兮后土颓，身为帝兮命夭摧。死生异路兮从此乖，奈何茕独兮心中哀。"

此后，唐姬的父亲有意将她改嫁，但唐姬始终不肯应允；等到李傕攻入京城，也对唐姬十分动心，唐姬依旧断然拒绝。当时的尚书贾诩知道后，便将这一消息告知汉献帝。汉献帝因此十分悲伤，便下令将唐姬迎回宫中，以弘农王妃的礼节奉养。

【人物简评】

唐姬与刘辩皆文采非凡，因此两人彼此倾慕，恩爱非常。倘若不是遭逢变故，彼此唱和的两人，必然会是历史上的一段后宫佳话。可惜的是随着歌声渐消，两人最终却迎来阴阳异路的悲伤结局。

伏寿：帝命飘摇尚难久，有胆无能料已休

【人物简介】

伏寿是汉献帝刘协的第一任皇后，家族世代自西汉时，就在朝中任官，其母是刘氏宗亲。由于董承等人被杀，伏寿曾写信希望父亲诛杀曹操，但却没有成功。

公元 214 年伏寿因消息泄露而被曹操幽禁，不久后就去世。

【人物生平】

伏寿的八世祖即是西汉大司徒伏湛，其父伏完也承袭爵位为不其侯。后来伏寿又被选入宫中，成为献帝刘协的贵人，公元 190 年又在董卓的胁迫下，与献帝共同迁至长安。5 年之后献帝东归，伏寿又与其他妃子共同步行跟随，期间饱受惊吓。

公元 196 年曹操又将国都迁至许昌，开始了挟天子以令诸侯的时代，献帝已然沦为傀儡。当时国舅董承为了夺权，通过献帝的衣带诏私下召集大臣，共同谋划诛杀曹操，却因事败而被杀死，已经怀孕的女儿董贵人也被曹操处死。董贵人的遭遇令伏寿畏惧不已，于是她又写密信劝自己的父亲谋划诛曹。

伏完收到信后始终不敢行动，直至公元 210 年去世，4 年之后密信内容又被揭露。曹操得知后十分愤怒，当即下令派人入宫，胁迫汉献帝废掉伏寿。当时，伏寿躲在宫殿里不肯出来，曹操的心腹华歆干脆将她直接拖出。当时伏寿披头散发、赤足光脚，乞求献帝出面挽救自己，献帝却哀叹自己也不知道还能活到何时。曹操于是将伏寿幽禁在掖庭。

不久后，伏寿就在禁所死去，死后她的家人又受到牵连，将近 100 多人被下狱问死。

【人物简评】

比起无辜受牵连的董贵人、畏惧不敢行动的父亲、哀叹命不长久的献帝，伏寿虽然是一介女流，却表现得更为大胆，实在令人钦佩。遗憾的是她虽然敢于行动，却偏偏没有机会，身边更没有一个能够帮助她的人。

曹节：嫁刘从刘护帝业，不离不弃伴夫君

【人物简介】

曹节是汉献帝的第二任皇后，也是三国时期一代枭雄曹操的女儿。为了进一步控制汉室，曹操将包括曹节在内的三个女儿，全数嫁给献帝为妃；等到伏皇后死后，又将曹节立为新皇后。曹丕篡汉之时，曹节曾守持玉玺愤怒责骂，但却无法扭转局势，只得与献帝前往封国。公元 260 年曹节病逝，死后，以汉朝皇后的礼节与献帝合葬于禅陵。

【人物生平】

曹操可考证的女儿一共有 6 位，曹节则是曹操的次女。公元 213 年，曹操不知出于何故，一股脑将 3 个女儿曹节、曹宪、曹华全数嫁给献帝。次年，曹节姐妹被封为贵人后，皇后伏寿又因反曹被杀，曹操于是胁迫献帝立曹节为皇后。

虽然曹节与献帝的婚姻是出于政治联姻的考量，但在侍奉献帝期间，曹节却

真正表现出一个贤妻的风范。公元 220 年曹操病逝，死后曹节的兄长曹丕承袭魏王爵位，不久后就逼迫献帝"禅让"。为了名正言顺，曹丕又向献帝索要传国玉玺，曹节却始终不肯让出，并数次将使者斥退。然而，曹丕篡汉势在必行，曹节终究无力阻挡，最终只得像当初的王政君那样，将玉玺狠狠丢在地面上，并怒斥曹丕日后必然不得善终。

曹丕称帝之后，将献帝贬为山阳公，曹节又不顾拦阻，毅然来到献帝的封地，与他一起生活。献帝之所以没有像后来的亡国之君那样，遭受过河拆桥的命运，期间不能说没有曹节的庇佑之功。此后，曹节与献帝在封国内钻研医术、悬壶济世，留下一段传奇故事。

公元 234 年献帝死后，曹节又在山阳国度过了 20 多年的时光，于公元 260 年病逝。曹节死后，魏元帝以汉代皇后的礼节，将曹节与献帝合葬于禅陵。

【人物简评】

曹节虽然是曹魏宗室之女，但在嫁给献帝之后，夫妇二人相敬如宾，并在最后时刻仍不忘夫家汉室基业，忠贞贤淑令人钦慕。或许曹节在献帝心中，并不能填补那位曾与自己同甘共苦的伏皇后，但如果不是曹节的关系，献帝或许真的未必能在日后得以保全。

董贵人：大逆无关胎中子，阿瞒何必不容情

【人物简介】

董贵人是汉献帝刘协的妃子，其父为大将董承。公元 200 年，已有身孕的董贵人卷入其父的衣带诏事件，因此受到牵连被杀。

【人物生平】

董贵人的父亲董承曾在东汉末年的汉室动荡中，率领大军护卫献帝东归，次年，曹操又将献帝挟至许昌，开始了挟天子以令诸侯的时代。与汉献帝为表兄妹关系的董贵人，正是在此后被送入皇宫，并得到献帝的宠爱。

公元 200 年，董承因不满曹操专权，便联合宗室成员和朝中大臣，私下谋划诛杀曹操，不料事情却被自己的家仆泄漏。董承因此被曹操下狱处死，董贵人也受到牵连。当时董贵人已经怀有身孕，献帝也向曹操求情，但曹操却不肯答应。不久之后董贵人也被害死。

【人物简评】

董贵人贵为后宫爱妃，却仍旧受到家人牵连；即便身怀六甲，却仍旧要沦为政治斗争的牺牲品。这一凄惨而惊悚的结局，正体现了封建礼教的弊端。

三国

郭女王：愿与郎君誓永始，执掌宫闱亦圣明

【人物简介】

郭女王是魏文帝曹丕的皇后，生于公元184年4月8日，其父郭永曾任东汉南郡太守。曹丕篡汉登基之后，郭女王也被册立为皇后，曹叡登基后又被尊为太后。公元235年郭女王病逝，享年52岁，死后与曹丕合葬于首阳陵。

【人物生平】

郭女王家族世代为官，但品秩大多不高，只有其父官至太守。由于自己生来聪颖，其父夸她是家中的女王，干脆便以"女王"为她命名。由于父母早逝，郭女王早年颠沛流离，后来又被曹丕纳为小妾。

当时，曹丕尚未被立为世子，与胞弟曹植互相争斗，期间，郭女王多次帮助曹丕，因此曹丕对她愈发喜爱，更在永始台约定终生。甚至就连郭女王的胞弟犯法被捕，朝廷官员依法断案，曹丕仍旧将其罢官泄恨。公元220年曹操病逝，曹丕继位，先将郭女王封为夫人，同年篡汉自立之后，又封她为贵嫔，成为名义上的六宫之首。郭女王受到的恩宠越来越多，就连另一名妃子甄宓的死，也在很大程度上与曹丕偏宠郭女王有关。

公元222年，曹丕要册立郭女王为后，许多大臣表示反对，认为郭女王受宠太深，礼节颇有谮越之处，只怕日后无法辅佐君主，曹丕却浑然不理，最终事实也证明了曹丕的正确。郭女王成为皇后之后，处处以汉明帝皇后马氏为榜样，约束外戚、宽待宫人。当时，他的兄长族人想要与贵族通婚或迎娶小妾，郭女王当即进行劝阻，更以汉代外戚家族多不得善终为例，警示他们要约束自己的欲望，做到令行禁止。一旦宫中有人犯了错误，郭女王都会主动帮她们掩饰，一旦曹丕想要深入追究，郭女王甚至会亲自下跪求情。在郭女王的主持下，六宫一片祥和安宁，宫人无不敬仰郭女王的品德。

由于自己没有子嗣，曹丕便下令将妃子甄宓的儿子曹叡，交由郭女王亲自抚

养。曹叡因为母亲横死而心中愤恨，对郭女王并不敬重，曹丕因此大怒。郭女王知晓曹叡不满，却始终尽心尽力地疼爱曹叡。公元 226 年，曹丕驾崩，曹叡即位，即魏明帝，又将郭女王尊为太后。当明帝想要厚葬郭女王的家人时，郭女王又极力推辞。

公元 235 年，郭女王病逝，享年 52 岁，明帝将她与曹丕合葬于首阳陵，又对其家人进行封赏。

【人物简评】

郭女王的名字显得十分霸气，她的言行举止也完全称得上是女中"无冕圣王"。郭女王不仅为曹丕的夺嫡起到很大作用，执掌后宫期间，而且也打造出一片祥和的安宁氛围。

甄宓：红颜偏无白头日，长情枉自费思量

【人物简介】

甄宓生于公元 183 年，是魏文帝曹丕的妃子，最初时曾嫁给袁绍之子袁熙，袁熙兵败之后，甄宓又被曹丕纳为小妾。最初时甄宓孝顺婆婆、友爱宫人，深得曹丕喜爱，可等到郭女王得宠之后，甄宓却逐渐失去宠幸，并开始生出怨言。公元 221 年，甄宓被曹丕赐死，亲子曹叡即位后又被追封为皇后。

【人物生平】

甄宓的真实姓名无人所知，"甄宓"一称则是源自名篇《洛神赋》和后世附会。甄宓自小就喜好读书学习，被相士认为贵不可言，长大后更是十分贤淑，而且还以美貌著称。

当时正值汉朝末年，甄家由于家底雄厚，经常以粮食换取穷人的传家之宝，甄宓得知后当即表示反对，并建议家人开仓救济，以免遭人忌恨。家人采纳了这一建议。当时，甄宓的母亲对儿媳妇十分严苛，甄宓又成功地劝说母亲优待嫂子。因此乡人都对甄宓十分称奇。

由于自己贤名远播，甄宓很快就被袁绍纳为次子袁熙的妻室。公元 204 年时，袁绍势力又被曹操击败。当时曹丕抢先入城，他为甄宓的美貌所倾倒，于是将她纳为小妾。嫁给曹丕之后，甄宓尽心尽力侍奉婆婆卞氏，同时又对曹丕的其他妃子十分友善，因此曹丕对她十分宠爱。

公元 220 年，曹丕篡汉，甄宓就逐渐受到冷落，郭女王成为曹丕最为宠爱的妃子。或许是心中实在幽怨，又或是开始显露本性，往日曾劝说曹丕不要多多纳妾、雨露均沾的甄宓，此时也开始口出怨言，这一切自然使得曹丕更加反感。仅仅过了 1 年，曹丕就下令将甄宓赐死，甄宓死时才 39 岁。

明帝即位后，对母亲的死感到十分悲痛，于是追封甄宓为皇后，并专门为她

修建了陵寝朝阳陵。

【人物简评】

甄宓因曹植的《洛神赋》而成为历史上的一位著名女子，但揭开神话传说的面纱，今人所能看到的，也只是一位才貌双全、却又身世凄凉的弱女子而已。

薛灵芸：百里尘霄掩星月，双垂红泪落玉壶

【人物简介】

薛灵芸又名薛夜来，是魏文帝曹丕的爱妃，以容貌绝美、精于缝制而闻名，也是一位富有传奇色彩的女子。

【人物生平】

薛灵芸出自常山的普通家庭，其父在乡间担任亭长职位。薛灵芸自小就勤学女红之事，等到长大之后，又出落成一位亭亭玉立的美人。当时，乡间的青年男子都对她十分倾慕，但却始终得不到薛灵芸的青睐。

薛灵芸的美名很快就传遍当地，恰好当时魏文帝曹丕正在选妃，于是，郡守便将薛灵芸征入宫中。当时薛灵芸因辞别双亲而流泪，泪水甚至在玉唾壶中凝为血色，为后世留下"一夜芙蓉红泪多"的典故。为了迎娶薛灵芸这位美貌女子，曹丕又出动大阵仗，以10辆雕饰精美的大车迎接，以至于沿途灰尘蔽日，出现"尘霄"奇景。曹丕还在沿路铸造许多铜表，更在宫中修建高台以示隆重。见到薛灵芸之后，曹丕顿时想到楚怀王与巫山神女的著名故事，更感叹"今非云非雨，非朝非暮"，于是为薛灵芸改名为夜来。

入宫之后，美貌的薛灵芸又以精巧的女红，赢得了曹丕的惊叹，曹丕甚至下令不是她缝制的衣裳，就绝不穿服。由于自己在夜中也能完成剪裁，宫人都称赞薛灵芸为"针神"。出于疼惜，曹丕更不允许薛灵芸佩戴异邦进献的珠玉宝钗，只因宝钗略微沉重，而薛灵芸又过于娇弱。

公元226年曹丕驾崩，死前遗令遣散所有宫妃，此后关于薛灵芸的事迹不详。

【人物简评】

正史中对薛灵芸本人并无记载，但在中国古代诸多的野史笔记中，却都对这位传奇女子大加描述，在诗人笔下，她更有着令人倾慕的风采。

毛皇后：昔年同车携手游，如今妾身独命休

【人物简介】

毛皇后是魏明帝曹叡的第一任皇后，最初因才貌俱全而被选入后宫，她受到曹叡的宠爱，等到曹叡即位后又被封为皇后。后来，曹叡因宠幸郭贵人疏远毛皇后，公元237年时又将她赐死。毛皇后死后被葬于愍陵。

【人物生平】

毛氏出身于普通家庭，于魏文帝曹丕在位时期，被选入太子东宫之中。当时曹叡对毛氏十分喜爱，每次出游都要与她同乘一车，公元226年即位后，又册封她为贵嫔。

次年，曹叡又正式册立毛氏为皇后，为此还引起了原配虞氏的气愤。虞氏一怒之下，当着出身卑微的太后卞氏，指责曹氏"专以贱人为后，不知以德取人"，甚至表示曹魏江山无法长久。虽然第二条论断在后来确实成立，但在当时却引起了曹叡的震怒，虞氏因此遭到被遣黜的命运。此后，毛氏家族反而受到曹叡优待，逐步兴盛起来。

然而随着时间的推移，曹叡的热情又逐渐转向另一名贵为郭氏，毛氏愈发受到冷遇。公元237年曹叡召集后宫众妃一起宴乐，偏偏没有邀请地位最为尊贵的毛氏，甚至在郭氏询问之时，还要求宫人不得通知她。

第二天两人见面时，毛氏不知为何知晓了宴乐一时，询问曹叡是否开心，曹叡反而因此恼羞成怒。最终十几名贴身侍卫均因涉嫌泄密而死，毛氏也被曹叡赐死。毛氏死后，以皇后的礼仪葬于愍陵，她的家人又被封赏与安抚。

【人物简评】

毛氏早年深得恩宠，但在后宫嫔妃众多的情况下，君王的深情总是敌不过新人换旧，毛氏受到的冷遇也就不显得意外了。但曹叡仅仅因为一句话，就杀掉自己早年恩宠有加的爱妻，心性之凉薄实在令人唾弃。

郭皇后：曹魏江山时已尽，空负盛名难回天

【人物简介】

郭皇后是魏明帝曹叡的妻子，出身于河西当地的名门望族，后来被大臣送入宫中，成为曹叡的妃子。成为皇后之后，郭氏先后经历明帝、齐王、高贵乡公、元帝四朝，公元264年，她因病去世。

【人物生平】

公元200年时，郭氏所在的西平郡发生叛乱，却被全城太守镇压，事后郭氏也被送入宫中，成为曹叡的小妾。公元226年，曹叡被立为太子后即位，册立贵嫔毛氏为皇后，同时又封郭氏为贵人。

随着时间的推移，曹叡对毛皇后的宠爱日渐衰减，郭氏反而愈发受到宠幸。公元237年曹叡与郭氏等妃子一同宴乐，却没有通知毛皇后参与，郭氏因此还主动向曹叡提出要求。事后，毛皇后不知如何得知了消息，曹叡一怒之下便将毛氏赐死。次年曹叡病重，又册立郭氏为皇后。

公元239年，曹叡驾崩，年仅8岁的曹芳即位，朝中大权全数落入曹爽手中。

曹芳即位之后，又尊郭氏为皇太后，并对她的族人进一步封赏。然而公元247年时，曹爽却将郭氏囚禁。直到2年后司马懿发动高平陵之变，才从曹爽手中夺回大权并释放郭氏，此后朝中大权却又落入司马氏手中。

公元254年，郭氏据理力争，使司马师在废掉曹芳后，改立高贵乡公曹髦为帝，仅仅6年之后，曹髦又被司马昭的家仆当街弑杀。此后司马昭改立曹奂为帝，进一步把持曹魏大权，郭氏再也无法抵抗。公元264年郭氏病逝，谥明元皇后，与曹叡合葬于高平陵。

【人物简评】

郭氏在曹魏后期的政坛上颇具影响力，以至于曹魏后期几次对司马氏的反扑政变，大多以郭氏之名行事。但不论是郭氏本人也好，还是这些或忠于曹魏，或心怀异志的将士也罢，都不具备与司马氏相抗衡的资本、能力。

麋夫人：几经飘零难有幸，此身怅恨与君别

【人物简介】

麋夫人是蜀汉昭烈帝刘备的妻子，在刘备南征北战、建立功业的过程中，她起到过很大的作用。后来刘备兵败于曹操，麋夫人也被俘获，此后生平事迹不详。

【人物生平】

麋夫人是徐州牧陶谦麾下、别驾从事麋竺的妹妹，出身于当地商贾富户，家中资财十分雄厚。公元196年时，吕布突然发兵，攻占了下邳并俘虏了刘备的发妻与子女，刘备只得出奔广陵。

当时麋竺奉陶谦之命迎接刘备，同时将麋夫人嫁给刘备为妻，此外，他又拿出大量金银和2000名仆人援助刘备，使刘备再次站稳了脚跟。公元198年吕布再次击败刘备，麋夫人等刘备家属再次沦为阶下囚。所幸的是不久后吕布也被曹操擒住，麋夫人这才被归还。

公元200年时，刘备因参与衣带诏事发而受到曹操攻打，兵败后侥幸逃脱，麋夫人却被曹军俘虏。这一次曹操没有宽容大量，麋夫人就此身陷曹营，此后再无详细记载。

【人物简评】

刘备是三国时期一代枭雄，但霸业之途却屡经波折。作为他的妻子麋夫人，不仅受尽种种苦难，后来更与丈夫彻底分隔，一生着实坎坷流离。

甘夫人：玩物丧志悖圣道，贤妻不与玉人同

【人物简介】

甘夫人是蜀汉昭烈帝刘备的妻子，蜀汉后主刘禅的生母，在刘备征战天下期

间，更多的承担起主内的责任。甘夫人死后葬于惠陵，刘禅即位后又追封她为皇后。

【人物生平】

甘夫人据说名叫甘梅，是三国时沛国人士。公元197年左右，刘备领豫州牧，期间将甘夫人纳入侧室。当时刘备几番丧偶，甘夫人便主动承担起主内的责任。

甘夫人不仅十分貌美，而且皮肤白皙如粉雕玉琢，与当时别人送给刘备的一尊三尺玉人相比，也丝毫不显得逊色，因此刘备每天晚上都要抱着甘夫人与玉人玩乐。甘夫人虽然得宠，却丝毫不以为喜，反而劝谏刘备不要玩物丧志，刘备于是又将玉人送走。甘夫人因此也赢得了周围人的称赞，被誉为"神智妇人"。

公元207年，刘备携甘夫人前往荆州，同年甘夫人"夜梦北斗吞入腹"，生下后主刘禅，次年又被曹操击败。当时情况一片混乱，刘备也在仓皇出逃中与甘夫人母子走散，幸好有赵云及时相救，甘夫人母子才得以保全，避免了糜夫人那样的下场。

公元208年赤壁之战后，刘备终于壮大了自己的势力，甘夫人却在不久之后病死，死后葬于南郡。公元223年刘备驾崩，甘夫人的灵柩也被运回蜀地，与刘备合葬于惠陵。由于诸葛亮的上疏，后主又追封她为昭烈皇后。

【人物简评】

刘备虽然最终成就帝业，身边亲眷却大多因此饱经波折，相比之下，得以始终陪在刘备身边的甘夫人，她显得更加幸运一些。

穆皇后：荣辱早有定，大贵亦由人

【人物简介】

穆皇后本姓吴，"穆"则是她的谥号。吴氏早年曾嫁给他人，后又丧夫，此后一直孀居住。甘夫人死后，刘备纳吴氏为夫人，称帝后又册立她为皇后。公元245年吴氏去世，死后被葬入惠陵。

【人物生平】

吴氏的父亲与豫州牧刘焉十分交好，因此举家迁居蜀地，受到刘焉的善待。当时有相士称吴氏贵不可言，暗藏异心的刘焉就将她娶为自己的儿媳。或许真的是天命有定，吴氏的丈夫刘瑁后来因病去世，此后吴氏便寡居在家。

公元214年，刘备终于从刘璋手中夺得益州，此时甘夫人已死，孙夫人也已返回江东，臣下又纷纷劝说他迎娶吴氏。由于吴氏此前曾嫁给刘瑁（刘璋的兄长），与刘备均为汉室宗亲，刘备心中十分犹疑。最终还是有人以晋文公、晋怀公叔侄同娶怀嬴之事为例，这才打消了刘备的疑虑。

公元219年，刘备自立为汉中王，册封吴氏为王后，两年之后正式称帝，又将吴氏立为皇后。公元 223 年刘备驾崩，后主刘禅即位，又尊吴氏为皇太后。吴氏为人热忱，对待宫人和臣子妻妾都十分友善，但却不料因此引发了一场纠纷。

公元 224 年时，大臣刘琰的妻子胡氏按照惯例，前往宫中谒见吴氏，却被吴氏留在宫中居住了 1 个月。回家之后，刘琰当即怀疑胡氏与后主私通，于是滥用私刑殴打胡氏，并将她逐出家门。事情发生后，宫中很快就得知了这一消息，于是将刘琰下狱问罪处死。此后，为了规避风言风语，宫中彻底取消了臣子亲眷入宫觐见的法令。

公元 245 年吴氏去世，后主追谥她为穆皇后，并将她葬入惠陵。

【人物简评】

吴氏早年经历丧父之痛，最终却改嫁给蜀主刘备，单以此论确实大富大贵了，比起刘备的其余几位妃子，一生也更加平稳、妥当、富贵。

孙夫人：爱憎分明全在我，不悖国事不屈身

【人物简介】

孙夫人是蜀汉昭烈帝刘备的妻子，东吴大帝孙权的妹妹，最初因巩固孙刘联盟的需要而与刘备成婚。刘备入蜀后，孙夫人又返回东吴，此后生平事迹不详。

【人物生平】

孙夫人在《三国演义》中又叫孙尚香，但历史上的真实名字不详。或许是孙家世代戎马，孙夫人虽为女流，却也十分机警、聪慧，性格十分刚毅且喜好兵戈。

公元 208 年，孙刘双方联合出兵，在赤壁之战中以少胜多，大败北方的曹操，但此后形势便开始变得"微妙"。为了巩固双方联盟，刘备又迎娶了孙夫人为妻。据说，当时孙夫人身边的婢女个个佩刀，甚至洞房中都摆着十八般兵器，一生戎马的刘备都因此受惊。彼时孙刘双方貌合神离，孙夫人也十分跋扈，因此，刘备心中始终小心翼翼，后来又将孙夫人迁至另外一座城池居住。

公元 211 年刘备采纳张松建议，带兵入蜀争夺益州，孙夫人却在此时"带着"刘禅返回江东。不料途中却被赵云所阻，孙夫人只得放弃刘禅自行返回。此后，关于孙夫人的事迹不详。

【人物简评】

在《三国演义》中，孙夫人被描绘为与刘备情投意合、两情相悦，更在刘备驾崩后，投江而死的痴心女子，但在正史的记载中，事实却截然相反。但比起其他为家族利益牺牲的女子，孙夫人至少称得上敢爱敢恨，不受拘束，因此她也更加幸运。

敬哀皇后：父死女荣，命薄早终

【人物简介】

敬哀皇后是蜀汉后主刘禅的妻子，也是名将张飞的女儿。早在刘禅尚未登基前，张氏就以太子妃的身份入宫，刘禅即位后又被立为皇后。公元237年，张氏去世，死后葬于南陵。

【人物生平】

张氏的父亲即是三国时蜀汉名将张飞。公元221年，张飞因暴虐而被士卒杀害，张氏于同年被选入宫，成为太子刘禅的妃子。

2年之后，昭烈帝刘备因夷陵之败而受创染病，不久后驾崩，刘禅即位后又册立张氏为皇后。然而张氏命薄，仅仅过了4年便因病去世，同一年，她的妹妹又被选入宫中，成为刘禅的贵人。张氏死后葬于南陵，谥敬哀皇后。

【人物简评】

张氏家族与蜀汉刘氏渊源颇深，这是张氏得以入宫为后的一大原因。张氏先有丧父之痛，后有早逝之厄，也是一位苦命女子。

张皇后：父死姐丧妹为后，国破家败人飘零

【人物简介】

张皇后是蜀汉后主刘禅的第二任皇后，是名将张飞之女，敬哀皇后的妹妹。张氏于姐姐敬哀皇后病逝同年入宫，蜀汉灭亡后又与刘禅一同北迁。

【人物生平】

张氏是蜀汉名将张飞最小的女儿，公元221年张飞横死，张氏的姐姐敬哀皇后先被选为太子妃，2年之后又成为皇后。

仅仅过了4年，敬哀皇后就早早病逝，死后张氏又被选入后宫，刘禅将她封为贵人。不久后，刘禅又派遣向朗册立张氏为皇后，并下诏劝勉她治理后宫，敬奉宗庙。

公元263年，蜀汉灭亡，刘禅出城投降，次年又被邓艾父子送至洛阳，张氏也一同前往。后来刘禅被封为安乐公，张氏为安乐公夫人。

【人物简评】

张氏一家人中，父亲张飞被杀，长兄张苞早逝，姐姐敬哀皇后早逝，后来又遭逢蜀汉灭亡，唯有张氏和另一名兄长张绍得以幸存，可以说是国破家败，命数飘零。

李昭仪：亡国之耻今犹在，辱身事敌何其哀

【人物简介】

李昭仪是蜀汉后主刘禅的妃子，公元 264 年，她不愿接连受辱而自尽。

【人物生平】

公元 263 年，蜀汉为曹魏所灭，后主刘禅以亡国之礼请降。邓艾父子宽赦了刘禅，次年，又将刘禅等人一同迁至洛阳。

当时，邓艾父子为了犒赏将士，打算将刘禅后宫除张皇后之外的其余妃子赐给将士，李昭仪心中十分不愿。她找到后主，表示自己先前已经经历亡国之耻，现在绝不能再度受辱，于是上吊自杀。

【人物简评】

后主刘禅投降后，徒留下乐不思蜀的典故，而身为一介女子的李昭仪，反倒有不愿屈身事敌以求苟活的气节。两相对比之下，李昭仪这位生平、姓名皆不详的女子，反而更加令人敬重。

谢夫人：爱君不愿屈人下，妾身岂是阴丽华

【人物简介】

谢夫人是东吴大帝孙权的发妻，其父曾在东汉官至尚书郎。后来谢氏因孙权与他人联姻、委屈自己而心生忧愤，因此郁郁而终。

【人物生平】

谢氏早年是在孙权之母吴夫人的主持下，被聘为孙权的妻子，嫁给孙权之后，两人彼此恩爱，感情十分之好。

公元 200 年时孙策被刺杀，孙权奉兄长之命接管江东政务，为了巩固局势，不得不与当地豪阀联姻。迎娶了徐夫人之后，孙权希望谢氏能够像阴丽华那样委屈一下自己，但谢氏却百般不情愿，不久，谢氏就因此抑郁而死。

【人物简评】

谢氏与孙权情深意笃，然而在孙权急需帮助时，她却并不能彻底奉献。谢氏与孙权也只可说是能同富贵，却不能共患难。

徐夫人：因利相合情非假，缘分已尽难归真

【人物简介】

徐夫人是东吴大帝孙权的第二任妻子，其父为江东重臣徐琨，徐氏嫁给孙权之前，曾先嫁入吴郡陆氏，后来，徐氏因故被孙权废黜。

【人物生平】

徐氏所在的家族也是江东豪族，因此，徐氏得以嫁入江东著名望族吴郡陆氏。然而徐氏的丈夫陆尚却早早病逝，此后徐氏一直孀居在家。

公元200年孙策被害，死前钦定弟弟孙权为接班人。为了进一步巩固局势，孙权便与徐家联姻，迎娶徐氏为妻，为此还导致发妻谢氏抑郁而终。公元209年皇子孙登出生后，孙权更将他交由徐氏抚养，对徐氏的受宠可见一斑。徐氏为人善妒，因此逐渐引起孙权不满，最终于公元212年被废，返回吴郡居住。

此后，徐氏依旧与孙登保持联系，公元229年孙权称帝、立孙登为太子后，孙登更与朝中百官共同请求立徐氏为皇后，然而孙权却专宠步夫人，因此直至徐氏病逝，始终没有答应这一请求。

【人物简评】

徐氏最初因政治联姻而与孙权结为夫妻，但孙权对她也确实十分用心。然而却因忌妒最终毁去了两人的姻缘，实在是得不偿失。

王夫人：只因忌恨逞妒欲，未料己身亦遭嫌

【人物简介】

王夫人是东吴大帝孙权的爱妃，末帝孙和的祖母。王夫人在最受宠时，地位仅次于另一名妃子步夫人，后来却受到步夫人之女的构陷，以至于抑郁而终。孙皓即位后，又追封她为皇后。

【人物生平】

王夫人出自山东琅琊，被选入宫后逐渐得到孙权宠爱。公元224年，她生下皇子孙和，其地位愈发显赫，仅次于当时最得宠爱的步练师。

公元242年，太子孙登病逝，孙和被立为太子，王夫人愈发春风得意，私下大肆排挤其他妃嫔。然而不久之后，她就遭到了同样的对待。当时步练师已经病逝，孙权便打算册立王夫人为后，但这一想法却引起了步练师之女孙鲁班的不满。为了泄恨，孙鲁班经常在孙权面前诋毁王夫人，使其受到孙权怒斥，最终抑郁而终，就连其子孙和也在后来被废。

直到公元264年孙皓即位，王夫人才被追封为大懿皇后。

【人物简评】

王夫人虽曾受到构陷，但她本人的行为也并不光彩，可谓是一饮一啄，其来有自。

步夫人：不意虚名与专宠，未尝一人占君恩

【人物简介】

步夫人是东吴大帝孙权最为宠爱的妃子，与名臣步骘同出一族。步夫人生前虽然始终没有被册立为皇后，但她所享有的礼节却与皇后一般无异。公元238年步夫人去世，死后被追封为皇后，葬于蒋陵。

【人物生平】

步夫人真名步练师，其祖上即是孔子72贤之一的步叔乘。步氏家族一度于秦汉之际显赫，后来却逐渐衰败。东汉末年战乱不断，步练师随同家人一同前往江东避乱，享誉当时的美女二乔、孙权的妃子袁夫人等人，当时也一同随行。

由于长相美貌，步练师又被选入宫中，成为孙权宠爱的妃子，但步练师从不恃宠而骄，反而经常劝说孙权雨露均沾。这一时期，步练师先后为孙权生下全公主和朱公主两女。当时徐夫人失宠被废，却深得太子与群臣的重视，因此孙权并没有直接册立步练师为皇后，但却在后宫的种种规格上，以皇后礼节来对待步练师。

公元238年，步练师去世，孙权十分悲痛，群臣于是揣摩上意，请求追封步练师为皇后，孙权自然应允，并将她葬于自己的陵寝蒋陵。在中国历史上，步练师也因此成为首位被皇帝丈夫追封为皇后的女子（此前均为新皇追封生母）。

【人物简评】

由于当时的后宫情势，步练师生前始终没能成为名正言顺的皇后，但对于她这样一位不恃君宠、不独君宠的贤淑妃子，想来她也不会太在意这种虚无的名分，而是更在意能否陪在丈夫身边，为他起到帮助的作用。

袁夫人：无子亦如有子宠，女德不与父德同

【人物简介】

袁夫人是东吴大帝孙权的宠妃，其父即是出自汝南袁氏的袁术。袁术兵败而死后，袁氏一家被江东所俘，袁氏有幸得到孙权的宠幸。步练师死后，袁氏又极力推辞皇后之位，表现出高贵的节操品行。

【人物生平】

公元197年袁氏的父亲袁术不顾天时，公然称帝，很快就遭到其他诸侯的一致声讨，就连部下孙策也与之反目。两年之后袁术兵败而死，家人不得不辗转逃至皖城，投奔袁术的旧部刘勋。

不久之后，刘勋又被孙策击败，袁氏也沦为江东的俘虏。公元221年，孙权受封为吴王，又将袁氏选入后宫为妃。袁氏为人贤惠淑德，但却没有子嗣，于是

孙权又将其他妃子的孩子过继给她抚养。然而这些孩子却全数天折，孙权对此也无可奈何。

公元 238 年步练师病逝，死后孙权追封她为皇后，又打算册立袁氏为后。袁氏为人谦逊淡泊，多次以自己无子为由，推辞孙权的册封，因此，她愈发受到孙权宠爱。然而这一切却引起了废帝孙亮之母潘淑的忌恨，因此即便后来成为皇后，潘淑却始终都在构陷袁氏。

【人物简评】

袁术在历史上的口碑素来不佳，然而就是这样一位不知时变、刚愎自用的人物，却又生下了朱氏这样一位贤良淑德的大方女子。在"不孝有三，无后为大"的封建时代，朱氏却得到了孙权的特别宠爱，可谓凤毛麟角。

潘皇后：侍上多劳有恩宠，御下少宽无幸存

【人物简介】

潘皇后本名潘淑，生于公元 220 年，卒于公元 252 年，享年 33 岁，为东吴大帝孙权的皇后，会稽王孙亮的生母。早年潘淑因家人犯罪而入宫服役，她却意外得到孙权临幸，并被册立为皇后。

【人物生平】

潘淑的父亲曾在东吴担任微小官职，后来又因犯罪而被处死，潘淑和姐姐也因此受到牵连，被送入宫中做苦役。入宫之后，孙权偶然间看到潘淑的美貌，于是将她纳为妃子。

公元 243 年，潘淑生下皇子孙亮，此前还梦到有人馈赠自己龙头。孙亮自小聪明伶俐，又是孙权最小的儿子，因此孙权对他十分喜爱。潘淑也子以母贵，受到孙权的宠爱。公元 251 年，她更被册立为皇后。

潘淑为人看似百依百顺，十分娇弱，私下却对其余妃嫔大肆迫害，对身边的婢女也十分苛刻。孙权病重时，潘淑更在私下向大臣请教，询问汉初吕后专政的事情。公元 252 年，婢女实在不堪忍受凌虐，便趁着潘淑因照料孙权而累晕的机会，合伙将她勒死，谎称是劳累过度猝死。

真相被查明后，这些宫人都被处死，不久，孙权也因病驾崩。孙亮于是将母亲与孙权合葬于蒋陵。

【人物简评】

潘淑在古代的志怪小说中，留下许多有趣典故，更被后人视为"榴花花神"。但在风波险恶的后宫宫闱中，她也只是一位心胸狭隘、暴虐苛刻的普通女子而已，并没有什么显赫的光环。

全皇后：老父愚蠢酿夫憾，贤妻受气亦难安

【人物简介】

全皇后是吴废帝孙亮的妻子，早在孙亮尚未登基前，就已经成为太子妃。孙亮登基后，曾借助于全皇后的父亲铲除孙綝，不料事败被废，全皇后也与他一同迁居封地。公元 301 年，吴氏去世。

【人物生平】

全皇后是全公主孙鲁班的侄孙女，为人美貌而又贤淑，从小就经常被带入宫中玩耍。由于孙亮深得孙权喜爱，全公主又与太子孙和的母亲不睦，全公主便极力劝说孙权，将全氏嫁给了孙亮为妃。

公元 252 年，孙权驾崩，孙亮即位，次年又将全氏立为皇后，全氏的父亲全尚也被封为大将军、永平侯。当时朝中孙綝势大，孙亮心中十分不安，于是便暗中通知全尚，要求他谋划废黜孙綝。由于孙綝的姐姐即是全尚之妻，孙亮还特意嘱托全尚，不要将事情告诉妻子，然而昏聩的全尚却没有做到守口如瓶。很快孙綝就从姐姐那里得知了消息，当晚就调遣大军围住皇宫，孙亮的计划也宣告失败。

当时孙亮十分气愤，对着全氏怒斥其父愚蠢，但却无可奈何，不久，孙亮就被孙綝废为会稽王。全氏也与孙亮一同前往会稽封地，公元 260 年，他又被贬至候官。行至半途时孙亮死去，此后全氏独自留居在候官，直至公元 280 年吴国灭亡，才得以返回吴郡。

公元 301 年，全氏病逝于吴郡当地。

【人物简评】

孙亮年轻气盛、用人不当、谋划不周；全尚昏聩愚蠢、不知慎密、自掘坟墓，但不论这一夫一父计策如何，全氏的遭遇都可谓是无辜之极。全尚因不避禁忌而祸及全家，孙亮因一己事败而迁怒于全氏，这些反而更加衬托出全氏的善解人意、不离不弃。

朱皇后：不念子孙念公室，未料暴君不承情

【人物简介】

朱皇后是东吴景帝孙休的妻子，她生于公元 234 年，其母为朱公主孙鲁育。朱氏是由孙权亲自赐婚嫁给孙休，公元 265 年又被末帝孙皓逼杀，享年 32 岁，死后与孙休合葬于定陵。

【人物生平】

朱皇后据说名为朱佩兰，其母即是孙权之女孙鲁育，与孙休为姐弟关系。公元 250 年，朱氏在东吴大帝孙权的命令下，嫁给自己的舅舅孙休，并与孙休共同

前往封地居住。

公元 255 年朱氏的姨母孙鲁班出于忌恨,诬陷孙鲁育参与了孙仪发动的叛乱,致使孙鲁育惨遭孙峻杀害,孙休心中十分畏惧。当时孙休曾将朱氏送回京城,孙峻却对她网开一面,因此,朱氏又被送回了孙休身边。

公元 258 年,孙綝废黜孙亮,改立孙休为帝,公元 262 年,孙休又将朱氏册立为皇后。仅仅过了 2 年,孙休便在宫中驾崩,朝中围绕着皇位归属再次展开讨论。鉴于当时蜀汉方灭、交趾动荡,大臣都建议迎立年长的孙皓,并向朱氏请示。朱氏则谦虚地表示说,自己并不知晓国家大事,只要能够对国家有利,她便听从众人的安排。

孙皓即位后,最初时治政十分贤明,但很快就变得残暴、荒唐。仅仅过了一个多月,孙皓便将朱氏贬为皇后,次年又将朱氏和两个相对年长的儿子一并逼杀。朱氏死后葬于定陵。

【人物简评】

朱氏气质高雅、开明、公正无私,虽然贵为太后却不放纵外戚,更能不计子孙荣辱,放任大臣迎立新君,可见其深明大义。遗憾的是,她与众多大臣却为吴国迎来一位残暴君主,自己也落得个被昏君恩将仇报的悲惨结局。

滕芳兰:恩宠日衰时不再,妾心依旧向君开

【人物简介】

滕芳兰是东吴末帝孙皓的皇后,家族曾因故遭到清洗,滕芳兰一支因血脉疏远而得以幸免。公元 280 年,东吴灭亡,滕芳兰与孙皓共同被迁至洛阳。

【人物生平】

滕氏家族在东吴朝堂颇为显赫,出自滕氏的滕胤更是官至大司马。当时,东吴朝堂自孙权晚年,就接连产生动荡,公元 256 年,滕氏家族更因滕胤反对孙綝而几乎被灭族。

滕芳兰这一支因血脉疏远得以幸免,公元 258 年,孙休登基,又赦免了滕氏家族,孙皓也于同年迎娶滕芳兰为妃。公元 264 年孙皓即位,滕芳兰又被册立为皇后,滕氏家族也因此再次显赫。尽管后来宠爱日衰,皇后印绶也被索走,滕芳兰却在婆婆何氏及大臣的维护下,得以保留皇后之名。

公元 280 年,东吴灭亡,滕芳兰与孙皓共同前往洛阳,4 年后,孙皓死去,滕芳兰更是亲自撰写悼文,言辞十分凄楚、悲痛。几年之后,滕芳兰也病逝。

【人物简评】

尽管孙皓的恩宠不再,滕芳兰却真正做到了陪伴一生、不离不弃,却不知孙皓这位历史上出名的暴君,对此又作何感想了。

晋

杨艳：满眼唯见一愚子，不计家国与帝基

【人物简介】

杨艳，字琼芝，她生于公元238年，是晋武帝司马炎的第一任皇后。杨艳早年父母双亡，被亲人抚养长大，后来又被司马炎迎娶，为司马炎生下6个孩子。公元274年，杨艳病逝，享年37岁，死后葬于峻阳陵。

【人物生平】

杨艳出自弘农杨氏，祖上四世均在汉朝位列三公，在曹魏时，其父杨文宗也袭爵为荔亭侯。杨文宗和杨艳的生母赵氏早早去世，杨艳最初由舅舅和舅母亲自抚养，后来又跟随继母一起生活。长大之后的杨艳精于书法、女红，同时又十分漂亮，被相士称为大贵，于是司马昭就将杨艳娶为司马炎的妻子。

公元265年，司马懿以晋代魏，次年又正式册立杨艳为皇后，她的舅舅一家也受到封赏。此后杨艳接连为司马炎生下3子3女，其中就包括后来以"何不食肉糜"闻名的晋惠帝司马衷。当时司马炎忧虑司马衷的智力，一度打算更换太子，杨艳却以"立嫡以长不以贤"的理由，提出了反对意见。同时，杨艳又劝说司马炎，迎娶贾南风为司马衷的妃子，司马炎同意了这一请求。

西晋建立之后，统治集团迅速腐化，司马炎更是大肆选取美女充填后宫，杨艳对此自然十分忌妒。在她的授意之下，官吏仅仅选拔那些皮肤白皙、身材高挑的女子入宫，却对容貌漂亮的一概略过。即便司马炎偶然看中了一些美女，却都被杨艳以各种理由否定，因此司马炎只好作罢。为了防止入宫后受到杨艳欺凌，许多官家女儿都穿上破衣、掩饰容貌来逃避宫人筛选，一时蔚为奇观。

公元274年杨艳病逝，此前司马炎逐渐宠爱贵妃胡芳，因此，杨艳临死前又劝说司马炎，迎娶自己的堂妹杨芷，希望以此来保全儿子司马衷的太子之位。司马炎同意了这一请求。杨艳死后，司马炎下诏表示哀悼，追谥她为武元皇后，并将她葬于峻阳陵。

【人物简评】

杨艳虽然才识过人，但却没有长远的目光，也没有为家国天下考虑的心胸，因此明知司马衷没有治政的才能，却还是坚持将他扶上储君之位，更亲手挑选了一位在日后祸乱朝政的儿媳妇。

杨芷：不欺宫闱岂有罪，为姐同谋非无辜

【人物简介】

杨芷，字季兰，小字男胤，生于公元 259 年，为晋武帝司马炎的第二任皇后，与皇后杨艳为堂姐妹。杨芷于杨艳死后进入后宫，得到司马炎的宠爱，更被司马炎立为皇后。八王之乱期间，杨芷因其父擅权而受到牵连，最终于公元 292 年被活活饿死，享年 34 岁。

【人物生平】

杨芷是皇后杨艳的堂妹，于公元 274 年时在杨艳的请求下，被晋武帝纳入后宫。杨艳的本意只是希望能够保全儿子司马衷的大位，但杨芷却意外受到司马炎的宠爱，公元 276 年，她被立为皇后。

杨芷不仅十分美貌，品德也十分贤良，因此很快就受到宫人的敬重，与堂姐杨艳截然相反。期间，杨芷还为司马炎生下一子，可惜最终早夭。当时太子妃贾南风迫害宫人，一度被司马炎打入冷宫，杨芷念在堂姐之前的嘱托，极力劝说司马炎宽赦贾南风，同时又在私下严厉批评，希望能够约束贾南风。然而贾南风却误以为是杨芷暗中挑拨，从此心怀愤恨，为杨芷后来的悲剧埋下隐患。

随着杨芷的显贵，其父杨骏也接连得到提拔，在司马炎执政后期更成为朝中重臣。杨骏为人心胸狭隘、志大才疏，等到司马炎临终之前，更在朝中胡乱安排亲信，司马炎这才有所醒悟，然而此时司马炎已经病重，因此最终还是以杨骏为辅政大臣。公元 290 年司马炎驾崩，司马衷即位，杨芷也被尊为皇太后。

此后，杨骏开始专权，此举却受到权欲熏心的贾南风的忌恨，为了发泄自己的不满，报复杨芷对自己的"刁难"，贾南风私下勾结楚王司马玮，于公元 291 年发动宫廷政变，杨骏很快就被乱军诛杀，杨芷也被贾南风趁机幽禁并废为庶人。

不久，贾南风又诛杀杨氏三族，杨芷尽管磕头求饶，却还是没能保住母亲的性命，自己也被停止了三餐供给。8 天之后杨芷被活活饿死。直到公元 307 年，晋怀帝司马炽才为杨芷恢复尊号，公元 341 年，晋成帝司马衍又将她配享太庙。

【人物简评】

比起目光短浅、量小善妒的堂姐杨艳，杨芷显得十分淑德，因此她的悲惨遭遇就更加使人同情。但实事求是地讲，杨芷的悲剧也有一小部分原因，在于她不顾原则地顺从堂姐的意愿。身为始作俑者的杨艳得以善终，几无过错的杨芷反而

因此身死，难免令人有天命无常之叹。

左芬：宫人何须赋茕茕，此身早在樊笼中

【人物简介】

左芬，字芝兰，是晋武帝司马炎的妃子，文学家左思的妹妹，也是西晋的一位杰出女诗人。由于长相原因，左芬仅仅被视为是增添风雅的乐趣，晋武帝始终没有对她加以宠幸。公元300乃左芬去世，生前为后世留下许多诗赋名篇，但迄今为止仅存20多篇。

【人物生平】

左芬的兄长即是以《三都赋》而"洛阳纸贵"的大文豪左思，她的才华比起兄长也不遑多让，只是相貌却有些丑陋。为了增添宫中的风雅乐趣，彰显自己的高雅品位，晋武帝便故意将左芬纳入宫中，以她来完成一些宫廷诗篇的创作。

此后，左芬便奉命创作各种应诏御诗，与其说是后宫妃子，倒不如说是女性幕僚更为妥帖。所幸的是自己才华横溢，这一时期所创作的诗篇都称得上尽善尽美，尤其是《离思赋》堪称其代表作，晋武帝也对此十分满意。每逢宫中有什么事情，或者地方、异邦进献珍宝，武帝都会下诏由左芬进行创作、歌颂。

公元290年，晋武帝驾崩，惠帝司马衷即位，大权很快就落入皇后贾南风手中。贾南风为人凌虐残酷，就连太后杨芷也被她迫害致死，后宫其他女子更是惶惶不可终日。左芬平素就不得宠爱，因此，意外地躲过一劫，但生活却也更加凄凉。公元300年，左芬去世，死后葬于峻阳陵。

【人物简评】

对于女子而言，嫁而不得爱即为不幸；对于文人来讲，创作不自由亦是困扰。偏偏身为女文豪的左芬，就遇上了这两种情况，因此不论她在深宫享有如何优越的待遇，她的人生都是一出无力扭转的悲剧，远比她的哀伤辞赋更为凄惶。

胡芳：妾身本是武家子，不畏生死不畏君

【人物简介】

胡芳是晋武帝司马炎的妃子，生卒年不详，其祖父和父亲都在朝中担任军职。由于出身将门，胡芳的性格十分激烈，就连晋武帝也经常被她顶撞。

【人物生平】

在曹魏时，胡芳的祖父胡遵曾率军成功抵御诸葛恪的进攻；其父胡奋也曾在平定匈奴之乱时，立下赫赫战功。由于家世显赫，胡芳于公元273年被选入后宫，并被晋武帝司马炎看中。当时胡芳哭嚎不止，左右都劝她不要触怒武帝，胡芳却表示连死都不怕，又岂会害怕皇帝。

或许是习惯了后宫女子的温婉顺从，晋武帝对于胡芳这位"火辣"的妃子，不仅没有感到厌恶，反而产生了特别的喜爱之情，胡芳入宫后不久就生下了一位公主。尽管自己每次应对都十分直率、刚正，武帝却经常临幸她，甚至还赐予她仅次于皇后的待遇。皇后杨艳去世时，正是鉴于胡芳的得宠，非得请求武帝才将其堂妹杨芷娶入后宫，可见胡芳当时的得宠。

有一次武帝在与胡芳游戏时受伤，斥责她是不通礼仪的武家之子，胡芳当即列举父亲北伐公孙渊、西抗诸葛亮的战功，坦然表示自己就是武家之子。由于当时其父正好是在司马懿麾下效力，武帝感到十分惭愧。

晋武帝驾崩后，朝中大权很快就落入皇后贾南风和诸王手中，就连太后杨芷也被迫害致死，关于胡芳的记载也不详。

【人物简评】

古代后宫的女子为了获取专宠，无不绞尽脑汁费尽心机，一心一意委曲求全，相比之下胡芳堪称异数。然而正是自己的大胆和率真，反而为她赢得了武帝的另眼相看，这样的结局堪称趣味和意外。

贾南风：弄权不是贤良后，善妒从来葬命途

【人物简介】

贾南风生于公元 257 年，是晋惠帝司马衷的原配皇后，也是历史上一位著名的丑陋、荒淫、善妒、残暴女人。晋惠帝即位后，由于智力低下，贾南风很快就夺取了大权，但后来却因弄权而引发八王之乱。公元 300 年，贾南风被赵王司马伦废杀，享年 45 岁。

【人物生平】

贾南风小名旹（shì），其父即是曾辅佐司马昭、弑杀高贵乡公曹髦的曹魏大臣贾充。公元 271 年，贾充奉命出镇却不愿赴任，于是主动请求将贾南风嫁给太子司马衷，希望以此来得到朝廷挽留。

在皇后杨艳等人的共同努力下，晋武帝司马炎最终同意，于公元 272 年迎娶贾南风为太子妃。据说贾南风相貌十分丑陋，但为人却十分聪颖、机警，在晋惠帝司马衷登基的过程中，也曾立下大功。司马衷的智力低下人所共知，晋武帝也对此十分担忧，深恐他无力继承帝业，因此曾特意命人准备考卷进行测试。贾南风得知之后，便私下找人代为作答，以此成功骗过了武帝。同时，贾南风又对其他太子妃十分忌恨，甚至因自己无法生育，而拿着大戟击打怀孕宫人的肚子，害得她们因此流产。武帝得知后十分震怒，一度想要将她废去，但皇后杨芷却竭力劝阻，事后又对贾南风进行了规劝。

公元 290 年，晋武帝驾崩，司马衷即位，贾南风凭借自己的强势，很快就夺

取了大权，同时又因一时误会，而对太后杨芷全家进行迫害，杨芷竟被活活饿死。此前贾南风又勾结楚王司马玮，将杨芷的父亲、辅政大臣杨骏处死，杨芷年迈的母亲也被斩首。为了进一步巩固自己的权势，贾南风对同族之人大肆封赏，同时又采取分化瓦解、打一派拉一派的方式，先后除掉了司马繇、司马亮、卫瓘，随后又将帮助自己夺得大权的楚王司马玮捕杀，此后贾南风彻底把持了朝政。

此时，朝中异己尽被排除，按理来说贾南风已经高枕无忧，然而另一件事却又成了她的心头大病——没有子嗣。此时被立为太子的是司马遹，司马遹的生母则是淑妃谢玖。尽管就连自己的生母也一再劝说自己优待太子，善妒贾南风却始终咽不下这口气。公元299年时，贾南风故意灌醉司马遹，引导他写下"谋反"文字，随即将其废黜并关押，太子生母谢玖也被幽禁。次年贾南风就杀了谢玖，此前更将妹夫的儿子充当自己的孩子，谎称是当年因故没能公布。

同年，贾南风的举动引起了司马氏诸王不满，赵王司马伦的幕僚趁机散布谣言，谎称京城有人要拥立司马遹复位，贾南风一急之下竟将司马遹毒杀。这一事件直接给了司马伦等人起兵的理由，不久，司马伦的大军就攻入皇城。当时，司马伦趁着夜晚，派齐王司马冏将贾南风抓捕下狱，贾南风一度向司马衷求救，却始终得不到回应。很快司马伦就将贾南风废黜、幽禁，之前她所提拔的心腹同党也一并被抓捕。

同年，司马伦自任相国，以金屑酒将贾南风赐死，贾南风死时45岁。

【人物简评】

贾南风在历史上素来恶名昭彰，身上贴满负面标签，但事实上她也算得上是一位手腕强硬、富有谋略的女政客，否则也断然不会在惠帝的主导下，保持西晋长达10年的安稳。只是贾南风虽有才干，却又局限于个人的狭隘情感和私人利益，因此一着不慎、满盘皆输。加上她确实有着种种劣迹，史书又不遗余力进行放大，使她的形象自然十分不堪。

羊献容：国亡唯有无耻免，事敌才见大丈夫

【人物简介】

羊献容是晋惠帝司马衷的第二任皇后，其祖父和父亲均在朝中担任官职。永嘉之乱后，羊献容又被刘曜纳入后宫，后来又再度被册立为皇后。公元322年，羊献容病逝，死后葬于显平陵。

【人物生平】

公元300年惠帝皇后贾南风死后，羊献容在赵王司马伦幕僚孙秀的主导下，被晋惠帝立为新一任皇后，不久，羊献容便为惠帝生下一女——清河公主。

当时正值八王之乱时期，智力低下的晋惠帝根本无法处理政事，皇族司马氏

诸王又纷纷作乱，羊献容即便是贵为皇后，也无法避开权争和战乱。从公元304年开始，羊献容先后被成都王司马颖、名将张方、洛阳县令何乔4次废黜，更被河间王司马颙下令处死，险些遭到杀害。直到公元306年八王之乱宣告结束，羊献容才被晋惠帝再次迎立为后。

次年，惠帝被人毒杀，朝中诸王都属意由皇太弟像章王司马炽即位，羊献容却担心自己无法成为太后，于是表示要迎立惠帝之侄司马覃，但却没有成功。司马炽即位后，羊献容以惠帝皇后的身份居住在宫中，直到公元311年国都洛阳被刘曜攻破，羊献容又被掳为刘曜的妃子。

为了保全性命，羊献容积极献媚，很快就赢得了刘曜的宠爱，公元319年，她又被立为汉赵皇后。这一时期羊献容先后为刘曜生下3个儿子。有一次刘曜曾问她自己与司马衷谁强，羊献容立即对晋惠帝鄙视，并称赞刘曜才是真正的大丈夫。听了这一番话，刘曜对羊献容更加宠幸，甚至允许她参与国家政事。

公元322年羊献容病逝，死后葬于显平陵，谥献文皇后。

【人物简评】

由于晋惠帝的低能，羊献容虽然贵为皇后却饱经波折，实在令人同情，但她的屈身事敌、卑劣反复也同样令人不齿。

谢玖：生子只因奉君令，枉死追封亦徒然

【人物简介】

谢玖是晋惠帝司马衷的宠妾，也是太子司马遹的生母。司马衷即位后，谢玖被封为淑妃，却因皇后贾南风的忌妒而屡受迫害。公元300年，谢玖与儿子司马遹先后被害死，死后葬于显平陵。

【人物生平】

与西晋时众多出身门阀豪族的妃子不同，谢玖的父亲只是一位屠猪贩肉的市井小民，出身十分卑微，然而谢玖为人贤淑善良、美貌端庄，因此得以被选入宫中。

公元267年，司马衷被立为太子，晋武帝司马炎立即为其纳妃，随后又派谢玖去教他床笫之事。不久后，谢玖就怀上身孕，却又畏惧太子妃贾南风的狠毒，于是主动请求返回西宫，在那里生下了后来的太子司马遹。智力低下的司马衷对此毫不知情，直到后来入宫面生，武帝才指着司马遹告知他孩子的身世。

公元290年司马衷即位，因贾南风已被立为皇后，便将谢玖封为淑妃，司马遹则被立为太子。由于贾南风的忌妒，谢玖很快就被幽居他处，不得与亲子见面。公元299年时，仍不甘心的贾南风又构陷太子，将谢玖等人同时牵连下狱，次年又将谢玖杖打致死。

太子司马遹死后，晋惠帝下令将他改葬，同时又追封谢玖为夫人，将她与太子合葬于显平陵。

【人物简评】

谢玖最初只是奉命为惠帝司马衷"启蒙"，本人从未有夺取君宠的意愿，但遇上心性狠毒、酷虐无道的贾南风，仍旧只能沦为"案上鱼肉"，任由他人宰割。晋惠帝由于智力低下，也无法从贾南风手中救出谢玖，死后即便大肆追封，也再难以挽回她的性命了。

梁兰璧：一生不曾恋权位，国亡夫死徒留悲

【人物简介】

梁兰璧是晋怀帝司马炽的皇后，其生年不详，于公元 311 年在永嘉之乱中被俘，此后事迹亦不详。

【人物生平】

公元 307 年，时为豫章王的司马炽在朝中各派势力的彼此斗争、制衡下，意外地登上皇位，梁兰璧也于同一时期被册立为皇后。

然而司马炽的上位，不过是朝中诸王暂时妥协的结果，随着诸王之间斗争的持续，西晋的国力也愈发衰弱。公元 311 年，王衍麾下的 10 万大军被石勒全数歼灭，西晋自此连最后的战力也被消灭。同年汉赵刘聪率军共攻入洛阳，司马炽在逃亡途中被俘，即永嘉之乱，贵为皇后的梁兰璧也在战乱中被俘。

公元 313 年，司马炽被刘聪毒杀，而梁兰璧则自从被俘后就再无记载。

【人物简评】

晋怀帝司马炽一无野望，二不昏聩，却在诸王的逼迫下登上皇位，于他而言，这绝非幸事，对于梁兰璧来说，也同样不值得庆幸。虽然被俘后的事迹不详，但从司马炽的死来看，梁兰璧纵然能够保全自己，也难免要在朝不保夕的情境下忧惧度日，凄惶一生。

虞孟母：名同贤母有君宠，善妒亦得善始终

【人物简介】

虞孟母是晋元帝司马睿的皇后，生于公元 278 年，卒于公元 312 年，享年 35 岁，死后葬于建平陵。

【人物生平】

早在晋元帝司马睿尚未登基前，虞孟母就已经嫁给了他，但却始终没能生育子嗣。宫人荀氏生下皇子司马绍和司马裒后，因出身卑微又将孩子交由虞孟母抚养。然而虞孟母始终仇视荀氏，又在元帝面前多次进谗，最终迫使元帝将荀氏改嫁。

公元 312 年，虞孟母病逝，享年 35 岁，此时，司马睿甚至还没来得及自称晋王。公元 317 年，司马睿追封虞孟母为敬王后，次年称帝后又追封她为皇后，将其改葬于建平陵。尽管虞孟母量小善妒，元帝依旧对她十分信赖，以致此后再也没有册立皇后。

【人物简评】

尽管死后才得到追封，虞孟母生前却受到元帝的深深喜爱，元帝甚至终其一生再也不曾册立皇后，对她可说情深义重。然而，虞孟母却依仗宠爱，私下构陷、排挤其他妃子，手段并不光明磊落。

郑阿春：孀居未料入宫室，生宠死荣堪称奇

【人物简介】

郑阿春是晋元帝司马睿的妃子，晋简文帝司马昱的生母，在嫁给晋元帝之前，曾嫁给一户普通人家。公元 315 年被晋元帝迎娶后，郑阿春先后为他育有 2 子，公元 326 年因病去世，死后葬于嘉平陵。

【人物生平】

郑阿春出自家乡豪族，她的父亲就早早辞世了，只留下郑阿春兄弟姐妹 4 人。郑阿春最初时曾嫁给一户田姓的人家，然而她的丈夫也早早去世。为了生计，郑阿春只得投奔亲舅舅吴氏。

公元 312 年，晋元帝的发妻虞孟母病逝，直到 3 年后元帝才再次准备娶妻，恰好相中了吴氏的女儿。当时曾有人看到郑阿春与吴氏的女儿一同出游，两相比较后，认为郑阿春更加贤淑，于是便向元帝禀报。元帝得知后，便于公元 317 年正式迎娶郑阿春。同年郑阿春为元帝生下儿子司马焕，可惜司马焕在 2 岁时便夭折。为了让郑阿春更加开心，元帝又命令大臣为其兄妹安排婚事，足见元帝对她的喜爱。

公元 318 年，司马睿正式称帝，却没有册立皇后，只是将郑阿春封为夫人。同年司马焕夭折，元帝更以成人之礼、耗费无数钱财修建陵园安葬。公元 320 年，郑阿春又生下皇子司马昱，即后来的晋简文帝。

公元 326 年，郑阿春病逝，已经过继的司马昱仍旧按生母之礼服丧，因此引起朝中言官的弹劾，太后庾文君予以宽谅。公元 371 年，司马昱即位仅 8 个月就病逝了，死后其子司马曜即位，又对祖母郑阿春进行追封，尊她为简文太后，谥号宣，另建嘉平陵予以安葬。

【人物简评】

仅仅是陪着别人走了一圈，就被皇帝的使者意外相中并迎娶入宫，郑阿春的人生际遇不可谓不离奇。郑阿春在生前就受到丈夫元帝的宠爱，死后她的子孙也都对她极力追封，可以说是殊荣已极。对比早年的种种艰辛，也只能说是塞翁失

马，焉知非福了。

庾文君：九泉之下女子恨，由来原是自亲兄

【人物简介】

庾文君是晋明帝司马绍的皇后，她生于公元 296 年，其兄即是东晋权臣庾亮。由于自己美貌贤淑，庾文君被晋元帝亲自聘为太子司马绍的妃子，并在明帝即位后被立为皇后。入宫后，庾文君先后为明帝生下成帝司马衍、康帝司马岳二子。公元 328 年庾文君因忧愤而死，享年 32 岁。

【人物生平】

庾文君为人贤良淑德、姿容美貌，其兄庾亮也在当时与夏侯玄、陈群等魏晋名士并称，深得晋元帝司马睿的倚重。彼时司马睿尚未登基，为了拉拢庾氏便辟庾亮为自己的僚属，又将庾文君聘娶为儿子司马绍的妃子。

公元 321 年，庾文君为明帝生下皇子司马衍，次年又生下皇子司马岳。323 年司马睿驾崩，司马绍即位为帝，即晋明帝，庾文君也被册立为皇后。在册书中，明帝又特意提到自己早年的孤单和不幸，鼓励庾文君要以身作则、推行教化，充分表现出对她的重视。公元 325 年，明帝立司马衍为太子，不久后就驾崩，死后司马衍即位为帝，又尊庾文君为太后。

当时，成帝仅有 4 岁，群臣连续 5 次上疏，请求庾文君依从旧制垂帘听政，庾文君推辞不过只得应允，其兄庾亮也掌握了朝中大权。此后，庾文君坚决拒绝追封父母，表现出贤淑风貌。公元 327 年，苏峻发动叛乱，于次年攻破建康，庾文君也在战乱中受到胁迫和侮辱。不久庾文君忧愤而死，享年 32 岁。

【人物简评】

庾文君为人贤良淑德，然而临朝听政后，又因臣下叛乱而死，究其根源，罪责却在其兄长庾亮。正是由于庾亮的过于强硬和识人不明，才会导致后来的苏峻之乱，更使庾文君这位贤惠美貌的妹妹受到屈辱，最终郁郁而终。

杜陵阳：只因天上淑妃死，吴地女子尽白花

【人物简介】

杜陵阳又名杜陵，她生于公元 321 年，是晋成帝司马衍的妃子，祖上三代均在朝中担任要职。杜陵阳不仅美貌而且贤惠，因此被成帝立为皇后。公元 341 年杜陵阳去世，享年 31 岁，死后葬于兴平陵。

【人物生平】

杜陵阳的曾祖父杜预官拜镇南将军，祖父杜锡为尚书左丞，其父杜乂又任丹阳丞，家世十分显赫。杜陵阳的父亲早逝，从小是被母亲抚养长大，长大后不仅

容貌出众，性格也十分贤良淑德。

公元 336 年，成帝因杜陵阳家世显赫、素有美名而将她聘为皇后，杜氏一家从此更加显贵。据说杜陵阳此前一直没有长出牙齿，却在成帝下聘礼的当天全数长出。入宫之后，杜陵阳始终没有生育子嗣，直至公元 341 年去世，享年 31 岁。此前吴地女子喜欢佩戴白花，人们都说是天上织女死去，此后不久，杜陵阳病逝，因此又给自己的身世蒙上了一层神秘面纱。

杜陵阳死后，晋成帝将她葬于兴平陵，追谥为成恭皇后。

【人物简评】

杜陵阳以贤淑美貌上达天听，被成帝聘为皇后，倒也不失为一桩美谈，可惜的是佳人早逝，多少使得这一美事有所欠缺，留下些许遗憾。

周贵人：生子皆能临天下，唯独亲母不得称

【人物简介】

周贵人是晋成帝司马衍的妃子，晋哀帝司马丕和晋废帝司马奕的生母。由于出身微寒，且当时朝中褚太后临朝听政，周贵人直至公元 363 年死后，也未能成为太后。

【人物生平】

公元 361 年晋穆帝去世，死后由其堂兄弟司马丕即位，司马丕即是周贵人的儿子。当时，朝中大权都由外戚庾氏和太后褚蒜子掌握，因此周贵人虽然贵为皇后生母，也未能被尊为太后。

次年，在司马丕的授意下，朝廷尊周贵人为皇太妃，同时又在礼仪服饰等方面，按照太后的标准去对待周贵人，这也是司马丕所能为生母争取到的最大名分。次年，周贵人去世，2 年之后，司马丕也因服食丹药中毒而死。

司马丕死后，周贵人的次子司马奕又登上皇位，即晋废帝。废帝在位 6 年，公元 371 年，他被大将桓温所废。

【人物简评】

古代向来有"母以子贵"之说，然而很多时候这却只是人们的一厢情愿。迫于情势，周贵人直至死后，也没能得到应有的名分，但在生活方面，却最大限度地得到了补偿。

褚蒜子：一身历经六朝帝，满怀勤勉三垂帘

【人物简介】

褚蒜子是晋康帝司马岳的皇后，她生于公元 324 年，祖父和父亲均在朝中担任要职，家世十分显赫。入宫之后，褚蒜子在长达 40 多年的时间里，先后 3 次临

朝听政、扶立 6 代君主，堪称东晋政坛的一位女中豪杰。公元 384 年，褚蒜子病逝，享年 61 岁，死后葬于崇平陵，谥康献皇后。

【人物生平】

褚蒜子的祖父曾任武昌太守，其父又兼任两州刺史，俱为朝中地方大员，家境十分优越。褚蒜子在很小的时候就以聪明见称，因此，她被朝廷选为琅琊王司马岳的妃子。公元 342 年司马岳即位，即晋康帝，褚蒜子又被立为皇后。

1 年之后，褚蒜子生下皇子司马聃，只过了 1 年，康帝驾崩，司马聃就此成为东晋的新皇帝，即晋穆帝。由于年龄实在幼小，年纪轻轻就守寡的褚蒜子又不得不以太后的身份临朝听政。此后，褚蒜子的族人也得到许多封赏，但她却竭力拒绝臣下进一步封赏其族人的请求。

公元 357 年，晋穆帝已经长大成人，褚蒜子当即下诏表示归政，希望群臣能够竭力辅佐君主，此后便退居于崇德宫。然而仅仅过了 4 年，晋穆帝就因病去世，改由成帝之子司马丕即位。无奈的是，司马丕为人不好政事，专好长生，不久就因服食丹药而产生恶疾，治疗长达 1 年多，竟然都没能好转。眼见新君如此不堪，大臣们只好再次请褚蒜子出面问政。

同年晋穆帝的胞弟司马奕被迎立为帝，即晋废帝，公元 371 年时，觊觎大权的桓温又亲自赶赴国都，上疏"请求"褚蒜子废黜司马奕，改立司马昱为帝。褚蒜子心知无法扭转，于是叹息着批字同意。同年司马昱即位，即晋简文帝，褚蒜子再次担下临朝听政的重任，退居崇德宫颐养天年。然而仅仅过了 8 个月，不甘受制的司马昱就抑郁而死，不久后桓温也因病去世。司马昱之子司马曜即位，即晋孝武帝，褚蒜子再次被群臣请求出山问政。

公元 376 年司马曜成年，褚蒜子终于再次卸下重任，开始自己生命中最后一段轻松的旅程。公元 384 年褚蒜子病逝于显阳殿，享年 61 岁，死后晋孝武帝为之服丧一年，并将其葬于崇平陵。

【人物简评】

东晋王朝立国之初，政局就并不稳当，自中期之后更是变数频频，极大地考验着统治者的能力素质。褚蒜子一生先后经历康帝、穆帝、哀帝、废帝、简文帝、孝武帝六代君主，目睹桓温作乱、晋室架空，她却始终竭力扶持君主、稳定大局，实在是一位了不得的女性，而且褚蒜子的品行也十分端正，她是一位值得敬重的传奇女政治家。

何法倪：长辞宗庙哭社稷，后仪天下恤民生

【人物简介】

何法倪是晋穆帝司马聃的皇后，她生于公元 339 年，晋穆帝驾崩后又被尊为

穆皇后。公元 404 年，何法倪病逝，享年 66 岁，死后与晋穆帝合葬于永平陵。

【人物生平】

公元 357 年，晋穆帝司马聃下诏，命令朝中百官选取家族中适宜的女子入宫，何法倪的堂叔父何琦也被穆帝点名。经过一番筛选，何琦选中了自己的堂侄女何法倪，于是向穆帝汇报了这一消息。

同年，穆帝派出使者，携带册书聘娶何法倪入宫，随后又将她立为皇后。由于何法倪入宫后，始终没有生育子嗣，因此公元 361 年穆帝驾崩后，便由穆帝的堂弟司马丕即位，即晋哀帝。哀帝登基后，便尊何法倪为穆皇后，此后，何法倪便在宫中，度过了将近 30 年的和平时光。

公元 403 年，桓玄篡位自立，何法倪在迁居太庙途中哀声痛苦，引来百姓同情，桓玄得知后十分愤怒，认为天下更替轮不到女子表态，于是将她贬为零陵县君。次年，刘裕等人起兵讨伐桓玄，何法倪这才再次被迎回宫中。鉴于当时战乱未平，百姓食不果腹，何法倪又主动下令减少供给，并取消各种游乐事项。

同年，何法倪因病去世，享年 66 岁，死后与晋穆帝合葬于永平陵。

【人物简评】

何法倪虽然身为女子，却对家国之事同样在意，太庙之哭一事便足以表明她的心志。不仅如此，贵为皇亲的何法倪更知晓体谅民生艰辛，真可谓母仪天下。

王穆之：名门淑女配明堂，母仪天下惜不长

【人物简介】

王穆之是晋哀帝司马丕的皇后，生年不详，卒于公元 364 年。

【人物生平】

王穆之的父亲即是东晋名士王濛，在世时官至司徒左长史。由于出身显赫，王穆之被选为司马丕的妃子，彼时司马丕还是琅琊王。

公元 361 年，晋穆帝驾崩，死后由司马丕即位，即晋哀帝，王穆之随即被册立为皇后，她的父母也都得到追封。王穆之虽然早就嫁给了司马丕，却始终没能生下儿子，这也是哀帝死后，由其弟即位的一大原因。公元 364 年，王穆之病逝，死后谥哀靖皇后，1 年之后司马丕也因服食丹药而中毒身死。

【人物简评】

王穆之出自名流之家，自小受到良好教育，因此得以嫁给皇室子弟，更有幸能够母仪天下。只是比起服药而死的丈夫，王穆之却更早一步离世，距离自己成为皇后，仅仅过了 3 年而已。

李陵容：宫人莫笑昆仑女，他日孕龙成母仪

【人物简介】

李陵容是晋简文帝司马昱的妃子，晋孝武帝司马曜的生母，一共为司马昱育有二子一女。直到司马昱驾崩、司马曜即位后，李陵容才先后得到晋升，最终被尊为太皇太后。公元 400 年李陵容病逝，死后葬于修平陵。

【人物生平】

李陵容出身卑寒之家，后来又被选入宫中。由于身材高大、皮肤黝黑，李陵容并未被安排给皇帝侍寝，而是进入宫中的纺织作坊，从事辛劳工作。

当时晋简文帝司马昱尚未即位，他的 5 个儿子中，有 3 个夭折、1 个早逝、1 个被废，此后 10 多年没有生育子嗣，司马昱因此十分焦虑。卜者扈谦通过卜筮，断定后宫中有一位能够生育两子、复兴晋室的女子，司马昱于是下令全力寻找。此前由于容貌外表，李陵容一直被人戏称为"昆仑"，不料相士却一口断定她即是那名显贵女子。司马昱对此也十分惊愕，但为了能够延续子嗣，于是最终临幸了李陵容。后来李陵容就梦到双龙盘膝的吉兆，生下司马曜（晋孝武帝）、司马道子二子和鄱阳公主。

公元 372 年司马昱即位，却在仅仅过了 8 个月后忧愤而死，他死后。由太子司马曜即位。司马曜即位后，先后尊李陵容为淑妃、贵人、夫人、皇太妃，并以太后的礼仪来对待她。公元 394 年在胞弟司马道子的建议下，司马曜正式尊李陵容为皇太后，4 年后，她又被晋安帝司马德宗尊为太皇太后。

公元 400 年李陵容病逝，死后葬于修平陵。

【人物简评】

实事求是地来讲，晋简文帝司马昱对李陵容，其实并没有太多情感，很大程度上仅仅是将她视为生育工具，这对于身为女子的李陵容而言，毫无疑问是一种悲哀。所幸的是，尽管不被丈夫看重，她的两个儿子对她这位生母却都十分孝顺，这一点倒也值得欣慰。

王法慧：人言贤淑原是假，美名不实有负真

【人物简介】

王法慧是晋孝武帝司马曜的皇后，她生于公元 360 年，因容貌漂亮，品德美好而受到名相谢安的举荐，因此得以被立为皇后。公元 380 年，王法慧病逝，享年 21 岁，死后葬于隆平陵，谥孝武定皇后。

【人物生平】

王法慧是哀靖皇后王穆之的侄女，其父王蕴更是一位治政宽和的良吏。当时谢安曾夸奖他说，皇后的父亲就应该具有王蕴那样的品行，于是又亲自到其家中探视。经

过探察，谢安认为王法慧是一位美丽淑德的女子，于是立即上疏请求立她为皇后。

公元375年，桓温的弟弟桓冲也上疏，请求立王法慧为后，晋孝武帝于是聘娶王法慧，并正式册立为皇后。然而入宫后，王法慧很快就表现出另一番形象。她不仅恃宠而骄，对其他宫妃十分忌妒，甚至还喜欢举杯痛饮，鲜有节制。晋孝武帝看在眼里，心中十分忧虑，为此还特意将王蕴召入宫中，要求他亲自出面加以训导。

在王蕴的教育下，王法慧总算稍微有所收敛，但仅仅过了5年，王法慧就因病去世，年仅21岁。王法慧死后，孝武帝将她死后葬于隆平陵，谥孝武定皇后。

【人物简评】

在名士谢安及名将桓冲等人口中，王法慧是一位贤良淑德的女子，但对照入宫之后的种种"豪迈"行为，两者之间却又有着巨大的反差。究竟是谢安等人忽悠了孝武帝，还是史书的记载有误，对此，今人只能自行揣测了。

陈归女：能歌善舞誉天下，一朝选为君王侧

【人物简介】

陈归女是晋孝武帝司马曜的妃子，最初因美貌、善唱而受召入宫，先后为孝武帝生下安帝司马德宗和恭帝司马德文。公元390年陈归女因病去世。

【人物生平】

陈归女的父亲陈广官至平昌太守，陈归女自小就被送入教坊之中，学习歌舞之事，并以美貌善歌而闻名。孝武帝得知之后，便将陈归女召入宫中，并封她为淑媛。

入宫之后，陈归女很快就得到宠幸，公元382年和386年时，又先后生下安帝司马德宗和恭帝司马德文。在此期间，陈归女还举荐了千杯不醉的张贵人，后者也成为孝武帝的宠妃。公元390年陈归女病逝，死后被孝武帝追封为夫人，安帝即位后又追赠为安德太后。

【人物简评】

陈归女因能歌善舞而被选入宫，得到孝武帝宠幸，生下两位在日后登基的皇子，可谓人生美满。可惜的是她早早病逝，否则后来或许就不会有张贵人醉言弑君的事情发生了。

张贵人：千杯入腹犹嫌少，一言戏谑亦恨多

【人物简介】

张贵人是晋孝武帝司马曜的宠妃，据说有着千杯不醉的酒量，因此深得晋孝武帝的喜爱。公元396年，由于孝武帝酒后失言，张贵人忌恨之余便将其弑杀，事后侥幸没有得到追究，此后记载不详。

【人物生平】

张贵人最初是因为淑媛陈归女的举荐，得到孝武帝的宠幸，后来由于酒量奇大，孝武帝对她更加喜爱。当时宫中自陈归女死后，便以张贵人最得君宠，后宫其他女子都对她十分畏惧。

公元 396 年时，张贵人已经 30 多岁，入宫后也一直没有子嗣。一次，孝武帝酒醉之后，开玩笑说要将张贵人废黜，改立年轻漂亮、育有子嗣的妃子为贵人，张贵人听后十分惶恐。孝武帝对此浑然不察，反而越开玩笑越过头，张贵人听得杀心暗起。当晚孝武帝酒醉后，张贵人故意灌醉所有婢女、宦官，随后命令心腹将孝武帝闷杀，对外谎称是"魇崩"。

当时，朝中掌权的司马道子与孝武帝不睦，新即位的晋安帝又是真正的"白痴皇帝"（不能言语、不辨寒暑、不知饥饱），因此张贵人的说辞竟然得到了大家的认可，自己也幸免于追究。此后关于张贵人的记载不详。

【人物简评】

张贵人弑君一案疑点重重，因此也有人怀疑是朝中奸佞早有预谋，所谓的张贵人弑君可能根本就是一个谎言。但不论如何，孝武帝的死都实实在在是一件神秘的事，就不知道张贵人在此期间，究竟扮演了怎样的角色。

王神爱：深宫难有自由日，才女可恨嫁愚夫

【人物简介】

王神爱生于公元 384 年，是晋安帝司马德宗的皇后，也是大名鼎鼎的书圣王羲之的孙女、王献之的女儿。王神爱于入宫同年就成为皇后，彼时年仅 13 岁，后与安帝一同经历了桓玄之变。公元 412 年王神爱病逝，享年 29 岁，死后葬于休平陵，谥安僖皇后。

【人物生平】

王神爱出身于书法世家，其祖父是王羲之，父亲是王献之，在历史上素来被并称为"二王"，就连王神爱据说也精于书法。不仅如此，王献之的妻子、王神爱的生母又是晋简文帝司马昱的女儿，因此，王神爱也算得上半个皇室成员。

或许正是出于这层关系，王神爱在 13 岁时就被选入后宫，彼时司马德宗也只有 15 岁。同年晋孝武帝被弑杀，死后由司马德宗即位，王神爱也随之成为皇后。按理来说这本是天大的殊荣，但对于王神爱这位美貌才女来说，这场婚姻却从一开始就充满了悲剧色彩。司马德宗是历史上出名的"白痴皇帝"，生活完全不能自理，更无法过问政事，这对于身在深宫的王神爱毫无疑问是一种煎熬。

公元 402 年，桓玄起兵造反，同年就攻入建康，次年又废黜安帝自立，王神爱也遭到废黜。直到公元 405 年刘裕平定局势，安帝与王神爱才得以恢复地位，

但此时的东晋也已经被刘裕掌控。

公元 412 年，在后宫中度过了 8 年安稳时光的王神爱病逝，享年 29 岁。王神爱死后葬于休平陵，谥安僖皇后。

【人物简评】

嫁入皇宫、赢得君宠，成为后宫的主宰，这是古代许多女子的奢望，然而对于王神爱来讲，深宫却不啻于一座巨大的牢笼。也许这里物质丰厚，也许这里金碧辉煌，也许这里人人恭敬，但却都无法弥补不幸婚姻带来的苦难。

褚灵媛：权争从无亲疏论，一朝失势尽敌国

【人物简介】

褚灵媛生于公元 384 年，是晋恭帝司马德文的皇后，出自褚氏外戚，东晋著名的女政治家褚蒜子，即是其祖姑母。褚灵媛在司马德文尚未登基时就已嫁给他，后来又生下两个女儿。公元 436 年褚灵媛病逝，享年 53 岁，死后与恭帝合葬于冲平陵，谥恭思皇后。

【人物生平】

褚灵媛出自褚氏外戚，其祖姑母即是大名鼎鼎的东晋康帝司马岳皇后、著名女政治家褚蒜子。褚灵媛的曾祖父褚裒、父亲褚爽，也都在朝中担任要职，家世堪称显赫。正是出于这一层关系，褚灵媛得以嫁给时为琅琊王的司马德文。

公元 419 年，刘裕派人弑杀安帝，却因图谶之言而无法登基，于是拥立司马德文即位，即晋恭帝，褚灵媛也于同年被立为皇后。此时，褚灵媛已与司马德文育有两女，于是司马德文又封两女为海盐公主、富阳公主。

仅仅过了 1 年，急不可耐的刘裕便逼迫司马德文"禅让"，司马德文欣然让位，但却并没能避免自己的人生悲剧。眼见司马德文失势，褚灵媛的两位兄长褚淡之与褚秀之也改投刘裕，甚至在褚灵媛生下一子后，主动前去行凶杀人。司马德文因此日夜忧惧，只得与褚灵媛亲自下厨，刘裕得知后，又派褚淡之、褚秀之二人前去探视褚灵媛。得知兄长来访，褚灵媛只得出门迎接，刘裕的士兵趁机翻墙进入后院，给司马德文强行灌下毒酒将其杀害。

公元 436 年褚灵媛病逝，享年 53 岁，此前女儿海盐公主嫁给刘裕之子并成为皇后，这也成为褚灵媛得以善终的原因之一。褚灵媛死后仍以皇后的身份，与恭帝合葬于冲平陵，谥恭思皇后。

【人物简评】

自古以来，宫廷斗争总是暗伏杀机、凶险莫测，但最可怕的仍然是人心叵测。尽管褚氏兄弟的做法可能包含有保护胞妹的考量在内，但他们的做法也实在过于残忍、凉薄，对于褚灵媛这样一位女子而言，也是一种巨大的折磨。

五胡十六国

可足浑皇后：善斗奈何格局小，量窄终致家国亡

【人物简介】

可足浑氏是前燕景昭帝慕容儁的皇后，她虽然出身卑微却深得慕容儁的宠爱，后来她却恃宠而骄，大肆迫害其他皇族贵戚。慕容君病死、慕容暐即位后，可足浑氏又以太后的身份祸乱朝纲，最终导致前燕灭亡。

【人物生平】

可足浑氏是慕容儁的发妻，虽然出身卑寒却为慕容儁所喜爱，更为慕容儁生有慕容晔、慕容暐两子。公元352年慕容儁称帝自立，建立前燕政权，次年又以可足浑氏为皇后。

当时，慕容儁对弟弟吴王慕容垂十分猜忌，慕容垂的妻子段氏又出自贵族家庭，与可足浑氏关系不睦，可足浑氏便于公元358年指使心腹构陷段氏，慕容垂也因此受到牵连。当时，段氏为了保护慕容垂，竟被活活打死在狱中，他死后，可足浑氏又逼迫慕容垂娶自己的妹妹为王妃，废掉段氏的妹妹段元妃。

公元360年，慕容儁病逝，慕容暐即位，可足浑氏也被尊为太后，随后，她就开始干涉朝政。当时辅政大臣、太原王慕容恪不肯谋反，可足浑氏却听信谣言打算将其抓捕，所幸慕容暐没有同意。慕容恪死前又推举慕容垂接替自己，可足浑氏却因之前的恩怨而心怀不满，于是便联合慕容评将其贬出朝堂。

公元369年，慕容垂力排众议，劝阻慕容暐迁都逃跑，并亲自领军击败桓温，事后可足浑氏不仅不犒劳将士，反而打算诛杀慕容垂，慕容垂只得被迫逃至前秦。不久之后，前燕朝廷又在可足浑氏的主导下，拒绝割让之前约定好的洛阳之地，因此引来前秦苻坚的震怒。公元370年苻坚正式发兵攻燕，很快就将前燕灭亡，可足浑氏也与慕容暐一起沦为亡国奴。

后来，可足浑氏就病死于前秦，死后被苻坚以燕国厚礼安葬。慕容垂建立后燕后，为了报复又将可足浑氏废为庶人。

【人物简评】

可足浑氏虽有权谋，但却气量狭小、格局有限，因此她的所作所为，最终不但没能使国家强盛，反而徒然引发内耗，导致其丈夫亲手建立的前燕政权，很快就走向了灭亡。

可足浑氏：夫君谋叛把命丧，徒悲安生不久长

【人物简介】

可足浑氏是前燕幽帝慕容暐的皇后，也是前燕景昭帝慕容儁皇后可足浑氏的堂侄女。可足浑氏嫁给慕容暐后，与其一同经历了亡国之变，此后事迹不详。

【人物生平】

可足浑氏与慕容儁皇后可足浑氏同出一族，因此在可足浑太后的安排下，公元 369 年，她被慕容暐立为皇后。

当时，前燕因内部动荡而国力日衰，又与之前的盟国前秦交恶，公元 370 年时，更被苻坚派兵彻底灭亡。前燕覆灭之后，可足浑氏也与丈夫慕容暐一同被押送至长安。

公元 385 年，慕容暐之弟慕容冲造反，慕容暐当即暗中响应，却因事泄被苻坚处死。可足浑氏是否因此受到牵连，史书上再无其他的记载。

【人物简评】

可足浑氏虽然身为皇后，却并没有享受多久的富贵生活，就与丈夫一道沦为亡国之奴。即便后来在慕容暐的叛乱中幸免，可足浑氏也难免受到惊吓，只是今人已经无从得知其感受了。

段皇后：岂有人而羡死者，不愿陷君苟且生

【人物简介】

段皇后是后燕武成帝慕容垂的发妻，她出自贵族家庭，而且才华出众，与慕容垂十分恩爱。由于前燕景昭帝慕容儁皇后可足浑氏的忌恨，段氏最终被下狱问罪，并于公元 358 年因拒不肯牵连慕容垂而被活活杖杀。

【人物生平】

段氏出自皇族贵族，自小就受到良好的教育，才华十分出众，嫁给慕容垂后，两人十分恩爱。然而段氏却与出身卑微的可足浑皇后不睦，因此受到可足浑氏的忌恨。

为了报复段氏，可足浑氏于公元 358 年指使心腹，构陷段氏暗中施行巫蛊，借此将她抓捕下狱。当时，景昭帝慕容儁也对慕容垂十分猜忌，便打算趁着这个机会，将慕容垂一并问罪。然而段氏在狱中却拒不肯认罪，因此遭受酷刑折磨，

慕容垂只得私下劝她认罪。段氏听后却表示说，自己并非不惜生命，只是不愿为了苟活而辱没先祖，连累丈夫。最终段氏被活活打死在狱中，慕容垂又迎娶了其妹妹段元妃。

公元 369 年，慕容垂也因可足浑氏的迫害而逃至前秦，公元 386 年，他又亲手建立了后燕政权。为了缅怀段氏，慕容垂便追封她为皇后，更将她的两个儿子先后立为储君。

【人物简评】

段皇后看似弱质女流，可为了保全自己的夫君，却表现出远超常人的勇气和坚韧，实在是一位令人敬佩的女子。

可足浑氏：胞姐夫君两受气，亡国失亲一孤人

【人物简介】

可足浑氏是后燕武成帝慕容垂的继室，也是前燕景昭帝皇后可足浑氏的胞妹。可足浑氏最初是由于慕容垂的发妻段氏被杀，在姐姐的安排下，她与慕容垂成婚，后来又被慕容垂抛弃。

【人物生平】

可足浑氏与景昭帝的可足浑皇后为姐妹，最初时被封为长安君。公元 358 年，吴王慕容垂的妻子段氏被可足浑皇后构陷而死，她死后，慕容垂又迎娶了段氏的妹妹段元妃。余怒未消的可足浑皇后得知后，便强迫慕容垂迎娶妹妹可足浑氏为妻。

在可足浑皇后的逼迫下，慕容垂不得不将段元妃降为小妾，以可足浑氏为正妻，然而心中却并不满意。可足浑氏得知消息之后，对慕容垂愈发厌恶。公元 369 年，慕容垂领军击败桓温，事后却遭到可足浑氏的迫害，最终不得不带着妻妾儿女远逃前秦，却偏偏没有带上可足浑氏。公元 370 年，前燕被前秦所灭，可足浑氏也与姐姐可足浑太后、幽帝慕容暐等人一道成为俘虏。

公元 384 年，慕容暐企图发动政变，却因事泄被杀，当时身在长安的前燕皇族大多受到牵连，关于可足浑氏的下场史书再无记载。

【人物简评】

可足浑氏与慕容垂本就毫无感情基础，何况两人之间还有着因姐姐而引起的仇恨，可足浑氏受到的冷落，也就不难想象了。更为讽刺的是，推动这一切的竟然还是自己的亲姐姐。后来前燕皇族大多因慕容暐叛乱而受到牵连，可足浑氏想来也很难在其中保全。

段元妃：妾心唯怀忧国事，君王奈何比骊姬

【人物简介】

段元妃是后燕武成帝慕容垂的皇后、慕容垂发妻段氏的堂妹，于公元358年段氏被可足浑太后所害后，被慕容垂娶为妻子。慕容垂建立后燕政权后，又将段元妃立为皇后。段元妃虽为女子却深谙政事，多次劝说慕容垂慎重立储，可惜始终不被采纳，公元396年，她又被后燕惠愍帝慕容宝逼杀。

【人物生平】

公元358年，段元妃的堂姐被可足浑太后谗杀，慕容垂便迎娶段元妃为妻。此前，段元妃经常对妹妹表示自己绝不嫁普通人，为此，她曾遭到邻居嘲笑，至此终于证明了自己的不凡。然而不久之后，慕容垂就不得不屈服于可足浑太后的威逼，将段元妃降为小妾。

公元369年，慕容垂被迫出逃前秦，段元妃也跟随丈夫前往，公元386年，慕容垂又叛离前秦，建立后燕政权。为了缅怀前妻，慕容垂追封她为皇后，随后又册立段元妃为皇后。

公元394年，慕容垂将慕容宝立为太子，段元妃却深知慕容宝优柔寡断，适于守成而不能开创，于是极力劝说慕容垂慎重立储，同时又提醒他，要小心此前曾出卖父亲和兄长的慕容麟。然而，这一番话不仅没有引起慕容垂的重视，反而遭到了慕容宝和慕容麟的不满。后来，段元妃再次提出这一建议，慕容垂却表示自己绝不做晋献公，言下之意是将段元妃比作迷惑献公的骊姬。段元妃因此伤心痛苦，并对妹妹哀叹后燕江山必然难以保全，一切都只能看范阳王慕容德了。

公元396年，慕容垂病逝，慕容宝即位不久就派慕容麟责备段元妃，并逼迫她自杀。段元妃愤怒地斥责二人失德，不久后就自杀身亡。由于大臣们的坚持，慕容宝最终将段元妃以后礼安葬，谥成哀皇后。

段元妃死后，心怀不轨的慕容麟果然造反，慕容宝也一再兵败，最终被部下杀害。后燕覆灭后，范阳王慕容德建立南燕，段元妃生前的判断果然一一应验。

【人物简评】

段元妃与其姐姐段氏均以才智出众见长，但又都没能得到善终，这固然与小人的构陷有关，但在某种程度上也与她们的不够谨慎有关。对照日后的事态演变来看，段元妃真可谓有先见之明，可惜的是，一世枭雄慕容垂竟然没能采纳，终于酿成了日后的亡国之祸。

惠德皇后：死者已逝无所感，唯留生者几多憾

【人物简介】

惠德皇后本姓段，是后燕惠愍帝慕容宝的皇后，深得慕容宝的宠爱。慕容宝被杀后，段氏又被慕容盛尊为太后，公元400年因病逝世，谥惠德皇后。

【人物生平】

段氏本是鲜卑族人，早在惠愍帝慕容宝还是太子时，就已经被纳其为妃子。由于眉毛好看，慕容宝对段氏十分宠爱，公元396年登基后，又册立她为皇后。

在尚未成为皇后之前，段氏就已经为慕容宝生下一子慕容策，慕容策后来也被立为太子。公元398年，慕容宝却因兵败，死于外戚兰汗之手，慕容策也与父亲一同遇害。慕容宝、慕容策父子死后，慕容宝的庶长子慕容盛称帝自立，即昭武帝，段氏也被尊为皇太后。

公元400年段氏病逝，死后被慕容盛以后礼下葬，谥惠德皇后。

【人物简评】

段氏在短短的一生中，先后经历丧夫之痛、丧子之恨，这也正是战乱时代，许多宫中女子所要承受的苦难。比起丈夫和儿子，段氏虽然得以存活，但却也注定要承受更多煎熬，或许这就是她在短短2年后便去世的原因之一。

兰妃：本将忠贞向家室，奈何家室不容情

【人物简介】

兰妃是后燕武昭帝慕容盛的妃子，出自外戚兰氏，嫁给慕容盛之后，始终对丈夫十分倾慕。为了保全丈夫不被父亲兰汗杀害，兰妃努力居中调停，后来，其父却被慕容盛杀死。不仅如此，兰妃也被慕容盛无情利用，险些被慕容盛迁怒处死。

【人物生平】

兰妃的父亲兰汗是后燕武成帝慕容垂的舅父，也就是后燕惠愍帝慕容宝的舅老爷。由于这层关系，兰汗在慕容宝即位后，接连得到提拔，此后，兰妃嫁给慕容宝的庶长子慕容盛。

公元398年，慕容宝兵败，属下趁机与兰汗勾结，将慕容宝骗至龙城弑杀，太子慕容策也与父亲一同被害。慕容盛得知消息之后，当即前往龙城奔丧，却被兰汗父子等人拒绝。兰妃出于对丈夫的深情，一再向父亲和兄长求情，慕容盛也趁机利用她的感情，最终得以入城。

入城之后，慕容盛便暗中通知自己的弟弟慕容奇举兵，被兰妃的兄长兰穆察觉后，兰妃出于对慕容盛的信任，反而向母亲哭诉父兄不能容人。慕容盛因此再

次得以保全。公元 398 年，慕容盛趁着兰汗父子犒赏士兵醉酒的机会，突然发动奇袭，兰汗及其兄弟、儿子全数被杀，慕容盛于是称帝自立。

慕容盛称帝后，甚至还想杀死兰妃，在前太子慕容令之妻丁氏的劝阻下，他才作罢，但慕容盛仍然将父兄之死迁怒于兰妃，因此始终不肯立她为皇后。3 年之后慕容盛因御下严苛被弑，再过 6 年之后后燕也被灭亡，兰妃就此在史书中失去记载。

【人物简评】

兰妃对丈夫慕容盛可谓情深义重、忠贞不渝，然而慕容盛的做法却委实令人不能苟同。虽然与兰汗父子不共戴天，但无论如何这份仇恨都不该发泄在兰妃身上。可怜的兰妃虽然心性纯良，却不幸遇上野心勃勃的父兄、满脑权术的丈夫，最终自己只是沦为了一个牺牲品，承受着天下最为悲苦的命运。

献幽皇后：生而负恩不知耻，死后含恨又何辜

【人物简介】

献幽皇后本姓丁，她是后燕武成帝慕容垂太子慕容令的妃子，自慕容令死后便一直寡居，直至慕容盛即位，又被尊为皇后、太后。丁氏虽然得到慕容盛的优待，却在慕容盛死后干预政事，扶持情夫即位，事后却被无情抛弃，公元 402 年，因图谋废立被杀。

【人物生平】

丁氏最初时嫁给武成帝慕容垂之子慕容令，慕容令是慕容垂的嫡长子。按理来说，丁氏的身份地位不可谓不尊贵，偏偏慕容垂父子在朝中，始终受到猜忌。公元 307 年慕容令因弟弟的告发而死，丁氏也沦为寡妇，遭遇十分悲惨。

直至公元 368 年，慕容盛为父兄报仇，杀死弑君自立的岳父兰汗，自立为后燕君主，丁氏才受到这位这位侄子的优待，被尊为献幽皇后，公元 400 年，惠德皇后死后，丁氏又被尊为太后。然而丁氏多年寡居，心中早就十分寂寞，为了排遣自己的寂寞，又在私下与当时后燕宗室的美男子慕容熙勾搭成奸。公元 401 年，慕容盛死于叛乱，此前已经立下储君，然而丁氏却以太后的身份出面干政，表示国家需要年长君主，随即将奸夫慕容熙扶上皇位，即昭文帝。

孰料慕容熙本就是在利用丁氏，等到自己登基之后，很快就过河拆桥，抛弃了这位年老色衰的女子，转而开始宠爱符娥娥、符训英姐妹。丁氏对此非常忌恨，便伙同自己的侄子丁信图谋废立。慕容熙得知之后，当即诛杀丁信，并逼迫丁氏自尽，丁氏只得含恨而死，死后谥献幽皇后。

【人物简评】

都说可怜之人必有可恨之处，这句话至少用在丁氏身上，是极为妥当的。丁

氏贵为皇族成员，却不知谨守礼仪大防，做出私通的丑事，后来更辜负恩情、扰乱朝纲，种种作为皆令人不齿。虽然丁氏与兰妃均受到欺骗，两者的品德却有着天壤之别。

苻娀娥：家门不幸女有幸，未料撒手先君行

【人物简介】

苻娀娥是后燕昭文帝慕容熙的宠妃，与妹妹苻训英深得慕容熙的宠爱，两人在后宫中生活奢靡。公元404年，苻娀娥因治疗不当而死，死后谥愍皇后。

【人物生平】

苻娀娥出自前秦皇室宗室，其父苻谟是前秦宣昭帝苻坚的堂弟，官至征西将军、幽州牧、中山尹，并被赐予侯爵。前秦自淝水一战后便开始分崩，苻谟也于公元397年被慕容详杀死。

当时苻家遭到灭顶之灾，苻娀娥和妹妹苻训英侥幸逃脱，辗转来到慕容熙的身边，受到慕容熙的宠爱。公元401年，慕容熙被情妇献幽皇后丁氏扶上皇位，却很快过河拆桥，抛弃丁氏专宠苻氏姐妹。为了讨好苻娀娥姐妹，慕容熙在宫中大兴奢靡，引来朝野一片争议，但却始终不为所动。

公元402年慕容熙将苻娀娥封为贵嫔，两年后又升为昭仪，其妹苻训英也被册立为皇后。同年，苻娀娥染上疾病，一名叫王温的人毛遂自荐前来治病，不料，不久后苻娀娥就病情加重而死。慕容熙一怒之下便将王温车裂，又追封苻娀娥为愍皇后。

【人物简评】

苻娀娥早年遭逢家门不幸，几至家破人亡，好不容易与妹妹逃出生天，享受后宫荣华富贵，却又不幸红颜命薄。但在慕容熙在位期间，苻娀娥姐妹也曾多次依仗宠幸，放纵奢靡享乐欲望、干预朝堂大政方针，其实她也并不是什么善良女子。

苻训英：曾因燕室致国破，而今又毁慕容家

【人物简介】

苻训英是后燕昭文帝慕容熙的皇后、愍皇后苻娀娥的妹妹，与姐姐同时得到慕容熙的宠爱，后来更被立为皇后。慕容熙对苻训英十分喜爱，几至言听计从，更做出许多荒唐之事。公元407年苻训英病逝，不久，慕容熙也死于政变，苻训英与慕容熙被合葬于徽平陵。

【人物生平】

苻训英的父亲苻谟本是苻坚的堂弟，后来却被慕容详杀死。苻训英与姐姐苻

娥娥几经辗转，最终被河间公慕容熙纳为宠妾。公元401年，慕容熙被情妇丁太后推上皇位，次年，又将符氏姐妹分别册封为贵人、贵嫔。

慕容熙的举动引起了丁太后的不满，丁太后于是在暗中谋划政变，却因事败被杀，此后慕容熙对符氏姐妹的宠爱更加肆无忌惮。符训英虽然是妹妹，却比姐姐更加讨慕容熙的欢心，公元404年，她又被册立为皇后。符氏姐妹生活奢靡，经常因一己的喜好而干预政事，慕容熙对此也一再听从。同年，符娥娥因治疗不当而死，此后慕容熙对符训英更加爱惜。符训英喜欢打猎，慕容熙便带着她长途出游，打猎玩乐，致使5000多名士卒死于猛兽；在出征作战的时候，慕容熙也屡次因符训英而贻误战机，徒然造成许多伤亡。符训英曾提出许多苛刻的要求，慕容熙对此也全部应允，甚至还将无法完成的官员处死。

然而就在姐姐符娥娥去世4年后，符训英也于公元407年病逝，这对于慕容熙来说，显然是一个巨大的打击。

为了给符训英修建徽平陵，慕容熙耗尽国库钱财，由于灵车太高大，又不得不在送葬时将城门拆去。仅仅过了3个月，城中将士就发动叛乱，将慕容熙弑杀。于是，众人又将符训英与慕容熙合葬于徽平陵。

【人物简评】

慕容熙的昏聩显而易见，符训英也同样不是什么贤良女子。早年符氏一族因慕容氏的背叛而遭遇横祸，到头来，幸存的符氏姐妹却成为慕容氏政权动荡的一大原因，这或许也是冥冥之中的巧合吧。

段季妃：此生不嫁庸夫子，唯见英雄是良人

【人物简介】

段季妃是南燕开国之君献武帝慕容德的皇后，也是慕容垂皇后段元妃的亲妹妹。慕容德称帝后，段季妃被立为皇后，慕容德死后却又卷入政变之中。由于她的泄密，末帝慕容超才得以平定叛乱。

【人物生平】

段季妃与后燕武成帝慕容垂的皇后段元妃是亲姐妹，两人从小就十分要好。当时段元妃曾表示自己绝不嫁给凡夫俗子，段季妃也表示同意，因此还受到邻居的嘲笑。但后来段元妃果然嫁给了一世枭雄慕容垂，段季妃也嫁给了范阳王慕容德。

公元396年，慕容垂病逝，慕容宝即位，不仅段元妃被迫害致死，后燕的领土也逐渐丢失。眼见国势愈发倾颓，慕容德干脆于公元400年自立为帝，建立南燕政权，段季妃也被立为皇后。公元405年，慕容德病逝，其侄慕容超即位，又尊段季妃为皇太后。

慕容超即位之后，许多宗室子弟都心怀不满，北地王慕容钟、将军慕容法等人更在私下密谋叛乱。由于段季妃出于畏惧，便将这一消息泄漏给慕容超，慕容超这才得以及时平定了内乱。此后关于段季妃的记载不详。

【人物简评】

早年段元妃与段季妃姐妹，曾立誓要嫁给大丈夫，到头来姐妹俩果然都实现了自己的梦想，可谓是一桩美谈。尽管自己不如姐姐那样目光长远，段季妃却也避免了姐姐后来的悲惨下场，后福更为绵长。

呼延皇后：只因父泽登后位，命运飘零少安康

【人物简介】

呼延皇后是南燕末帝慕容超的妻子，其父呼延平曾经为保护慕容超母子立下大功，因此呼延氏才被慕容超娶为妻子，慕容超登基后又以她为皇后。南燕灭亡后，史书上再也没有关于呼延氏的记载了。

【人物生平】

公元384年，慕容垂与慕容德建立后燕，慕容超全家因此受到牵连。当时，慕容超的母亲因怀孕而得以幸免，彼时慕容超尚未出生。

当时，呼延氏的父亲呼延平曾受过慕容家的恩情，于是私下将慕容超的母亲放走，慕容超此后才被生下。为了躲避搜捕，呼延平廿次带着慕容超母子一道逃亡，直至去世。为了报答恩情，慕容超在母亲的安排下，迎娶了呼延氏为妻。

公元405年，慕容超孤身一人逃至南燕，同年被立为太子后即位，即南燕末帝。慕容超即位之后，不惜答应种种苛刻条件，终于在2年之后将母亲和呼延氏一并迎回。公元408年时，慕容超正式将呼延氏立为皇后，以此作为对呼延氏一家的回报。

公元410年，慕容超兵败被俘，将母亲和呼延氏一并委托给曾在慕容氏麾下的东晋将领，此后关于呼延氏的记载不详。

【人物简评】

为了报恩，呼延氏的父亲不惜以身犯险，可谓义薄云天，这份福泽自然也就该由呼延氏来拥有。美中不足的是，南燕的国祚实在太短，以至于呼延氏虽然贵为皇后，却也只享受到了短暂的优待，后来更在国破家亡中命数飘零。

梁皇后：后仪本该与君立，岂料孤身赴九泉

【人物简介】

梁皇后是前秦厉王苻生的妻子，早在苻生即位前两人就已成婚。苻生为人暴虐无道，竟因图谶迷信之言，而将梁皇后处死，手段之血腥令人不寒而栗。

【人物生平】

符生于公元 355 年登基自立，此前梁氏已经成为他的王妃、太子妃。同年七月，梁氏又被符生册立为皇后。

同年，朝中术士观测到星象有变，昭示着未来 3 年内国中都会有大丧，群臣趁机以此为理由，劝说符生勤政修德、安民治国。孰料符生听后，不仅不反省自己的行为，反而表示梁皇后与自己贵为天下之主，足以应付日后的丧乱。不久之后，符生就将梁皇后和其父梁安、其舅毛贵、外戚梁愣全数处死，另一重臣雷弱儿及其 9 个儿子、27 个孙子也一同被杀害。

【人物简评】

符生的暴虐在历史上可谓极其出名，梁皇后摊上这样一位丈夫，也实在是人生一大不幸。但也有学者认为，史书中关于符生的记载很可能是出于丑化，而梁皇后之死也很有可能是因为牵涉到父亲梁安等人的叛变。

苟皇后：一统帝业如云烟，家室分崩与君诀

【人物简介】

苟皇后是前秦宣昭帝符坚的发妻，符坚即位后又被改立为皇后。苟皇后虽然贵为后宫之主，却从不干预国家大事，只是一心一意侍奉符坚。符坚死后，关于苟皇后的记载不详。

【人物生平】

符坚的生母姓苟，苟皇后则是在他还年轻时，就被母亲安排嫁给自己为妻，按照历朝历代一贯的事例，苟皇后应该与符坚的母亲同族。

公元 357 年，符坚将堂兄符生赶下台，自立为前秦天王，同时又册立苟氏为天后。苟皇后虽然身份尊贵，却丝毫没有依仗权势、行为不端的事迹，平日里总是深居简出，偶尔出面也只是参加一些重大的国家仪式，如公元 359 年的先蚕礼，苟皇后就曾出席，参加了这一盛典。

公元 383 年，符坚不听劝阻，一意孤行南下伐晋，最终在淝水之战中惨败，原本一统北方的前秦帝国也迅速瓦解。公元 385 年符坚兵败被杀，当时太子符宏曾携生母逃脱，苟皇后很有可能就是这位太子的生母。此后关于苟皇后的记载不详。

【人物简评】

苟皇后虽然出自外戚（可能），为人却毫不骄横霸道，实在是一位贤淑仁德的女子。可惜的是符坚最终没能完成一统大业，苟皇后不仅失去了后仪临天下的机会，而且更经历了人间的种种辛酸离别。

杨皇后：国破家亡夫君死，孤女亦不求苟全

【人物简介】

杨皇后是前秦哀平帝苻丕的妻子，也是一位忠烈女子。前秦覆亡后，杨皇后虽然深陷敌营却不肯妥协，因此又被慕容永处死。

【人物生平】

杨氏在苻丕即位之前，就已经成为苻丕的太子妃，后来又生下一子苻宁。淝水之战过后，前秦元气大伤，杨氏的兄长杨膺在劝苻丕降晋无果后，于是预谋发动叛乱。最终杨膺因事败而死，杨氏却没有因此被迁怒。

公元385年，苻坚兵败，被后秦姚苌所杀，苻丕随即称帝自立，并册立杨氏为皇后。次年，苻丕与西燕慕容永进行交战，最终以失败告终，杨氏更被慕容永俘获。不久，苻丕死于东晋将士之手，慕容永便打算纳杨氏为妃。

然而杨氏得知之后，竟在袖中暗藏匕首，打算趁机杀掉慕容永，无奈没有成功。慕容永见杨氏性情激烈，于是将她处死以绝后患。

【人物简评】

杨氏性情刚烈，恪守贞节，比起自己的丈夫也毫不逊色，并且更加令人敬重。

毛秋晴：名将美人多薄幸，难得人间现白头

【人物简介】

毛秋晴是前秦高帝苻登的妻子，公元369年生于将门之家，她是一位英勇善战的女中豪杰。嫁给苻登之后，毛秋晴多次以大将的身份统帅士兵，数次击败敌军。由于寡不敌众，毛秋晴最终于公元389年被俘，因拒不肯降而被杀害。

【人物生平】

毛皇后的真名不详，秋晴之名则是野史中的记载。毛秋晴的父亲曾担任前秦大将，在父亲的影响下，毛秋晴虽然身为女子，却也喜好舞刀弄枪，长大后，她成为了一位名副其实的女中豪杰。

毛秋晴不仅英勇，长相也十分美貌，因此被前秦高帝娶为皇后。前秦自公元383年淝水之战兵败后，整个帝国就开始分崩离析，公元385年，苻坚又被背叛前秦的羌族姚苌所杀。苻登自从登基之后，就开始与背叛前秦、建立后秦的姚苌作战，毛秋晴作为女中豪杰，自然也极力支持丈夫。不仅如此，毛秋晴还亲自率领1万大军，负责镇守前秦大军的后方。

当时姚苌屡次被苻登击败，心中十分愤怒，为了挽回颜面，便决定攻打前秦的后方阵地大界营，当时大界营的守将正是毛秋晴。在毛秋晴的统帅下，前秦大军不仅没有畏战，反而与闻讯赶来的苻登前后夹击，将姚苌打得大败。后秦在这

场战斗中损失了 2 万大军，可谓惨败。

此后，符登却逐渐丧失警惕，姚苌再次派兵来袭，毛皇后虽然英勇拒敌，却因寡不敌众而被俘虏。后秦士兵对毛秋晴仇恨已久，将她俘虏后更是施以各种羞辱，随后又将她押送至姚苌面前。

当时毛秋晴虽被牢牢绑缚，也因沙场苦战而满身污垢，却还是难掩自己的丽色，姚苌见后顿时魂魄俱惊，当即想要纳她为妃。毛秋晴虽然身陷敌营、沦为俘虏，却没有丝毫畏惧、犹疑，当即大声斥责姚苌，指责他谋害符坚、亵渎皇后的丑行。姚苌眼见毛秋晴性情刚烈坚贞，只得满怀遗憾地将她处死，毛秋晴死时仅 21 岁。

毛皇后死后，前秦的士气顿时低落，很快符登也走到了生命尽头。公元 394 年符登与其子符崇先后兵败被杀，前秦帝国也就此宣告灭亡。

【人物简评】

中国历史上不乏温婉贤良、仁爱宽厚的皇后，也不乏心机深沉、手段残忍的皇后，但像毛秋晴这样上马治军、统兵拒敌的美丽女豪杰皇后，却是极为罕见。遗憾的是，彼时的前秦帝国早已气息奄奄、国祚将断，毛秋晴根本无力扭转。有人曾感叹"自古名将如美人，不许人间现白头"，而毛秋晴既是美人，也是勇将，红颜薄命也就成了她最令人唏嘘感慨的结局。

呼延皇后：子死母何贵，深宫谁知悲

【人物简介】

呼延皇后是汉赵光文帝刘渊的妻子，也是废帝刘和的生母，于刘渊称帝自立后，被册立为皇后。

【人物生平】

呼延氏出自匈奴贵族家庭，凭借着家族地位被刘渊娶为妻子，后来又生下太子刘和。公元 304 年刘渊建立汉赵政权，后来又册立呼延氏为皇后，并将刘和定为储君。

公元 310 年刘渊病死，死后刘和即位，呼延氏又被尊为太后。然而刘和即位之后，却听信谗言、迫害宗室，因此，1 年之后，楚王刘聪就发兵攻入都城，将刘和弑杀于皇宫中。之后，刘聪即位，以异母弟刘乂为皇太弟，同时又将其母单氏尊为太后。此后身为刘和生母的呼延氏事迹不详。

【人物简评】

呼延氏的堂妹曾嫁给刘聪，凭借着这一层关系，呼延氏后来或许得以侥幸不死，但以古代宫廷斗争之激烈，呼延氏纵然能够保全，也难免陷入落魄之境。再加上儿子的惨死，呼延氏可谓晚景凄凉。

单皇后：后仪岂容乱宫闱，以死方赎败人伦

【人物简介】

单皇后是汉赵光文帝刘渊的皇后，最初因美貌而被刘渊纳入后宫，刘渊死后又被刘聪纳为夫人。公元 310 年，单皇后因亲子的斥责感到羞愧，不久后自尽而死。

【人物生平】

单氏本是氐族人，其父单征则是氐族部落的酋长。刘渊自立之后，单征率领着部族前往投靠，刘渊于是将单氏纳入侧室。

公元 308 年刘渊正式称帝，册立单氏为皇后，此时，单氏已经为刘渊生下一子刘乂。公元 310 年刘渊病死，其子刘和即位，尊单氏为皇太后，不久后刘和就被刘聪弑杀。刘聪当时打算推举刘乂为帝，刘乂却以年少为由拒绝。此时，单氏依旧年轻貌美，刘聪便在私下与她通奸，同时又册立刘乂为皇太弟。

单氏与刘聪的奸情很快就被刘乂得知。刘乂为人知书达礼，对生母的这一做法十分反感，于是亲自写了一封信劝谏单氏。单氏因此感到羞愧，不久，她就自杀身亡。

【人物简评】

单氏贵为皇后，应该母仪天下，却做出淫乱宫闱的乱伦丑事，实在令人不齿。在儿子的劝说下，单氏最终选择自杀，可见她的内心倒也不是全然不知愧疚。

呼延皇后：母望子贵本常理，暗行卑劣非贤妻

【人物简介】

呼延皇后是汉赵昭武帝刘聪的皇后，也是汉赵光文帝刘渊皇后呼延氏的堂妹。在呼延氏的挑拨下，原本立刘乂为皇太弟的刘聪，最终改立自己与呼延氏的儿子刘粲。公元 312 年，呼延氏病逝，死后谥武元皇后。

【人物生平】

呼延氏与刘渊的呼延皇后出自同族，凭借着这一关系，她成为刘聪的宠妃，后来又为刘聪生下儿子刘粲。

公元 310 年刘聪弑杀兄长刘和，自立为汉赵君主，不久，他就与太后单氏通奸。正是出于这一缘故，刘聪先是打算拥立单氏之子刘乂，被拒绝后又册立刘乂为储君，然而这一决定却引起了呼延氏的不满。

很快，单氏就因刘乂的指责羞愧自尽，失去了母亲这一层关系，刘乂的储君之位也开始动荡。尽管自己本来也无意争夺皇位，呼延氏却将他视为了眼中钉。不久之后，呼延氏便以父死子继的封建纲常，对刘聪提出劝说。当时，刘聪虽然没有改变主意，却也对刘乂产生猜忌，公元 317 年时刘粲等人再次构陷，终于使

刘乂冤死狱中，刘粲也被立为储君。

公元 312 年，呼延氏还没有等到儿子登上皇位便先行去世，谥武元皇后。6 年之后，刘聪病逝，刘粲直到此时才终于登上皇位。

【人物简评】

古来父母皆爱子，希望孩子日后幸福享乐、一生无忧，呼延氏自然也不例外。然而她却是通过进谗、构陷的方式，以牺牲他人性命为代价来换取子女的幸福，这一做法自然不为人所认可。

张徽光：生亡本是寻常事，何故悲戚死自身

【人物简介】

张徽光是汉赵昭武帝刘聪的第二任皇后，出自外戚张氏，在姑母的安排下，得以接替呼延氏成为皇后。公元 313 年，张徽光因悲伤过度而死。

【人物生平】

张徽光出自汉赵文帝刘渊时的外戚张氏，其姑母张夫人即是刘渊的妃子、汉赵昭武帝刘聪的生母。张徽光的父亲张实也在汉赵官至光禄大夫，家世十分显赫。

公元 312 年，呼延皇后病死，张太后为了亲上加亲，便将甥女张徽光及其妹妹张丽光一同引入宫中，纳为刘聪的贵人。当时，刘聪原本打算改立自己的宠妃刘娥为皇后，张太后却始终不肯同意，刘聪为了讨好母上的欢心，便自觉地将张徽光册立为皇后。

仅仅过了 1 年，张太后又病死，张徽光因此十分悲伤，在灵前哭泣不止，最终竟然因悲伤过度死去。死后刘聪以后礼将她安葬，谥武孝皇后。

【人物简评】

张徽光因姑母去世而悲伤过度，以至于最终离世，这一结果也表明了她是一位善良温婉的女子。但考虑到她与刘聪的不谐调，张徽光的死也并非完全没有疑点，只是后人不论如何猜测，也很难探究了。

刘英：君宠不敌后威，暴死徒然留悲

【人物简介】

刘英字丽芳，是汉赵武昭帝刘聪的妃子，深得刘聪宠爱，刘聪即位后，经常由她来代替自己处理政务。公元 313 年，刘聪想要立刘英为皇后未果，不久，刘英也死去，谥武德皇后。

【人物生平】

刘英的父亲官至太保，因此刘英的家庭在当时也称得上显赫，再加上自己姿

色出众、通晓政事，刘英很快就与妹妹刘娥一同入宫。由于同姓之故，刘聪一度被人劝阻，但最终刘英还是成为了刘聪的妃子。

刘聪登基后荒淫无度，甚至就连父亲的皇后也一并占有了，刘英与刘娥本就貌美，宠幸可想而知。由于自己懒于政事，刘聪甚至改由刘英代替自己批阅奏章。刘英虽为女子，却言辞机变、知晓政事，因此倒也勉强"胜任"。

公元 312 年，呼延皇后病逝，刘聪本打算改立刘英为后，然而这一举动却引起了生母张太后的不满。因此张太后自行做主，将甥女张徽光、张丽华迎娶为刘聪的妃子，刘聪无奈之下，只得将张徽光立为皇后。不久，刘英就突然死去。

【人物简评】

相比于张徽光的死，刘英之死更显意外、迷雾重重，很难不让人联想到与后宫的残酷斗争有关。刘英虽然颇晓政事，深得君宠，但她的出身却仍旧不足以与太后一脉抗衡，这或许也是她突然死亡的原因之一。

刘娥：母仪后宫有秩序，妾身一死再无贤

【人物简介】

刘娥字丽华，是汉赵昭武帝刘聪的妃子、刘英的胞妹，与姐姐一同入宫，深得刘聪的宠爱。刘娥虽然不及姐姐聪颖，却也十分贤良淑德，曾多次规劝刘聪，并使他有所收敛。公元 314 年刘娥病逝，死后谥武宣皇后。

【人物生平】

刘娥自小就十分聪明勤劳，白天学习女红之事，晚上又苦读经典，因此就连她的兄长也都十分敬佩她。在家族氛围的熏陶下，刘娥不仅勤勉于学，品德也十分贤淑，一言一行无不合于正道。

公元 312 年，刘聪将刘英、刘娥姐妹一起纳入后宫，期间皇太弟刘乂曾因双方同姓而加以劝阻，刘聪却执意不肯听从。不仅如此，刘聪还很快就将刘英、刘娥分别封为左贵嫔和右贵嫔，还将刘殷的 4 个孙女也一并纳为贵人。自此之后，刘氏便得到刘聪的专宠，刘聪为此干脆连上朝都有所荒废。

公元 312 年，刘聪欲立刘英为后，未果，不久，刘英死去，刘聪又打算册立刘娥为后。但这一举动却引起了朝臣更加激烈的反对，刘聪怒而将进谏者下狱。刘娥得知后不仅没有趁机报复，反而主动为他们求情，刘聪因此十分感动，并表示自己有这样的皇后，就再也不需担忧。刘娥也经常对刘聪的不当做法加以劝阻，一时贤名远播。

公元 314 年刘娥病逝，谥武宣皇后。自从刘娥死后，宫中再无一位品行端正的妃子，后宫很快就再次变得混乱。

【人物简评】

刘聪是五胡十六国时期的著名昏君，然而他却偏偏有幸娶到刘娥这样一位贤

良淑妃。遗憾的是，刘娥比自己的姐姐晚 1 年去世，后宫自此再次陷入无序，刘聪也失去了一位能够扶持自己、纠正自己的贤妻。

靳月光：专宠后宫犹不够，秽乱后宫把命休

【人物简介】

靳月光是汉赵昭武帝刘聪的宠妃，在父亲的安排下，她被刘聪纳入后宫，后来更被册立为皇后。后来靳月光因与他人通奸受到斥责，不久后就自杀而死。

【人物生平】

靳月光的父亲靳准官至中护军，是汉赵朝的一位重臣，但他却仍旧对自己的权势感到不满。靳月光与妹妹靳月华两人都有着倾国倾城的容貌，于是靳准便将主意打到了女儿身上。

一次，刘聪去靳准家中赴宴，靳准趁机让两个女儿陪酒，刘聪见后惊为天人，当晚就将靳氏姐妹纳入后宫，第二天又册立为贵嫔。由于靳月光实在美貌，在过了 10 多天后，刘聪就干脆将她册立为皇后。由于这一举动引起了刘氏姐妹的不快，刘聪又干脆打破惯例，将两人分别封为左皇后、右皇后以示安抚，靳月光则被封为上皇后。

当时除了靳氏姐妹、刘氏姐妹外，后宫中还有许多美丽女子，因此，刘聪也无法每天宠幸靳月光，靳月光因此十分寂寞难耐。为了排遣自己的寂寞，靳月光经常冒天下之大不韪，私下寻找宫外美少年，与他们共度良宵。然而这些事情却都被大臣看在眼里，不久，就有人主动上疏揭发这一丑事。

刘聪虽然不欲相信，偏偏证据摆在眼前，因此十分震怒，于是亲自前往后宫质问。靳月光眼见丑事败露，只得哀哭求情，刘聪当然无法原谅，转身离去。第二天靳月光就自杀身亡了。

【人物简评】

刘聪的后宫女子众多，但靳月光却是最得君宠的一人。然而即便刘聪恩宠有加，靳月光却还是无法抚慰自己的欲望，为此不惜做出秽乱后宫的丑事，以致落得个悲惨下场。

樊皇后：一身先后侍父子，六宫尊严自此休

【人物简介】

樊皇后是汉赵昭武帝刘聪的皇后，因姿色出众而得到刘聪的宠爱，她得以成为后宫之主。刘聪死后，樊皇后又被刘粲占有。

【人物生平】

樊氏出身于贫寒之家，最初因长相美貌而被召入宫中，有幸得到刘聪的宠爱。

后来上皇后靳月光因通奸事败自杀，刘聪干脆又将樊氏立为上皇后。

公元 318 年，刘聪病死，太子刘粲即位，又尊樊氏为太后。刘粲为人荒淫无道，很快就干脆将年轻的樊氏等人纳为自己的妃子，整日荒淫纵欲，却对刘聪的死一点也不悲伤。不久之后，靳皇后的父亲靳准发动叛乱诛杀刘粲，樊氏就此下落不明。

【人物简评】

樊氏贵为后宫之主，却先后侍奉父子二人，既荒唐，而又不知羞耻。但在当时的情境下，身为女子的她也别无选择，令人可恨又可怜。

郑樱桃：作恶多在前，枉杀亦不冤

【人物简介】

郑樱桃是后赵武帝石虎的第一任皇后，为歌伎出身，得到石虎的宠爱后，又先后将石虎的两任发妻构陷而死，这才得以被立为皇后。由于亲子石邃造反，郑樱桃很快就被废黜，公元 349 年，她又被冉闵杀死。

【人物生平】

石虎在纳郑樱桃为妾之前，曾经有过两任正妻，分别是郭氏、崔氏，但两人最终都被郑樱桃陷害而死。此后郑樱桃为石虎生下石邃、石遵两个儿子。公元 337 年，石虎正式称帝，立石邃为太子，郑樱桃也被立为皇后。

石虎为人暴虐无道，太子石邃显然也继承了这一基因。当时，郑樱桃曾因石邃荒淫而派人问责，石邃干脆将使者处死；石虎派遣宫女探视，也被石邃一并杀死。不仅如此，当得知石虎十分恼恨后，石邃竟然又在私下谋逆。本就残暴的石虎震怒之下，便将石邃处死，郑樱桃也在做了 8 个月皇后之后就被废黜。

公元 349 年，石虎病死，郑樱桃的次子石遵废黜石世，自立为帝，又将郑樱桃尊为太后。此前石遵曾借助养子冉闵之力即位，并允诺日后会传位于他，事后却又出尔反尔，并打算将其诛杀。冉闵得知之后，当即发动叛乱杀死石遵，曾劝阻石遵不要加害冉闵的郑樱桃，也一同被愤怒的冉闵诛杀。

【人物简评】

郑樱桃死于冉闵，多少显得有些冤枉，然而她生前迫害石虎正妻的恶行，也不容人们忽视。从这一点来看，郑樱桃的下场虽然悲惨，却也丝毫不值得同情。

杜珠：柔情难化钢铁，无辜亦遭迁咎

【人物简介】

杜珠是后赵武帝石虎的第二任皇后，最初，她任西晋将领家中的歌伎，与主人一同被俘后，成为石虎的宠妾。石虎登基后，又将她封为皇后。杜珠曾为石虎生下太子石宣，石宣死后再无记载。

【人物生平】

杜珠出身卑微，曾是西晋将领、博陵公王浚家中的歌伎。公元 314 年，王浚因首鼠两端而被石勒擒杀，杜珠也沦为俘虏。由于长相美貌，石勒便将她赏赐给侄儿石虎，她成为了石虎的宠妾。

公元 334 年，石虎废黜文帝石弘，并自立为王，杜珠等姬妾也愈发显贵。杜珠不仅姿色美貌，为人也十分温婉、柔顺，就连心性残暴的石虎也对她十分宠爱，当时，她的地位仅次于皇后郑樱桃。这一时期，杜珠为石虎生下了后来的太子石宣，另一名皇子石韬也很有可能是杜珠所生。

公元 337 年，太子石邃因谋反被废杀，皇后郑樱桃也被废黜，石虎于是改立石宣为太子，杜珠也被册立为皇后。然而石宣却因妒忌而将皇子石韬杀死，石虎得知后十分气愤。公元 348 年石虎以杜珠生病为由，将石宣骗入宫中虐杀。可怜的杜珠不仅失去了儿子，同时又被石虎迁怒，不久后就被废黜，此后事迹不详。

【人物简评】

自古臣子就有伴君如伴虎的说法，但对于那些心性残暴的帝王来说，不论是他们的臣子，还是后妃，都时时刻刻处于朝不保夕的境地，看似尊贵却十分凄惶。杜珠虽然贤淑温婉，却也难以软化石虎这位暴君心中的残暴冷酷，她一生的荣辱正是许多后宫苦命女子的写照。

梁皇后：暴君亦有专宠，除我无人可得

【人物简介】

梁皇后是胡夏武烈帝赫连勃勃的妻子，出嫁后深得赫连勃勃的宠爱，赫连勃勃自立后，先后册立她为王后、皇后。

【人物生平】

赫连勃勃早年曾娶鲜卑首领没奕干的女儿为妻，彼时，他还在后秦姚兴麾下担任军职。公元 407 年，赫连勃勃却突然发动叛乱，诛杀岳父没奕干，梁氏在此后才开始得到宠爱。

梁氏为人聪颖漂亮，因此赫连勃勃对她宠爱有加，于叛乱同年就将她册立为王后。经过数年南征北战，赫连勃勃最终建立起自己的基业，公元 418 年，他又自立为帝，改立梁氏为皇后。

公元 424 年，赫连勃勃病死，其子赫连昌即位，公元 428 年，他被北魏俘虏，史载赫连勃勃的皇后也一同被俘，但却无法判断是否就是梁氏。

【人物简评】

赫连勃勃是历史上有名的虎狼之君，御下十分残暴，因此梁氏的得宠在某种

程度上，也可以说是"得天独厚"，足以令胡夏国人欣羡不已。

始平公主：男儿只知家国恨，从来不怜女子悲

【人物简介】

始平公主是胡夏秦王赫连昌的妻子，也是北魏太武帝拓跋焘的妹妹。始平公主在赫连昌被打败后，在兄长的安排下嫁。赫连昌死后，关于她的记载不详。

【人物生平】

公元424年时，赫连昌因平叛有功，被武烈帝赫连勃勃立为太子，次年，赫连勃勃死后又登基为帝，雄心勃勃的北魏太武帝拓跋焘得知后，便趁机派遣大军伐夏，最终于公元428年将赫连昌生擒。

赫连昌被擒后，太武帝对他极尽优待，完全采用皇帝的礼制来安排其日常生活，始平公主也正是在这一时期，接受兄长的安排嫁给他。公元430年，拓跋焘又封赫连昌为秦王，始平公主也被册立为秦王后。

太武帝每逢打猎，都会命令赫连昌单独跟随自己，丝毫不加以防备，可谓信任有加，然而赫连昌私下仍旧怀有异心。公元434年，赫连昌突然叛逃，却又被北魏士兵擒住。太武帝得知之后，便下令将赫连昌全族诛杀，关于始平公主的记载不详。

【人物简评】

倘若赫连昌最后没有选择叛乱，始平公主纵然是以政治工具的身份成婚，最起码还能保持一个完整的家，但在当时人心叵测的局势下，她也只能默默承受这份悲苦的命运。

任皇后：不以忌恨害孺子，无后亦可爱他人

【人物简介】

任皇后是成汉武帝李雄的妻子，于李雄称帝后被册立为皇后。任氏一生没有子嗣，因此，她将李雄其余妃子的儿子视如己出，照料得十分细心。李雄驾崩后，任氏又以太后的身份执掌成汉大权。

【人物生平】

任氏早在李雄称帝之前，就已经嫁给他做妻子，然而过了很多年，却始终没能为李雄生下一子半女。公元315年，已经称帝自立的李雄又将任氏立为皇后。

尽管自己始终没有生儿育女，任氏却表现出古代后宫女子罕见的贤淑。李雄有生之年，其他姬妾一共为他生下10多个儿子，任氏对这些孩子也始终视如己出，照料看护得十分细致，或许这也正是她能够得到李雄喜爱的一大原因。

公元334年李雄驾崩，因其子皆不成器而改立侄子李班为帝，李班又尊任氏

为皇太后。李班为人宽宏仁爱，任氏得以以太后的身份操持国政。同年，李班被李雄的亲子弑杀，皇位再次回归李雄一脉，此后关于任氏的记载不详。

【人物简评】

古代后宫女子为了争宠，往往做出许多血腥残忍的事情，令后人不寒而栗，任氏却恰好与她们相反。在任氏主掌后宫期间，李雄的其他子嗣不论是否成器，起码都能得到生命保障，这一看似平常的事情，却更能折射出任氏的贤惠仁慈。

阎氏：贤惠难阻野望，妾身与夫同侮

【人物简介】

阎氏是成汉幽公李期的妻子，为人贤良淑德，李期登基后又被册立为皇后。

【人物生平】

阎氏的家世背景不详，但据史料记载可知，她是一位美貌而且贤淑的女子。因此，阎氏才得以嫁给聪颖好学、轻财重才的李期为妻。

公元 334 年，成汉武帝李雄驾崩，其子李班即位，不久后就被李越与李期弑杀。当时李越认为李期是嫡兄，因此将他拥立为帝，阎氏也被册立为皇后。然而，李期即位之后，却大肆宠信景骞、姚华、田褒等庸碌之辈，以至国事愈发荒废。

公元 338 年，李期被叔父李寿废为县公，阎氏也降为为邛都县夫人。李期因此感到屈辱，不久就自缢而死，此后关于阎氏的记载不详。

【人物简评】

阎氏为人以贤惠著称，李期在篡位之前，也有着很好的名声，这时，两人到也称得上是绝配。然而在李期谋逆篡位期间，史书中却并没有阎氏劝阻的记载，可见阎氏纵然贤淑，却也无法规劝自己的丈夫，最终只能随波逐流。

南北朝

臧爱亲：久别经年终不渝，阴阳相隔亦同心

【人物简介】

臧爱亲是刘宋武帝刘裕的妻子，她生于公元 360 年，为人贤淑知礼，深得刘裕的敬爱。公元 408 年，臧爱亲病逝，享年 48 岁，死后追封为敬皇后。

【人物生平】

臧爱亲的祖父曾官至尚书郎，其父也在郡中担任功曹，因此，臧爱亲的出身相对显赫，而刘裕早年虽然孝顺，又出身微寒、生活困苦，但他却是一位性情激烈、逞勇好斗的男子，然而臧爱亲最终还是嫁给了刘裕，丝毫没有对他产生反感。

臧爱亲与刘裕结婚后不久，就生下一女刘兴弟，此时心怀大志的刘裕看着生活拮据的妻女，毅然决然准备从军。从此，臧爱亲便独自一人抚养女儿，刘裕直至 35 岁之后，才逐渐因战功而显赫。随着刘裕在东晋愈发位高权重，久居乡里的臧爱亲，也成为许多人巴结刘裕的首选对象。臧爱亲面对这些心怀图谋的人，却从来没有选择答应，依旧过着十分朴素的生活。不仅如此，她的亲属也没有一个人凭借着她的关系得以封官。

由于夫妻多年没有团圆，臧爱亲自始自终只为刘裕生下一女，然而刘裕对臧爱亲的敬重、爱慕却丝毫没有因此减少。可惜的是，还没等刘裕成功登上皇位，臧爱亲就于公元 408 年因病去世，享年 48 岁。直到 12 年后，刘裕终于趁着机会篡晋自立，又将臧爱亲追封为敬皇后。

登基之后，刘裕始终没有再立皇后，即便是太子刘义符的生母，也仅仅是被封为夫人。公元 422 年，刘裕驾崩，死前更下令将臧爱亲的棺椁从丹徒迎回，与自己合葬于初宁陵。

【人物简评】

臧爱亲出自富贵之家，性情温婉体贴，她是一位大家闺秀，刘裕能够娶她为妻，堪称三生有幸。尽管一生聚少离多、饱经辛酸，臧爱亲却始终没有改变自己的贤淑、善良，这也是她身上最为闪光的地方。

张阙：子死母废荣华少，波折起伏苦难多

【人物简介】

张阙是刘宋武帝刘裕的妃子、少帝刘义符的生母，她为刘裕生有一子一女，刘裕死后又被尊为太后。刘义符被废杀后，张阙也被降黜，公元 426 年时去世。

【人物生平】

张阙的家世背景不详，嫁给刘裕后深得刘裕宠爱，后来为他生下一子刘义符以及一女刘惠媛。公元 420 年时，刘裕又封她为夫人。

公元 422 年，刘裕驾崩，死后刘义符即位，即宋少帝，张阙又被尊为太后。然而刘义符虽然聪慧英武，却又自小失于管教，登基之后很快就变得十分荒唐。公元 424 年，辅政大臣徐羡之等人出于忧虑，便带兵将刘义符废杀，改立刘义隆为帝，张阙也被降为营阳太妃。

此后，刘义隆没有进一步迫害张阙，但仅仅过了两年之后，张阙就去世了。

【人物简评】

张阙因儿子登极而显贵，又因儿子惨死而遭废，一生起起落落，可谓有甘有苦。尽管自己并没有遭到进一步迫害，但儿子的悲惨下场显然也给她带来巨大痛苦，或许这也是她在仅仅 2 年之后就黯然辞世的原因之一。

胡道安：寄奴当悔前尘事，只是后来已惘然

【人物简介】

胡道安是刘宋武帝刘裕的妃子、文帝刘义隆的生母，然而刘裕对胡道安却并无感情，公元 409 年，她被斥责处死。

【人物生平】

胡道安又名胡道女，她出身于微寒之家，公元 405 年，她被刘裕纳为妃子，彼时胡道安已经 38 岁。公元 407 年，胡道安又以 40 岁高龄生下一子，即后来的文帝刘义隆。

或许本就是一时兴起，或许是嫌弃她年老色衰，总之刘裕对这位给自己育有子嗣的女人十分凉薄，公元 409 年，他又不知出于何故，将胡道安赐死。公元 420 年，刘裕篡晋自立，此时才又想起这位苦命女子，下令追封她为婕妤。

公元 422 年，刘裕驾崩，刘义隆于公元 424 年被群臣拥立为帝，当即下令追封生母为章皇太后，并修建熙宁陵改葬胡道安。不仅如此，刘义隆又对自己的胡氏表兄弟进行封赏。

【人物简评】

胡道安生平事迹不详，今人无从得知她究竟是为何而死，但可以肯定的是，

刘裕对这位女子显然有所亏欠，否则也不会在时隔十几年后追封于她。但讽刺的是，胡道安在生前却没有享受到这一份温情，正是夫欲爱而妻不在。

司马茂英：国破家亡历两度，亲死仇快苦一生

【人物简介】

司马茂英生于公元 403 年，她是刘宋少帝刘义符的妻子，也是晋恭帝司马德文和褚灵媛的女儿。司马茂英最初在刘裕的安排下，嫁给其子刘义符为妃，刘义符即位后又以她为皇后。刘义符被弑后，司马茂英又与婆婆张阙一同被降黜，公元 439 年时去世。

【人物生平】

褚灵媛与恭帝司马德文一共育有两女，一为海盐公主，一为富阳公主，司马茂英即是海盐公主。随着东晋大权旁落刘家，司马茂英也被嫁给刘裕之子刘义符为妃。

公元 420 年，刘裕篡晋自立，以刘义符为太子，司马茂英也被封为太子妃。2 年之后，刘裕驾崩，刘义符即位，司马茂英也成为一国之后，然而仅仅过了 2 年，刘义符就因荒唐怠政而被弑杀，司马茂英也与刘义符的生母一同被降黜，改为营阳王妃、南丰王太妃。

公元 439 年司马茂英去世，享年 47 岁。

【人物简评】

司马茂英本是东晋宗室之女，却先是经历亡国变故，其父司马德文更在后来被刘裕鸩杀，甚至就连同母之弟也被屈事刘裕的舅舅杀害，可谓国破家亡。等到自己嫁入刘氏、成为皇后，夫君刘义符又因荒诞怠政而被弑杀，再一次经历了人生的不幸，她实在是一位凄苦无比的可怜女子。

袁齐妫：恩宠虽在犹有嫌，至死不愿见君颜

【人物简介】

袁齐妫生于公元 405 年，她是刘宋文帝刘义隆的妻子、元凶劭的生母，她最初嫁给刘义隆为妃，一共育有一子一女。刘义隆即位后，又以袁齐妫为皇后。袁齐妫虽然生性尚可，却又忌妒刘义隆对其余妃子的宠爱，最终因此忧愤成疾，于公元 440 乃去世，享年 36 岁，死后葬于长宁陵。

【人物生平】

袁齐妫的父亲袁湛曾官至左光禄大夫，生母王氏却身份卑微，袁齐妫虽然家世显赫，但自小就不得父亲的宠爱。直到自己五六岁时，袁齐妫母女才得到其父的接纳，后来又被嫁给尚未登基的刘义隆为妃。

公元 424 年，少帝刘义符被杀，辅政大臣徐羡之等人拥立刘义隆即位，不久后袁齐妫就被立为皇后。早在此之前，袁齐妫就已经为刘义隆生下儿子刘劭，据说，当时袁齐妫认为儿子面相有异，将来必然引发灾厄，一度打算亲自将他了结，却又被刘义隆急忙阻止。刘义隆对袁齐妫这位发妻十分喜爱，袁齐妫每次为困顿的娘家求取钱财，刘义隆都会予以准许。但是由于为人节俭，刘义隆每次所给的钱财都相对有限。

随着时间的推移，刘义隆的宠也开始转移到其他妃子身上，其中最得宠的，就是淑妃潘氏。当时后宫都说只要潘淑妃开口，就没有什么得不到的，袁齐妫听后将信将疑。为了验证真假，她特意向潘淑妃求助，希望潘淑妃能够劝说刘义隆赠送 30 万钱财给自己娘家，结果原本"抠门"的刘义隆果然十分大方。娘家收到这 30 万钱之后，袁齐妫不仅没有感到喜悦，反而为之前刘义隆的小气感到十分愤恨。

当时，刘义隆虽然宠爱其余妃子，却也并没有完全冷落袁齐妫，但自从她知晓了这一事情之后，袁齐妫反而闹起了情绪，开始对刘义隆采取"冷暴力"。此后不论是刘义隆也好，还是刘义隆的其他的儿子也罢，袁齐妫都对他们一概不见，不久，她自己也气出了重病。

公元 440 年，袁齐妫病重，终于无力躲避刘义隆，刘义隆这才得以见到这位赌气竟然搭上性命的爱妻。当时刘义隆拉着她的手，边哭边询问她有何遗言，余恨未消的袁齐妫竟然愤愤地用被子遮住了脸，表示了自己最后的不满。不久，袁齐妫病逝，享年 36 岁，刘义隆追谥她为元皇后，将她葬于长宁陵。

【人物简评】

自古以来，女子大多被贴上善妒的标签，不论这一说法是否真有依据，至少用在袁齐妫的身上是十分恰当的。袁齐妫因忌妒而赌气，倒也可以说是正常的小女儿姿态，但因此损毁了自己的身体，就实在有些得不偿失。比起那些在宫斗中失败而下场凄惨的女子，袁齐妫显然要稍好一些，却也令人颇感同情、无奈。

潘淑妃：盐水饲羊赢君宠，育子无方死乱中

【人物简介】

潘淑妃是刘宋文帝刘义隆的宠妃，因貌美而被选入宫中，深得刘义隆宠爱，袁齐妫最后也是因忌妒而死。袁齐妫死后，潘淑妃又成为后宫之首，公元 453 年，因元凶劭作乱她被杀。

【人物生平】

潘氏出自普通家庭，因姿容艳丽而得以入宫。据说潘淑妃最初并不得宠，后来是靠着盐水而吸引到文帝的羊车，这才得到了宠幸。

原本文帝最宠爱自己的皇后袁齐妫，但自从潘氏入宫之后，恩宠却逐渐转移到她身上。后来，袁齐妫更因文帝宠爱潘氏胜过自己而忧愤成疾，以致公元440年病重而死。袁齐妫死后，潘氏便开始代替她执掌后宫。

当时，潘氏的儿子刘浚犯下许多不法之事，更与太子刘劭暗行巫蛊之术，文帝得知后十分失望，便对潘氏表示要废黜太子。然而潘氏却将这一消息告知刘浚，刘浚又把消息告诉刘劭。正是得知了这一消息，刘劭才最终于公元453年选择弑父自立，就此在历史上留下"元凶劭"的恶名。

文帝死后，潘氏也于同时被乱兵杀死，刘浚由于此前母亲也曾斥责自己，竟恨恨地表示这样才好。直到孝武帝刘骏平叛即位，这才对潘氏进行追封。

【人物简评】

潘氏以盐水吸引羊车的故事，更像是后人根据晋武帝的典故杜撰，不能完全当真。潘氏执掌后宫期间，虽然没有犯下诸如迫害妃子、恃宠而骄的恶事，但从后来的事态演变来看，她显然并不是一位合格的母亲。

路惠男：恤家人有违道义，御后宫不知大防

【人物简介】

路惠男生于公元412年，她是刘宋文帝刘义隆的皇后、孝武帝刘骏之母。由于刘骏为人失礼，后世广泛流传着她与亲子刘骏有着不伦之事。公元466年，路惠男病逝，享年55岁，死后被尊为昭皇太后，葬于修宁陵。

【人物生平】

路惠男自小十分美貌，因此被选入宫中，受到文帝刘义隆的宠爱，生下孝武帝刘骏之后，又被封为淑媛。后来随着年龄渐长，文帝的宠爱逐渐转移，路惠男又随着儿子刘骏一同前往封地生活。

公元453年，元凶劭弑杀文帝，刘骏当即起兵平叛，同年又自立为帝，再次将母亲迎回京城，并在大臣的请求下尊其为太后。此后，路惠男的父母家人都分别得到追封与封赏。路惠男凭借着儿子的孝顺，多次干预朝中政事，更因为大臣对娘家人有所疏远，就在孝武帝面前搬弄是非。所幸，刘骏对此十分开明，并未加以问罪。刘骏即位后虽然勤政，私生活却十分混乱，经常在母亲的寝宫中临幸其他宫女、妃子。因此，路惠男的口碑也受到牵连，史书中更有刘骏与她乱伦的记载。

公元464年，刘骏病逝，刘子业即位，即前废帝，路惠男被尊为太后；次年刘彧杀死刘子业自立，由于此前一直是被路惠男抚养，因此并未加以牵涉，仍旧以太后之礼尽心侍奉她。公元466年，路惠男病逝，享年55岁，死后被葬于修宁陵。

【人物简评】

路惠男与刘骏的乱伦之事，更多是来自后世记载，其中很难说是否抹黑的成分在内，但从其生前纵容外戚的种种做法，以及与刘骏之间的丑闻来看，路惠男本人也并没有做好约束族人、规范后宫的本分工作。

沈容姬：亡后有灵为我证，昭彰无辜清白心

【人物简介】

沈容姬生于公元414年，她是刘宋文帝刘义隆的宠妃、明帝刘彧的生母。公元453年沈容姬病逝，享年40岁，死后葬于崇宁陵，刘彧即位后又被尊为皇太后。

【人物生平】

沈容姬的家世籍贯皆不详，因被刘义隆看中而得以入宫。入宫之后，沈容姬很快就得到刘义隆的宠幸，并被封为美人。

公元439年，沈容姬为文帝生下一子，即后来的明帝刘彧，刘义隆因此十分喜悦，又进封沈容姬为婕妤。据说，有一次文帝因一时误会，怒斥沈容姬并打算将她赐死，沈容姬百口莫辩，只得被侍卫押走。途中沈容姬经过前皇后袁齐妫的宫室，号哭不止，宫室的窗户竟然自行开启。文帝得到侍卫禀告后十分惊讶，这才赦免了她的"罪过"。

公元453年，文帝被元凶刘劭弑杀，不久后元凶刘劭又被孝武帝刘骏所杀。刘宋王朝内部一夕之间几经动荡，沈容姬也于同年病逝，享年40岁。当时，刘彧尚未即位，于是孝武帝追封沈容姬为湘东王太妃。

公元466年，刘彧发动政变，废杀刘子业自立为帝，群臣当即上疏建议追封先人。刘彧接受了这一建议，下令追谥生母为宣太后，又将她的陵寝改称崇宁陵。

【人物简评】

沈容姬哭开宫殿窗户之事，显然是杜撰的成分居多，但从她的这一遭遇来看，晚年的沈容姬显然宠爱日衰。但无论如何，比起被亲子弑杀的丈夫文帝，沈容姬总算是得以善终，死后自己的儿子又登上帝位，生前身后都可感到安慰了。

王宪嫄：生子不肖多有哀，竟无一人是良才

【人物简介】

王宪嫄是刘宋孝武帝刘骏的皇后、废帝刘子业的生母，她生于公元428年，其父在朝中担任将军，其母则是刘宋宗室之女。公元464年，王宪嫄在刘骏死后不久去世，享年38岁，死后以皇后的身份与刘骏合葬于景宁陵。

【人物生平】

王宪嫄的父亲王偃官至散骑常侍、右卫将军，其母则是刘宋武帝刘裕的女儿吴兴公主。因此，王宪嫄的出身可以说十分显赫，同时也与孝武帝刘骏有着一定的亲缘。

公元443年，王宪嫄被嫁给时为武陵王的刘骏，此后，她一共为刘骏生下刘子业、刘子尚2个儿子以及刘楚玉、刘楚佩、刘楚琇、刘修明4位公主。公元453年，刘骏起兵诛杀弑父自立的元凶劭，同年即位为帝，随后就将王宪嫄立为皇后。刘骏在位期间，王宪嫄也多次以皇后的身份，出席各种国家重大祭祀典礼，公元460年，她还带领着后宫全体妃子种桑养蚕，鼓励百姓勤劳生产。

公元464年刘骏病逝，太子刘子业即位，即前废帝，又尊王宪嫄为皇太后。刘子业为人荒淫失德，早在即位之前就数次被孝武帝责备，孝武帝死后更是丝毫没有悲哀神情。当时王宪嫄也已经病重，想要见自己的儿子一面，不料刘子业反而表示病人身边鬼怪太多，自己不能前去。正在病榻上的王宪嫄听后勃然大怒，更悲伤地表示要侍卫用刀剖开自己的肚子，看看自己怎么会生出这样一个失德的昏聩的不孝之子。

同年，王宪嫄在含章殿去世，享年38岁。死后，刘子业追尊生母为文穆皇后，将她与刘骏合葬于景宁陵。据说，此后刘子业曾梦到王宪嫄指责他与孝武帝不仁不德，必然无法长久拥有江山。后来，帝位果然被文帝之子刘彧继承。

【人物简评】

王宪嫄一生为孝武帝刘骏生下数个子女，可惜个个不成气候，刘子业为人昏聩淫乱，竟与自己的妹妹刘楚玉乱伦；另一个儿子刘子尚也颇有其兄之风。后来刘子业、刘子尚、刘楚玉均死于刘彧之手，其他几位公主也命途坎坷。虽然生前没有看到这一幕结局，倘若王宪嫄泉下有知，也必然会感到悲戚。

殷淑仪：兄妹逾矩坏伦理，生荣死辱成极端

【人物简介】

殷淑仪本姓刘，是刘宋孝武帝刘骏的妃子，她深得刘骏宠爱，曾一度试图参与夺嫡。公元462年殷淑仪死后，刘骏甚至一度因受打击而精神错乱。前废帝刘子业即位后出于仇恨又对她进行了极端的羞辱。

【人物生平】

殷淑仪本姓刘，其父即是刘宋宗室子弟，南郡王刘义宣。殷淑仪与孝武帝刘骏则是堂兄妹关系。由于容貌美丽，刘骏将殷淑仪及其几个姐妹一同占据，为了避嫌，又改她为殷姓。

后来，刘义宣因愤怒而起兵，却被刘骏打败，此后殷淑仪等人并未受到牵连，

殷淑仪更为刘骏生下刘子鸾、刘子羽、刘子云、刘子文、刘子师 5 个儿子以及一位公主。由于自己深得宠爱，殷淑仪一度想要将自己的儿子立为太子，但刘骏最终没有应允。

公元 462 年，殷淑仪病死，刘骏因此悲痛过度，甚至精神错乱。为了多看殷淑仪几眼，他还下令将殷淑仪的棺椁做成抽屉样式，以便于自己随时能够拉开观看。殷淑仪下葬之时，刘骏还举办了盛大、奢华的礼仪，回宫之后更是每晚都要借酒消愁。在刘骏的授意下，百官"主动"请求为殷淑仪立庙，可谓是把尊崇做到了极致。

公元 464 年，刘骏病死，太子刘子业即位，即前废帝，原本已经下葬的殷淑仪，却于此时受到迁怒。刘子业对殷淑仪之前试图夺嫡的做法十分痛恨，于是下令挖坟开棺，甚至还对殷淑仪的尸体进行了侮辱。

【人物简评】

关于殷淑仪与刘骏的乱伦之事，许多正史中都缺乏明确记载，因此也有人认为殷淑仪并非是刘义宣之女，只是一名深受宠爱的殷姓妃子而已。但不论她的真实身份为何，殷淑仪生前、死后的遭遇都可谓天壤之别。

刘英媚：逢暴君贵胄无用，遇逆乱家门难全

【人物简介】

刘英媚生卒年不详，她是刘宋前废帝刘子业的妃子，也是文帝刘义隆的女儿，与刘子业为姑侄关系。迫于刘子业的淫威，刘英媚不得不离开丈夫入宫侍奉，刘子业死后她也不知所踪。

【人物生平】

刘英媚是刘宋文帝刘义隆的女儿，与孝武帝刘骏则是同父异母的兄妹。早在刘骏之子刘子业即位前，刘英媚就已经被封为新蔡公主，后来又嫁给何迈为妻。

公元 464 年，孝武帝病死，刘子业即位，即前废帝。刘子业为人荒淫残暴，对宗室子弟大肆屠杀、迫害，他的几个叔父都遭到各种极端羞辱。当时，刘英媚已经嫁给何迈，刘子业却因垂涎她的美貌而召她入宫，趁机逼迫她就范。事后为了掩盖消息，刘子业又杀死一名宫女送至何家，对外宣称是刘英媚已死，又将刘英媚改姓为谢，册封其为"谢贵嫔"。

刘英媚屈服之后，刘子业对她极尽宠爱，甚至允许她乘坐自己的御车。刘英媚的丈夫、刘子业的姑父何迈，本是卫将军何瑀之子，他人如其名，十分豪迈，家中也豢养了许多门客，名声口碑极好，刘子业因此十分猜忌。何迈在得知事情真相后，也感到十分耻辱，于是暗中计划政变。

公元 465 年，何迈的计划败露，刘子业当即派兵将他处死，刘英媚就此失去

了丈夫。次年刘子业又被其叔父刘彧（即刘宋明帝）弑杀。此后刘英媚下落不明。

【人物简评】

刘英媚本为帝室贵胄，为文帝之女、孝武帝之妹、废帝之姑母，地位不可谓不尊崇，但却偏偏遇到刘子业这样一个丧心病狂的晚辈。因刘子业这一大逆不道的晚辈之故，刘英媚不仅清名受辱，丈夫也惨遭杀害，可见帝王家虽然尊贵，却也有着许多不堪的悲剧。

王贞风：外戚之乐多有异，不以辱人立君前

【人物简介】

王贞风是刘宋明帝刘彧的皇后，她生于公元436年，父兄均在朝中担任要职。王贞风未嫁之前，在家始终柔柔弱弱，入宫之后却表现出刚正的一面。公元479年，萧道成以齐代宋，同年王贞风病逝，享年44岁，死后以皇后之礼下葬。

【人物生平】

王贞风的父亲王僧朗官至侍中，其兄王景文也官至刺史，父子两人均为朝中、地方的大员，王氏家族可谓飞黄腾达。凭借着显赫的家世背景，王贞风也于公元448年被选为刘彧的王妃，之后又生下刘伯姒和刘伯媛两女。

公元465年，刘彧登基为帝，同年又将王贞风册立为皇后。刘彧即位之初，尚能选贤举能、勤勉治政，但后来却逐渐变得荒唐、奢侈。有一次，刘彧在宫中宴乐，期间竟然命令所有宫女裸舞，甚至除皇后外的所有妃子也要一同参与。当时在场的所有官员都以此为乐，反倒是身为后宫之主的王贞风拿起扇子遮住眼睛。刘彧看到之后十分气愤，怒斥她是"穷酸的要饭外戚"，并质问她为何不看。王贞风对此毫不畏惧，坦然地回答说，身为外戚自然有外戚的取乐之道，至于这种以羞辱姐妹为方式的取乐，自己从来都不接受。刘彧听后更加愤怒，便将王贞风赶离现场。王贞风的兄长王景文得知后十分惊讶，感叹妹妹平日在家低眉顺眼，没想到也有这样刚正的一面。

公元472年，刘彧病死，由于王贞风无子，便以贵妃陈妙登之子刘昱为帝，仍尊王贞风为太后。刘昱为人残暴荒淫，王贞风多次进行劝阻，孰料此举反而引起了刘昱的嫉恨。公元477年，刘昱更因王贞风送给自己的扇子显旧，就打算将她毒杀，最终还是侍卫劝说，王贞风若死，皇帝就要暂停玩乐以守丧，刘昱这才打消了这一毒念。

公元477年，刘昱被杀，顺帝刘准即位，2年后，刘宋又被萧道成的南齐取代。王贞风因此被降封为汝阴王太妃。同年，王贞风死于居所，享年44岁，死后以皇后的礼仪安葬。

【人物简评】

王贞风看似弱质女流，关键时刻却能不畏龙颜震怒，据理力争，实在令人敬

重、钦佩。更令人庆幸的是，她的刚正虽然一度为自己招来杀身之祸，最终却能够化险为夷，可谓是吉人自有天相。

陈妙登：借腹生子孕龙种，未料暴虐无善终

【人物简介】

陈妙登是刘宋明帝刘彧的妃子、后废帝刘昱的生母，最初因美貌而被孝武帝带入后宫，后来又被赐给刘彧为妃。刘昱即位后，陈妙登被尊为皇后，等到刘昱被废杀，她又被降封为太妃。

【人物生平】

陈妙登出生于建康城的一户贫寒人家，其父以屠宰为业，全家人都居住在简陋的茅草屋中。有一次，孝武帝出巡，恰好经过陈家的简陋屋宅，心中自然觉得有碍观瞻。为此他特意下令赐钱 3 万，供陈家翻修房屋，不料，被派去的官员却意外发现陈妙登这位美人儿。孝武帝接到汇报之后，便将她带回了后宫。

入宫之后，陈妙登便被分配至路太后身边，期间孝武帝虽然两度见到她，却始终没有宠幸她。路太后得知之后，便就此事提出看法，孝武帝于是又将她赐给时为湘东王的刘彧。刘彧对陈妙登十分宠爱，但却因丧失生育能力而无法生子，于是，后来又假意斥责陈妙登犯错，将她赐给近臣李道儿。不久，陈妙登就怀上身孕，得到汇报的刘彧当即再次将陈妙登迎回。公元 463 年陈妙登生下儿子刘昱。

公元 465 年，刘彧登基，即宋明帝，陈妙登也被册立为贵妃。公元 472 年，刘彧病逝，刘昱即位，陈妙登又被尊为皇太妃。虽然没有成为太后，刘昱却按照晋孝武帝时李陵容的旧例，完全以太后的礼制来尊奉生母。不仅如此，刘昱又对自己的外公、外婆分别进行追封。

公元 477 年，刘昱被废杀，陈妙登也被降封为苍梧王太妃，此后，关于她的事迹不详。

【人物简评】

不论借腹生子一事是真是假，刘昱终究是陈妙登怀胎 10 月所生下的骨肉，两人的亲缘丝毫不会因父亲是谁而有所改变。但刘昱这位少年天子在即位后，却表现出十分残暴、血腥的一面。从这一点来看，不论是身为父亲的刘彧，还是身为母亲的陈妙登，显然都没能做好管教孩子的事情。

江简圭：淫虐难继帝业，淑女偏嫁暴君

【人物简介】

江简圭生于公元 461 年，她是刘宋废帝刘昱的皇后，由于成婚之时年幼。刘昱又很快被废杀，江简圭与他并未生下子嗣。

【人物生平】

江简圭的祖父江智渊曾官至长史。公元466年，刘宋明帝刘彧册立太子刘昱，公元469年，又以江简圭为太子妃。江简圭虽然略年长于刘昱，此时，她才不到10岁。

公元472年，宋明帝病死，刘昱即位，江简圭也被册立为皇后。刘昱此时虽然年少，却也是历史上有名的暴君，几乎每天都要以杀人取乐，因此，朝中百官无不又怕又恨。公元477年，刘昱被大将军萧道成联合宫中侍卫弑杀，事后又被废为苍梧王。

刘昱既死既废，江简圭自然也一同被贬，此后，关于她的事迹不详。

【人物简评】

刘昱为人残暴血腥，杀人行径令闻者无不毛骨悚然，江简圭嫁给这样的丈夫，想来即便能够保全，也难免整日处于担惊受怕之中。倘若刘昱的种种残暴行径属实，江简圭即便失去了丈夫，想必反而会是一种解脱。

刘智容：吞玉乘龙嫁帝室，女儿不输男儿身

【人物简介】

刘智容生于公元423年，她是南齐高帝萧道成的妻子，也是后来的齐武帝萧赜的生母，嫁给萧道成之后，刘智容始终勤勉持家，并为萧道成育有2个孩子。公元472年刘智容病逝，享年50岁，死后被追封为皇后，葬于泰安陵。

【人物生平】

据说刘智容的母亲在生下她之前，曾梦见自己吞下玉饰，刘智容出生时也出现各种异象。当时她的父亲第一反应是遗憾她并非男儿身，其母却认为即便是女儿，也一定能光耀门庭。

公元439年，刘智容本已与裴氏定亲，期间却又梦到有两户人家迎娶自己，一户以平常礼仪迎接，一户则以龙旗相迎，于是刘智容当即悔婚，并嫁给了出自兰陵萧氏的萧道成。嫁给萧道成之后，刘智容始终勤勉持家，使得萧家上下秩序井然、凡事有条不紊。后来，刘智容又先后为萧道成生下萧赜、萧嶷两个儿子。

公元472年，刘智容病逝，享年50岁，萧道成因此十分悲痛，将其葬于自己的父亲坟前。此后，萧道成在刘宋王朝愈发显贵，刘智容也接连得到追封。公元479年，萧道成终于自立为帝，建立南齐政权，同年，他将刘智容追封为昭皇后。

【人物简评】

刘智容虽然名为皇后，其实生前却没有享受到一天的皇后待遇，甚至连得到皇后名号的追封，也已经是在自己死后8年的事情了。但在嫁给萧道成之后，刘智容始终都表现得十分贤淑，不难想象她生前如果能够入主后宫，也必然会是一位母仪天下的贤后。

裴惠昭：妇德岂以女红论，无奈公婆难善容

【人物简介】

裴惠昭是南齐武帝萧赜的妻子，她生年不详，祖父和父亲均在南齐朝中任官。由于自己性情严厉，裴惠昭在后宫中并不受宠，生活十分凄凉。公元 481 年，裴惠昭病逝，葬于休安陵，后来又被追封为武穆皇后。

【人物生平】

裴惠昭的祖父官至给事中，为皇帝亲近之臣，其父也曾担任参军一职。早在萧道成尚未称帝之前，裴惠昭就已经嫁给其子萧赜为妻，不久就生下萧长懋和萧子良两子。

裴惠昭曾与萧赜的弟媳庾氏一起，共同侍奉公公萧道成和婆婆刘智容，然而庾氏精于女红，为人勤快，裴惠昭相比之下有所不及，又因为人严苛而受到萧道成夫妻的轻视，就连萧赜也对这位妻子十分冷落，后来更因一时口角将她赶回京城。好在当时幼子萧子良及时表达不满，萧赜这才感到惊讶而再次将她迎回。

公元 479 年，萧道成受封国公，同年篡位自立，萧赜、裴惠昭夫妻的地位也一再得到提升，2 年之后裴惠昭却早早病逝。次年萧赜即位，即齐武帝，又追封裴惠昭为皇后，她的父母也分别得到追赠。

【人物简评】

在封建时代，公公婆婆往往并不看重儿媳的才能，只是一味地要求她们相夫教子。裴惠昭为人非常强势，这在很大程度上使她受到轻视。她所受到的对待和遭遇，于今日看来显然是极不合理的。

何婧英：放荡偏遇荒淫帝，秽乱宫闱令人奇

【人物简介】

何婧英是南齐前废帝萧昭业的皇后，她生卒年不详，曾祖父、祖父、父亲都曾担任要职。何婧英虽然美貌，但却生性放荡，被立为皇后之后，还经常在宫中与其他近侍私通。公元 494 年萧昭业被废杀，何婧英也被降封，此后，关于她的记载不详。

【人物生平】

何婧英出自名门望族，其曾祖父何尚之曾在刘宋朝官至尚书，其祖父何偃官至金紫光禄大夫，其父何戢也在南齐担任抚军将军。由于她无兄无弟，太子萧长懋一度不想与之攀亲，后来却认为这样正好可以防止外戚专政，这才选择与何家联姻。

公元 485 年何婧英与萧昭业成婚，由于自己生性放荡，丈夫身边又多无赖之

徒，何婧英便趁机与他们之中相貌英俊的人勾搭成奸。身为丈夫的萧昭业对此反而十分"大度"，依旧与那些勾搭妻子的人结为至交。当时，萧昭业曾命令一名女巫入宫，诅咒祖父萧赜和父亲萧长懋，何婧英却趁机与女巫的儿子通奸。直至奸情被萧鸾得知后，萧昭业这才不得已杀掉女巫的儿子。

公元 494 年，萧鸾发动政变弑杀萧昭业，又将其追废为郁陵王，何婧英也被降为郁陵王妃。此后，关于何婧英的事迹不详。

【人物简评】

以何婧英的性格，换作其他君主只怕早就龙颜震怒，然而她却恰好遇到萧昭业这样一位昏聩君主，这样的幸运也真令人啧啧称奇了。

王韶明：帝室富贵如一梦，但悲不能与君同

【人物简介】

王韶明是南齐后废帝萧昭文的皇后，她生卒年不详，早在萧昭文年幼时便与其成婚。萧昭文即位后，王韶明又被立为皇后。萧昭文死后，王韶明也不知所踪。

【人物生平】

王韶明的父亲王慈在南齐官至太常，因此王韶明的家世相对显赫。公元 490 年，年仅 11 岁的萧昭文被封为国公，同时又娶王韶明为夫人。王韶明与萧昭文约为同龄之人。

公元 493 年，齐武帝萧赜病死，其孙萧昭业即位，萧昭业即是萧昭文的兄长。登基之后，萧昭业当即改封萧昭文为新安王，王韶明也被晋为王妃。萧昭业荒淫奢靡，怠于国事，公元 494 年就被萧鸾弑杀。萧昭业死后，萧昭文又被扶上皇位，王韶明也被册立为皇后。

当时，萧鸾已经开始觊觎皇位，在萧昭文即位仅 75 天之后，便又将其废为海陵王，王韶明再次降为王妃。不久，萧鸾又以探病为由杀死萧昭文。此后，关于王韶明的记载不详。

【人物简评】

嫁入帝王家虽然更显尊贵，同时也承担着极大的风险，一旦失势之后，一切就会全部改变。王韶明以幼龄嫁入深宫，却又不幸赶上南齐政权动荡的时期，于她而言，所谓的富贵是虚幻而又不可捉摸的，反倒是坎坷悲苦、冷暖自知。

刘惠瑞：一夫三子满门帝，配成佳郎立后仪

【人物简介】

刘惠瑞是南齐明帝萧鸾的皇后，她生卒年不详，祖上曾在南齐朝担任要职。入宫之后，刘惠瑞先后为萧鸾生下 4 个儿子。

【人物生平】

刘惠瑞的祖父名叫刘道弘，曾在南齐时官至光禄大夫，刘惠瑞本人也十分美貌聪颖。当时，萧鸾尚未登基，便已经迎娶刘惠瑞为妻，公元 481 年，时又封她为西昌侯夫人。

公元 493 年，萧鸾的堂兄齐武帝萧赜病逝，死后由萧赜之孙萧昭业即位，仅仅 1 年之后，萧鸾就将萧昭业弑杀，改立萧昭文为帝。不久之后，萧昭文也被萧鸾废杀，萧鸾自立为帝。登基之后，萧鸾当即册立刘惠瑞为皇后。这一时期，刘惠瑞先后为萧鸾生下萧宝卷、萧宝玄、萧宝夤和萧宝融 4 个儿子。

萧鸾死后，萧宝卷、萧宝融先后登基为帝，萧宝夤也曾自立为帝以求复国，因此刘惠瑞一跃成为 3 位皇帝的母亲，可谓尊贵至极。刘惠瑞在被立为皇后之后便撒手人寰，因此后来并没有留下其他记载。

【人物简评】

相比于何婧英、王韶明等年少皇帝的后妃，刘惠瑞无疑是属于嫁对了人的那一类，她显得幸运许多。刘惠瑞的丈夫萧鸾虽有篡位之恶，但他也是一位较有作为的皇帝，刘惠瑞起码不用因朝不保夕而忧惧，后来更是得以善终。

褚令璩：家世显赫难自主，贤淑任怨君不知

【人物简介】

褚令璩是南齐炀帝萧宝卷的皇后，她生卒年不详，为前朝刘宋帝室之女。褚令璩虽然贵为皇后，却与萧宝卷并无感情，萧宝卷死后又被废为庶人。

【人物生平】

褚令璩的父亲褚澄在南齐官至太守，并且著有《杂药方》《褚氏遗书》两部医典，他是当时的著名文士，其母更是前朝刘宋文帝刘义隆之女。因此褚令璩的家世背景可谓极其显赫。

公元 495 年，褚令璩在明帝萧鸾的安排下，嫁给太子萧宝卷为妃，公元 498 年，萧鸾病逝，萧宝卷即位，褚令璩也于次年被正式立为皇后。褚令璩嫁给萧宝卷之后，始终不曾生育子嗣，但这或许也与萧宝卷并不宠爱她有关。此后，褚令璩便将太子萧诵视如己出，尽心抚养，但却始终没有得到萧宝卷的怜惜。

公元 501 年，宗室子弟萧衍起兵叛乱，萧宝卷不久即被宫人所杀，其弟萧宝融被拥立为帝。萧宝卷死后，褚令璩也与太子萧诵一起被废为庶人，此后事迹不详。

【人物简评】

褚令璩虽然出身显赫，但却只能接受命运安排，嫁给一个昏聩而不知怜惜自己的薄情郎，对于女子而言，这正是后来一切悲剧的根源。

潘玉儿：步步生莲君王笑，玉奴至死悌东昏

【人物简介】

潘玉儿又名俞尼子、潘玉奴，是南齐炀帝萧宝卷的爱妃。萧宝卷为人荒淫，潘玉儿入宫之后他更是极尽奢华，为讨取潘玉儿的芳心不择手段、不计代价。公元501年，萧宝卷被萧衍废杀，潘玉儿也在之后主动求死。

【人物生平】

潘玉儿本姓俞，是大司马刘敬则家中的歌伎，后来因美貌而被炀帝萧宝卷纳入后宫，成为其最宠爱的妃子。鉴于当时的迷信说法，萧宝卷又下令其全家改姓潘，并将其封为贵妃。

公元501年，南齐宫廷突发大火，按理说一旦遇到这样的情况，君主就应该反躬自省，然而昏聩的萧宝卷不仅没有这一想法，反而趁机大兴土木，借此表示对潘玉儿的宠爱。在萧宝卷的命令下，后宫很快就新建起十几座宫殿，其中的神仙、永寿、玉寿三座宫殿更是极尽奢华，并被专门赐给潘玉儿居住。

由于潘玉儿的双足秀美，萧宝卷十分痴迷之下，干脆下令用黄金铸造成莲花状，安置于宫殿大地上，以此专供潘玉儿赤足行走，称为"步步生莲花"；为了讨得潘玉儿的欢心，他又在民间大肆搜刮奇珍异宝，致使国内民不聊生，甚至还玩起了当年东汉灵帝刘宏玩过的把戏。在他的命令和组织下，宫人们主动在后宫设立市场、扮演商贩，并以潘玉儿作为市集的主人，一起玩乐嬉戏；有时萧宝卷玩得兴起，也会主动扮演卖肉的小贩角色。当时民间都对此十分痛恨，并传唱着"阅武堂，种杨柳，皇上卖肉，潘妃卖酒"的歌谣。

萧宝卷对潘玉儿宠爱有加，却对将士大臣和国中百姓十分苛刻、残暴，经常以残忍手段肆意加害，因此群臣都十分畏惧，最终生出异心。公元501年，宗室子弟萧衍主动发难，联合宫内宦官将萧宝卷弑杀，潘玉儿就此沦为阶下囚。当时，萧衍曾有意纳她为妃，却被大臣劝阻，潘玉儿也不愿下嫁他人，怕辜负萧宝卷的厚爱。萧衍为了成全她，便下令将潘玉儿赐死。

【人物简评】

潘玉儿被萧衍的大臣斥责为亡国祸水，但这一评价显然有失公允。尽管潘玉儿确实是一位胸无大志、恃宠奢靡的女子，但南齐的兴衰从根本上取决于统治者萧宝卷本人。萧宝卷为人荒淫残暴，可谓无道至极，反倒是潘玉儿的宁死不辱，让后人看到了她身上的一些闪光点。

王蕣华：帝后俱为傀儡，阴阳异路谁悲

【人物简介】

王蕣华是齐和帝萧宝融的妻子，她出自望族琅琊王氏，萧宝融登基后，王蕣华又被立为皇后。公元502年南齐覆灭，王蕣华又与萧宝融一同被降封。

【人物生平】

王蕣华出自琅琊王氏，其祖父即是南齐一代名臣、文学家王俭，深得萧道成、萧赜、萧长懋祖孙三代的倚重。因此，王蕣华得以嫁给萧宝融为妃子，公元501年，萧宝融登基后，又册立她为皇后。

此时，南齐大权已经被宗室子弟萧衍架空，萧宝融虽然名为皇帝，却也只是一个傀儡而已。次年，萧衍就逼迫萧宝融禅位，建立南梁政权，萧宝融与王蕣华分别被降封为巴陵王、巴陵王妃。不久，萧衍为了消除后患，又派人将萧宝融害死，此后关于王蕣华的记载不详。

【人物简评】

末代皇帝固然不幸，侥幸苟活的皇后也同样要饱经苦难。王蕣华虽然家世显赫，却也无法摆脱这样的命运，最终只能沦为一介苦命女子。

郗徽：自古从来无完者，唯有真爱不见瑕

【人物简介】

郗徽是南梁武帝萧衍的妻子，她生于公元468年，卒于公元499年，享年32岁。郗徽死后葬于修陵，萧衍成功登上皇位，又将她追封为皇后。

【人物生平】

郗徽的家族早在东晋时期，就出了好几位名士，她的祖父和父亲也都在刘宋王朝任官，其母亲更是刘宋文帝的女儿。郗徽自小就受到良好的家族教导，她不仅精于女红之事，同时又善于书法、通晓史书。

由于自己美名远扬，刘宋后废帝刘昱一度想迎娶她，却遭到郗家拒绝，此后南齐安陆王萧缅也曾属意于她，但郗徽之父仍旧不肯同意。当时郗徽的父亲唯独看重萧衍，于是断然将郗徽嫁给他为妻。此后郗徽先后为萧衍生下萧玉姚、萧玉婉、萧玉嬛3位女儿。郗徽虽然聪慧，但十分善妒，曾对萧衍的小妾丁令光极尽刁难，但丁令光反而对她愈发恭顺。

公元499年，郗徽病逝，享年32岁，公元502年，萧衍正式以梁代齐，登上皇位。为了表示追悼，萧衍下令追封郗徽为德皇后，将她的陵墓改为修陵。此后，萧衍终其一生都没有再册立皇后。

【人物简评】

后宫女子难免善妒，郗徽生前虽然没能入主后宫，但也已经表现出这样的作风。只是尽管自己心胸狭窄，在挚爱她的萧衍眼中，却只看到了她身上的闪光点。郗徽死后，萧衍不仅没有册立新后，而且特意为她修建楼台以便祭祀，可见对郗徽用情之深。

丁令光：虽无后名誉天下，却以后仪安宫廷

【人物简介】

丁令光是南梁武帝萧衍的妃子、梁简文帝萧纲的生母，她生于公元484年，嫁给萧衍之后，先后为他生下3个儿子。丁令光为人善良谦逊，她屡受萧衍之妻郗微的刁难，却从无怨言，始终尽心侍奉萧衍，因此享有极好口碑。公元526年，丁令光病逝，享年42岁，死后葬于宁陵，追谥为穆。

【人物生平】

丁令光幼时曾被相士称为"大贵"，后来又在一次外出浣洗时，偶然被萧衍看中，不久后就被纳为小妾。当时萧衍已经娶了妻子郗微，而郗微为人刻薄善妒，因此丁令光屡次受到刁难。但丁令光自从嫁给萧衍后，始终任劳任怨，干着种种粗活，后来又为萧衍生下一子，即萧统。

公元502年，萧衍接受禅让，建立南梁政权，此时郗微早已病逝，因此丁令光就成为皇后的最佳人选。但是萧衍却对郗微十分思念，再也不肯册立皇后，于是丁令光最后又被立为贵嫔。同年萧统被立为太子，萧衍又接受群臣的建议，下令后宫诸人均以觐见太子的礼仪对待丁令光，以此作为对她的进一步补偿。

此后，丁令光又接连生下萧纲、萧续两位皇子，在后宫的地位愈发稳固，但平日里始终节俭度日、约束家人，从来没有谋私干政的行径。萧衍晚年崇信佛教，丁令光便改为茹素，并且主动研习佛经。

公元526年丁令光病逝，享年42岁，死后葬于宁陵，亲子萧纲即位后又尊她为太后。

【人物简评】

主母倾轧妾室，在古代中国早就屡见不鲜，但像丁令光这样安之若素、毫无怨言的女子，却是极为少见。虽然没有当上皇后，丁令光却真正有着母仪天下的高尚品德，比起古代许多贤后也不遑多让。

徐昭佩：徐娘虽老风韵在，半面妆容绘成哀

【人物简介】

徐昭佩是南梁元帝萧绎的妻子，早在萧绎即位之前就已与他成婚，后来又生

191

下一子一女。徐昭佩没有姿色容貌，还与元帝的近侍私通，做出种种羞辱元帝的丑事，因此最终于公元 549 年被逼杀。

【人物生平】

徐昭佩的祖父和父亲均在南齐、南梁担任要职，家族显赫于一时，因此徐昭佩尽管姿色平平，仍然得以嫁给时为湘东王的萧绎为妃。后来，徐昭佩又为萧绎生下一子萧方等和一女萧含贞。

公元 552 年，萧绎登基为帝，成为一国之主，然而这位坐拥江山的儒雅帝王，却又因早年患疾而不幸盲了一只眼睛，外貌比常人要差上许多。为此，徐昭佩总是自怨自艾，甚至故意只涂抹一半的容妆，以此讥讽很久才来看视自己的萧绎，使得萧绎十分愤怒。此后两人尽管执掌朝堂、后宫，却在精神上渐行渐远。

为了更好地羞辱元帝、发泄自己心中的苦闷，徐昭佩经常喝得醉醺醺的，故意吐在萧绎的衣服上，甚至还在私下与寺里僧人、宫中侍卫私通，为此，就连一位宫中与她有奸情的侍卫，也不得不感叹"徐娘虽老仍尚多情"。这也正是"徐娘半老"这一成语的由来。对于后宫中同样受到冷落的妃子，徐昭佩总是加以厚待，可要是哪位妃子怀上龙种，徐昭佩必然会采取各种残酷手段来迫害她。

后来萧绎所宠爱的王夫人突然病逝，萧绎自然而然地开始怀疑徐昭佩，甚至因此迁怒于其子萧方等。尽管萧方等因善于治军而一度受到赏识，徐昭佩却又在萧绎褒奖他时流泪，因此萧绎再次转喜为恶。为了表示不满，萧绎干脆将徐昭佩的种种丑事公之于众，此后就连萧方等也开始心生畏惧。

公元 549 年，萧方等为了躲避父亲，干脆主动请命出征以求死，死后萧绎愈发痛恨徐昭佩，干脆下令将她赐死。眼见不能保全自己，徐昭佩只得投井而亡。萧绎得知后仍不解气，又将她的尸体送回娘家，表示将她休掉，只以普通百姓的礼节将她安葬。

【人物简评】

徐昭佩私通大臣、迫害妃子的做法可说毫无廉耻，但客观来说，萧绎也并未扮演好一个合格的丈夫角色。然而徐昭佩的最终结局，说到底也是因为她的不守妇德所致，正是所谓的可怜之人必有可恨之处。

王皇后：架空无用帝后叹，江阴有恨人鬼殊

【人物简介】

王氏生卒年不详，是南梁敬帝萧方智的妻子，也是南梁最后一位皇后。

【人物生平】

王氏为山东琅琊人，其父王金曾官至太子中庶人。公元 555 年，王氏被选入宫，成为梁敬帝萧方智的皇后。

萧方智的父亲元帝萧绎、兄长萧方矩都于此前1年被西魏所害，萧方智则是在大将陈霸先的拥立下即位的，因此也就不可避免地沦为了傀儡。仅仅过了2年，也就是公元557年，陈霸先便逼迫萧方智"禅位"，降封其为江阴王，王氏也被降为王妃。次年，陈霸先为了巩固皇位，便派人将萧方智杀害，此后关于王氏的事迹不详。

【人物简评】

从籍贯来看，王氏应该出自著名望族琅琊王氏，否则也很难成为南梁的皇后。只是不论她是否家世显赫、是否执掌后宫，在当时连丈夫都已经沦为傀儡的情势下，注定无法长久地母仪天下。

章要儿：临国危深知大义，身虽死难避前仇

【人物简介】

章要儿是南陈武帝陈霸先的皇后，生于公元506年，一生先后经历了武帝、文帝、废帝、宣帝四朝，并在期间的皇权更迭的过程中，发挥了巨大作用。公元570年，章要儿病逝，享年65岁，死后与陈霸先合葬于万安陵。

【人物生平】

章要儿原本姓钮，后因父亲被收养而随之改姓，其父章景明一度在南梁担任要职。章要儿不仅姿色美貌出众，同时还十分聪颖，因此才被陈霸先娶为妻子，两人后来还生下一子陈昌。

当时，陈霸先尚在南梁为臣，却又遭逢侯景之乱，章要儿因此被囚禁，其子陈昌后来更被北周擒捉。公元557年，陈霸先称帝，建立了南陈政权，章要儿也被册立为皇后。2年之后，陈霸先病逝，陈昌此时还被困于北周，因此章要儿尽管有所犹豫，最终还是接受群臣劝说，迎立陈霸先之侄陈蒨即位，即陈文帝。

公元560年，北周为了促成陈朝内乱，便故意将陈昌放回，陈昌也在返途中写信给陈蒨，语气十分傲慢。陈蒨因此十分不乐，不久后，奉命迎接陈昌的大臣·便将陈昌推入水中溺死。此时章要儿依然在世，但却已无人知晓她当时的感受如何了。

公元566年，文帝驾崩，其子陈伯宗即位，尊章要儿为太皇太后。不久之后，文帝之弟陈顼篡夺大权，章要儿只得顺应形势，下令废黜陈伯宗、改立陈顼，陈顼即位后，又改尊其为皇太后。

公元570年，章要儿病逝，享年65岁，死前特意下令丧事从简。章要儿死后与陈霸先合葬于万安陵，谥宣皇后。陈朝灭亡后，王僧辩之子为报复陈霸先杀害其父之仇，又将万安陵再次掘开，鞭笞陈霸先遗体，章要儿也不幸受到波及。

【人物简评】

总体而言，章要儿虽然宠爱亲子，但在面临皇位归属争议时，也做到了深明

大义、以国事为先，比起古代许多乱祸乱朝纲的皇后，可谓是高下立判，堪称一
股清流。

沈妙容：辣手只为扶帝业，国亡唯愿老于乡

【人物简介】

沈妙容是南陈文帝陈蒨的皇后，生卒年不详，一生与陈蒨同经患难、共享荣
华，深得文帝的宠爱。沈妙容一生先后经历文帝、废帝、宣帝、后主四朝，见证
了陈朝从建立到覆灭的整个过程，期间也曾力阻陈顼专权，展现出了强硬一面。
陈朝灭亡后，沈妙容得以保全自己，最终在江南病逝。

【人物生平】

沈妙容在 10 多岁时就嫁给陈蒨为妻，当时正值侯景之乱，陈霸先在外地起兵
勤王，因此陈蒨与沈妙容也被侯景迁怒，两人一度被囚。公元 557 年，陈霸先称
帝自立，陈蒨被封为临川王，沈妙容也一跃成为王妃。

公元 559 年，陈霸先驾崩，此时其子陈昌尚被北周扣押，群臣于是拥立陈蒨
为帝，沈妙容也于同年被立为皇后。公元 566 年，陈蒨驾崩，沈妙容与他所生的
陈伯宗即位为帝，自己又被尊为太后。当时，陈蒨之弟陈顼擅权自重，朝中政敌
也被尽数除去，沈妙容只得通过宦官联络大臣，私下谋划铲除陈顼。不久后，事
情败露，沈妙容只得弃车保帅，将所有知情人一一处死，借此逃脱了陈顼的清算。

公元 568 年，太皇太后章要儿被迫废黜陈伯宗，改立陈顼为帝，陈顼即位后
又尊沈妙容为文皇后。陈朝灭亡后，沈妙容从长安返回江南，最终病逝于当地。

【人物简评】

从联络宦官、大臣，密谋铲除陈顼一事来看，沈妙容虽为女子，却也并非无
力反抗、只知坐以待毙的弱质女流；事败之后的果断灭口，也表现出她的果决、
狠辣，即便她最终没有取得成功，却也同样令人敬畏。

王少姬：善懦难保大位，夫死独留妻儿

【人物简介】

王少姬是南陈废帝陈伯宗的妻子，她生卒年不详。在陈伯宗早逝后，王少姬
又独自一人生活了十几年，最后寿终正寝。

【人物生平】

王少姬的祖父王琳官至东阳太守，其父王固官至光禄大夫，出身十分优越。
正是由于这一缘故，王少姬得以于公元 560 年（一说为公元 563 年）嫁入皇室，
成为太子陈伯宗的正妃。

公元 566 年，陈文帝陈蒨驾崩，陈伯宗顺利即位，王少姬也被立为皇后，后来还

为其生下一子陈至泽。当时，陈伯宗年仅13岁，朝中又有叔父陈顼和大臣刘师知等人彼此斗争，陈伯宗根本无法统御朝纲。不久，陈顼杀死刘师知，独揽了朝中政权。

2年之后，陈顼便以陈伯宗善懦为由将其废黜，降封为临海王，王少姬也降为王妃。公元570年，陈伯宗在当了几年藩王之后突然死去，时年19岁，此后，王少姬便独自一人生活，约在30多岁时去世。其子陈至泽则在陈亡后，被俘至长安。

【人物简评】

时至今日，陈伯宗的被废和死亡真相，已经难以探究，但至少王少姬这位苦命女子，却躲过了庙堂权争的旋涡和黑手，也称得上是一件幸运之事。

柳敬言：生子不肖国难保，历遍衰荣命数长

【人物简介】

柳敬言是南陈宣帝陈顼的皇后，后主陈叔宝的生母，生于公元533年，其母出自南梁宗室。南陈末年，柳敬言一度以太后的身份临朝问政，陈朝灭亡后又被迁至长安。公元615年柳敬言病逝，享年83岁，死后葬于北邙。

【人物生平】

柳敬言的曾祖父、祖父、父亲分别在南齐、南梁任官，其舅父即是梁元帝萧绎。柳敬言的父亲在其9岁时便去世，此后柳敬言便投靠舅父，并被指婚给陈顼为妻。

公元553年，柳敬言为陈顼生下一子陈叔宝，4年之后陈霸先建立陈朝，作为其侄的陈顼先后被封为始兴郡王、安成王。随着陈顼的显赫，柳敬言也成为高贵的王妃，公元569年，她被登基称帝的陈顼册立为皇后。

成为皇后，柳敬言却依然保持以往的谦逊作风；在她的约束下，其娘家人也始终没有得到额外封赏，也更无法干预国事。公元582年陈顼驾崩，其子陈叔宝即位，柳敬言也一度以皇太后的身份，代替生病的陈叔宝处理政事。

公元589年，隋朝灭陈，陈叔宝等陈朝宗室贵族，均被押送至长安，柳敬言也一同随行。公元615年，柳敬言病逝于洛阳，享年83岁。

【人物简评】

柳敬言为人宽厚谦让、知晓大义，无奈的是生子不肖，最终没能保住自家江山社稷，遑论一统天下了。但陈朝宗室在亡国后，也有幸得到了隋朝统治者的优待，柳敬言更是活了80多岁，寿命之长在古代堪称罕见。

沈婺华：相忆不见留无用，见过繁华知是空

【人物简介】

沈婺华是南陈后主陈叔宝的皇后，早在陈叔宝即位之前，便已成为其太子妃。陈叔宝即位之后，沈婺华始终保持谦让作风，从不争夺君宠，后来又多次对后主

提出规劝。在陈朝灭亡、后主病逝后，沈婺华选择落发出家，最终于贞观年间去世。

【人物生平】

沈婺华的父亲沈君理先后在南梁、南陈任官，其母是武帝陈霸先的女儿。沈婺华从小为人孝顺，深得家人的喜爱，公元 571 年，她嫁给陈叔宝为太子妃。

公元 582 年，宣帝陈顼驾崩，陈叔宝即位，沈婺华不久后也被册立为皇后。沈婺华为人性情淡泊、知书达礼，即便后来恩宠日衰，后主宠幸张丽华等人，沈婺华依旧毫不在意、处处退让，甚至还将主管后宫事务的权力相让。在日常生活中，沈婺华也力求节俭、从不奢靡，平日里也只是翻阅佛经，以此作为精神寄托。

有一次陈叔宝罕见地来到她的宫殿，不久，他就抽身离去，沈婺华则毫不挽留，为此使得后主十分惊讶。随着陈叔宝宠爱宫妃、怠于政事，沈婺华也曾多次劝谏，为此还一度引来陈叔宝的不满。愤怒的陈叔宝甚至险些就将她废黜，改立张丽华为后。

公元 588 年，隋朝大军渡过长江天险，直攻入建康城中，陈叔宝与张丽华等人平日里作威作福，此刻却吓得面无人色，只有沈婺华身陷险境却面色如常，更没有像后主等人那样，为了逃避搜捕而躲入井中。不久之后，沈婺华与后主等人就一道被隋军押往长安。

公元 604 年时，在度过几年安稳生活后陈叔宝病逝，享年 52 岁。沈婺华得知此事后，还专门写了一篇十分悲戚的祭文，以示哀悼。隋炀帝即位之后，也对沈婺华十分赏识，以至于每次巡行，都要命令她一同随行。

公元 618 年，炀帝被弑杀于江都，沈婺华随后返回江南，并在当地的一间寺庙落发为尼，法号观音。此后，沈婺华一直活到唐太宗贞观初年才安然病逝。

【人物简评】

古来后宫女子大多对权势、君宠趋之若鹜，为此不惜采取极端手段，而沈婺华却与众不同，即便是从目前仅有的记载中，也不难令人看到一个贤淑静雅、温良谦让的淑女形象。或许正是早年经历了太多繁华与衰败，沈婺华最终选择以遁入空门来寄托精神，令人唏嘘不已。

张丽华：红颜祸国身不免，乱世摧折后庭花

【人物简介】

张丽华是南陈后主陈叔宝的妃子，她生于公元 559 年，卒于公元 589 年，享年 31 岁。张丽华不仅姿色容貌十分出众，同时又聪颖善辩，深得后主宠爱。陈朝灭亡后，张丽华被隋将杀死。

【人物生平】

张丽华出身于贫寒之家，家中以织席为业，后来，张丽华因美貌而被选入宫，

得到时为太了的陈后主宠爱。公元 575 年，张丽华为后主生下一子陈深，直到后来陈朝灭亡，陈深依旧展现出不凡气度，风采远远超过其父陈叔宝。

张丽华虽然出身微寒，其家族却又是兵家世族，因此，张丽华自幼十分聪颖、善辩，富有机智和谋略，入宫后很快就俘获了后主的心。为了讨好自己的爱妃，满足自己的享乐欲望，后主特意在宫中大兴土木，修建了临春、结绮、望仙三座楼阁。当时，后主自己独居临春阁，望仙阁由孔贵嫔、龚贵嫔两人共居，结绮阁则是张丽华的专属寝宫。三座楼阁彼此之间以复道连通，后主经常带着张丽华等人在楼阁上眺望美景、举行宴乐，生活十分奢靡放纵。当时，著名的《玉树后庭花》等亡国靡靡之音，就都是专门描写张丽华美貌的作品。

张丽华虽然得宠却并不恃宠，并且经常为宫人开脱、讲情，因此赢得了很好的口碑，比起量小善妒、以强硬手段慑服宫人的妃子，手段要更高一筹。由于放纵享乐，后主对国家大事毫不在意，张丽华趁机依仗宠幸和智慧，干预国家政事，使得群臣又惧又怒。对于那些不服自己的大臣，张丽华则表现得毫不留情，动辄在后主面前进谗，使他们纷纷受到迫害。自此之后，南陈的政局便更加动荡。

当时后主已经册立陈胤为太子，但在张丽华的蛊惑下，后主最终于公元 588 年废黜陈胤，改立陈深为太子。然而，仅仅 1 年之后，陈都建康就被隋军攻破，张丽华只得与后主、孔贵嫔 3 人仓皇躲在井下。后来隋军还是以落井下石为威胁，才迫使他们出声求援，最终将他们全部擒获。

由于姿色美貌，晋王杨广一度想纳张丽华为妃，然而长史高颎却以红颜祸水为由将张丽华处死（一说为杨广亲自下令），张丽华死时年仅 31 岁。

【人物简评】

张丽华不仅容貌漂亮，而又也颇有几分斗争手段，可惜的是她却用错了地方，因此最终导致君主受欺、国家灭亡，自己也被视为妖女而遇害。但客观来讲，陈朝的灭亡主要还是在于后主本人的昏聩，张丽华等人最多只是推波助澜罢了。

孔贵嫔：望仙阁中妃子眺，可知日后井下身

【人物简介】

孔贵嫔是南陈后主陈叔宝的妃子，生卒年不详，与张丽华、龚贵妃俱为最受陈叔宝宠爱的妃子。陈朝灭亡之后，有关孔贵嫔的记载不详。

【人物生平】

孔贵嫔最初因美貌而被选入宫中，深得陈叔宝的宠爱，陈叔宝即位之后，又册立她为贵嫔。当时，陈叔宝生活奢靡放纵，在宫中修建了临春、结绮、望仙三座楼阁，孔贵嫔就与另一名宠妃龚贵嫔共居于望仙阁。

为了进一步巩固自己的地位，孔贵嫔在入宫之后，又与后主的心腹大臣孔范结为

兄妹，每逢后主举行宴乐，两人都要一同出席，与后主饮酒赋诗，极尽欢乐。当时，正值隋文帝杨坚取代北周，建立起强大的隋朝政权，对长江以南虎视眈眈、摩拳擦掌。然而，后主却对此浑不在意，整日里只是与张丽华、孔贵嫔等人嬉戏作乐。

公元 588 年，隋军越过长江天险，很快就攻入建康，此时后主才慌了手脚，只得与张丽华、孔贵嫔一同躲入井中，后来又被隋军用一个箩筐一起拉上来，受尽时人嘲笑、奚落。后来，陈叔宝被带往洛阳，孔贵嫔就此下落不明。

【人物简评】

孔贵嫔与张丽华俱为后主陈叔宝宠妃，但若要以此将亡国罪责归咎于她，显然也并不合适。说到底，孔贵嫔也只是一个以美色侍奉君主的女子，虽然也曾勾结奸佞、蛊惑君主，做出一些恶事，但陈朝的灭亡，最终还应归咎于陈叔宝本人的昏聩。

道武皇后：国破家亡人有幸，富贵依旧立后庭

【人物简介】

道武皇后姓慕容，名不详，她是北魏道武帝拓跋珪的妻子，也是后燕懑帝慕容宝的女儿。慕容氏是在后燕灭亡后，才成为道武帝的妃子，后来又被立为皇后。

【人物生平】

慕容氏的父亲即是后燕懑帝慕容宝，祖父即是大名鼎鼎的后燕武成帝慕容垂，然而遗憾的是，其父慕容宝却并未继承其祖的英明神武，因此才有了后来她嫁入北魏的事情。

公元 396 年，北魏大举攻伐后燕，慕容宝不战而逃，慕容氏因故未能及时逃脱，成为北魏的俘虏，后来就被纳入道武帝的后宫。当时拓跋氏喜欢通过铸造金人来占卜吉凶，以此确立皇后人选，慕容氏侥幸通过了这一考验。因此，道武帝便将慕容氏立为皇后。

公元 402 年，道武帝为了获取支持，曾向后秦姚姚兴提出结为姻亲的请求，然而姚兴却以道武帝已经册立慕容氏为由，拒绝了这一请求。这一事件也在后来导致了两国关系的紧张。此后，关于慕容氏的记载不详。

【人物简评】

慕容氏经历国破家亡的悲惨宿命，却又侥幸受到了道武帝的青睐，成为母仪天下的后宫之主，可见命运之离奇无常。对于她而言，这也算是经历苦难之后的一些补偿吧。

宣穆皇后：母以子贵成空望，一人显贵一人殇

【人物简介】

宣穆皇后姓刘，名不详，是北魏道武帝拓跋珪的妃子，其父曾为匈奴族的首

领。刘氏为道武帝育有一子一女，妻子即是后来的明元帝拓跋嗣。公元409年，刘氏被赐死，死后被尊为皇后。

【人物生平】

刘氏生年不详，其父刘眷曾是匈奴族的首领，后来却被侄儿刘显杀害。几经波折之后，刘氏才成为北魏道武帝的贵人，与道武皇后慕容氏一样，都饱经家破人亡之苦。

入宫之后，刘氏先后为道武帝生下一子拓跋嗣、一女华阴公主，深得道武帝的宠爱，然而在后来的铸金人考验中，刘氏却没能胜过慕容氏，最终慕容氏成功执掌后宫，刘氏却与后位失之交臂。

刘氏之子拓跋嗣是道武帝长子，因此慕容氏可能并没有生育子嗣，最终道武帝还是只能以拓跋嗣作为储君。对于任何一位后宫妃子来说，这本都是天大喜讯，但对于刘氏而言，这却不啻一种灾难。为了防止大权旁落，北魏素来有"子贵母死"的传统，迥异于中原的"母以子贵"。因此，在拓跋嗣成为太子后不久，刘氏就被道武帝赐死，时为公元409年。

同年道武帝被弑杀，拓跋嗣即位，即北魏明元帝，之后刘氏又被尊为宣穆皇后。

【人物简评】

比起道武皇后慕容氏，刘氏一样饱经家破人亡之苦，后来也得到了君主宠爱，但不幸的是，她最终又沦为政治大局的牺牲者。当时的北魏虽然建立起封建王朝，但在习俗、制度方面却仍与中原有着巨大差距，这也成为了她后来生命悲剧的根源。

昭哀皇后：不争赢得君宠，死后仍胜前荣

【人物简介】

昭哀皇后姓姚，名不详，是北魏明元帝拓跋嗣的爱妃，其父即是后秦高祖姚兴。姚氏生前未能成为皇后，但却始终得到明元帝宠爱，公元421年，在她死后又被追为皇后。

【人物生平】

姚氏的父亲是后秦一代雄主姚兴，最初时被封为西平公主。公元407年，明元帝拓跋嗣即位，姚氏又被嫁入北魏，成为拓跋嗣的妃子。

由于没能通过铸金人的考验，姚氏并未成为皇后，但拓跋嗣对她却十分宠爱，甚至一度打算改变祖制，钦点她为皇后。通情达理的姚氏得知之后，极力推辞，表现出谦让、温良之风。拓跋嗣因此对她更加敬爱。

公元421年姚氏病逝，拓跋嗣为此十分悲痛，更因之前没能册立她为皇后而

悔恨，于是下令追赠她皇后印绶，并将她葬在云中金陵。

【人物简评】

姚氏为人谦逊有礼，反而以此赢得了君王的宠爱，真可谓是"夫唯不争，故天下莫能与之争"了。

明元密皇后：生前有子无储位，死后无灾有眷荣

【人物简介】

明元密皇后姓杜，她是北魏明元帝拓跋嗣的妃子、太武帝拓跋焘的生母。公元420年杜氏病逝，其子拓跋焘即位后又尊她为皇后。

【人物生平】

杜氏的兄长杜威曾在北魏担任要职，被授予平阳王爵位，凭借着兄长的权势，杜氏成功地以良家子的身份被选入太子宫。入宫后，杜氏很快就得到拓跋嗣的宠幸，并为他生下一子拓跋焘。

公元409年，拓跋嗣即位，即明元帝，同年，又册立杜氏为贵嫔。11年之后，杜氏病逝，葬于云中金陵。2年，拓跋焘才被立为太子，因此杜氏得以摆脱子贵母死的悲惨命运。公元423年，拓跋嗣因积劳成疾而死，死后拓跋焘继承皇位，又尊生母为皇后，直到孝文帝即位，才下令将其祭祀废除。

【人物简评】

对于北魏皇朝的后宫妃子而言，子贵母死可谓是一道挥之不去的阴影，对于生下储君的妃子来说，更是无法摆脱的宿命。庆幸的是，杜氏的儿子在其生前始终没能被立为太子，这反而使得她躲过了一劫，实现了生荣死哀。

赫连皇后：国亡然后显贵，无子反而全身

【人物简介】

赫连皇后是北魏太武帝拓跋焘的妻子，其父即是胡夏开国君主武烈帝赫连勃勃。赫连氏在亡国之后，才成为拓跋焘的妃子，始终没有为拓跋焘生下一子半女。公元453年，赫连氏病逝，死后葬于云中金陵。

【人物生平】

赫连氏是胡夏武烈帝赫连勃勃之女，与秦王赫连昌、末帝赫连定为兄妹关系。公元428年，北魏大举攻夏，赫连昌仓皇出逃，赫连氏等人却沦为北魏大军的俘虏。

被俘之后，赫连氏和两个妹妹都被太武帝选入后宫，赫连氏更在后来通过铸金人的考验，成为太武帝的皇后。由于自己没有子嗣，太武帝最终册立贺氏之子拓跋晃为太子，但仍以赫连氏为皇后。

公元 452 年，太武帝被宦官宗爱弑杀，事后宗爱假借赫连氏之名，拥立太武帝幼子南安王拓跋余登基。不久后，宗爱就被大臣推翻，拓跋晃之子拓跋濬则被迎立为帝（拓跋晃早逝），即文成帝。可能是并没有参与宗爱阴谋之故，拓跋濬对赫连氏并没有迁怒、追究，更尊她为太皇太后，予以各种优待。

次年，赫连氏病逝，死后葬于云中金陵。

【人物简评】

赫连氏与道武皇后、宣穆皇后的经历，有着许多共同之处，都是以亡国宗室之女的身份嫁入皇宫的，侥幸得到了皇帝宠爱。相比宣穆皇后的子贵母死，赫连氏与道武皇后的终身无子，反而在某种程度上成为了她们的保命符，这又不得不说是一种荒诞。

文明皇后：垂帘问政启圣治，革除旧弊树新俗

【人物简介】

文明皇后姓冯，她生于公元 442 年，卒于公元 490 年，享年 49 岁。冯氏是北魏文成帝拓跋濬的妃子，也就是后来历史上大名鼎鼎的女政治家冯太后。冯太后自文成帝死后，就以女子身份独掌大权，后来又精心培养了孝文帝元宏，为北魏汉化改革的进一步推行做出了许多贡献。

【人物生平】

冯氏出自官宦之家，却因家族犯罪而受到牵连，贬入宫中为奴后，但她却意外得到文成帝的宠爱。当时北魏朝堂经历了许多动荡不安，冯氏也在目睹庙堂之争的成长过程中，逐渐有所领会、体悟。

当时，北魏的庙堂之乱，正是在文成帝的手中乱相得以终结，嫁给文成帝之后，冯氏又通过观摩文成帝执政，对庙堂之事有了更加深刻的领悟。这一切都成为后来她垂帘听政、治理国事的经验基础。文成帝虽为鲜卑人士，却对中原文化和汉族士人十分推崇、倚重，冯氏之所以能够在掌政后积极推行汉化改革，某种程度上也可以说是受到了文成帝的启蒙。

公元 456 年时，冯氏又通过了北魏古老的铸金人考验，一跃成为后宫中地位最为尊贵的女子。在成为皇后之后，冯氏始终保持着勤勉的作风，任劳任怨地处理后宫各种事务，并继续观摩文成帝的治国举措，从中不断揣摩、学习。

公元 465 年，年仅 26 岁的文成帝英年早逝，太子拓跋弘登基为帝，即献文帝。拓跋弘的生母李氏早就被赐死，自幼被冯氏抚养长大，登基后，他尊冯氏为皇太后。当时献文帝尚且年幼，大将军乙浑很快就生出不臣之心，但在冯氏的主导下，乙浑的阴谋最终被挫败，献文帝得以保住自己的皇位。

公元 467 年，冯氏归政，却因献文帝提拔心腹、改弦更张而有所不满，后来

自己的情夫又被献文帝问罪处死，再加上献文帝崇信黄老之道，为人颇有放任之处，因此冯氏再也无法忍耐。公元471年，献文帝被迫禅位给自己的儿子元宏，4年之后，他又因继续过问政事而被冯氏鸩杀。

献文帝死后，冯氏再次临朝听政，掌管朝廷政务，孝文帝早期的种种政策，其实也都有赖于冯氏的推行。尽管在私生活上十分放纵，冯氏对国家政事却没有丝毫松懈，主政时期更是十分勤勉问事。在她的主导下，北魏朝廷提拔、任命了一系列贤良之士，同时，又在政治、经济、文化等方面推行了种种汉化改革政策。这一时期在冯氏的治理下，北魏逐渐开始转向封建化，更为后来的孝文帝改革起到了引导、奠基的作用。

在主持国事期间，冯氏没有忽略、打压幼小的孝文帝，反而尽可能地让他参与政事，因此，孝文帝也逐渐成长为一名雄才大略的君主。公元490年，冯氏病逝，享年49岁，死前还下令务必薄葬。孝文帝为此痛哭流涕，最终没有遵从遗令，更拒绝了大臣的劝阻，坚持以国君的礼仪将这位祖母安葬。

【人物简评】

说是冯氏和孝文帝二人推动了北魏的汉化改革，显然有些言过其实，但在北魏的汉化过程中，冯氏也确实做出了许多贡献。尤其是在当时先皇驾崩、幼主即位的动荡局势下，身为女子的冯氏不仅没有进一步惑乱朝纲，反而为北魏政权的平稳交接、庙堂的局势安定付出了许多努力，其意义和作用皆不容抹杀。

文成元皇后：大贵原是以身代，与子诀别生死殊

【人物简介】

文成元皇后姓李，名不详，她是北魏文成帝拓跋濬的妃子、献文帝拓跋弘的生母，生年亦不详，公元456年，她被下令赐死。李氏死后葬于金陵，追谥为元。

【人物生平】

李氏刚一出生时，就被自己的父亲断言为大贵之人，后来就被永昌王拓跋仁纳入家室。公元453年，拓跋仁却因谋反被赐死，李氏也被押送入宫，从王妃降为宫女。

有一次，文成帝偶然见到李氏的美貌，一时兴起将她临幸，不久，李氏就怀上身孕，公元454年，她生下一子拓跋弘。随后，李氏便被封为贵人，公元456年拓跋弘又被立为太子。

拓跋弘既然成为太子，李氏便不可避免地要面对北魏"子贵母死"的祖制，尽管自己满心不愿和留恋人生，李氏却无法违背制度，最终只得含泪赴死。公元465年，拓跋弘即位，当即尊生母为皇后，并将她葬于金陵。

【人物简评】

李氏曾被父亲断言为大贵之人，不料到头来却是要以生命为代价，换取家族

和儿子的显贵，这样的大贵不仅充满讽刺，也触目惊心地展现了封建社会礼教之残酷。

献文思皇后：寻常富贵难入眼，一入深宫反丧生

【人物简介】

献文思皇后姓李，名不详，她是北魏献文帝拓跋弘的妃子、孝文帝元宏的生母。公元469年，李氏被冯太后赐死，死后葬于金陵，追谥为思。

【人物生平】

李氏的父亲在北魏受封南郡王，其母也是另一位藩王的女儿，李氏的家世背景在当时可谓一流。不仅如此，李氏还长得十分漂亮，因此，当时的许多贵族都纷纷想要娶她为妻。

然而，李氏的家人对这些求婚的人却都瞧不上眼，最终将李氏嫁入太子东宫，使其成为太子拓跋弘的一名妃子。公元465年拓跋弘即位，即献文帝，李氏也被立为夫人，2年之后又生下一子元宏。

公元469年，元宏被立为太子，可怜的李氏就此迎来与文成帝皇后同样的命运，被冯太后亲自下令赐死。李氏死后被葬于金陵，当时的宫人无不感到惋惜、同情。直至元宏即位，李氏才被追尊为皇后。

【人物简评】

李氏的遭遇与文成元皇后几无二致，都是以自身性命来换得家人与儿子的富贵显赫，单就她们本人而言，这样的结局无疑是彻头彻尾的悲剧。

冯清：君宠竟比亲情贵，遁入空门孤老终

【人物简介】

冯清是北魏孝文帝元宏的第一任皇后，真名不详，"冯清"则为野史所载。冯清是冯太后的同族亲戚，入宫后因与妹妹争宠失败而被废，后来，她便落发为尼直至病逝。

【人物生平】

冯清是著名女政治家冯太后的侄女，其父冯熙在北魏官至太师，享受九锡之赐，可谓权势滔天。凭借着父亲的权位、姑母的安排，冯清于公元493年入宫，并被孝文帝册立为皇后。

此前，冯清的姐姐冯润已经入宫，却因病而不得不返家，病好之后，冯清又主动劝说孝文帝，将姐姐再次迎回后宫。然而，后来冯清却与冯润产生矛盾，最终导致二人反目，冯清也在争宠中失败，更被孝文帝下令废黜。

事后，冯清感到心灰意冷，从此在瑶光寺落发为尼，直至病逝。

【人物简评】

冯清与冯润本为姐妹，但在君王的宠爱面前，却最终反目成仇，这样的结果实在令人意外。冯清虽然遭到废黜，就此遁入空门，最终却又得到善终，比起因淫乱宫闱而被赐死的姐姐，反而又显得胜出一筹。

冯润：失德岂能令天下，君王宗室皆难容

【人物简介】

冯润字妙莲，生于公元 469 年，她是北魏孝文帝元宏的第二任皇后、废皇后冯清的姐姐，在后宫中最得孝文帝的宠爱。然而冯润后来却与宫人私通，致使孝文帝深受打击。公元 499 年，孝文帝驾崩，死前又下令将冯润赐死。

【人物生平】

冯润是孝文帝第一任皇后冯清的姐姐，于公元 483 年与冯清一同进入后宫，深得孝文帝的宠爱。由于自己患有疾病，冯润不得不暂时离开后宫，这才有了后来冯清被册立为后的事情。

病情好转后，冯润便在妹妹的帮助下再次入宫，然而，不久姐妹俩就因争宠而反目。冯润虽比冯清年长，却更得孝文帝宠爱，后来，孝文帝更将冯清废黜，改立冯润为皇后。此后冯润依仗权位，对后宫妃子多有倾轧，据说就连太子元恪的生母高照容也是被她所毒杀的。

孝文帝为人雄才大略，登基后多次在外征战，冯润不堪深宫寂寞，竟然私下与宫中近侍勾搭成奸。得知这一事情之后，本就积劳成疾的孝文帝病情愈发沉重。

公元 499 年，孝文帝驾崩，死前下令遣散所有妃子，唯独要求冯润殉死，冯润得知后哭泣哀号，指责诸王矫诏迫害，但却无济于事。最终，冯润被孝文帝之弟元详毒杀，享年 31 岁。死后诸王均愤恨地表示，即便孝文帝没有遗诏，他们也绝不容这样一位失德女人执掌后宫。

【人物简评】

孝文帝对冯润可谓是恩宠有加，但冯润的所作所为却实在对不起孝文帝。正如诸王在事后所说的那样，冯润身为一国主母却淫乱宫闱，这样的女子即便在君王生前有所依仗，其所作所为却仍无异于自寻死路。

高照容：好梦一向彰吉兆，深宫最是毁红颜

【人物简介】

高照容是北魏孝文帝的妃子、宣武帝元恪的生母，她生于公元 469 年，卒于公元 497 年，享年 29 岁。高照容一生为孝文帝育有 2 子 1 女，死后葬于终宁陵。

【人物生平】

高照容的祖上因躲避永嘉之乱而逃至高句丽，高照容及其兄弟姐妹也都出生在那里。直至孝文帝即位后，高照容全家才迁回中原，公元 481 年，高照容因姿色美貌而被孝文帝纳入后宫为妃。

公元 483 年，高照容就为孝文帝生下皇子元恪，此后，她又接连生下广平文穆王元怀和长乐公主元瑛。当时，孝文帝已经娶了冯太后的同族冯润为妃，冯润为了进一步巩固地位，便开始谋划将元恪接到自己宫殿中抚养。

公元 497 年，高照容在返回洛阳途中突然病逝，享年 29 岁，就此留下一段疑案，许多人都怀疑是冯润痛下杀手。高照容死后，孝文帝采纳群臣建议，追封高照容为贵人，元恪即位后又追尊她为文昭皇后。鉴于生母的陵墓狭小，元恪下令重修终宁陵安葬高照容，元恪之子元诩即位后又对这位祖母进行追尊。

【人物简评】

高照容不仅美貌而且贤淑，可惜的是红颜命薄，很有可能还是因宫闱之争而死。据传高照容一生曾先后两次梦到吉兆，可惜她的最终结局也如同这些梦境一样归于虚妄不实。

宣武顺皇后：世代功勋皆虚妄，旧人终究不如新

【人物简介】

宣武顺皇后姓于，生于公元 488 年，是北魏宣武帝元恪的第一任皇后，祖上即是北魏著名的黑槊将军于栗磾。于氏初时深得元恪宠爱，后来却逐渐失宠，公元 507 年，她暴死于宫中，年仅 20 岁。

【人物生平】

于氏的祖上于栗磾是北魏开国名将，曾被明元帝誉为"黑槊将军"，就连刘裕也对他十分忌惮。于氏家族此后历代均得到北魏统治者的赏识，宣武帝也是借助了氏之父于劲、其叔于烈的力量，才成功夺回了旁落的大权。

公元 501 年，宣武帝夺回大权后，便接受于氏家族的请求，将于氏纳为贵人，不久后，又正式册立她为皇后。于氏长得十分美貌，因此宣武帝对她十分宠爱，后来，于氏又为他生下一子元昌。

然而随着高照容侄女高英的入宫，于氏逐渐受到宣武帝冷落，公元 507 年，她又突然暴毙，据传为被高英毒害。宣武帝对此也并没有多大反应，只是继续册立高英为皇后。仅仅过了 1 年之后，于氏之子元昌也突然暴死。

【人物简评】

于氏的家族自北魏开国，就立下许多汗马功劳，其父辈更是为宣武帝拔去了心头大患，然而这一切却都抵不过帝王的薄情。于氏入宫之后，虽然也曾为难过

宗室子弟，但终究是元恪的皇后，再看看她的凄凉晚景，不免令人同情。

高英：宫斗从来无胜者，一恶自有更恶磨

【人物简介】

高英是北魏宣武帝元恪的第二任皇后，也是孝文帝之妃高照容的侄女。高英为人量小善妒，恃宠而骄，公元518年时被灵皇后害死。

【人物生平】

高英的父亲是孝文帝妃子高照容的兄长，由于高照容被冯润所压制，高氏家族在当时并不十分显赫。然而高英最终还是侥幸入宫，并成为宣武帝元恪的妃子。

高英曾为宣武帝生下一子但此子却早夭，但因其后来手段残忍，后人都怀疑是她亲手杀害幼儿，以求躲避"子贵母死"的祖制。入宫不久，高英就联合叔父害死皇后于氏，宣武帝对此也浑不在意，只是将高英继续册立为皇后。

成为后宫之主后，高英依旧没有放过其余妃子，因此宣武帝直至驾崩，也只有一个孩子得以健康长大，即后来的孝明帝元诩。高英也曾多次迫害元诩的生母胡氏，只是始终未能得逞，自己及族人也因过于骄横、暴虐而引起时人的不满。

公元515年，宣武帝驾崩，太子元诩即位，其生母胡氏侥幸得以不死，更在此后一举反攻，成功地将高英赶出后宫，送至瑶光寺落发出家。胡氏的隐忍的手段比起高英更胜一筹，为了杜绝高英回宫，又干脆将其女儿收至自己宫中养育。

公元518年发生月食，当时人们都纷纷谣传国母将有灾厄，胡氏听说后十分忌讳，于是狠下心来杀死高英，以她来顶替自己"应劫"。高英死后，胡氏又将她的尸体送回瑶光寺，以普通的礼节下葬。

【人物简评】

其实，高英也是一位心狠手辣的宫闱女子，只是后来击败她的胡氏更为蛮横、放荡，这才使得高英死后，反而赢得了时人对她的一些同情，这不得不说是一个笑话。事实上，即便是在宫斗中得意于一时的女子，大部分也很难摆脱日后的悲惨下场，因此不论是高英，还是胡氏，她们从来都不是真正的赢家。

宣武灵皇后：虎毒犹知不食子，人母奈何悖天伦

【人物简介】

宣武灵皇后姓胡，她是宣武帝元恪的妃子、孝明帝元诩的生母，宣武帝死后，她曾一度掌控朝政。然而胡氏为人骄横放荡、倒行逆施，最终于公元528年被大将尔朱荣沉河溺死。

【人物生平】

胡氏的父亲胡国珍在北魏官至司徒，她的姑姑则是一名精通佛理的尼姑。当

时她的姑姑能够经常出入皇宫，便趁机将胡氏安排入宫，使其成为宣武帝的妃子。

当时，宣武帝多年无子，宫中妃子也因畏惧子贵母死而不愿生育男孩，只有胡氏表示不畏死亡。后来胡氏生下一子元诩，宣武帝也因晚年得子而十分喜悦。因此，公元512年册立元诩为储君后，宣武帝不仅没有赐死胡氏，反而册封她为贵嫔。

公元515年，宣武帝驾崩，元诩以幼龄即位，胡太后顺理成章地临朝问政。为了尽可能地夺得大权，胡氏不仅逼迫太后高氏出家，而且想尽办法为自己正名。不仅如此，胡氏还对儿子孝明帝处处进行压制，母子亲情至此可谓荡然无存。

胡氏不仅专擅朝政，生活作风也十分放荡，甚至还与宗室成员通奸。宗室子弟元叉等人一度发动政变，将其奸夫清河王元怿杀死并囚禁胡氏，但最终却在胡氏等人的挑唆下，被孝明帝诛杀。此后，胡氏再次临朝，更于公元528年将孝明帝毒杀。

孝明帝死后，胡氏为了稳定人心，只得将孝明帝妃子潘外怜的女儿谎称男孩拥立为帝，待到人心稳定之后，才改立宗室幼子元钊。然而，不久之后大将尔朱荣就趁机带兵入城，接管了北魏军政。为了排除异己，尔朱荣大肆屠杀北魏宗室子弟，胡氏和幼帝元钊也被沉河溺死。

【人物简评】

胡氏为人聪颖且手腕强硬，但在当时男尊女卑的封建社会，仍旧要受到社会舆论的压制，因此行事虽然肆无忌惮，也难免束手束脚，最终难免失败。胡氏为了权位连最珍贵的亲情都能抛弃，可到头来却是毫无所得，实在是半点都不值得。

文景皇后：深宫亦有真情在，生可无愧死不哀

【人物简介】

文景皇后又称杨奥妃，字婉瀴，她是北魏文景帝元愉的皇后、西魏文帝元宝炬的生母，生于公元480年，卒于公元509年，享年30岁。杨奥妃与元愉一共育有4子1女，死后被元宝炬追谥为皇后。

【人物生平】

杨奥妃据说出自弘农杨氏，是汉代名相杨震之后，但也有说她是东郡杨氏之后的。杨奥妃早年曾与宣武帝元恪的弟弟、京兆王元愉相识，此后两人一见钟情。

由于兄长元恪的干预，元愉不得不迎娶皇后于氏的妹妹为妃，但内心却对杨奥妃十分忠贞，于是又想尽办法将她娶回家，并将其改为李姓。由于于皇后的忌恨，杨奥妃在生下第一个孩子元宝月后不久，就被于皇后下令囚禁在宫中，孩子也被抱给自己的妹妹抚养。直到后来于氏始终没有生下孩子，于皇后才不得不将杨奥妃释放。据说，杨奥妃在入宫后，就已经受到毁容剃发等种种羞辱，但元愉

对她却始终忠贞不渝。

由于兄长的猜忌和于皇后的迫害，元愉最终不堪忍受，公元 508 年，他称帝自立，正式与宣武帝决裂。杨奥妃也在不久后被册立为皇后，然而元愉兵力有限，登基仅 1 个多月就被镇压，自己与妻儿也在出逃途中被捕。在押送往京城期间，元愉毫无畏惧之色。

行至半途时，元愉就被士兵处决，杨氏当时因有孕在身而幸免，到了京城生下孩子后，很快就被下令处死。她与元愉的子女因为年幼得以幸免，其中一子元宝炬建立西魏后，又追尊生父生母为皇帝、皇后。

【人物简评】

在古代皇室中，杨奥妃与元愉是难得一见的恩爱夫妻，但两人偏偏又经历了各种苦难，实在是一对苦命鸳鸯。直至生命的最后关头，他们夫妻依旧无悔、无畏，以恩爱温情来抚慰彼此，令人十分动容。

胡皇后：自进深宫未有幸，遁入沙门伴青灯

【人物简介】

胡氏是北魏孝明帝元诩的皇后，与宣武灵皇后胡氏同出一族，最初，她在灵皇后的安排下，成为孝明帝的妻子，然而胡氏始终不得孝明帝的宠爱，孝明帝被害后又落发为尼。

【人物生平】

胡氏的父亲胡盛是宣武灵皇后的从兄，灵皇后出于巩固娘家权势的考量，便将胡氏嫁入宫中，充作孝明帝元诩的皇后。

孝明帝元诩对母亲灵皇后擅权早有不满，连带着对胡氏也就没有什么好脸色，当时尽管后宫妃子众多，元诩却只宠爱潘妃潘外怜一人。为了替自己的侄女出气并博取君宠，灵皇后对后诸妃大肆打压，然而始终无济于事。

公元 528 年，元诩暴死，据说是因密谋夺权而被灵皇后毒杀，后宫众妃包括胡氏在内，全部落发为尼。胡氏就此在瑶光寺度过了生命的最后时光。

【人物简评】

胡氏本就是作为家族腾达的垫脚石入宫，她的婚姻从一开始就充满了不幸。入宫之后，胡氏始终没能得到憎恶外戚的孝明帝喜爱，最终更要在清冷的寺庙中度过大好时光，这也是生在富贵之家、嫁入深宫的心酸与无奈。

潘外怜：恩宠难抵欺压，夫君不如恶婆

【人物简介】

潘外怜是北魏孝明帝元诩的妃子，在后宫诸妃中，她最得孝明帝宠爱，却又

因此受到胡太后的迁怒。孝明帝死后，有关潘外怜的记载不详。

【人物生平】

潘外怜是北魏孝明帝元诩的宠妃，入宫之后很快就得到专宠，但却因此引来孝明帝生母胡太后的不满。此前，胡太后曾将自己的侄女胡氏嫁给孝明帝，却始终得不到宠幸，因此胡太后对宫中妃嫔一律加以打压，潘外怜也仅仅得到了最低的充华封号。

胡太后不仅态度蛮横，而且生性放荡，私下更与清河王元怿有染。后来元怿被元叉杀死，胡太后也被囚禁。胡太后为了脱困，便通过欺骗潘外怜来蛊惑孝明帝，唆使孝明帝将元叉诛杀。元叉死后，胡太后再次临朝听政，很快就趁机夺取了大权。

公元528年，孝明帝因密谋夺权而被胡太后鸩杀，此前潘外怜已经生有一女，胡太后于是将这个女孩抢来，谎称是男孩并将其扶持为皇帝，以此来稳定人心。直到3个月后，胡太后才宣布真相，改立元钊为帝，但同年就被借口入京的大将尔朱荣沉河溺死。

潘外怜自女儿被抢后，在史书中便失去了记载，一说为被胡太后杀害，一说为在瑶光寺落发为尼。

【人物简评】

潘外怜在后宫中深得君王恩宠，但她的丈夫孝明帝又是一个懦弱之人，因此潘外怜在宫中不仅身份卑微，就连自己的女儿也难以保全。

尔朱英娥：与国沉浮难由己，一生凄惶谁人知

【人物简介】

尔朱英娥是北魏孝明帝元诩的妃子，其父为尔朱荣。尔朱英娥一生先后嫁给孝明帝、孝庄帝和北齐皇帝高欢，公元556年时因反抗文宣帝高洋而被杀死。

【人物生平】

尔朱英娥之父即是北魏名将尔朱荣。最初，尔朱英娥被选为孝明帝元诩的妃子，却因孝明帝之母胡太后的逼迫，始终没能生育子嗣。

公元528年，胡太后为了保住权位，竟将孝明帝毒杀，尔朱荣得到消息后当即起兵，将胡太后和幽帝元钊沉河溺死，改立孝庄帝元子攸。当时尔朱英娥已经落发为尼，尔朱荣为了控制孝庄帝，便再次将女儿接回，改嫁给孝庄帝为后。

此时北魏的军政大权，已经尽数落入尔朱氏之手，因此，尔朱英娥在后宫中十分跋扈，不仅对其余妃子呵斥，也丝毫不把孝庄帝放在眼里。眼见尔朱氏擅权，不甘受制的孝庄帝于公元530年时，趁着尔朱英娥怀孕的机会，将尔朱荣骗入宫中诛杀。尔朱荣虽然身死，尔朱氏族人却又再次发动叛乱，不久就将势单力孤的

孝庄帝弑杀。对于尔朱英娥这位同族女子，尔朱氏诸人却并未放过，不仅将她幽禁起来，就连她的儿子也被活活摔死。

后来高欢崛起，将尔朱氏彻底击败，尔朱英娥又被高欢纳为小妾。依仗着高欢的宠幸，尔朱氏在东魏再次崛起，甚至还打算夺取大权。高欢念在尔朱英娥的份儿上，并没有彻底铲除尔朱氏，但尔朱英娥的两个弟弟却先后因犯禁而被处死。

高洋建立北齐政权后，初时勤勉治政，晚年却变得酗酒暴虐，喜怒无常。公元556年，高洋酒醉之后竟然想要占有尔朱英娥，却遭到其竭力反抗。高洋一怒之下便将尔朱英娥砍死。

【人物简评】

尔朱英娥并不是什么贤良女子，但她也却沦为了庙堂权争、家族崛起的垫脚石，既是报应不爽，更是可悲可悯。古往今来的历史上，唯有尔朱英娥先后嫁给三位皇帝，比起唐时的武则天更有过之，但她却始终没能长久享有荣华富贵，反而经历了常人难以想象的苦难。

高皇后：遇薄情不必有怨，随爱恨方成洒脱

【人物简介】

高皇后是北魏出帝元修的妻子，其父为高欢，其母为娄昭君。高氏与元修并无感情，元修出逃西魏后又干脆自行改嫁。

【人物生平】

高氏之父即是后来的东魏实际统治者、北齐政权奠基人高欢，高氏则是高欢的长女。高氏为人不仅貌美而且聪慧，高欢为了更好地控制出帝，便将她嫁给出帝为皇后。

出帝对高欢的想法自然心知肚明，因此对高氏并没有什么情感，平日里也只是与自己的几位堂姐妹厮混在一起，将高氏冷落在一边。随着高欢对北魏朝堂的控制愈发加强，出帝的心中也愈发忧惧。为了逃避高欢，出帝最终于公元534年带着几位堂姐妹出逃，投奔关中地区的宇文泰，高氏自然没有被带着同行。

然而宇文泰也是一个野心勃勃的人，接纳出帝不久后就无情地翻脸，将出帝及其堂姐妹等人杀害。高氏对此也毫不在意，干脆卷起宫中财宝，改嫁给彭城王元韶，彻底与出帝撇清了关系。

【人物简评】

高氏与出帝结合本就是一场政治婚姻，难免有许多不如意和无奈，但高氏却又实实在在是一位坦荡豁达的女子。被丈夫抛弃后，高氏既没有自怨自艾，也不曾心灰意懒，而是干脆潇洒转身，改嫁他人，这样的气度倒也值得钦佩。

高皇后：所托非良皆不幸，历遍风波心成灰

【人物简介】

高皇后是东魏孝静帝元善见的妻子，其父为高欢，其母为娄昭君。最初，高氏嫁给孝静帝，孝静帝死后又改嫁他人。第二任丈夫死后，高氏再也没有嫁人，此后孀居到老。

【人物生平】

高氏是高欢的第二个女儿，即出帝皇后高氏的胞妹。出帝投奔宇文泰被杀之后，高欢鉴于时机不到，只得扶持元善见即位，即孝静帝，北魏就此分裂为东魏、西魏。

元善见即位后，高欢如法炮制，又将高氏嫁给他做皇后，借此继续掌控新皇，时为公元539年。公元550年，高氏的弟弟高洋篡位自立，建立北齐政权，元善见和高氏均被废黜。次年，高洋为了斩草除根，又偷偷下毒将元善见害死，此后，高氏便改嫁给尚书左仆射杨愔为妻。

公元560年，杨愔又在私下谋划铲除二王高演、高湛，不料却因事败被杀，高氏再次成为寡妇。此后高氏再也没有改嫁，孀居在家，直至终老。

【人物简评】

高氏与其姐姐一样，都是在家族的安排下嫁入深宫的，本身没有多少自由，也没得到多少恩宠，后来也经历了许多波折和不幸。比起颇为"洒脱"的姐姐，高氏的婚姻可谓悲剧重重，没有丝毫值得歆羡的地方。

乙弗皇后：一女何足兴兵戈，明知不是难挽回

【人物简介】

乙弗氏是西魏文帝元宝炬的第一任皇后，她生于公元510年，自入宫后便以自己的人格魅力征服了文帝元宝炬。公元540年，乙弗氏却因柔然的压迫而被文帝赐死，享年31岁，后来与元宝炬合葬于永陵。

【人物生平】

乙弗氏出自吐谷浑宗室，其家族自高祖时归降北魏，便多与北魏皇室通婚。乙弗氏在很小的时候就被家人誉为"不输男儿"，又因为长相秀美而被嫁给京兆王元愉的儿子元宝炬为妃。

公元535年，元宝炬在宇文泰的拥立下即位，建立西魏政权，乙弗氏也被册立为皇后。成为后宫之首后，乙弗氏依旧不改以往的节俭作风，在宫中也从不穿华美的衣服，从不吃奢华的饭菜，更不喜欢以珍宝玉器作为装饰。不仅如此，乙弗氏为人也十分宽厚，善待宫中所有人员，因此，元宝炬对她十分敬爱。

当时，北方柔然势大，对西魏政权构成严重威胁，因此，元宝炬不得不采纳宇文泰的建议，暂时废掉乙弗氏，迎娶柔然可汗阿那瓌之女郁久闾氏为后。此后，乙弗氏便落发为尼，迁到别宫居住，然而元宝炬心中始终对她念念不忘。

郁久闾氏对此看在眼里、恨在心中，不久之后柔然就撕毁合约，悍然进犯西魏。当时国中也纷纷传言柔然是因为乙弗氏才兴兵，再次将元宝炬置于风口浪尖。为了安抚将士、平息边乱，元宝炬虽知这是借口，却也只得含泪下令将乙弗氏赐死。乙弗氏接到诏令后，便哭着向元宝炬诀别，随后返回居处自尽，享年 31 岁。

乙弗氏死后，元宝炬亲自拟诏，表示死后要以她配祭，群臣于是请求追封乙弗氏为皇后，后来又将她与元宝炬合葬。迫害乙弗氏的郁久闾氏也在 2 年后难产而死。

【人物简评】

乙弗氏与元宝炬两人情真意切，却又不幸面临国家危亡的局面，不得不有所取舍，到了最后更难免天人永隔、生死殊途，最终上演了一出令人落泪的悲剧。

郁久闾氏：良心难容忌恨，遂愿不保长生

【人物简介】

郁久闾氏是西魏文帝元宝炬的第二任皇后，生于公元 525 年，入宫后不久就依仗父亲的权势，逼杀前皇后乙弗氏。公元 540 年，郁久闾氏因受良心谴责而死，享年 16 岁，谥号为悼。

【人物生平】

郁久闾氏之父即是柔然可汗阿那瓌。当时西魏面临各种内忧外患，柔然也对西魏边境构成严重威胁。尽管此时文帝元宝炬已经娶有皇后乙弗氏，却还是不得不向阿那瓌屈服，废掉乙弗氏并迎娶郁久闾氏为后，时为公元 538 年。

乙弗氏自从被废后就落发为尼，但元宝炬却依旧对她十分牵挂，更在私下让她保留头发，希冀着有朝一日能够再次迎她回宫。郁久闾氏把这一切都看在眼里，心中自然十分忌恨。不久之后，原本已经与西魏通婚的柔然就大举进犯，同时国中也突然流传出柔然是为了郁久闾氏才出兵的传言。眼见情势愈发不利，元宝炬只得含泪将乙弗氏赐死，郁久闾氏自然而然成为幕后的大赢家。

自从乙弗氏死后，郁久闾氏便开始频繁地做噩梦，精神也因此备受摧残。公元 540 年郁久闾氏怀孕临盆，却因噩梦导致精神出现问题，最终难产而死，年仅 16 岁。

【人物简评】

郁久闾氏因嫉妒而夺走乙弗氏的性命，但看似赢家的她也只比乙弗氏多活了 2 年，可谓两败俱伤。

宇文皇后：身陷家国多难处，一死殉夫共幽途

【人物简介】

宇文氏是西魏废帝元钦的皇后，其父为宇文泰。公元554年，宇文氏以身殉夫而死。

【人物生平】

宇文氏的父亲即是西魏权臣、北周政权奠基人宇文泰。早在元钦尚未登基时，宇文氏就在父亲的安排下嫁入皇家，成为元钦的太子妃；公元551年元钦即位后，宇文氏也顺理成章地成为皇后。

尽管古代帝王三宫六院并非怪事，尽管宇文家族与皇室实际上势同水火，废帝却与宇文氏十分恩爱，除她之外更没有接纳任何妃嫔。宇文氏虽然有一个追逐权势、手段强硬、心机深沉的父亲，自身却十分温良贤惠，因此与元钦非常恩爱，两人相敬如宾。

然而恩爱夫妻的生活仅仅过了3年，元钦就被野心勃勃的宇文泰废杀，宇文氏因此悲痛欲绝。失去丈夫的宇文氏不愿苟活，于是毅然饮下鸩杀丈夫的那壶毒酒，随元钦共赴黄泉。

【人物简评】

宇文氏与汉献帝的皇后曹节有着许多共通之处，都有一位野心勃勃、干预朝政的父亲，一位善良谦卑、懦弱无能的丈夫，自己也同样夹在中间十分为难。遗憾的是，自从刘宋武帝刘裕以来，迫害前朝末帝就成为一项既定惯例，因此宇文氏与废帝并未能像献帝夫妇那样恩爱到老，最终只得双双赴死，令后人看来不免唏嘘不已。

若干皇后：兴旺更替几家恨，青灯古佛任余生

【人物简介】

若干氏是西魏恭帝拓跋廓的皇后，后来因故出家，在寺庙中直至终老。

【人物生平】

若干氏的父亲是西魏一代名将若干惠，一生为西魏四处征伐，立下无数战功，若干氏本人也长得十分貌美。凭借着自己的姿容和家族背景，若干氏很早就被尚未登基的恭帝选入后宫。

公元554年，西魏的实际统治者宇文泰废掉废帝元钦，改立拓跋廓为帝，若干皇后按例被册立为皇后。仅仅过了2年，宇文泰之侄宇文护便逼迫拓跋廓禅位，次年又找个借口将他杀害。此后若干氏落发为尼，不再过问世事，直到后来在寺庙中终老。

【人物简评】

青灯古佛的生活虽然孤寂，但对于若干氏这样的亡国末代后妃来说，却可能是世间最后的温情港湾，是她们想要保全自己性命的唯一归宿。

李祖娥：大方闺秀偏薄幸，可叹嫁入禽兽家

【人物简介】

李祖娥是北齐文宣帝高洋的皇后、废帝高殷的生母，生卒年不详，入宫后先后为高洋生下两个孩子。高洋为人残暴乖戾，他在世时对所有宫人都十分残忍，唯独对李祖娥十分宠爱。及至武成帝高湛即位，李祖娥受到种种虐待，最终不得不落发出家，直至隋朝建立才得以返乡。

【人物生平】

李祖娥出自北方望族赵郡李氏，自小她便受到家族的良好教育，不仅长得漂亮，性情也十分端庄。当时的东魏权臣高欢得知后，便将她聘为次子高洋的妻子。

公元 549 年，高洋的兄长高澄被刺杀，高洋趁机接管了东魏军政大权，次年又逼迫孝静帝禅位，建立北齐政权。此前，李祖娥曾数次被高澄欺侮，自此终于扬眉吐气。高洋即位后又力排众议，坚决将李祖娥立为皇后，可谓夫妇二人情深义重。

高洋虽然雄才大略，富有"英雄天子"的美名，但同时也是一位极度丧心病狂的残暴君主。有一次高洋酗酒之后，竟然亲自上门射伤李祖娥的母亲，随后又将其姐夫杀死，将其姐李祖猗掳至宫中。好在李祖娥及时求得太后出面，才保住了姐姐的名誉和清白。后来李祖娥的儿子高殷也被打出精神疾病，闻之令人毛骨悚然。

公元 559 年，高洋病逝，高殷即位，尊李祖娥为太后，不久，北齐朝廷就产生动荡。当时高洋之弟高演、高湛权势巨大，李祖娥感到十分担忧，于是便联合大臣准备架空两人。然而这一行动最终却被太皇太后所阻，不久，高殷也被高演废杀。

公元 561 年，高演病逝，死后高湛即位，李祖娥又遭到逼奸的厄运。当时李祖娥一度不从，高湛却以其子高绍德作为威胁，李祖娥只得无奈屈服。后来李祖娥为高湛生下一女，因不堪屈辱而将其扼杀，高湛得知后愤怒地将高绍德活活打死。不仅如此，李祖娥也被打得浑身流血，事后更被丢入沟渠，最终离开皇宫出家。

公元 577 年，北周灭北齐，李祖娥又因以往的身份而被掳掠。直至杨坚代周自立，李祖娥才得以释放返乡。

【人物简评】

北齐王朝享国不过 28 年，经历君主却达 6 代，却因统治者大多残暴而享有

"禽兽王朝"的"美誉"，李祖娥偏偏不幸就夹在了高洋、高湛这对暴戾兄弟之间。作为丈夫的高洋虽然不曾加害李祖娥，但种种暴行也多次波及其家人，使她处于担惊受怕的境地。高湛登基后的乱伦恶行，更是给李祖娥带来了终其一生都难以抚平的精神创伤。

孝昭皇后：贤夫君可惜早逝，贵国母一无尊严

【人物简介】

孝昭皇后姓元，生卒年不详，是北齐孝昭帝高演的妻子。高演死后，元氏也受到武成帝高湛的虐待，北齐亡国后得到赦免。

【人物生平】

元氏在高演还在做常山王时，就已经嫁给他为妃子，高演甚至还赐给她一个新的名字步六孤。公元560年，高演登基为帝，元氏也被立为皇后。

高演在位仅2年就在一次意外中受了重伤，不久，他便病重而死，其弟高湛继承了皇位，即武成帝。高湛为人性情乖戾、喜怒无常，动辄对宗室子弟和后宫诸人进行迫害，元氏自然也没能摆脱这一宿命。当时，高湛听说元氏拥有奇特药物，派人索取却一无所得，大怒之下便派人扯着她的头发以头砸地，后来又将她幽禁在宫中。

公元577年，北齐被北周所灭，皇族子弟和宫人尽数遭到掳掠，元氏也没能幸免。直到北周外戚杨坚成为丞相，元氏才得以被释放并回到家乡。此后，关于元氏的记载不详。

【人物简评】

元氏贵为一国之母，可惜的是丈夫早逝，空有富贵却毫无尊严，更要时时刻刻处于朝不保夕、担惊受怕的可怜境地，遭遇令人同情。

胡皇后：尊贵不知自爱，唯以风尘为归

【人物简介】

胡氏是北齐武成帝高湛的皇后，生卒年不详，她为人生性十分放荡。早在武成帝生前，胡氏就与朝中的大臣通奸，其子即位后又与僧人私通。北齐亡国后，胡氏依旧不改淫荡作风，最终沦为风尘女子。

【人物生平】

据说，胡氏出生之前，曾有一名僧人称赞其家中有吉兆，后来胡氏果然被选为高湛的王妃。嫁给高湛之后，胡氏先后为他生下高纬、高俨2子。

高湛为人荒淫残暴，但作为妻子的胡氏也不遑多让。在高湛生前，胡氏就与大臣和士开勾搭成奸，然而高湛却对此浑然不察，反而十分宠信和士开。公元569

年，高湛病死，2 年之后，其子高俨才因愤怒而将和士开诛杀。

和士开死后，胡氏又趁着拜佛的机会，与僧人昙献通奸，甚至还将高湛的龙床都搬到寺庙里淫乐。朝廷上下对此都看在眼里，只有高纬一人不知。直到后来高纬发现胡氏身边的两名美貌宫女，竟然都是男扮女装的和尚，这才知晓了事情始末。高纬一怒之下，便将昙献等僧人处死，随后又将胡氏幽禁。

高纬传位于高恒，尊胡氏为太皇太后。1 年后，北齐就被北周灭亡，胡氏也沦为俘虏。由于自己生性淫荡，胡氏最终流落于长安街头，并沦为风尘女子。

【人物简评】

胡氏贵为国母却不知自爱，做出种种秽乱后宫的淫荡丑事，十分令人不齿。

李夫人：曾与君王期黄发，孰知双双无善终

【人物简介】

李夫人是北齐武成帝高湛的妃子，嫁给高湛前曾是东魏孝静帝元善见的宠妃。东魏灭亡后，李氏又被赐给高湛，并为高湛育有一子。后来，李氏因家人之死受到刺激，最终精神错乱而亡。

【人物生平】

李夫人本是东魏孝静帝元善见的妃子，她长相漂亮、知书达礼，深得孝静帝的宠爱。当时孝静帝因不满高澄专权而私下谋划，高澄得知后因怀疑是李氏唆使，险些将她处死。

公元 550 年，高洋逼迫孝静帝禅位，建立北齐政权，后宫诸妃也纷纷被转赠，临行前李氏还赠诗送别，祝祷孝静帝能够健康到老。高洋见李氏美貌，便将她赐给自己的弟弟高湛。嫁给高湛后，李氏为他生下一子高绰。公元 561 年，高湛即位，册封李氏为夫人，高湛死后李氏又被尊为太妃。

李氏在后宫中地位尊崇，然而她的家人却因陷入庙堂之争被处死，李氏因此受到打击，精神遭到极大摧残，最终李氏也因发狂而死。

【人物简评】

李夫人曾一心希望孝静帝安享晚年，但孝静帝却被毒杀。此后，她的家人也被执行火刑处死，对她来说这无疑是巨大的打击。所谓的深宫富贵在李氏眼中，显然不能与人伦亲情相比，她的悲惨结局也让人们看到了她内心的柔弱、善良。

斛律皇后：人心由来易变，恩宠盛衰无常

【人物简介】

斛律氏是北齐后主高纬的第一任皇后，其父为斛律光。斛律氏原本深得宠爱，却在灭族后遭到废黜，不得不出家为尼。北齐灭亡后斛律氏又改嫁他人。

【人物生平】

斛律氏的父亲即是北齐名将斛律光，在 20 年间曾多次率军击败北周宇文邕，官至左丞相，深为宇文邕所忌惮。斛律氏凭借着父亲的地位得以入宫，成为高纬的太子妃，公元 565 年，她又被册立为皇后。

当时斛律氏深得高纬的宠爱，甚至就连自己生下一女后，高纬都谎称是男孩来安慰她。然而随着斛律家族的显赫，高纬心中却愈发猜忌。当时，斛律光与高纬宠信的佞臣大多有隙，这些人便趁着侍奉高纬的机会，极力诋毁、构陷斛律光。最终于公元 572 年，昏聩的高纬将斛律光杀死，其家族也在不久后被灭。

斛律家族倒台后，作为皇后的斛律氏也被无情地抛弃，只得出家为尼。公元 577 年，北齐被北周所灭，此后斛律氏也改嫁他人。

【人物简评】

古代君王坐拥诸多妃子，恩宠难免游移不定，但对于侍奉君王的诸多妃子来说，这又使得她们备受煎熬。尤其是妃子一旦失宠，往往还会遭到各种打压、迫害，斛律氏就是这样一位薄幸的女子。

胡皇后：不曾一言亵皇母，无奈太后不容亲

【人物简介】

胡氏是北齐后主高纬的第二任皇后，也是武成帝高湛皇后胡氏的侄女。由于宫中女官的构陷，成为皇后不久胡氏就被姑母赶走，北齐灭亡后，胡氏又改嫁他人。

【人物生平】

胡氏的姑母即是武成帝的皇后胡氏，也就是那位以淫乱闻名的胡太后。当时胡太后因秽乱后宫而触怒亲子高纬，于是便将作为侄女的胡氏带入宫中，妄图以此来求取儿子的谅解。

胡氏入宫后果然得到高纬的宠爱，不久就被封为左昭仪。当时，高纬的乳母陆令萱利用高纬的昏聩，在后宫中十分专横，并在斛律皇后被废后，极力主张改立穆邪利为后。等到胡氏凭借着姑母的关系成为皇后，陆令萱又故意在胡太后面前进谗，诬告胡氏曾私下诋毁其淫乱丑行，胡太后大怒之下不辨是非，就下令将胡氏的头发剃掉，并将她赶出后宫。

胡氏出宫之后，高纬曾一度将她又接到宫中，不久之后，北齐就被北周灭亡。后来高纬于公元 577 年被处死，胡氏则早在此前就已经改嫁他人。

【人物简评】

胡氏以外戚的身份入宫，她深得君王宠爱，却又被娘家人怀疑、打击，于她而言，这样的亲情实在是太过凉薄。尽管胡氏并没有在高纬死后做到守贞不嫁，但抛开这些虚假的所谓名节不论，她的做法反而对自己更加有益。

穆邪利：养育大恩犹可忘，恶有恶报陷凄凉

【人物简介】

穆邪利又名黄花、舍利，生卒年不详，她是北齐后主高纬的第三任皇后。穆邪利为人冷漠薄情，得宠之后便将自己的生母抛弃，后来又因失宠而险些被废。北齐亡后，穆邪利与高纬之母胡氏一同沦为娼妓。

【人物生平】

穆邪利是其母轻霄与别人通奸所生，后来因受到牵连而入宫为奴，成为斛律皇后的一名婢女。不料入宫之后，穆邪利却意外得到后主高纬的宠幸，更为他生下一子高恒。

高纬的乳母陆令萱依仗权势，趁机将穆邪利收为养女，穆邪利就此攀上了这个高枝。在陆令萱的谋划下，皇后胡氏最终被废黜，穆邪利被立为新一任皇后。穆邪利一朝显贵之后，当即忘却了抚养自己多年的生母的恩情，表示不会再与她相见，胡太后和陆令萱更私下将其囚禁。

公元 577 年高纬禅位于高恒，尊穆邪利为太上皇后，不到 1 个月，北齐就被北周灭亡，穆邪利等后宫诸人也被带至北周。此后穆邪利便从尊贵的皇后沦为娼妓，嫁给一户商人后又遭到正室的毒打。最终穆邪利又被赶出家门，不得不一路乞讨流亡。

【人物简评】

若论世间大恩大德，无出于父母养育之恩者，然而穆邪利却是一个重富贵、轻人伦的无情无义女子，着实令后人唾弃。

冯小怜：明堂玉体媚上下，千金难买生与荣

【人物简介】

冯小怜是北齐后主高纬的妃子，生年不详，她原本是皇后穆邪利的婢女，后来得到高纬的宠爱。北齐灭亡后，冯小怜先后两次改嫁，最终于公元 581 年被其婆母逼死。

【人物生平】

冯小怜最初是皇后穆邪利的婢女，与穆邪利的早年经历颇为相似，但与穆邪利的意外得宠不同，冯小怜是穆邪利在逐渐失宠后，以"续命"的名义献给高纬的。后来冯小怜果然得到高纬宠爱，甚至发展到坐则同席、出则同车的地步。

由于冯小怜身材曼妙，高纬一度下令她脱光衣服躺在案上，以千金作为"门票"任由大臣观赏，以至于留下"玉体横陈"的著名典故。当时北周逐渐强大，数次侵犯北齐，然而高纬却因宠幸冯小怜而疏于边境防范，之后更多次贻误战机。有一次甚至北齐大军好不容易攻破城池，高纬却非要等到冯小怜化妆完毕后，与

她一同观看，结果北周士兵趁机再次修好城池缺口，北齐将士最终无功而返。

不久，北齐就被北周反攻打败，高纬等人不得不仓皇出逃。期间冯小怜依旧沉迷于化妆打扮，以至于差点被北周俘获。先一步逃到邺城之后，高纬对之后逃奔前来的母亲毫不理睬，却对冯小怜十里相迎，令众人瞠目结舌。

公元 577 年，高纬等人俱被俘虏，北齐灭亡。高纬请求宇文邕将冯小怜归还自己，但不久后就被宇文邕杀害。此后冯小怜又被赐给宇文达为妾，并数度迫害宇文达的妻子李氏。

公元 581 年，杨坚取代北周，冯小怜再次被赐给李询。李询正是李氏的兄长，冯小怜的处境可想而知。不久，冯小怜就遭到婆婆报复，被迫自尽而死。

【人物简评】

后主高纬固然是昏聩君主，作为宠妃的冯小怜也可谓不识大体，远不能与那些规劝夫君、引导帝王的贤后贤妃相比。沦为他人侍妾之后，冯小怜更是不辨局势、一味争宠，最终为自己招来灾殃，所作所为毫无明智可言。

元胡摩：出入深宫经冷暖，兴亡更替历薄情

【人物简介】

元胡摩是北周孝闵帝宇文觉的皇后，宇文觉死后，她一度出家，后来又被迎回宫中奉养。隋朝建立后元胡摩再次出宫，于公元 616 年病逝。

【人物生平】

元胡摩是西魏文帝元宝炬的女儿，曾被封为晋安公主，后来又嫁给宇文觉为妻。公元 557 年，宇文觉在宇文护的拥护下称帝自立，取代西魏建立北周，元胡摩也被立为皇后。

然而宇文护为人嚣张跋扈，宇文觉因此产生不满，同年就被宇文护害死。宇文觉死后，元胡摩也遭到废黜，被迫落发出家。公元 572 年，宇文邕诛杀宇文护，才以孝闵皇后的身份将元胡摩迎回宫中奉养。

公元 581 年，外戚杨坚取代北周自立，失去身份的元胡摩只得再次出宫。公元 616 年，元胡摩去世。

【人物简评】

元胡摩作为宗室之女、一国之后，先后经历两次国破家亡，或许天下兴亡于她而言并没多少意义，但期间所经历的人情冷暖，却足以令她感触颇深。

明敬皇后：家门显赫无所用，一朝衰败无人存

【人物简介】

明敬皇后姓独孤，是北周明帝宇文毓的妻子。早在宇文毓登基之前，独孤氏

便因病于公元 558 年去世，直至宇文毓即位才被尊为皇后。

【人物生平】

独孤氏的父亲是西魏重臣独孤信，在西魏位列八柱国之一，显赫的家世与宇文氏家族相差无几。出于当时政治联姻的传统和需要，独孤氏又被嫁给宇文泰长子宇文毓为妻。

由于独孤信对西魏宗室十分拥护，宇文泰心中对独孤家族并不信任，在选定世子时，也故意绕开了年长的宇文毓，选择了三子宇文觉。公元 556 年，宇文泰死后，侄子宇文护开始掌握大权，朝中大臣都对此十分不满，但独孤信却没有参与除掉他的密谋。宇文护得知之后仍然十分忌惮，不久后就将他赐死。

公元 557 年，宇文觉在即位不仅后就被废黜，宇文毓被拥立即位，独孤氏也被立为王后。公元 557 年，独孤氏产后生病死去，不久，宇文毓正式称帝，追封独孤氏为皇后。

【人物简评】

独孤氏的家族本来十分显赫，却又不幸因卷入庙堂之争而衰败。尽管自己暂时逃过一难，最终又因生产而死，家门上下均遭遇不幸。

李娥姿：民女何曾望富贵，家室不存长留悲

【人物简介】

李娥姿是北周武帝宇文邕的妃子、宣帝宇文赟的生母，她生于公元 535 年。在隋朝取代北周的过程中，李娥姿的儿子宇文赟和孙子宇文阐先后病死、被杀，李娥姿也落发为尼，于公元 588 年去世，享年 53 岁。

【人物生平】

李娥姿原本是南梁人士，公元 554 年，她与家人一同被掳至西魏。由于她姿色出众，李娥姿很快就被选为宇文邕的小妾，后来又为其生下一子宇文赟。

宇文赟出生次年，宇文邕就在宇文护的拥立下即位，李娥姿也被册立为皇后。8 年之后，宇文邕病逝，宇文赟即位，又尊李娥姿为太后。宇文赟在位 1 年后就禅位给儿子宇文阐，自称天元皇帝，李娥姿又被尊为天元圣皇太后。

公元 581 年，外戚杨坚逼迫宇文阐禅位，此时宇文赟已经病逝，在不久后宇文阐也被杀。眼见儿子、孙子纷纷死去，李娥姿心灰意冷，于是落发为尼，出家之后法号常悲。7 年之后，李娥姿去世，享年 53 岁，死后以尼姑身份下葬。

【人物简评】

李娥姿自小经受战争之苦，后来有幸嫁入帝室，但在晚年却又经历国破家亡，一生十分坎坷。出家之后的"常悲"法号，恰恰是对她一生经历和晚年生活的最佳总结。

阿史那氏：嫁父不成可嫁子，无嗣可喜亦无哀

【人物简介】

阿史那氏是北周武帝宇文邕的皇后，她生于公元 551 年，其父阿史那俟斤为突厥可汗。阿史那氏一生不曾育有子嗣，宇文邕死后她先后被尊为太后、太皇太后。公元 582 年阿史那氏去世，享年 32 岁，死后与宇文邕合葬于孝陵。

【人物生平】

阿史那氏是突厥可汗之女，最初时曾被许配给宇文泰，但尚未出嫁就被其父反悔阻止。公元 560 年宇文泰之子宇文邕即位，又积极谋求与突厥结盟，于是，阿史那氏又被许配给宇文邕。

公元 565 年，宇文邕以重礼迎娶阿史那氏，直到 3 年后阿史那氏才被护送至北周，宇文邕将其迎回宫后，当即册立她为皇后。阿史那氏虽然出身游牧民族，为人却温婉贤淑、美丽善良，因此，宇文邕对她十分宠爱。后来由于忌惮突厥的势力，宇文邕一度对阿史那氏有所疏远，但最终还是采纳外甥女窦氏（后来成为唐高祖李渊的妻子）的建议，对阿史那氏以礼相待。

公元 578 年，宇文邕病逝，宇文赟即位，尊阿史那氏为太后，次年，又尊其为天元皇太后。公元 580 年，宇文赟死去，宇文阐改尊阿史那氏为太皇太后。次年，北周被杨坚取代，又过了 1 年，阿史那氏也因病去世，享年 32 岁。

【人物简评】

阿史那氏虽出身异族却为人贤淑，颇有母仪天下的气度，可惜的是宇文邕对她虽然优厚，心中却并非完全信任。阿史那氏一生没有生育子嗣，但这也使她得以避免更多丧亲之痛，比起同样被尊为皇后的李娥姿，要显得更加幸运。

杨丽华：此心已在宇文氏，老父窃国恨未休

【人物简介】

杨丽华是北周宣帝宇文赟的正妻，她生于公元 561 年，其父为杨坚，其母为独孤伽罗。杨丽华在父亲篡位后，她始终怀有怨言并不肯改嫁，直至公元 609 年病逝，享年 49 岁，死后与宇文赟合葬于定陵。

【人物生平】

杨丽华是北周重臣杨坚的女儿，出自弘农杨氏，祖上即是西汉的名臣杨震。公元 573 年，杨丽华被宇文邕纳为太子宇文赟的妃子，公元 578 年，她又被登基称帝的宇文赟册立为皇后。

宇文赟为人十分荒淫，除了杨丽华之外，还宠幸朱满月、陈月仪、尉迟繁炽、元乐尚等妃子，后来干脆将她们统统封为皇后，比汉赵刘聪还更胜一筹。或许是

出于对杨氏家族的猜忌，宇文赟有一次对杨丽华无端痛斥，事后更要将她处死。幸亏杨丽华的母亲独孤伽罗入宫苦苦哀求，宇文赟才放过了她。

公元 580 年，宇文赟病逝，死前近侍矫诏自专，使杨坚成为辅政大臣，此后，杨坚的野心逐渐暴露。杨丽华虽为杨坚之女，却一心侍奉宇文氏，因此，她对乃父十分不满。公元 581 年，杨坚取代北周，却也因此被杨丽华忌恨，之后，杨丽华更坚决拒绝了杨坚的改嫁安排。

随着时间的推移，杨丽华对父亲的怨恨才略微淡去，后来更趁着为女儿宇文娥英择婿的机会，要求杨坚授予女婿李敏柱国的官位。公元 609 年，杨丽华在随炀帝出巡途中病逝，享年 49 岁，死后把全数食邑都赠给李敏，并被炀帝以重礼与宇文赟合葬。

【人物简评】

杨丽华作为杨坚的女儿，却始终对杨坚篡位心存抱怨，颇有嫁夫随夫的觉悟。尽管杨坚难以摆脱篡位的名声，杨丽华却以自己的实际行动，表明了她对宇文氏的忠贞，可以说是无愧于心。

朱满月：生子本是人母幸，国亡君死势不容

【人物简介】

朱满月是北周宣帝宇文赟的皇后之一，生于公元 547 年，位列宣帝五后之一的天大皇后，同时又是静帝宇文阐的生母。北周灭亡后，朱满月被迫出家，于公元 586 年去世，享年 40 岁。

【人物生平】

朱满月最初因家人犯罪而入宫为奴，后来因貌美而被太子宇文赟看中。受到宠幸后，朱满月就为宣帝生下一子宇文阐，即后来的静帝。

公元 578 年，宇文赟即位，次年就传位给儿子宇文阐，自号天元皇帝，同年，又将朱满月册立为天大皇后。由于儿子即位的缘故，朱满月在后宫中十分尊贵，地位仅次于宣帝的皇后杨丽华一人。

公元 580 年，宇文赟因纵欲而死，年仅 22 岁，死后，朱满月被尊为帝太后。次年杨坚以隋代周，自立为帝，宇文阐不久后就被害死。朱满月虽然得以幸免，却也不得不奉诏出宫，落发为尼后法号法净。

6 年之后，朱满月病逝于寺庙，享年 40 岁，死后只以尼姑身份葬于长安。

【人物简评】

比起另外几位皇后，育有一子的朱满月更加显赫，但这却使得她后来在经历亡国之余，还要接受丧子的悲惨命运。比起那几位孤身出家的皇后，朱满月的经历显然要更加凄苦。

陈月仪：古来皆谓深宫冷，脉脉温情原在人

【人物简介】

陈月仪是北周宣帝宇文赟的皇后之一，生于公元 565 年，入宫后成为宣帝五后之一的天中大皇后。宣帝死后陈月仪出家，于公元 650 年去世，享年 86 岁。

【人物生平】

陈月仪的父亲陈山提历仕北魏、北齐、北周，官至上柱国，陈月仪则于公元 579 年入宫。次年，陈月仪受封为天左大皇后，不久，又因另一名皇后尉迟繁炽之故，改封为天中大皇后。

陈月仪入宫时，还有一名叫作元乐尚的同龄女子与她同时入宫，后来，又同时被册立并受到宠爱，因此两人虽然身处后宫，却也建立起了真挚的友谊。同年，宇文赟因纵欲过度而死，包括陈月仪在内的几位皇后都奉诏出家，其中陈月仪法号华光。

出家之后，陈月仪又与元乐尚一起生活，一直活到了唐朝时期。元乐尚于何时去世不得而知，陈月仪则是活到公元 650 年，彼时已是唐高宗年间了。

【人物简评】

陈月仪虽为宫闱女子，却丝毫没有暗藏祸心的举动，反而与一同入宫的女子结为好友，这在习惯了宫斗杀机的世人眼中，实在是一幅难得的温情画面。

尉迟繁炽：家破只因色招祸，不见荣华拜古佛

【人物简介】

尉迟繁炽是北周宣帝宇文赟的皇后之一，她生于公元 566 年，卒于公元 595 年，享年 30 岁。尉迟繁炽为宣帝五后中的天左大皇后，于宣帝死后落发出家。

【人物生平】

尉迟繁炽是大将军尉迟迥的女儿，最初时嫁给北周宗室子弟宇文温，后来却在入宫觐见时被宣帝看中。为了将尉迟繁炽纳入后宫，宣帝先是寻找借口将宇文温处死，随后便将其带回宫中。

公元 580 年，宣帝册立尉迟繁炽为天左大皇后，同年，他就因纵欲过度而死，享年 22 岁。宣帝死后，尉迟繁炽只得与其余几位皇后出家，法号为华首。此后，尉迟繁炽一直活到开皇年间，于公元 595 年去世，享年 30 岁。

【人物简评】

尉迟繁炽原本已有一个温情家庭，却因美色而给自己和丈夫都招来灾祸，这正是所谓的怀璧之罪。入宫之后尉迟繁炽虽然身份尊贵，却很快就不得不过上青灯古佛独做伴的凄凉生活，于她而言，美色与嫁入深宫反而是一切悲剧的根源。

元乐尚：莫说深宫人情冷，深宫亦有真情人

【人物简介】

元乐尚是北周宣帝宇文赟的皇后之一，她生于公元 565 年，为宣帝五后中的天右大皇后。元乐尚在宣帝死后出家，此后一直活到唐朝。

【人物生平】

元乐尚在 15 岁时被选入后宫，成为宣帝宇文赟的贵妃，公元 580 年时被册立为天右大皇后。元乐尚与当时的天左大皇后陈月仪不仅同龄，而且同时入宫、同时被封、同受宠爱，因此，二人关系十分密切，在杀机四伏的后宫中，这幅画面令人十分动容。

宣帝为人荒淫放纵，很快就掏空了自己的身体，22 岁时便去世，时为公元 580 年。宣帝死后，他的后宫妃子纷纷出家，元乐尚也与陈月仪一同落发为尼，法号华胜。此后，二人一直活到了唐朝年间。

【人物简评】

后宫历来是缺乏温情、暗伏杀机的凶险之地，但元乐尚却与陈月仪共同昭示了"人间自有真情在"的道理。

司马令姬：父败夫死家国破，委屈再嫁但求生

【人物简介】

司马令姬是北周静帝宇文阐的皇后，生卒年不详，她出自西晋宗室，后因其父兵败而受到牵连，被废去皇后之位。北周灭亡后，司马令姬逃过一死并改嫁，她一直活到唐太宗年间。

【人物生平】

司马令姬是西晋南阳王司马模的后人，其父司马消难在当时的朝野中颇有美誉。公元 579 年宣帝宇文赟禅位于其子宇文阐，司马令姬也被册立为皇后。

次年宣帝病逝，外戚杨坚趁机掌控朝政，开始私下谋划取代北周自立。司马消难得知之后，便响应大将军尉迟迥的号召，一同起兵反对杨坚。然而司马消难虽名为"消难"，却无法与雄才大略的杨坚抗衡，因此北周最终没能逃过亡国之难。同年，尉迟迥战败自尽，司马消难只得逃亡南陈，司马令姬也因此而受牵连，被废为平民。

公元 581 年，杨坚正式建立隋朝，又将宇文阐害死，司马令姬只得改嫁刺史李丹以求生。此后，司马令姬一直活到唐朝贞观年间。

【人物简评】

司马令姬当皇后期间，始终处于外戚杨坚擅权的阴影下，反倒是回归平凡之后，才享受到难得的安宁。对这位痛失丈夫的女子来说，也算是很好的归宿了。

隋

独孤伽罗：携手只求共厮守，善妒只因爱君深

【人物简介】

独孤伽罗是隋文帝杨坚的皇后，她生于公元 544 年，卒于公元 602 年 9 月 15 日，享年 59 岁。独孤伽罗一生共与隋文帝育有 10 个儿女，在隋文帝建立隋朝、治理国家的过程中，发挥了至关重要的作用，在文帝后期，他们并称为"二圣"。独孤伽罗死后，隋文帝也深受打击，仅仅过了 2 年就死去。

【人物生平】

独孤伽罗是西魏八柱国之一、大司马独孤信的第 7 个女儿，其母则出自清河崔氏。凭借着家族的影响和父母的教育，独孤伽罗逐渐成长为一名率真热情、温柔体贴、聪颖善良的女子。

当时，独孤信与同为八柱国之一的杨忠往来密切，杨坚即是杨忠的儿子。独孤信对杨坚这位后辈十分看重，于是毅然将独孤伽罗嫁入杨家。不久之后，独孤信就因支持西魏元氏而被宇文氏逼杀，独孤氏家族一夕坍塌。就连杨坚也因迎娶独孤伽罗受到牵连，仕途几经波折。

虽然家族和仕途都受到牵连，杨坚对出身名门、惨遭家门巨变的独孤伽罗却十分呵护、依顺，这也给经历重大变故的独孤伽罗带来了许多安慰。在接下来的岁月中，杨坚与独孤伽罗始终互相扶持、互相关爱，两人甚至还许下了誓无异生子的诺言。

由于战功显赫，杨家成功地打消了宇文氏的猜忌，杨坚的弟弟甚至还与宇文氏结为姻亲。这一时期，独孤伽罗先后为杨坚生下 5 子 5 女，其中一女杨丽华，在嫁给宣帝宇文赟贵为皇后。

此时，杨氏家族贵为外戚，按理说可以高枕无忧，偏偏当时又传出杨坚面相不凡的流言，北周统治者再次开始猜忌杨坚。所幸的是北周武帝宇文邕自视过高，宣帝宇文赟又荒淫纵欲，杨坚得以逃过一劫。当时的皇后杨丽华一度被宇文赟迁怒折辱，又是独孤伽罗亲自入宫，磕头流血乞求宇文赟，这才保住了女儿的性命。

公元 580 年，宇文赟病死，年仅 9 岁的宇文阐即位，杨坚趁机掌控朝政，迎来了杨家的逆转良机。当时，作为丈夫的杨坚心中十分犹豫，反倒是独孤伽罗鼓励他："骑兽之势，必不得下，勉之！"最终，杨坚下定决心取代北周，开创了隋朝江山。

杨坚登基之后，独孤伽罗也被立为皇后，从此，杨坚与她开始了两人共同治理天下的岁月。这一时期杨坚上朝主事，独孤伽罗则在幕后匡正失误。终隋文帝一朝，独孤伽罗都对国家军政大事保持有一定决策权力，因此，当时朝中又将她与杨坚尊为"二圣"。

独孤伽罗与杨坚情真意切，然而她也是一位占有欲强烈的善妒女子。杨坚晚年曾经无意间宠幸了一名宫女，独孤伽罗得知之后，竟然将那位宫女活活打死，杨坚得知后离家出走，好不容易才被大臣劝阻。事后，独孤伽罗虽向杨坚道歉，内心却始终愤懑难平，不久后就抑郁而死，时为公元 602 年，独孤伽罗 59 岁。

独孤伽罗的死给杨坚带来了巨大打击。为了表示哀悼，这位以节俭著名的皇帝，不惜花费无数钱财，厚葬独孤伽罗于泰陵，同时，他又因相信她死后转为菩萨，大兴土木修建佛寺进行祈福。此后，杨坚也因追念独孤伽罗而染病，2 年后，他在宫廷政变中死去。

【人物简评】

独孤伽罗与杨坚一生饱经风雨，却始终紧紧偎依、互相扶持，可以说是伉俪情深的最佳写照。她与曾杨坚有过誓无异生子的约定，到头来两人也确实做到了这一点，这在古代帝王皇后中，也是极为罕见的。

宣华夫人：受宠可惜情意浅，富贵未料命数薄

【人物简介】

宣华夫人姓陈，出自南陈宗室，是隋文帝杨坚的妃子。据说，陈氏曾在炀帝即位前夕，参与了弑杀文帝的阴谋，后来陈氏又被炀帝再次接回宫中。公元 606 年，陈氏病逝。

【人物生平】

陈氏的父亲即是南陈宣帝陈顼，与后主陈叔宝是同父异母的兄妹。公元 588 年，隋朝攻灭南陈，年仅 10 岁的陈氏也被掳掠入宫，成为一名普通的奴婢。

由于独孤皇后的强势，文帝一怒之下竟然离家出走，之后独孤氏才稍有退让。陈氏这时有幸得到文帝宠幸，但不久后独孤皇后却抑郁死去。独孤皇后死后，文帝也受到巨大打击，为了寄托自己的哀思，他又把注意力转移到陈氏身上，但内心却仅仅是将其作为玩物，并没有多少真实情感。

公元 604 年，文帝在仁寿宫被杨广弑杀，据说导致这一事件的根源，正是因杨广一时兴起调戏陈氏引发。此后，陈氏也被杨广纳入后宫，陈氏宗亲也因此受到善待。

公元 606 年，陈氏病逝，此时距离自己成为炀帝妃子才仅仅 1 年。

【人物简评】

在野史中，陈氏往往作为仁寿宫变的主角出现，但抛开这些无源争论，陈氏也仅仅是一个任由宰割的后宫女子而已。晚年，杨坚虽然宠幸陈氏，也仅仅是利用她来转移心思。炀帝即位后，她也没有享受太久的富贵荣华。

容华夫人：父死事子败伦理，弱势受迫岂由人

【人物简介】

容华夫人姓蔡，生卒年不详，她与宣华夫人俱是隋文帝杨坚后期的妃子，在皇后独孤伽罗死后，她逐渐得到宠爱。据传蔡氏曾与宣华夫人共同参与炀帝弑父一事，文帝死后更与炀帝私通。

【人物生平】

蔡氏本是南陈人士，公元 588 年南陈灭国后，一同被掳至宫中为奴，后来，她又成为隋文帝杨坚的妃子。

由于文帝皇后独孤伽罗的强势，文帝初时并不宠幸蔡氏，直到后来帝后两人爆发矛盾，独孤皇后抑郁而死，杨坚才开始宠爱蔡氏。比起被视为玩物的宣华夫人陈氏，杨坚对蔡氏要略微多出几分恩宠，但心底里依旧将她视为排遣寂寞、转移忧思的工具。

公元 604 年杨坚死于仁寿宫，据说与宣华夫人有关，但也有说法是因蔡氏引起。杨坚死后，蔡氏与宣华夫人俱被炀帝纳入后宫，此后关于她的记载不详。

【人物简评】

蔡氏与陈氏都做出过悖逆人伦的丑事，这固然是有伤风化、不知廉耻的行径，但以当时情势而论，却更多的要归咎在炀帝身上。

萧氏：大好头颅竟斫去，徒留妾身长久哀

【人物简介】

萧氏是隋炀帝杨广的皇后，生于公元 567 年，她出自隋朝的附庸国西梁，其父则是西梁皇帝。炀帝即位后荒淫奢靡，萧氏曾多次提出规劝，炀帝死后，她又四处流浪，最后落至突厥。直到唐太宗年间，萧氏才得以回归中原，公元 647 年，她死后又以皇后之礼与炀帝合葬，享年 81 岁。

【人物生平】

萧氏出自兰陵萧氏，为南梁宗室之后，其父萧岿为隋朝附属国西梁皇帝。由于出生月份被认为不详，萧氏先是由叔父收养，叔父和婶婶死后又由舅父抱养。由于舅父家贫，萧氏虽然顶着公主的名号，也只能亲自动手操持家事。

公元 582 年，隋文帝为次子杨广选妃，萧氏侥幸得以中选。嫁给杨广之后，夫

妻两人始终相敬如宾，恩爱甜蜜，不久，萧氏就生下一子杨昭。此前，文帝恰好梦到天神投胎至杨家，欣喜之下还特意将萧氏从封国召回，并嘱咐宫人精心照料。

此后，萧氏又生下 1 子 1 女，并积极为杨广的夺嫡出谋划策。当时，杨广坐镇江南，萧氏便趁机利用自己的南朝宗室身份，为杨广笼络江南士族和佛教宗派进行造势。每当文帝皇后独孤伽罗派宫女前来探视，萧氏也必定要与她们同吃同住，表现得十分亲密。这些宫人回宫之后，便极力陈说杨广和萧氏的好处，因此，文帝夫妇对杨广愈发看重。

当时，太子杨勇行为不检，文帝夫妇深感忧虑，在独孤伽罗的主导下，杨坚最终于公元 600 年改立杨广为太子，萧氏也晋封为太子妃。公元 604 年，仁寿宫政变之后，杨广终于如愿以偿登上皇位，萧氏也被册立为皇后。

杨广登基之后，在政治、经济、军事、文化等方面都推行了一系列政策，开创出气象磅礴的大隋盛世江山，然而由于急功近利、生活奢靡，他的政策也引发了许多问题，导致社会矛盾更加尖锐。萧氏把这一切都看在眼里，感到十分焦虑，更在随同杨广下江南期间，多次提出劝谏。此时杨广意气风发、踌躇满志，自然不愿理会这些逆耳忠言，但对萧氏却依旧十分宠爱。

公元 616 年，杨广第三次下江南，却因民变四起而滞留江都，身边近臣也逐渐生出不轨之心。萧氏听说之后，便派遣宫女前去禀告，心灰意冷的杨广却怒而将宫女杀死。眼见丈夫消沉至此，萧氏再也不忍心刺激他，于是下令宫女不必再提此事。

公元 618 年，杨广被部下宇文化及所杀，萧氏痛失丈夫。当时局势太过混乱，萧氏只得与宫人拆下床板，做成简陋的棺材将杨广草草安葬，随后，她又不得不护着皇室子弟，随同叛军一起转移。宇文化及称帝不久后就兵败而死，萧氏又落入窦建德手中。当时杨广的堂妹正好嫁给突厥可汗为妻，得知情况之后，她便说服可汗，以隆重的礼节将萧氏迎回。

抵达突厥之后，流亡当地的隋朝百姓自发奉杨广之孙为主，饱经流离的萧氏虽然远离家乡，却也总算得以安宁生活。公元 630 年时，萧氏又被唐太宗以重礼迎回中原，受到李唐王室的厚待。

公元 647 年，萧氏病逝，享年 81 岁。对于这位贤良淑德的前朝皇后，太宗没有丝毫不敬，下令以皇后之礼将她与炀帝合葬，并追谥其为愍皇后。

【人物简评】

萧氏自杨广夺嫡之时，就发挥了重要的作用，展现出贤内助的智慧和气度。可惜的是杨广在执政后期，并未认真听取她的建议，不然也许就不会陷入国亡身死的境地。尽管饱经磨难，萧氏最终总算得以安享晚年，这或许也是上天对这位贤淑皇后的最后一点弥补。

唐

窦皇后：睿智何须恨女身，辅助真龙建帝功

【人物简介】

窦皇后是唐高祖李渊的妻子，生卒年不详，一生为李渊生下4子1女，与李渊相敬如宾、恩爱非常，窦氏死后，李渊终其一生都没有再册立皇后。

【人物生平】

窦氏的家族在北周时就已十分显贵，北周武帝宇文邕是窦氏的舅父。据说窦氏生来就有异象，因此从小就被抱到宫中抚养。在窦氏年仅六七岁时，就已经能洞察天下局势，劝说宇文邕宠爱皇后阿史那氏，以免开启两国战端，宇文邕听后大为惊奇。

公元581年，外戚杨坚取代北周自立，窦氏得知后号啕大哭，自叹"恨不为男儿身"，家人因此十分害怕，并决定通过比武招亲来选择夫婿。当时，窦氏的父亲特意在门屏上画了两只孔雀，扬言谁能射中孔雀之眼，就把窦氏许配给他。这一举措看来不免有些荒唐草率，然而最终成功的人恰恰是日后建立唐朝的高祖李渊，令人不得不心服口服。

嫁给李渊之后，窦氏与他相敬如宾，十分恩爱。这一时期窦氏先后生下李建成、李世民、李玄霸、李元吉4个儿子，以及1个女儿。当时李渊的母亲因卧病在床脾气十分暴躁，其他儿媳均不愿侍奉，只有窦氏始终小心照料、毫无怨言。因此，婆媳之间的关系非常亲密。隋炀帝即位后，窦氏曾劝说李渊进献宝马博取信任，李渊初时不愿听从，直到受到惩处后才采纳了这一建议。

窦氏于45岁时去世，此时李渊尚未起兵。公元618年，李渊建立唐朝后，又追封窦氏为皇后，并且终其一生都没有册立新皇后。

【人物简评】

窦氏虽然早早病逝，甚至都没能看到李渊起兵，但她又真真切切地为李渊创

立大业做出了许多贡献，实在是一位不可多得的贤内助。尽管窦氏自恨为女儿身，但实际上她却丝毫不逊色于男儿。

尹德妃：青史岂可失公允，秽乱宫闱难辨真

【人物简介】

尹德妃是唐高祖李渊晚年的宠妃，其生卒年不详，据说在后宫中生活不检，曾与太子李建成等人有奸。李世民即位后，有关尹德妃的记载不详。

【人物生平】

尹德妃于何时入宫不可考证，只知道她是高祖李渊晚年最为宠爱的妃子之一，曾为李渊生下一子李元亨。当时秦王李世民势大，太子李建成、齐王李元吉为了巩固权位，便对尹德妃和另一名妃子张婕妤百般讨好，据说，私下更与她俩勾搭成奸。

由于亲近太子建成一系，尹德妃与张婕妤都曾在高祖面前，恶意中伤秦王李世民，后来又对其多次进行构陷，可惜始终未能成功。公元 626 年李世民发动玄武门之变，将太子和齐王一同斩杀，不久，高祖李渊也宣布禅位。

李世民登基后，有关尹德妃和张婕妤的记载不详，只知道尹德妃的儿子李元亨受到李世民优待，直至公元 632 年去世。

【人物简评】

史书中历来将太子李建成等人描绘成反派形象，而将李世民塑造为正义一方，这样的记载显然并不可靠。正是因此，历史上关于尹德妃私通太子、淫乱宫闱的指责，也许并没有可信度。

长孙观音婢：相伴深宫终不改，愿共碧落与黄泉

【人物简介】

长孙观音婢是唐太宗李世民的皇后，生于公元 601 年，卒于公元 636 年 7 月 28 日，享年 36 岁。长孙观音婢一生为李世民育有 7 个子女，并以善于劝谏李世民而闻名。长孙观音婢死后葬于昭陵，谥文德皇后。

【人物生平】

长孙观音婢的真名不详，观音婢是她的小字。长孙一族出自北魏宗室，长孙观音婢的父亲长孙晟为隋朝一代名将。观音婢的母亲则是北齐宗室之后，家族地位在当时十分显赫，令人瞩目。

长孙观音婢是家中最小的孩子，受到的宠爱也就可想而知了。当时长孙观音婢的祖父对李渊家族十分看重，于是与其定下婚约，后来，却因长孙晟的去世而中止。此后，观音婢又被其舅父高士廉收养，并受到很好的照顾。得知往年的婚

约后，同样看好李家的高士廉便极力促成观音婢与李世民的婚约。

成婚之后，长孙观音婢与李世民非常恩爱，在太原期间更是一度以幼龄担任府中主妇，处理一应家务。公元 618 年，李渊登基称帝后，观音婢又被册立为秦王妃。在这一时期，李世民依旧长年在外征战，观音婢便在宫中尽心侍奉公公李渊。

随着李世民的战功愈发显赫，太子李建成与他之间的矛盾也愈发尖锐。为了保住自己的太子之位，李建成又与宫人大肆勾结，在李渊面前极力诋毁李世民。长孙观音婢为了挽救丈夫，多次进出皇宫觐见李渊，并与后宫妃嫔交往，以此来换取丈夫与公公的一线缓和余地。最终李世民成功觅到机会，通过发动"玄武门之变"登上了皇位。

在李世民发动兵变之时，长孙观音婢也果断地站了出来，陪在李世民身侧，誓要与他共同承担，表现出忠贞不渝的心意，成为皇后之后，她也始终与李世民情深意笃。利用自己的皇后身份，长孙观音婢多次对李世民提出劝谏，阻止他惩罚宫人、追究谏臣，因此愈发受到李世民的宠爱。有一次李世民病重，观音婢不仅尽心照料，还贴身准备好毒药，打算随时一同赴死，当宫中出现变故后，她又不顾身体虚弱，毅然陪在李世民身边，共同经历风雨。

公元 634 年，长孙观音婢染上重病，次年又遇上生母病逝、李渊驾崩的双重悲剧，因此接连受到打击，病情愈发沉重。为此，李世民谒见禅师、修复天下寺庙以作祈福，却始终无济于事。公元 636 年，长孙观音婢病重去世，享年 36 岁。李世民因此悲痛不已，遵照遗嘱将她葬于昭陵，谥文德皇后。

【人物简评】

长孙观音婢自嫁给李世民，与他携手度过了 23 年的漫长时光，这一时期两人经历了种种波折，彼此却始终真情不渝。成为皇后之后，长孙观音婢始终尽心侍奉李世民，从不为家族谋私，表现出贤良淑德、深明大义的美好品格，"文德"的谥号于她而言，可谓非常妥帖的。

韦珪：两嫁有幸遇明主，一生无愧有殊荣

【人物简介】

韦珪字泽，生于公元 597 年，她是唐太宗李世民的妃子。韦珪曾先后经历两次婚姻，唐太宗是其第二任丈夫。入宫后，韦珪深得李世民宠爱，位列四贵妃之首。公元 665 年韦珪去世，享年 69 岁，死后，她陪葬于昭陵。

【人物生平】

韦珪出身于望族京兆韦氏，幼年丧父，由叔父抚养其长大。当时正是隋朝时期，长大后的韦珪嫁给户部尚书李子雄之子，并且还生下一个女儿。

公元 613 年李子雄谋反被杀，韦珪因此受到牵连，直至唐朝建立后才得以赦免。等到李世民击败王世充、攻占洛阳后，为了笼络当地豪阀，又将韦珪纳为自己的妃子，之后韦珪又为李世民生下 1 个女儿。

公元 627 年，韦珪被李世民册立为贵妃，位列四贵妃之首，受到李世民的极度宠爱。韦珪虽然得宠却始终谦卑谨慎，也无任何恃宠骄横的不法行为。太宗驾崩后，高宗和武后均对韦珪极尽礼遇，因此，韦珪的晚年生活也十分安逸。

公元 665 年，韦珪在跟随高宗封禅途中病逝，享年 69 岁。高宗得知后十分伤感，于是下令以重礼将韦珪安葬于昭陵。

【人物简评】

在荧幕作品中，韦珪经常作为反派角色登场，事实上这却是一个天大的冤枉。历史上关于韦珪的记载虽然有限，但也几乎没有任何关于她骄纵不法、迫害宫人的记载。否则韦珪也不至于先后受到太宗、高宗父子的优待，甚至就连武则天也没有对她加以迫害。

燕德妃：累世将门善教子，忤逆女皇卫李唐

【人物简介】

燕氏是唐太宗李世民的妃子，生于公元 609 年，卒于公元 671 年，享年 63 岁，死后葬于昭陵。

【人物生平】

燕氏祖上自西魏时便世代为官，其父更是隋朝宗室之女。燕氏之父从小就有神童美誉，燕氏在幼年时也表现出和父亲相同的一面。

由于长得貌美，精擅女红且性情温和，于公元 621 年燕氏就被选入秦王府，公元 627 年，她已经被册立为妃。这一时期，燕氏先后为李世民生下两子，其中一人早夭，另一位则是后来的越王李贞。太宗驾崩后，燕氏随儿子前往封国，晚年虽因眼疾而视力不佳，却有儿子始终随侍，更受到高宗与武后的优待。

燕氏与武后之间，也有着表姐妹的关系，因此终高宗一朝，燕氏及李贞都享有高出一等的礼遇，公元 665 年，高宗封禅泰山时，燕氏不仅出席参加，更以仅次于武后的身份进行主持。公元 671 年，燕氏病逝，享年 63 岁，高宗与武后深感悲痛，于是以重礼将她安葬于昭陵。就连公元 688 年李贞起兵反抗武氏失败，武则天也没有对燕氏陵寝进行追究。

【人物简评】

燕氏出身武将世家，虽为女子却也颇具才情，因此才能教导出李贞这样一位在后来毅然起兵、捍卫李唐的儿子，自己更是受到李唐皇室的优待。

徐慧：花神岂愿独往，但盼长久伴君

【人物简介】

徐慧是唐太宗李世民的妃子，她生于公元627年，卒于公元650年，享年24岁。徐慧为人聪颖贤惠，入宫后曾多次劝谏太宗，因此深得太宗宠爱。

【人物生平】

徐慧自小就十分聪明，据说5个月时就已经学会说话，后来更熟读《论语》等经典，并且文采斐然。年仅8岁时，徐慧就写下"仰幽岩而流盼，抚桂枝以凝想。将千龄兮此遇，荃何为兮独往"的骚体诗，由此声名大振，更被唐太宗选入宫中。

入宫之后，徐慧依旧知书达礼，从不参与宫闱斗争，整日只是翻阅书籍、拟写诗文，因此太宗对她反而更加喜爱。贞观后期，唐太宗一方面穷兵黩武讨伐异族，因此导致军队疲弊；另一方面又生活奢华，在宫中大兴土木，导致民间叫苦不迭。徐慧为此十分担忧，于是趁着太宗召见的机会，提出国土广袤不如百姓安定、有德之君不以独乐为乐的观点，太宗听后十分赞叹，于是又对她加以重赏。

公元649年，唐太宗驾崩，徐慧因此忧伤成疾，不久就因病去世，年仅24岁。徐慧死后陪葬于昭陵。由于自己生前写有桂花诗，民间百姓又自发尊她为"桂花神"。

【人物简评】

在影视作品中，徐慧经常作为毒如蛇蝎的狠心女子出现，然而事实上，这位才女却是一位贤良淑德的温婉女子，并且早在武则天得势前就已经香消玉殒。徐慧不仅精于辞赋，于国家大事也有着很高明的见解，完全称得上是一位后宫奇女子。

杨氏：帝女一生多坎坷，母贵子死无奈何

【人物简介】

杨氏是唐太宗李世民的妃子、隋炀帝杨广的女儿，其生卒年不详，为太宗四贵妃之一。

【人物生平】

杨氏出自隋朝宗室，其父即是隋朝炀帝杨广。隋亡之后，杨氏的经历无从考证，只知后来成为了秦王李世民的妃子。

公元626年，"玄武门之变"爆发，同年李世民登基为帝，次年，她又被册封后宫诸人，杨氏也成为四贵妃之一。嫁给李世民之后，杨氏先后与他生下吴王李恪、蜀王李愔两子。后来李恪因卷入庙堂之争而被害死，李愔也因受到牵连而被

流放。有关杨氏在这一时期的记载不详，她的身后事也不得而知。

【人物简评】

杨氏本是宗室之女，贵为皇帝的公主，却因国破家亡而饱经颠沛流离，直至后来才侥幸入宫。不论其子李恪死时她是否在世，她的一生也已经历了足够多的波折。

王皇后：引狼入室终害己，搬石砸脚悔无功

【人物简介】

王氏是唐高宗李治的第一任皇后，生年不详，卒于公元655年11月27日。为了与萧淑妃争宠，王氏特意将武则天迎回宫中，最终，她却与萧淑妃一同被武则天所害。

【人物生平】

王皇后出自望族太原王氏，祖上自西魏时就已经是国之重臣，王氏家族更与唐高祖李渊沾亲带故。王氏不仅漂亮，而且性格温顺，因此，李世民将她娶为晋王李治的妃子。

公元643年，李治被册立为皇储，王氏成为太子妃。公元649年太宗驾崩，李治即位，王氏又一跃成为皇后。当时李治的妃子萧氏十分得宠，与王氏私下争斗，王氏一度无法压制。为了抗衡萧淑妃，干脆将已经在感业寺落发为尼的武则天召回，以她来与萧淑妃抗衡。

但令王氏没有想到的是，武则天虽然看似易于掌控，心机却更加险恶，入宫不久就博得李治专宠，王氏竟与萧淑妃一同失势。此时，王氏才感到后悔，却已来不及挽回局势了。在武则天的蛊惑下，李治最终将王氏和萧淑妃一同废黜，并将二人打入冷宫。

后来，李治偶然惦念二人，便亲自前往探视，武则天得知后干脆痛下杀手。为了杜绝二人反扑，武则天采取汉时吕后的做法，将王氏与萧氏斩断四肢浸入酒坛，以酷刑将二人残忍害死。不仅如此，武则天还将王氏与萧氏分别改姓"蟒""枭"，直至自己死前才予以宽赦，中宗即位后，他又将二人恢复姓氏。

【人物简评】

王氏出身豪阀，见惯了豪阀世家背后的斗争，进入深宫之后，也就难免热衷其事。只是王氏虽有斗志却无斗智，最终引狼入室祸及自己，下场凄惨比之汉高祖之戚夫人也相差无几。

萧淑妃：鹬蚌相争渔得利，与敌同死恨新仇

【人物简介】

萧淑妃是唐高宗李治的妃子，生年不详，她出自齐梁宗室。萧淑妃入宫后深得宠爱，因此与王皇后结怨，后来更被武则天击败，公元 655 年，她被折磨至死。

【人物生平】

萧淑妃出自兰陵萧氏，同时也是南齐、南梁宗室之后，家世背景堪称尊贵。萧氏自小十分美貌，因此被选为晋王李治的妃子，并为李治生下 1 子 2 女。

公元 649 年，唐太宗驾崩，李治即位，萧氏正式被册立为淑妃。由于自己年轻貌美，萧氏很快就博得了李治专宠，就连出身显赫、身份尊贵的王皇后，也一度在争宠中处于劣势。王皇后对此十分不甘，于是愤而将武则天从感业寺召回，以她来抗衡萧淑妃。

李治对武则天早就有情，因此武则天入宫不久，就又击败了萧淑妃，成为李治最为宠爱的妃子。萧淑妃对此十分愤恨，更加失去了理智，导致李治对她愈发不满。已经站稳脚跟的武则天，趁机同时对王皇后和萧淑妃展开攻势，很快，两人就被打入冷宫。

失宠之后，萧淑妃曾一度与王皇后和解并联手，但最终还是无济于事。有一次，李治心血来潮探视二人，心中十分同情，王、萧两人趁机向李治求情。然而这一消息却被武则天得知，两人很快就遭到残忍迫害，被下令斩去四肢浸入酒坛，惨状堪比汉时的戚夫人。萧淑妃直至死前还在诅咒武则天，表示来生愿意为猫，要武则天转世为鼠，自己一定要生生世世与她纠缠不休。

萧淑妃死后，武则天又将她改姓"枭"，并对其家族进行迫害。直至临死前，武则天才下令宽赦萧淑妃，中宗即位后又恢复其本来姓氏。

【人物简评】

萧淑妃能在后宫中战胜皇后王氏，足见其容貌才智，只是她的格局有限，终究不能摆脱宫闱争宠的范畴，因此也就无法与历史上诸多贤妃相比。也正是因为格局有限，萧淑妃最后还是落得个凄惨下场，更与自己的敌手王皇后共赴黄泉。

韦皇后：世局已变时不许，女帝梦碎太极宫

【人物简介】

韦皇后是唐中宗李显的妻子，其生年不详，卒于公元 710 年 7 月 21 日。韦皇后在中宗被废黜期间，与他共同度过了一段艰难岁月，中宗复位后，又趁机掌控了朝政妄图自立，最终被李隆基处死。

【人物生平】

韦氏最初因美貌被选为太子李显的妃子，先后为李显生下1子李重润和4个女儿。公元684年，李显即位不久就被废黜，韦氏也仅仅做了很短时间的皇后。在被幽禁期间，李显数次因畏惧而想要自杀，均被韦氏劝阻。

公元698年，李显被召回京城，次年又被立为太子。公元705年时，老臣张柬之等人发动神龙政变，逼迫武则天退位，李显得以再次登基。同年，武则天病重而逝，韦氏被册立为皇后，然而此后韦氏却开始效仿武则天这位女皇婆婆，打算僭越自立。

在才女上官婉儿的劝说下，韦氏与武三思等武氏宗亲结成同盟，大肆迫害张柬之等忠良臣子，甚至还背着李显与武三思勾搭成奸。懦弱的李显对此不仅毫无知觉，反而经常将武三思召入宫中，与韦氏一起宴乐，使得后宫一片乌烟瘴气，朝野上下全数将此视为笑话。

公元710年，李显驾崩，据说，为韦氏与其女安乐公主下毒所致，此后，韦氏扶持年幼的李重茂登基，趁机掌握了大权。韦氏心中一心想要效仿武则天称帝，打算先诛杀相王李旦，不料却被李旦之子李隆基察觉。同年，李隆基先行下手，发动唐隆政变，将韦氏和安乐公主等人全数诛杀于太极殿。韦氏死后以一品之礼下葬，后又被废为庶人。

【人物简评】

中宗之死疑点重重，不能就此判定为韦氏所为，但复位之后的种种举措，也表明韦氏并非贤良淑德。武则天以女子身份称帝可谓前无古人、后无来者，韦氏不明情势变化就一味效仿，最后落得个惨淡结局也就不足为奇了。

上官婉儿：姿容绝色冠后宫，才高足睨天下士

【人物简介】

上官婉儿又名上官昭容，是唐中宗李显的妃子，生于公元664年，卒于公元710年7月21日，享年47岁。上官婉儿不仅是深得宠爱的深宫妃子，同时也是当时文坛的一代大家。在后宫中，上官婉儿先是与武三思私通，后又促成韦后与武三思的奸情，最终与韦后同时被杀。

【人物生平】

上官婉儿是西汉上官桀的后人，其祖父上官仪在唐时官至宰相。后来，上官仪被武则天处死，上官婉儿和母亲也一同被贬为后宫奴仆。

据说上官婉儿出生前，其母曾梦到神人说"称量天下士"，本以为怀的是男胎，不料却是女儿。婉儿从小就是美人胚子，长大后又精熟诗文、吏治，在宫中享有盛誉，就连武则天也听说了她的事情。最终上官婉儿通过了武则天的考验，

被免去奴仆身份，并负责草拟宫中诏令，此时，上官婉儿年仅 14 岁。

有一次，上官婉儿触怒了武则天，被施以黥刑，从此侍奉武则天更加小心谨慎。公元 705 年，神龙政变爆发，中宗李显复位，又将上官婉儿册立为昭容。此后，上官婉儿摆脱了武则天，攀上了李唐高枝，继续享受宫中的富贵荣华。在她的劝说下，中宗特意扩充昭文馆学士，广召天下文士进行诗歌创作，并由自己亲自进行评定。自此，上官婉儿总算应验了母亲当年的梦，以文才称量天下文士。

当时，武三思垂涎上官婉儿的美貌，与她勾搭成奸。为了保住自己的地位，上官婉儿先是投靠了中宗皇后韦氏，极力劝说她效仿武则天自立，随后又将武三思引荐给韦后，促成了两人的奸情。中宗对此不仅毫不知情，反而继续宠爱韦后和上官婉儿，导致后宫一片乌烟瘴气，受到天下人的耻笑。

当时，朝中除了韦后野心勃勃以外，还有一位极其强势的太平公主，随着韦后的权势受到压制，上官婉儿又断然改投太平公主。公元 710 年中宗突然驾崩，韦后暂时与太平公主达成一致，拥立李重茂即位，但随后就在暗中谋划政变。李隆基得知之后，便与太平公主先行下手，发动唐隆政变，当天就将韦后诛杀。当时上官婉儿曾拿出之前所拟诏书，表明自己心在李唐，但却依旧被李隆基下令处死，享年 47 岁。

【人物简评】

上官婉儿不仅有着令女子歆羡的绝色姿容，也有着称量天下文士的才气，实在是得天地之钟爱，可惜却偏偏被深宫所误。但与其他女子不同，上官婉儿的悲剧不仅仅源于自己困于深宫、身不由己，更多的是因为她自己也选择了一条歧路。

窦德妃：自入深宫未寻衅，惨遭谗杀多冤情

【人物简介】

窦氏是唐睿宗李旦的妃子、玄宗李隆基的生母，其生年不详，卒于公元 693 年。窦氏后来是被武则天秘密处死的，因此死后无人知晓其葬处，直到睿宗复位后才被追封为皇后。

【人物生平】

窦氏的曾祖父即是唐朝宰相窦抗，其祖父、父亲也都在唐朝担任要职。窦氏出身显赫之家，不仅容貌美丽且仪态端庄，因此被许配给时为相王的李旦为妃。

公元 684 年，李旦即位，即唐睿宗，同年册封窦氏为德妃，次年，窦氏就为李旦生下一子李隆基，此后窦氏又先后为李旦生下 2 个女儿。公元 690 年，李旦被废黜，窦氏又与他一同被迁居到东宫。

公元 693 年，有人诬告窦氏诅咒武则天，武则天一怒之下便将窦氏秘密处死，同时被害的还有另一名妃子刘氏。除此之外，就连窦氏的家族也因此受到波及。

直到公元 710 年李旦复位，才对窦氏和刘氏进行追封，窦氏被追封为昭成皇后。玄宗即位后，继续对生母进行追尊，同时又对窦氏族人予以厚待。

【人物简评】

窦氏本是一位温婉柔顺的女子，但却不幸遇到武则天这样一位雄才大略、心狠手辣的女皇婆婆。由于睿宗的懦弱和武则天的强势，窦氏最终才会落得个悲惨下场，到头来只是沦为政治斗争的牺牲品。

豆卢贵妃：生前落魄无人问，死后显贵天子哀

【人物简介】

豆卢氏是唐睿宗李旦的妃子，生于公元 661 年，卒于公元 740 年，享年 80 岁。

【人物生平】

豆卢氏 15 岁时就进入皇宫，成为睿宗李旦的孺人。后来，豆卢氏又被册立为贵妃，但没过多久就因故出宫居住。

公元 740 年，豆卢氏病逝，享年 80 岁。此时已是玄宗中期，豆卢氏又未曾生育，早已失去依仗，处境十分落魄。然而豆卢氏早年曾经哺育过年幼的玄宗，因此，玄宗下令以隆重的礼节将她安葬。

【人物简评】

豆卢氏早年得宠于深宫，但却没能长保富贵，晚景也显得十分凄凉。尽管死后玄宗加以追悼，但这一切对于豆卢氏来说都已没有意义了。

王皇后：三郎已忘不渝志，可曾记挂汤饼恩

【人物简介】

王氏是唐玄宗李隆基的原配夫人，曾在玄宗戡除内乱、登基称帝的过程中，尽心尽力予以辅佐。然而王氏后来却因失宠而被废黜，于公元 725 年抑郁而终。

【人物生平】

王氏的祖上与南梁名将王僧辩为同族。公元 693 年时，王氏就嫁给尚未登基的李隆基为王妃。

当时，睿宗已经登基为帝，韦后与太平公主等人却依旧虎视眈眈，对李隆基构成严重威胁。当时李隆基的处境一度困顿，王氏却在幕后尽心尽力为他谋划，最终帮助他剪除了韦后。王氏的父亲更曾卖掉衣服换取面粉，为李隆基做汤饼来充饥，对李隆基有着重大恩情。

公元 712 年，李隆基即位，王氏也被立为皇后。然而王氏始终无子，再加上宠妃武氏从旁挑拨，李隆基便逐渐产生了废后念头。消息泄漏之后，李隆基怒而处死知情人，王氏只得以父辈的恩情苦苦哀求，李隆基这才暂时打消了这一念头。

此后，王氏为了挽回李隆基的心意，又在宫中施行巫术，李隆基得知后十分震怒，最终于公元724年将王氏废黜。3个月后，王氏抑郁而死，宫人大多因此感到悲戚，李隆基也十分后悔。最终，李隆基以一品之礼将其葬于无相寺。

【人物简评】

王氏一生任劳任怨地服侍丈夫，其家族也对李隆基颇有恩情，可惜的是帝王总是薄情寡义，痴情女子总是不如新人。李隆基虽在王氏死后颇有悔意，却也注定无法得到世人的谅解，之后更被人写诗讽刺，算是坐实了负心汉的恶名。

武惠妃：女帝亦须时势造，空有形似神不同

【人物简介】

武惠妃是唐玄宗李隆基的妃子，生于公元699年，卒于公元737年，享年38岁，死后葬于敬陵。武氏为人工于心计，曾残害玄宗多位皇子，因此，肃宗即位后，又废去其皇后尊号。

【人物生平】

武惠妃的父亲是一代女皇武则天的堂侄，武惠妃即是武则天的侄孙女。武氏的父亲很早就已去世，武氏是在武则天养育下长大的，因此，她也就学得了其姑祖母的几分心机与手段。

玄宗李隆基即位后，武氏也已经长成一位美丽女子，很快就吸引了玄宗的注意。再加上武氏善于逢迎、魅惑，玄宗干脆将她纳入后宫。当时，朝中正对武氏展开不遗余力的打击，因此玄宗也不得不照顾众人情绪，只将武氏册立为妃子。但是武氏同时却又享受与皇后相同的礼节，她的家人也都得到封赏。

入宫后，武惠妃先后为玄宗生下4子3女，玄宗更一度打算立她为后，却因顾虑太子安危而作罢。武氏对此自然心有不甘，于是与奸相李林甫一唱一和，终于将包括太子在内的3名皇子都构陷致死。

太子等人死后不久，武氏就因噩梦而导致精神衰弱，公元737年时去世，享年38岁。武氏死后，玄宗追封她为皇后，却仍以妃子之礼将其葬于敬陵。肃宗即位后，下令追究其迫害皇子之事，随后又将其后位废除。

【人物简评】

武惠妃与武则天同出一族，为人处事也学到了后者的几分手段，可惜的是时势终究不同。玄宗雄才大略，绝非善懦的高宗李治；武惠妃的手腕、格局，也无法与武则天相提并论。尽管生前春风得意，恩宠至极，武惠妃死后依旧难逃追究，可谓天网恢恢、疏而不漏。

杨皇后：有惊无险帝子母，安享荣华太平妃

【人物简介】

杨氏是唐玄宗李隆基的妃子、肃宗李亨的生母，其生年不详，卒于公元729年，死后葬于泰陵。

【人物生平】

杨氏与武则天的母亲出自同一家族，祖上在隋朝时就已入仕为官。公元710年，杨氏又嫁给时为太子的李隆基，被册封为良媛。

后来杨氏怀有身孕，这本来是一件喜事，然而当时太平公主却虎视眈眈，李隆基十分畏惧。原本李隆基打算舍弃胎儿，却于此时做了一个吉利的梦，于是打消了念头。公元711年，孩子出生，即后来的肃宗李亨。

公元712年，李隆基即位，册立杨氏为贵嫔，孩子则在此前就已经交给王皇后抚养。公元729年，杨氏因病去世，死后葬于细柳原。

安史之乱爆发后，李隆基、李亨分头逃亡，最终，李亨于公元757年在灵武即位。李亨即位后，又追尊杨氏为元献皇后，改葬其于泰陵。

【人物简评】

比起终生无子、惨遭抛弃的皇后王氏，杨氏不仅生下了后来的皇帝李亨，也没有受到李隆基的薄幸对待，更为幸运的是她没有赶上后来的安史之乱。因此，杨氏的一生可谓顺风顺水，堪称幸运。

杨贵妃：长生殿前长有恨，玉人再无玉成时

【人物简介】

杨贵妃名玉环，号太真，生于公元719年，是唐玄宗李隆基晚年的宠妃，也是中国古代四大美女之一。杨贵妃不仅长相貌美，而且精通音乐、舞蹈，才华十分出众。安史之乱后，杨贵妃先是随玄宗出逃，公元756年，又因士兵哗变，而被玄宗忍痛赐死，享年38岁。

【人物生平】

或许是杨玉环太过著名的缘故，自古至今留下了太多关于她的传说，光是其出生籍贯就多达5个版本，当然其中最著名的就是弘农杨氏一说。但不论哪一种说法为真，杨玉环的出身都可谓十分显赫，因为她的家族自高祖父时，就已经官至隋朝上柱国。杨玉环的父辈也都在唐朝担任要职，由于父亲早逝，她是被自己叔父抚养长大的。

长大后的杨玉环不仅姿容出众、国色天香，同时又得益于家族的良好教育，有着很好的文化修养。杨玉环精通舞蹈、音乐，尤其对琵琶十分精通。公元734

年，杨玉环在参加一次婚礼时，恰好被唐玄宗李隆基的儿子寿王李瑁看重，同年就在玄宗的诏令下嫁入皇家。

3年之后，李瑁的母亲、玄宗的宠妃武惠妃病逝，玄宗因此终日忧郁，恰在此时，杨玉环的容貌打动了他。尽管两人有着公公与儿媳的关系，玄宗却冒天下之大不韪将杨玉环召入宫中。或许是为了尽可能地避开争议，玄宗还特意绕了一个大圈：他先是下令杨玉环出家做道姑，为自己的母亲窦氏祈福；随后又为李瑁另寻一门亲事，事成之后才把杨玉环接回自己的后宫。

不论这一做法是否真的可以堵人口舌，杨玉环总算还是成为了玄宗的妃子，对于玄宗的这一做法，她也似乎并没有什么抗争。或许是对之前被自己薄情抛弃的王皇后心存愧疚，玄宗终其一生再也没有册立皇后，杨玉环则成为实际上的后宫之主。

随着杨玉环的显赫，杨氏家族也开始崛起，她的三位姐姐都被封为夫人，连玄宗之女见到她们都必须让座。杨玉环的远房哥哥杨国忠后来更取代奸相李林甫，成为新一任宰相。因此，当时李唐宗室子弟在杨氏子弟面前，几无身为帝胄的尊严，反而处处要"谦让"。鉴于杨氏家族势大，还没有彻底昏头的玄宗也曾先后两次，故意将杨玉环赶回家中，以此震慑杨氏，但最终却因怜惜杨玉环而选择了纵容。但比起对杨氏的厚待，玄宗更多是把宠爱都放在了杨玉环身上，可以说是将万千宠爱集于一身，为此才有后来的"遂令天下父母心，不重生男重生女"一说。

这一时期，杨玉环与玄宗之间留下了许多脍炙人口的故事，从中都可以看出玄宗对她的宠爱。杨玉环喜好荔枝美味，然而荔枝的产地却远在南方。为了满足杨玉环的要求，玄宗便下令通过朝廷驿站，将新鲜荔枝源源不断地从千里南方运来。这一举动显然浪费甚巨，但玄宗却丝毫不以为意。为此著名诗人杜牧后来都曾写下"一骑红尘妃子笑，无人知是荔枝来"的感叹诗句。

就在玄宗与杨玉环沉醉于开元盛世的繁华而不自知时，唐朝却已经开始出现新的危机。公元755年，拥兵自重的节度使安禄山突然发起叛乱，唐朝大军节节溃败，唐玄宗只得携带着杨玉环、杨国忠等人仓皇出逃。随着一路颠簸逃亡，士兵们对专权祸国、放任叛逆的杨氏家族愈发愤恨，终于，在行至马嵬坡时爆发哗变。

在太子李亨的支持下，禁军士兵突然发难，以谋反罪名将宰相杨国忠斩杀，随后又逼迫玄宗赐死杨玉环，理由是避免日后被杨氏打击报复。玄宗明知杨玉环不曾干预朝政，却又始终无法安抚心情激愤的士兵，最终只得含泪将杨玉环赐死，并就地安葬，杨玉环死时38岁。

马嵬坡之变后，玄宗与太子李亨分别逃往蜀地、灵武，最终李亨自立为帝，遥尊玄宗为太上皇，并开始着手平叛事宜。直到公元757年，玄宗才得以返回长安，随后又派人寻找杨玉环的遗体，可惜的是佳人不仅芳魂已逝，就连香消玉殒后的最后一点痕迹，也杳然无踪。因此后世又有杨玉环未死的说法流传，只是并没有任何依据，只能作为传言视之了。

【人物简评】

杨玉环体态丰腴，或许与今日的审美标准不符，但在当时的唐朝而言，她却是当之无愧的美人。抛开政治庙堂与伦理道德不谈，玄宗与杨玉环之间的真实情感，虽然未必如文学作品描写的那般美好，但也有着令人动容、向往的一面。

杨真一：昔日深宫受恩宠，今日道观参余生

【人物简介】

杨真一是唐玄宗李隆基的妃子，生于公元 692 年，卒于公元 749 年，享年 58 岁。

【人物生平】

杨真一的父亲曾官至兵部郎中，杨真一因此被选入后宫，被李隆基封为淑妃。

当时李隆基虽然即位，太平公主却依旧手握大权，更在私下有所谋划。公元 713 年李隆基先下手为强，将太平公主赐死，此后杨真一主动请求出家。一说为杨真一多年无子，担心后宫迫害；鉴于太平公主死前权势滔天、朝中心腹遍布，杨真一很有可能也是太平公主安插在李隆基身边的一枚棋子。

公元 749 年杨真一病逝于景云观，享年 58 岁。

【人物简评】

杨真一的出家真相，今日已经无从考证，但可以确定的是，玄宗对她也有过一段时间的恩宠。不论是为了避祸还是避嫌，杨真一至少拥有一个安稳的晚年，这对于后宫许多妃子来说，都是一份难得的奢望。

张皇后：金銮从来惑心智，贪婪最是葬命途

【人物简介】

张氏是唐肃宗李亨的妻子，其生年不详，因美丽聪颖而深得肃宗喜爱。然而张氏私下却与奸宦勾结，公元 762 年时，又被宦官过河拆桥害死。

【人物生平】

张氏的祖母姓窦，与玄宗李隆基的生母窦德妃为亲姐妹，因此张氏家族与李唐宗室颇有渊源。张氏小时就貌美聪颖，善于辞令，因此被玄宗选为太子李亨的妃子。

公元 756 年，李亨因安史之乱逃至灵武，在那里自立为帝，张氏也被册立为皇后。经历了多年宫闱生活的张氏，此时也不再是当初那个单纯善良、温柔贤淑的女子，成为了一名工于心计、富有野心的皇后。张氏私下对武则天称帝之事十分歆美，于是便

与著名奸宦李辅国勾结，打算伺机迫害太子李豫，借此夺取朝中大权。

李辅国虽有野心，却又打着自己的算盘，当他得知张氏想要废黜李豫时，反而又站在了李豫一边。公元762年，李辅国派兵保护太子入宫，诛杀阴谋作乱的越王等人，并囚禁张氏于宫内，肃宗也因此受惊而死。李豫随即登上皇位，即唐代宗。

同年，李辅国过河拆桥，将张氏杀死于宫中，随后，代宗又下令将她废为庶人。

【人物简评】

张氏为人工于心计，曾多次在肃宗面前故作贤良淑德姿态，表现不输于历代贤妃。庆幸的是，尽管她的伪饰可以瞒过一时，最终却无法瞒过一世，所谓的称尊女皇梦，也就只能沦为一场空了。

贞懿皇后：身死三年魂已灭，君王犹有追慕心

【人物简介】

贞懿皇后姓独孤，名与生年不详，是唐代宗李豫的妃子，一生深得李豫宠爱。甚至公元775年独孤氏病逝后，代宗竟然过了3年才肯将她安葬于庄陵。

【人物生平】

独孤氏的先祖也出自陇西，但原本却是姓李，与隋文帝的皇后独孤伽罗并无任何亲缘。独孤氏姿色过人，因此被选为李豫的妃子，先后为李豫生下1子1女。

李豫的原配夫人崔氏是杨贵妃的侄女，家世原本十分显赫，然而杨氏一族却在安史之乱中，遭受灭顶之灾，崔氏也因此抑郁而死。此后独孤氏开始得到李豫的专宠，其余妃子无一人能及。公元762年李豫登基为帝，6年之后又将独孤氏封为贵妃。

独孤氏与李豫育有1女华阳公主，深得宠爱，然而却又不幸于公元774年早逝。独孤氏因此深受打击，次年也身染重病而去。李豫为此感到哀伤，同时又十分追慕，竟然一连3年都不肯将她下葬，直到公元778年才下令将她葬于庄陵。

【人物简评】

古代君王痴情于妃子的事情很多，但像李豫这样追念死者的，却也并不多见。由此也可以看出独孤氏生前所受恩宠，确实是后宫无人能及。

昭德皇后：怀持帝玺从君去，临死方有后位来

【人物简介】

昭德皇后姓王，她是唐德宗李适的妻子、唐顺宗李诵的生母，生年不详，卒于公元786年。

【人物生平】

王氏的父亲在唐朝担任秘书监一职，王氏因此被选为德宗李适的姬妾。彼时李适不仅没有登基，甚至还没有被正式封王，仅仅是一个郡王。

公元 761 年，王氏生下一子李诵，因此得到李适的宠爱，次年，李适正式封王。公元 767 年，李适即位，将王氏册立为众妃之首，她的家人也都得到封赏。在这一时期，德宗并不曾正式册立皇后，因此王氏实际上代行皇后职权，负责管理后宫大小事务。

公元 783 年，唐朝士兵因朝廷封赏不公而哗变，即泾原兵变，德宗被迫仓皇出逃。期间王氏一直跟随，并负责保管传国玉玺。公元 786 年，王氏因之前的颠沛流离和幼女夭折而病重，德宗这才将她立为皇后，然而仅仅过了 3 天，王氏便在德宗的忧虑中去世。最初，王氏葬于僖宗靖陵，谥昭德皇后，直到公元 805 年才与德宗合葬于崇陵。

【人物简评】

德宗在因泾原之变而出逃期间，一度连传国玉玺都忘记带走，反倒是身为女子的王氏将玉玺藏于怀中，为日后德宗下诏平叛起到了巨大的作用。由此看来，王氏的见识和才智并不比德宗逊色。

庄宪皇后：虽无伟业安帝室，犹有贤名显后宫

【人物简介】

庄宪皇后姓王，她是唐顺宗李诵的妃子、唐宪宗李纯的生母，生于公元 753 年，卒于公元 816 年，享年 54 岁，死后葬于丰陵。

【人物生平】

王氏出身山东琅琊，祖上自曾祖父时起，就已经入朝担任官职。因此，王氏能够以良家子的身份入宫，并被赐给时为宣王的顺宗李诵为妃。

公元 779 年，王氏生下一子李纯，即后来的唐宪宗，随着李诵逐渐得到册立，王氏的地位也随之水涨船高。然而，王氏却始终保持恭敬之风，因此后宫中都称赞她贤良。公元 805 年，德宗驾崩，李诵即位为帝，由于患有中风疾病，王氏终日忙于照料，朝廷也就来不及操办立后事宜。

次年，顺宗因故禅让，王氏之子李纯即位，即唐宪宗。此后，王氏又以太后的身份陪侍顺宗。成为太后之后，王氏一不放纵外戚，二不苛待宫人，表现出母仪天下的雍容气度，后宫上下无不信服。

公元 816 年，王氏病逝，享年 54 岁。王氏死后被追谥为庄宪皇后，葬于丰陵。

【人物简评】

根据籍贯和家族背景来看，王氏应当出自琅琊王氏。或许正是这一缘故，王氏才

能养成日后的雍容气度，成为一位虽无丰功伟绩，却仍以贤良淑德享誉后宫之主。

懿安皇后：七朝五尊以贤立，武曌岂须老身期

【人物简介】

懿安皇后姓郭，她是唐宪宗李纯的妻子、唐穆宗李恒的生母，生年不详，其父即是唐朝名将郭子仪。郭氏一生先后经历 7 位唐朝君主，得到好几任君主厚待，于公元 848 年去世，死后葬于景陵。

【人物生平】

郭氏的祖父就是在平定安史之乱、兴复李唐江山中，立下赫赫大功的名将郭子仪，其父母则是为后世留下《打金枝》这一经典故事的郭暖、升平公主。凭借着显赫的家世背景，郭氏后来被嫁给顺宗之子李纯，并为他生下 1 子 1 女。

公元 806 年，顺宗被迫禅位于太子李纯，郭氏也被立为贵妃。原本李纯已经册立长子李宁，不料李宁却于公元 811 年英年早逝。次年李纯改立郭氏之子并改名李恒，即后来的唐穆宗。鉴于郭氏的家世背景，李纯生前一再拒绝群臣建议，不肯立郭氏为皇后，直到公元 820 年李恒即位，才将生母尊为皇太后。

穆宗为人喜好奢华，他对母亲十分孝顺，因此郭氏成为太后之后，享受到了极为优厚的礼遇，她的几位兄长也都得到进一步的封赏。由于放纵享乐、服食丹药，穆宗的身体很快就变得虚弱，公元 824 年，他突然暴毙。当时太子李湛年幼，有大臣极力鼓吹临朝听政，想要以此获取名利，郭氏听后当即愤怒斥责，表示自己绝不效仿武则天，并将李湛扶立为帝。

李湛登基后沉溺嬉戏，不问政事，仅仅 2 年之后就被宦官弑杀，郭氏不得不以太后的身份出面，下诏由李湛的异母弟李昂即位，即唐文宗。此时，李唐大权旁落，文宗虽欲拨乱反正却手段有限，最终抑郁而逝，于是，郭氏又改立文宗之弟武宗李炎。不论是性情敦厚的文宗，还是颇有雄心的武宗，都对郭氏这位祖母十分敬重，每日侍奉不敢有丝毫轻忽、懈怠。武宗即位之初，曾一度沉溺于打猎游乐，郭氏因此对他提出教导，并被武宗所采纳。

公元 846 年，武宗驾崩，虽然敬宗、文宗与他俱有子嗣，却因宦官干政而未能继位，皇位改由宪宗的 13 子李忱继承。郭氏身为宪宗正妻，本就心向孙辈，何况宪宗出于孝顺又将生母郑氏尊为太后，与郭氏并称于后宫，侍奉生母也更加尽心，郭氏因此感到十分不满。

公元 848 年时，郭氏更因一时不快而想要跳楼，好不容易才被侍卫拦住，宣宗得知后很不高兴，当晚郭氏也在宫中死去。由于偏向生母郑氏，宣宗始终不肯同意将郭氏与宪宗合葬于景陵，为此还将坚持上疏的官员贬谪。

直到唐懿宗李漼即位，当初被贬的官员返京，又再次提起此事。懿宗于是下

令家郭氏依附于太庙享受祭祀。

【人物简评】

郭氏贵为后宫第一人，先后经历 7 位君主，期间却没有重用外戚、干预朝政等谋私之举，这一方面与当时宦官专权有关，另一方面也与郭氏个人的品行有关。郭氏晚年的赌气之举，虽然显得有些任性、不可理喻，却也让后人看到了一个更加真实可信的老妇形象。

孝明皇后：必生天子非凡女，青春已逝贵方来

【人物简介】

孝明皇后姓名不详，一说为姓郑，一说为姓尔朱，她是唐宪宗李纯的妃子、唐宣宗李忱的生母。郑氏生于公元 785 年，卒于公元 865 年，享年 81 岁，是唐朝历史上第二位，也是最后一位太皇太后。

【人物生平】

郑氏早年曾被相士称为"必生天子"，因此被李唐宗室叛臣李锜纳为小妾。然而公元 807 年时李锜却被朝廷镇压，郑氏也因受牵连而入宫，成为宪宗正妻郭氏的奴仆。

由于自己颇有姿色，郑氏入宫后又受到宪宗的宠幸，公元 810 年，她生下一子李忱。后来宪宗又将李忱封为光王，郑氏因此被尊为光王太妃。

公元 820 年，宪宗驾崩，太子李恒即位，即唐穆宗，此后，郑氏仍旧以光王太妃的身份留在宫中。穆宗在位 5 年后驾崩，传位于儿子敬宗李湛；李湛在位仅 2 年就被宦官弑杀。李湛死后，穆宗的另一子李昂即位，即文宗；文宗在位 14 年后抑郁而死，皇位又由穆宗另一子李炎继承，即武宗。武宗在位 6 年后又驾崩，按理说，本该由敬宗、文宗、武宗三人的子嗣即位，然而，当时干政的宦官却偏偏看中了光王李忱。公元 846 年，李忱以皇太叔的身份即位，即唐宣宗，郑氏也一跃成为皇太后。

郑氏显赫之后，她的家人也得到朝廷封赏，家世一时显赫，然而这一切却引起了宪宗正妻郭太后的不满。宣宗的皇位本就来得不正，再加上郑氏早年身份卑微，曾在自己宫中奴婢，郭太后因此并不情愿与她并称。尤其是郭氏之前深得敬宗、文宗、武宗尊崇，而宣宗却对生母更加在意。其实这本是人之常情，但郭氏却显得十分"吃醋"。

公元 848 年，郭氏因不满宣宗冷遇而要跳楼自尽，好不容易才被近侍拦住，然而当晚就突然死去。从此之后，郑氏成为后宫中地位最尊贵的女子。公元 859 年，宣宗驾崩，懿宗李漼即位，郑氏又被尊为太皇太后。

公元 865 年，郑氏去世，享年 81 岁，但也有说法是病逝于 860 年。郑氏死后

葬于景陵，谥孝明皇后。

【人物简评】

不论郑氏到底亡于何年，在"人活七十古来稀"的封建时代，她都可算得上是高寿了。郑氏一生先后经历了6代君主，初时卑微而终至显赫，一生经历可谓传奇。

恭僖皇后：生子无能教诲，历朝皆有优遇

【人物简介】

恭僖皇后姓王，名与生年均不详，卒于公元845年，她是唐穆宗李恒的妃子、唐敬宗李湛的生母。

【人物生平】

王氏小时就被选入后宫，之后又成为唐穆宗李恒的妃子。公元809年，王氏生下一子李湛，即后来的唐敬宗。

生下李湛之后，王氏在后宫的地位也逐渐提高，最终被册立为妃。公元824年，穆宗驾崩，李湛即位，又尊她为皇太后。李湛为人荒淫懒怠，不问国事，就连王氏似乎也无法劝阻、约束，最终李湛于2年后被宦官弑杀。

李湛死后，其异母弟弟李昂即位，即唐文宗。文宗为人仁善，对李湛的妃子、儿子均予以优待，王氏也被尊为宝历太后。公元845年，王氏病逝，死后被武宗李炎追谥为恭僖皇后。

【人物简评】

王氏先后经历穆宗、敬宗、文字、武宗四朝，受到四帝的礼遇、敬重，但她并没有多大的实际影响力。在后宫中，王氏即便是对自己的亲子都难以教导、约束，在某种意义上，这也是李湛后来悲剧的一个原因。

贞献皇后：生子善懦犹孝顺，三帝轮替不失尊

【人物简介】

贞献皇后姓萧，她是唐穆宗李恒的妃子、唐文宗李昂的生母，其生年不详，卒于公元847年6月1日。

【人物生平】

萧氏在穆宗尚未登基时就进入王宫，成为其妃子之一，后来又于公元809年生下一子李昂。

公元824年穆宗驾崩，继位的敬宗李湛2年后也被宦官趁夜杀死。当时朝中大臣一致拥立李昂即位，即唐文宗，萧氏也被尊为太后。文宗对生母萧氏十分敬重，还不惜一切在民间寻访萧氏当年的弟弟，可惜始终没能找到。

当时朝中权争激烈，懦弱的李昂虽欲有所作为却有心无力，最终于公元840

年抑郁而崩。李昂死后,其异母弟李炎即位,即唐武宗。武宗对萧氏也十分敬重,又尊她为积庆太后。公元847年,萧氏病逝,其小叔宣宗李忱又追谥她为贞献皇后。

【人物简评】

萧氏之子李昂本来并非太子,却因敬宗之死而意外登基,萧氏这才得以享受太后的待遇。虽然文宗懦弱,萧氏却始终得到李唐皇室优待,一生富贵显赫至极。

宣懿皇后:身后犹有贤帝,庶几无愧母恩

【人物简介】

宣懿皇后本姓廉,后来被赐姓韦,生卒年不详,为唐穆宗李恒的妃子、武宗李炎的生母。

【人物生平】

廉氏据说是战国时赵国名将廉颇之后,入宫后成为时为太子的李恒之妃。公元814年廉氏生下一子李炎,公元820年李恒即位,又将她册立为贵妃。

公元824年穆宗驾崩,其子李湛即位,即唐敬宗,此后,皇位先后历经穆宗三子,最终于公元840年被李炎继承,李炎即是唐武宗。此时廉氏已经去世,于是武宗下令为生母赐姓韦氏,追尊为宣懿皇后,又将自己的两位阿姨尊为夫人。

【人物简评】

廉氏与恭僖皇后王氏、贞献皇后萧氏俱为穆宗妃子,也分别生下一位日后登基的皇子,但是相比之下,还是以廉氏最为幸运。三人之中,敬宗李湛最不成器,文宗李昂为人懦弱,唯有武宗李炎在位日短却政绩显赫,同时又不失孝心,足以宽慰廉氏这位早逝的母亲。

郭贵妃:两帝皆遇恩赐,一生少有风波

【人物简介】

郭氏是唐敬宗李湛的妃子,生卒年不详,在敬宗、文宗两朝均受到帝室优待,为敬宗育有一子。

【人物生平】

郭氏最初因美貌入宫,成为太子李湛的妃子,公元824年李湛即位,即唐敬宗,郭氏又被册封为才人。后来郭氏又为李湛生下一子李普,因此,她被册立为贵妃。

李湛年少登基,本该大展宏图励精图治,但他偏偏又是一位极其荒淫的君主。据说,朝中大臣往往一连3个月都见不到他的身影,而他却在宫中与宦官游乐嬉戏,以打夜狐为乐。最终,李湛于公元826年被宦官害死,年仅18岁。

李湛死后,他的弟弟李昂即位,即唐文宗。文宗为人懦弱但仁善,对郭氏之

子李普也十分喜爱，甚至还一度想要以他为继嗣。出于这一缘故，李昂对嫂子郭氏也极其敬重。后来李普英年早逝，李昂深感痛惜，关于郭氏的记载则不详。

【人物简评】

敬宗李湛虽然荒淫懒怠，对郭氏却十分宠爱，并无任何失当；之后继位的文宗也是一位宽仁之帝，同样没有对郭氏进行迫害。因此客观来说，郭氏的个人婚姻虽然不幸，生活却相对安宁，称得上是一件幸事。

王德妃：生儿显贵招灾祸，母遭谗害子难活

【人物简介】

王氏是唐文宗李昂的妃子，她生年不详，于公元 838 年被构陷而死。

【人物生平】

王氏何时入宫不可考证，入宫后于公元 820 年为文宗生下一子李永。公元 832 年，李永因是长子而被立为储君，此前王氏已被册立为昭仪。

公元 837 年，后宫再次册立诸妃，王氏被封为德妃，然而，这却引起了同时受封的杨贤妃的不满。按照当时的制度，后宫四妃以贵、淑、德、贤依次排序，杨氏当时深得恩宠，显然不能接受这一册封。此后，杨氏便不遗余力地构陷王氏及太子李永。

公元 838 年，王氏因失宠被杀，不久，李永也被废去太子之位，于同年暴死。

【人物简评】

王氏为国家生下尊贵的储君，孰料等待她的却不是母仪天下的荣华富贵，而是无辜冤死的悲惨结局。虽然历史上也有一些与她同样遭遇的妃子，但相比于专横跋扈的西汉景帝妃子栗姬，被冤杀的王氏就更加令人同情。

杨贤妃：害人到头终害己，一步黄泉万事休

【人物简介】

杨氏是唐文宗李昂的妃子，生年不详，卒于公元 840 年。杨氏在后宫中最得文宗宠爱，但却因觊觎权力而卷入夺嫡之争，最终被下令赐死。

【人物生平】

杨贤妃出自弘农杨氏，与文宗时宰相杨嗣复为同族。杨氏与杨嗣复的具体关系、入宫时间已经不可考证，于公元 837 年时被册立为贤妃。

贤妃是当时后宫四妃之一，但却居于最后一名，因此杨氏十分不满，尤其忌恨排在第三、位居自己之前的王德妃。尤其是王德妃的儿子李永被立为太子，这一切都使得杨氏更加怨恨。此后，杨氏多次在文宗面前说王德妃的坏话，使文宗逐渐疏远了王氏，次年，王氏就被杨氏陷害而死。

王氏死后，杨氏依旧怨恨不息，而太子李永本人也放浪形骸，结交宵小之徒，于是杨氏又把矛头对准了李永。在她接二连三的进谗下，李永虽然没有被废黜，却也受到文宗的责备，不久，他又突然暴毙。

李永死后，杨氏一度想要干预夺嫡之事，但文宗却没有采纳她的意见；等到公元840年文宗驾崩，宫中宦官又趁机矫诏拥立李炎即位，李炎即是唐武宗。为了斩草除根不留后患，宦官们极力劝说武宗赐死杨氏，她和文宗当初属意的储君人选也一同被逼杀。

【人物简评】

杨氏为人心胸狭隘、量小善妒、心肠狠毒，又因觊觎权威而迫害妃子、太子，实在丧尽天良。讽刺的是，她虽然除掉了自己的眼中钉，出了一口恶气，却又很快就遭到清算，自己的期许最终还是变为了一场空。

元昭皇后：恩宠及子女，身后又有称

【人物简介】

元昭皇后姓晁，名不详，生卒年亦不详。晁氏是唐宣宗李怡的妃子，唐懿宗李漼的生母，死后被追尊为皇后。

【人物生平】

晁氏在宣宗尚未被立为太子时，就成为他的王妃，先后生下后来的懿宗李漼和万寿公主。公元846年，李怡即位，她又被册封晁氏为美人。

公元859年，晁氏之子李漼即位，即唐懿宗，诸王一度怀疑他并非长子，但懿宗却拿出之前后宫所颁的辞令，这才确立了自己的权威，此时，晁氏也已经病逝。李漼即位后，便下令追尊母亲为元昭皇后，并专门为她修建陵寝庆陵。

【人物简评】

历史上关于晁氏的记载太过简略，后人无法知晓其事，但从有限的记载来看，晁氏确实是一位深得宣宗宠爱的妃子，甚至就连她的女儿也因此得到宣宗的特别溺爱。

惠安皇后：天伦之乐易逝去，尊崇荣誉未晚来

【人物简介】

惠安皇后姓王，她是唐懿宗李漼的妃子、僖宗李儇的生母，其生年不详，卒于公元866年，死后葬于寿陵。

【人物生平】

王氏的家世背景不详，应是在懿宗登基之前嫁入皇室，懿宗即位后又册立她为贵妃，公元862年，王氏生下一子，即李儇。

公元 866 年，王氏去世，7 年之后其子李儇即位，即唐僖宗。僖宗登基时，李唐江山已经逐渐倾颓，因此，李儇始终没能有所作为，但对于自己的生母，僖宗还是下令进行追尊，并追谥她为惠安皇后。

【人物简评】

从时间上推断，王氏在生下僖宗晋 4 年后就早早离世，并未能享受到太久的天伦之乐。

恭宪皇后：荣华由来不值待，只恨母子阴阳隔

【人物简介】

恭宪皇后姓王，她是唐懿宗李漼的妃子、昭宗李晔的生母，其生年不详，卒于公元 867 年，死后葬于安陵。

【人物生平】

王氏出自贫寒家庭，但却能够成为唐懿宗的妃子，想来容貌应该属于动人一类。王氏入宫后很快就得到恩宠，并于公元 867 年生下一子李晔。

不幸的是，王氏在生下李晔后没多久就因病去世，原因虽然不详，却也显然与生育一事有关。直到公元 888 年李晔即位，即唐昭宗，王氏才被追尊为皇太后，谥恭宪皇后，随后，昭宗又将其陵寝改为安陵。

【人物简评】

王氏为李唐宗室生下尊贵帝子，偏偏自己却连孩子都没能多看几眼，就因病撒手人寰。对于一位母亲来讲，荣华富贵往往并不是很重要，但与亲子生死诀别，却必然是王氏一生最大的、最后的遗憾。

郭淑妃：一朝流落无人问，宫闱流言亦入尘

【人物简介】

郭氏是唐懿宗李漼的妃子，她生卒年不详，与懿宗育有 1 女。郭氏在黄巢之乱后下落不明，此后记载不详。

【人物生平】

郭氏在很小的时候，就本选入李漼王府，始终尽心侍奉不曾有怨。当时，宣宗虽然励精图治，却又痴迷于长生不老的丹药，因此对立太子一事十分反感。李漼因是宣宗长子而常常忧虑，郭氏则经常在一旁安慰。

公元 859 年，宣宗因服食丹药而死，死前曾欲立三子李滋，不料死后宫人却矫诏拥立李漼即位。郭氏随后就被册立为美人，后来又改封为淑妃。郭氏在女儿嫁给起居郎韦保衡后，经常出入韦府大门探视女儿，不料，却因此流传出她与女婿通奸的流言。懿宗虽然没有听信这一传言，却也无法明确查出其中真伪。公元

873 年，僖宗即位后，韦保衡又因不法情事和这一流言被处死，从此后人更无法得知真相。

公元 880 年时，黄巢起义大军攻破长安，僖宗仓皇出逃至西川，郭氏因来不及逃跑而流落民间，此后，关于郭氏的记载不详。

【人物简评】

郭氏是否真的行为不检、悖逆伦常，后人已经无法知悉，但从她早年身处困顿，却仍与懿宗互相扶持的行为来看，郭氏并不像是一个鲜廉寡耻的女子，倒像是一位十分温柔体贴的贤妻。

何皇后：天之亡我非人罪，贤帝淑后命同悲

【人物简介】

何氏是唐昭宗李晔的妻子、哀帝李柷的生母，她生年不详，卒于公元 906 年 1 月 22 日。

【人物生平】

何氏家世背景不详，在李晔尚是皇子时就已嫁入王宫。由于自己貌美聪颖，李晔对何氏十分宠爱，两人后来生下两子李柷、李祚。

公元 888 年，唐僖宗驾崩，李晔以皇弟的身份即位，即唐昭宗。此前 100 多年间，唐朝皇帝均没有册立皇后，何氏也只是被册封为仅次于皇后的淑妃。由于当时局势动荡，昭宗一度不得不出逃京城，而何氏则始终紧紧跟随、尽心侍奉，没有任何怨言。直到公元 897 年，昭宗才正式册立李柷为太子，并将何氏立为皇后。

当时，昭宗一心想要恢复社稷、巩固庙堂，为此做出许多努力，然而却因一时不慎被宦官控制，险些遭到杀害。为了保全昭宗，何氏主动出面向宦官示好，劝说他们改变心意，昭宗这才得以保全。等到宦官被诛杀后，昭宗终于脱困，却又再次被叛臣李茂贞挟持。几经波折之后，昭宗又落入朱全忠之手，期间屡次逃跑，但均以失败告终，最终仍是依靠何氏才没被追究。

公元 904 年，朱全忠将昭宗弑杀于皇宫，何氏因朱全忠没有提及，侥幸得以保住性命，此后，其子李柷被拥立为帝，即唐哀帝。两年之后，眼见朱全忠迫不及待地想要篡位，何氏只得哀求其麾下放过自己。然而朱全忠却听信谗言，误以为何氏联络下属，想要恢复李唐江山，当即下令以淫乱宫闱的罪名将她处死。过了 1 年之后，朱全忠又杀死李柷自立为帝，李唐王朝就此灭亡。

【人物简评】

何氏与唐昭宗李晔一为贤淑皇后，一为明隽帝王，可惜偏偏处于积重难返、社稷将倾的穷途末路，最终结局悲惨。比起古往今来那些荒淫误国的君主、魅惑乱政的女子，何氏与昭宗的下场实在是十分冤屈。

五 代

张惠：使君能记生前话，身后无伴亦无忧

【人物简介】

张惠是后梁太祖朱全忠的妻子，生年不详，卒于公元 904 年，她深得朱全忠宠爱、倚重，在朱全忠建立帝业的过程中，起到了很大的作用。张惠死后，朱全忠便失去了最后一个能够引导、规劝他的人。

【人物生平】

张惠与朱全忠为同乡，出自当地富豪之家，由于自己长相美貌，朱全忠很早就像光武帝刘秀那样，表明了自己的爱慕感叹。公元 882 年时，朱温终于成功迎娶了张惠，两人后来还生下一子，即朱友贞。

朱全忠作为唐末枭雄，心性自然十分多疑、猜忌，比之汉末的曹操犹胜一筹，但这一切对于他麾下的将士而言，自然成了一件苦事。当时正值诸侯割据、攻伐不休，朱全忠经常遇到战事不利的情况，每逢这个时候，他都会迁怒于麾下将士。一旦将士因此受到朱温责罚，张惠都会主动出面安慰丈夫，为其麾下将士讲情，因此，朱全忠的军队才不至于产生异心。

不仅如此，身为女子的张惠也对军国之事颇有心得，曾数次从旁为朱全忠剖析战局、提供建议，并且预料的情况往往都十分准确。因此，朱全忠对张惠不仅十分宠爱，同时也格外倚重，在她的谋划下多次取得战事胜利。

公元 904 年，张惠病重，朱全忠当时正打算叛唐自立，得知后当即匆匆赶回。得知丈夫心意已定，张惠没有再说什么劝阻的话，只是对他提出了自己最后的建议——戒杀远色。不久，张惠就咽下了最后一口气，朱全忠因此悲伤流泪，就连军中士兵得知后，也纷纷悲痛哭泣。

【人物简评】

朱全忠为人残暴好色，心具豺狼之性，然而在贤良的张惠面前，这头豺狼却又十分温驯，因此，张惠可以称得上是以柔克刚。张惠去世后，朱全忠最终还是

犯下了错误，为自己带来灭顶之灾，可见，张惠生前的担忧确实十分明智。

刘玉娘：满眼只有财与利，从来一无父与君

【人物简介】

刘玉娘是后唐庄宗李存勖的皇后，生年不详，卒于公元926年。刘玉娘深得庄宗宠爱，为人却薄情寡义、贪婪钱财，最终被后唐明宗李嗣源下令处死。

【人物生平】

刘玉娘出生微寒，早年曾与父亲共同乞讨，以卖唱谋生，后来又被后唐士兵掳走。由于长相出众，将士主动将她献入李存勖的府中，做了一名普通歌伎。

后来，李存勖偶然间发现刘玉娘的美色，顿时被迷得神魂颠倒，当即将她纳为小妾，对她百般宠爱。刘玉娘年迈的父亲得知后，赶紧主动前去认亲，不料刘玉娘竟因羞于出身而予以否认，还将可怜的老父一顿鞭笞。公元923年，李存勖称帝，建立后唐政权，刘玉娘又被册立为皇后。

李存勖自从称帝后就沉迷于听戏取乐，刘玉娘则是一心一意地疯狂敛财，甚至令人在全国各地贩卖商品以牟利，成为历史上唯一一位商人皇后。由于自己崇信佛法，刘玉娘还分出一半财富供养寺庙，以此祈求福报，却对宫中的士兵十分吝啬。

公元926年，国中大旱，就连宫中许多将士的亲人都纷纷饿死，有大臣请求庄宗拿出金银体恤士兵，刘玉娘却坚决不肯。同年，李嗣源起兵之后，庄宗亲率大军平叛，沿途一再安抚士兵，麾下将士却都表示为时已晚，纷纷倒戈投向李嗣源。后来，庄宗在交战中受创，想要刘玉娘前来服侍。刘玉娘得知后却卷起大量钱财逃跑，沿途更与庄宗的弟弟勾搭成奸。

庄宗死后，李嗣源即位，即唐明宗。刘玉娘原本打算出家避祸，却又被人揭发，最终被士兵抓捕。面对这位薄情寡义的女子，明宗没有任何怜惜，断然下令将她赐死。

【人物简评】

刘玉娘虽然貌美却心性凉薄，只知贪婪钱财却毫无孝顺、忠贞之心，可谓忘恩负义之极。她的所作所为更是极其无耻，令人唾弃。

曹氏：临大难何必惶惶，国将灭慷慨赴亡

【人物简介】

曹氏是后唐明宗李嗣源的皇后，生年不详，卒于公元936年。后唐灭亡后，曹氏不肯投降，自焚而死。

【人物生平】

曹氏家世背景不详，只知在很早的时候就已经嫁给李嗣源，成为他的正妻。公元923年，李存勖称帝，建立后唐政权，曹氏也因丈夫之故被册封为楚国夫人。

公元926年，李嗣源奉命征讨叛逆，却因士兵哗变而不得不反，彼时曹氏等家人尚在京城，当即被庄宗下令监禁。曹氏遭逢大劫却依旧保持冷静，主动出面与庄宗使者相斡旋，并趁机与李嗣源麾下取得联系，一举杀死使者摆脱危机。同年，李嗣源登基称帝，即唐明宗，公元930年，又册立曹氏为皇后。3年之后，李嗣源驾崩，其子李从厚即位，曹氏也被尊为太后。

公元935年，石敬瑭发动叛乱，次年就逼近洛阳，当时在位的李从珂见大势已去，便在宫中自焚而死，曹氏也与宫人一同赴死。由于自己的女儿曾嫁给石敬瑭，石敬瑭下令以重礼安葬曹氏，后来又追尊她为和武宪皇后。

【人物简评】

曹氏虽为女子，却富有智慧、谋略，身陷险境依旧不失其冷静气度，不愧是李嗣源的妻子。亡国之后，曹氏毅然赴死不愿偷生，也表明了她刚烈的性格。

花见羞：孤儿寡母有何过，一国之君竟不容

【人物简介】

花见羞本姓王，是后唐明宗李嗣源的宠妃，生年不详，卒于公元947年，被誉为五代第一美女。花见羞在后唐亡国后，先后得到后晋、契丹统治者的厚待，最终却因养子受到牵连，被后汉刘知远下令处死。

【人物生平】

王氏出身贫寒之家，原本以卖饼为业，后来，她又进入后梁将领刘鄩府中为妾。公元923年刘鄩被赐死，王氏只得带着分发的财产离开刘家。此后，王氏在媒人的撮合下嫁给李嗣源，并通过散尽钱财的方式，赢得了李嗣源家人的亲近。

公元926年，李嗣源登基后，围绕立后一事十分苦恼，因此迟迟没有册立，直到4年后，才在群臣的建议和王氏的谦让下，册立正妻曹氏为后。此后曹氏对王氏十分友善，李嗣源也因其无子而将另一子李从益交给她抚养。

公元933年李嗣源驾崩，等到李从珂即位后，王氏一度因担心而想要出家，却被李从珂好生安抚劝住。石敬瑭逼近洛阳后，王氏劝说曹氏躲避无果，最终曹氏自焚而死，王氏侥幸得以保全。此后王氏接连得到后晋、辽国统治者的优待，养子李从益更被拥立为辽国南朝之主。

王氏心知这不是喜事，一再哀叹拒绝却得不到允许，很快，后汉刘知远又率领大军攻来。王氏自知无力抵抗，于是主动提出请降，然而刘知远却依旧将王氏

和李从益处死。王氏死前曾高声呼喊，质问刘知远为何不肯容忍李从益，周围的人都感到十分同情。

【人物简评】

王氏为人平易近人、通晓是非，因此才能在后宫中如鱼得水，始终保有安宁。遗憾的是，尽管她本人知晓利害关系，却又无法彻底自主，因此才会卷入两国之争，无辜受害而死。

李氏：与其沦为虏地鬼，毋宁身化佛寺尘

【人物简介】

李氏是后晋高祖石敬瑭的皇后，生年不详，她出自后唐宗室。李氏在石敬瑭建立霸业的过程中，发挥了巨大的作用，后晋灭亡后又被掳至辽国。公元 950 年，李氏去世。

【人物生平】

李氏的父亲是后唐明宗李嗣源，其母即是皇后曹氏，李氏后来被许配给石敬瑭为妻。当时，石敬瑭还是后唐之臣，没有生出反心，对李氏也十分宠爱。

后唐自明宗在位后期时局就动荡不安，石敬瑭本人也是野心勃勃之辈，数次生出不臣之心。李氏得知丈夫的图谋后，屡次加以劝阻，石敬瑭也鉴于时机不到而加以忍耐，安分了一段时间。直至后来李从厚、李从珂相继即位，后唐内部因皇权争夺而动荡不休，石敬瑭这才趁机与辽国勾结，一举灭亡后唐自立为帝，又册立李氏为皇后。

公元 942 年，石敬瑭病死，石重贵即位。几年之后，契丹就寻找借口将后晋彻底灭亡，作为太后的李氏也与石重贵等人一同被俘。由于看押过于严厉，李氏经常连饭都吃不饱，得了病也无法得到及时治疗。公元 950 年，李氏终于在愤恨忧病中死去，死前还要求将自己火化送至寺庙，以免沦为"虏地之鬼"。

【人物简评】

李氏以皇室宗室之女的身份下嫁，在国家和丈夫之间竭力寻求平衡，尽到了最大的努力，也做出了巨大的贡献。可惜身为女子的她，始终无法彻底阻止丈夫的野心，以挽救国家的危亡，最后只能一再遗憾，带着愤恨走向生命终点。

冯皇后：婚嫁悖礼侍两代，伦理道德全不知

【人物简介】

冯氏是后晋出帝石重贵的妻子，生卒年不详，她在成为石重贵皇后之前，曾嫁给他的叔父。最终契丹也是以此作为借口之一，将后晋彻底攻灭，此后，关于冯氏的记载不详。

【人物生平】

冯氏最初嫁给后晋高祖石敬瑭的幼弟石重胤。石敬瑭爱屋及乌，关爱幼弟，于是又将冯氏封为吴国夫人。

石重胤很早就因病去世，此后冯氏一直孀居在家。公元942年，石敬瑭去世，养子石重贵即位，即后晋出帝。按照辈分，石重贵应当尊称冯氏婶婶，然而他却垂涎冯氏的美貌，生出淫邪之念。当时石敬瑭还未下葬，石重贵就在宫中与冯氏勾搭成奸，并迫不及待地举行了婚礼，使得石敬瑭的葬礼成了一个笑话。

公元943年，冯氏被册立为皇后，此后多次凭借着自己的身份干预政事，朝臣对她也阿谀逢迎，极尽讨好之能。石重贵虽然荒淫，却不服契丹，素有反抗之志，无奈的是自身志大才疏，身边也并无可用之人。公元946年，契丹为了消除隐患，便以侄婶通奸、悖逆人伦为由，大举起兵攻灭后晋，石重贵、冯氏及太后等人也均被掳至辽国。

入辽之后，石重贵等人屡遭迁徙，直至3年被迁至建州种田。此时，石重贵身边之人大多病逝或被夺，冯氏的下落也不得而知。

【人物简评】

冯氏与石重贵一为婶婶、一为侄儿，却不知男女大防、伦理纲常，做出悖逆人伦的丑事，因此难免落人口实。当时辽国的侵犯虽是不义之战，但冯氏与石重贵也可以说是自取其辱。

李三娘：唯仁厚可得仁报，言善劝自有善果

【人物简介】

李三娘是后汉高祖刘知远的皇后，与刘知远之间有着一段极为传奇的姻缘。郭威取代后汉自立后，李三娘依旧得到后周礼遇，直至公元954年时因病去世。

【人物生平】

李三娘本是农家出身，后来无意间与刘知远邂逅，刘知远从此对她一见钟情。当时的刘知远家境贫寒，李三娘家因此不愿结亲，刘知远伙同朋友趁夜将李三娘抢回成亲。这一事情后来也被改编为许多戏剧，成为一段传奇故事。

嫁给刘知远后，李三娘于公元930年为他生下一子，即刘承祐，此时，刘知远也逐步因功得到提拔，被封为北平王，李三娘也被封为魏国夫人。当时，刘知远曾因军费不足打算征收重税，李三娘又坚决劝阻，表示不可不先惠民就夺取民财，主张以宫中财物充当军饷。凭借这一举动，刘知远果然笼络到民心，从此，他对李三娘也愈发敬爱。

公元948年，刘知远称帝，册立李三娘为皇后，同年就因病去世，其子刘承祐即位，即隐帝。隐帝为人过于猜忌，大肆迫害前朝大臣，最终迫使大将郭威反

叛。此前，李三娘曾一度规劝，但隐帝却不肯采纳，最终郭威攻入开封，隐帝很快也被弑杀。李三娘因之前的劝阻而得到郭威敬重、礼遇，郭威甚至还尊她为母亲。

眼见情势自此，李三娘干脆接受太后尊号，迁居于其他宫殿，不再过问政事。公元942年，李三娘病逝，享年40多岁。

【人物简评】

李三娘为人宅心仁厚，从她劝阻刘知远一事就能看出，她在某些方面甚至比刘知远这位乱世枭雄要更为理智、聪慧。也正是这一份仁厚，让她在后汉覆灭后，依旧得到后周统治者的礼遇，这也可以看作是她仁厚的善报。

柴皇后：愿嫁微寒成帝业，可惜未见富贵时

【人物简介】

柴氏是后周太祖郭威的皇后，生卒年不详，嫁给郭威之前，曾是后唐庄宗李存勖的妃子。在郭威建立霸业的过程中，柴氏也起到了很大的辅助作用。

【人物生平】

柴氏与郭威本是同乡，她出身富贵之家，早前曾被选入后唐后宫，成为庄宗李存勖的妃子。公元926年，庄宗被乱军弑杀，明宗李嗣源即位后，又将后宫诸人尽数遣散，身为妃子的柴氏于是踏上了返乡之途。

返程期间，柴氏恰好遭逢大雨，只得投身于客栈。就在此时，她遇到了一位魁梧雄壮、气度不凡的男子。只是这位男子虽然气度不凡，他浑身破烂、不能蔽体的衣服却又表明了他此刻的落魄。当得知这位男子名叫郭威，是一名微末军官后，柴氏顿时对他生出了爱慕之心。

不久，柴氏的父母前来，柴氏当即表明心愿，其父母自然百般反对。然而，柴氏却一眼认定郭威是贵人，毅然拿出一半财物作为嫁妆，决意嫁给了他。郭威也早就注意到了美丽动人、性格温婉的柴氏，于是顺势迎娶了他。

当时，郭威不仅尚未显赫，自身也有着许多毛病，但在柴氏的劝阻下，他最终一一将其改正。凭借着柴氏的资助，郭威也从一个只知恃勇斗狠的粗人，逐渐变成精通兵法韬略的用兵奇才，因此在后汉政权拥有了一席之地。

公元950年，郭威为了躲避迫害，不得不推翻后汉，次年又正式称帝，建立后周政权。此时柴氏却已先行辞世，郭威于是下令追尊她为皇后，并终其一生都没有再行册立。

【人物简评】

柴氏在郭威贫贱之时毅然下嫁，后来更为郭威的成长、显贵做出了许多努力，她实在是一位值得敬重的贤妻良女。可惜的是，柴氏一生与郭威共经患难，却来

不及与他同享富贵，对于郭威来说，这也是他一生中最大的遗憾。

符氏：天下之母有威仪，扶持夫君固帝基

【人物简介】

符氏是后周世宗柴荣的皇后，她生于公元 930 年，卒于公元 955 年，享年 25 岁。符氏死后葬于懿陵，谥宣懿皇后。

【人物生平】

符氏出自将门世家，其祖父、父亲分别在后唐、后晋担任将职，其父符彦卿更与郭威是旧识。曾有一名相士称她日后必然贵为天下之母，后汉将领李守贞得知后，便将她娶为自己的儿媳。

公元 949 年，李守贞父子兵败被杀，带兵平叛的正是符家旧交郭威。当时，符氏眼见大军攻入家中，不仅没有丝毫慌乱，反而展现出一派威仪，要求士兵前往通报郭威。郭威知道后，也对符氏的镇定自若十分称奇，欣然将她收为义女，并送回父母身边。

最初，符氏的父母曾劝她出家，然而，符氏却以大难不死必有后福为由拒绝。符彦卿听后也不由得对自己的女儿赞不绝口。当时，郭威有一名养子名叫柴荣，是郭威之妻柴氏的外甥，柴荣曾经迎娶夫人刘氏，不料刘氏却早早病逝。于是郭威亲自拍板，将柴荣与符氏这对义子、义女结为夫妻。由于自己的儿子均被后汉杀害，柴荣成为郭威唯一的一位继承人。

公元 954 年，郭威驾崩，柴荣即位，符氏也被册立为皇后。柴荣即位之后励精图治，使得北周愈发强盛，柴荣脾气暴躁，经常责备部下，每当这个时候，身在现场的符氏必然会主动加以劝阻，更在事后安抚将士、大臣，因此朝中百官、军中士卒都对符氏十分敬爱。

公元 955 年，柴荣御驾亲征，符氏本打算一同跟随，不料却在途中患病，只得先行返回。不久，符氏便不治身亡。柴荣得知后十分悲痛，亲自服丧 7 天并将她安葬，并追谥她为宣懿皇后。

【人物简评】

符氏虽为女子，胆魄、见识却属一流，不输男儿。在柴荣治国期间，符氏更利用自己的身份和影响力，多次为柴荣分忧解难，她的确是一位合格的天下之母。

周氏：委身愿嫁贫寒子，夫死成哀难独活

【人物简介】

周氏是前蜀太祖王建的皇后，生年不详，公元918年因王建驾崩而悲痛过度，不久后死去。

【人物生平】

周氏与王建是同乡之人，为人既美貌又伶俐，因此被王建娶为妻子。后来，王建投身军旅，先后侍奉唐僖宗、唐昭宗两代君主，因功官至节度使，受封蜀王。

公元907年，唐朝被朱全忠所灭，王建不屑于屈服后梁，干脆在蜀地自立为帝，建立前蜀政权。次年王建改元，同时又将周氏册立为皇后。王建在蜀地励精图治、休养生息，使得蜀地百姓安居乐业，直至公元918年时因病驾崩，统治蜀地整整10年。

王建死后不久，周氏就因丧夫而悲痛过度，整日食不下咽，很快就染上重病。同年，周氏也因病去世。

【人物简评】

王建早年因贫困而多行不法，深为同乡厌弃，周氏却能甘心下嫁，从这一件事中，也能看出周氏的过人见识。虽然不知周氏在王建的奋斗生涯中，究竟起到了多少作用，但周氏也显然是一位值得众人敬重的贤妻。

徐妃：败坏国政亡宗庙，命到终途亦难逃

【人物简介】

徐妃是前蜀高祖王建的妃子，她生年不详，卒于公元926年。徐氏与妹妹一同入宫，深得王建宠爱，其中后者又被称为"花蕊夫人"，与后蜀后主的妃子并称。徐氏姐妹虽然貌美有才，却都贪婪荒淫、祸乱朝堂，最终在前蜀灭亡后被杀。

【人物生平】

徐氏的父亲在唐朝官至刺史，徐氏样貌美丽，又富有文采，是当时一位著名的才女。王建在蜀地称帝后，徐氏和妹妹一同被选入后宫，很快就得到王建宠爱。

公元899年，徐氏为王建生下最小的一子，即是后主王衍。按照古代立长不立幼的政治传统，王衍并无任何登基可能，然而徐氏却凭借着自己的恩宠，以及私下笼络群臣等暗中操作，成功将王衍扶上了储君之位。公元918年，王建驾崩，王衍顺利即位，徐氏姐妹也被尊为太后。

此后，徐氏仗着自己的太后身份，与妹妹一同带着王衍四处巡游、嬉乐，享尽种种富贵，同时又与宫中的宦官勾结，做出卖官鬻爵、干涉朝政等种种恶事。再加上王衍本人的荒淫无道，前蜀国力迅速衰败，终于使得后唐有机可乘。

公元 925 年，后唐庄宗派遣大军攻灭后蜀，王衍主动请降，随后又被押往洛阳。行至途中时，庄宗又突然改变心意，下令将王衍处死。徐氏因此愤怒斥责后唐不守信用，不久，她与妹妹一同被杀。

【人物简评】

徐氏姐妹之死虽说是由于后唐出尔反尔，但说到底却仍属于咎由自取。身为王衍的母亲、长辈，徐氏姐妹不仅没有起到教育引导、规劝王衍的作用，反而在很大程度上带偏了这位国君。前蜀的灭亡在很大程度上，也都要归咎于徐氏姐妹两人。

高皇后：恩宠得失本寻常，老父忧天自招亡

【人物简介】

高氏生卒年不详，她是前蜀后主王衍的原配妻子，后来因故被废。

【人物生平】

高氏的父亲高知言官至兵部尚书，高氏在前蜀高祖王建在世时，就被赐婚给时为太子的王衍为妃。

公元 918 年，王建病死，王衍即位，高氏也被册立为皇后。然而王衍心中自一开始，就对这桩婚事十分不满意，对高氏也没有什么情感。公元 921 年，另一名妃子韦元妃入宫后，高氏又因忌妒而被王衍趁机废黜。

随即王衍就下令将高氏送回娘家，然而这一举动却使得其父高知言深受惊吓。很快高知言就因畏惧而食不下咽，不久后因此死去，此后关于高氏的记载不详。

【人物简评】

按照常理来看，高氏既然不得恩宠，就更应该保持谨慎、低调，以免落人口实，然而她却偏偏放纵了自己的忌妒之心，使得自己遭到彻底冷落。至于其父高知言的死，就更是杞人忧天了。

李太后：老身犹知治国事，无奈愚子纵奢靡

【人物简介】

李氏是后蜀高祖孟知祥的妻子、后主孟昶的生母，她生年不详，卒于公元 965 年。李氏为人贤淑知礼，曾多次规劝后主勤政却未果，最终在亡国后愤恨而死。

【人物生平】

李氏出自沙陀族，本是后唐琼华公主的一名贴身侍女。当时，孟知祥正在李克用麾下，担任教练官职务，李克用于是将琼华公主嫁给他，李氏作为贴身婢女也一同陪嫁过去。

陪嫁过去之后，李氏也在偶然间得到孟知祥宠幸，公元 919 年，她生下一子，

即后来的孟昶。孟知祥得知之后十分欣喜，于是又将李氏封为夫人。公元 934 年，孟知祥在蜀地称帝，建立后蜀政权，李氏也被册立为贵妃。

孟知祥在位仅仅 7 个月就病逝，死后由孟昶即位，此时孟昶年方 16 岁。孟昶即位后诛杀权臣、开疆拓土，倒也颇有一番作为，只是很快他又放纵自己的享乐欲望，生活极尽奢靡。李氏虽然出身卑微却颇有见识，多次以太后的身份进行规劝，最终却成效有限。此时北宋逐渐崛起，最终于公元 965 年将后蜀灭亡，李氏与孟昶也被押至汴京。

孟昶赴汴京时，蜀地百姓纷纷自发送行，场面十分悲戚，这也在某种程度上表明孟昶颇得人心。抵达之后，孟昶被北宋封公授官，然而仅仅过了 7 天，他就病逝了。李氏年高又恰逢国亡子死，感到十分悲痛，不久，她也抑郁而死。

【人物简评】

孟昶虽然亡国却并非完全是昏聩之君，在他执政期间，李氏也以太后的身份从旁监督、指导，为后蜀当时的强盛做出了许多贡献。遗憾的是，孟昶最终没有听取母亲的苦口忠言，一味骄奢淫逸、放纵享乐，最终招来亡国之祸，也连累自己的母亲晚年受气而死。

花蕊夫人：国将亡男儿不见，夫先死妾身独存

【人物简介】

花蕊夫人是后蜀后主孟昶的妃子，一说为姓徐，一说为姓费，其生年不详，卒于公元 966 年。

【人物生平】

花蕊夫人自小聪颖，善于诗文创作，被家人视为掌上明珠，就连后蜀后主孟昶也对她有所耳闻。公元 938 年入宫后，花蕊夫人很快就得到孟昶宠爱，并因貌美如花而得到"花蕊夫人"的称号，与前蜀高祖王建的宠妃徐氏并称。

这一时期，花蕊夫人与孟昶在宫中互相倾慕，二人相敬如宾，生活十分闲适、悠然。得知花蕊夫人喜欢牡丹和红栀，孟昶便专门在宫中修建牡丹苑，以此来博取花蕊夫人的欢心。在深宫中，富有才华的花蕊夫人也写下了许多名诗、名句，其中著名的有《买花钱》等作品。

孟昶即位之初颇有作为，但后期却耽于享乐，与此同时，北宋却逐渐强大起来，公元 965 年，北宋大军攻入蜀地，孟昶走投无路之下，只得主动请求投降。随后，花蕊夫人等后宫诸人也被押往汴京。期间花蕊夫人不胜凄怆，见到赵匡胤后，又咏诵出"君王城上竖降旗，妾在深宫那得知？十四万人齐解甲，更无一个是男儿"这一著名的《亡国诗》，因此得到赵匡胤的另眼相看。

后蜀灭亡后，孟昶被封为国公，花蕊夫人则被赵匡胤纳入后宫为妃。仅仅过

了7天，孟昶就突然死去，花蕊夫人心中十分悲痛，于是在宫中挂起画像祭拜，并对外谎称是送子喜神张仙。赵匡胤因此并不怀疑，反而十分高兴。

赵匡胤的弟弟赵光义也早就垂涎花蕊夫人美色，然而花蕊夫人却被其兄长抢先得到，因此他的心中早就十分愤恨。公元966年时，赵光义为了泄恨，竟趁着打猎的机会将花蕊夫人射杀，但也有人说花蕊夫人是因失宠而抑郁病终的。

【人物简评】

花蕊夫人以文采享誉一时，但她终究只是一位手无缚鸡之力的弱女子，面对国家的兴衰存亡危机，并没有任何挽回的能力。但她的那首《亡国诗》，也在很大程度上展现了她内心的刚烈，比起昏庸亡国的孟昶，她更令人肃然起敬。

宋福金：夫君暴虐自可劝，亲子继立自当容

【人物简介】

宋福金是南唐烈祖李昪的皇后、南唐中主李璟的生母，其生年不详，卒于公元945年。

【人物生平】

宋福金真名不详，福金则是她的小名。宋福金出生于战乱时代，从小就与家人走散，在乱世中颠沛流离，后来有幸被升州刺史王戎收留，成为其女的贴身侍女。

当时，李昪被大将徐温收养，尚未改回李姓，恰好被派遣至升州任官。王戎主动结亲，将女儿嫁给李昪为妻，宋福金也以侍女的身份陪嫁过去。后来王戎之女早早离世，李昪便将姿色不凡的宋福金纳为夫人。公元916年时，宋福金生下一子徐景通，即后来的李璟。

公元937年，李昪称帝，建立南唐政权，随后又改回李姓，并将宋福金册立为皇后。李昪在晚年因迷信长生而服食丹药，因此导致心性不稳、喜怒无常，动辄严厉呵斥宫人，滥施刑罚。当时，宋福金利用皇后的身份，多次在关键时刻挺身出面加以劝阻，这才避免了更多人被无辜问罪。

公元943年，李昪驾崩，李璟即位，群臣曾提出临朝听政的建议，但宋福金始终不肯采纳。2年之后，宋福金病逝，李璟将她与李昪合葬于永陵，追谥为元敬皇后。

【人物简评】

宋福金以陪嫁婢女的身份入主后宫，其经历与后蜀李太后颇为类似。从她规劝李昪、拒不问政的表现来看，宋福金虽然没有显露出政治才干，却也是一位深明大义、高风亮节的太后。

种时光：只为夺嫡多行恶，幸有仁君不计嫌

【人物简介】

种时光是南唐烈祖李昪的妃子，生卒年不详，婚后为李昪育有 1 子。李昪生前，种时光曾多次参与夺嫡并构陷太子李璟，因此被李昪疏远，李昪死后，她有幸得到李璟的善待。

【人物生平】

种时光从小不仅长相美丽，气度也十分优雅，姿态翩然有如仙女，因此，她 16 岁时就被选入南唐后宫。最初种时光仅仅在宫乐部任事，后来侥幸得到烈祖李昪的宠幸。

公元 938 年，种时光生下一子，即李景逷，因此被册立为夫人并得到李昪的宠爱。当时李昪因追求长生而服食丹药，致使心性受到影响，喜怒无常，宫人大多都受到其无理斥责，然而，他每次见到种时光，暴怒的李昪都能在第一时间转为平和，由此可见其在后宫的得宠。

眼见自己得到宠溺，种时光也逐渐生出野心，想要将亲子李景逷扶上皇位。为此，她多次在李昪面前进谗，数落太子李璟的不是，但李昪却始终不肯改变心意。不仅如此，随着种时光屡次构陷，李昪也慢慢有所察觉，一怒之下，他干脆下令将她赶出后宫，落发为尼。

公元 943 年，李昪驾崩，李璟即位，即南唐中主。李璟为人性格宽厚，不仅没有秋后算账，反而封种时光之子李景逷为保宁王，封她为王太妃。此后，关于种时光的记载不详。

【人物简评】

历来夺嫡失败的妃子、皇子大多下场惨淡，像种时光这样不择手段、构陷进谗的恶毒女子，更是难以幸免。但她至少应该庆幸，自己遇到的是一位庸懦但却仁善的君主，不然的话，她与李景逷母子早就步了前人的后尘。

陈金凤：九龙帐里风流客，乱军刀下惨死魂

【人物简介】

陈金凤是闽太宗王延钧的皇后，生于公元 894 年，她曾侍奉过太宗之父王审知。公元 935 年，陈金凤因卷入政变被杀，享年 42 岁。

【人物生平】

陈金凤的父亲陈岩有龙阳之好，宠爱麾下官吏侯伦，侯伦却又与陈岩的妻子陆氏勾搭成奸。后来，陆氏生下与侯伦的骨肉，也就是陈金凤。

出生之后，陈金凤在名义上依旧作为陈岩的女子，公元 909 年，她又被召入

闽王王审知的后宫。陈金凤本人姿色有限，但却胜在肌肤滑嫩上，后宫诸妃竟无一人能够与之相提并论。凭借着这一优势，陈金凤很快就得到了王审知的宠爱。

公元925年，王审知病逝，其子王延翰欺辱兄弟，因此被王延钧所杀，王延钧便即位为王。早在即位之前，王延钧就与陈金凤暗中往来，如同唐高宗与武则天旧事，此后更是明目张胆将她纳入后宫。公元933年，王延钧正式称帝自立，建立大闽政权，陈金凤也被册立为皇后。

为了宣淫纵欲、享受奢靡生活，王延钧特意下令工匠制作了一张宽达数丈的九龙帐床，每晚都要和陈金凤翻滚其间，兴致浓时还要令其他宫女观赏学习。除了陈金凤和另一名妃子李春燕外，王延政还蓄养了一名男宠归守明，一度专宠于他，以至于国中流传有"谁谓九龙帐，只贮一归郎"的歌谣。

在近乎歇斯底里的放纵之下，王延钧的身体很快就被掏空，晚年又得了下身瘫痪的病症。此时，陈金凤见欲望得不到满足，竟然又与归守明勾搭成奸。对于陈金凤的情欲，就连归守明也感到吃不消，有时甚至不得不举荐另一名大臣李可殷代替自己。

公元935年时，王延钧之子王继鹏的心腹李仿杀死李可殷，事后，他为了防止被问罪，干脆发动叛乱，杀入皇宫。当时王延钧躲在九龙床下，却仍被砍成重伤，最终，只得借助宫人之手了断痛苦。陈金凤与归守明等人也一同被杀。

【人物简评】

陈金凤凭借自己的狐媚手段，先后侍奉父子两代人，以此博得君主宠爱，可谓鲜廉寡耻。尽管自己得意于一时，陈金凤却又因一时大意，而被另一名妃子李春燕打败，最终仍是落了个凄惨下场。

李春燕：女子报仇虽不晚，害人却有误己时

【人物简介】

李春燕是闽康宗王昶的皇后，生年不详，她此前曾是王昶之父太宗王延钧的侍妾。公元939年，因皇宫士兵哗变，李春燕与王昶一同被弑杀。

【人物生平】

李春燕是闽太宗王延钧的妃子，深得王延钧宠爱，王延钧甚至为她特意修建了一座异常奢华的东华宫。然而自从陈金凤被纳入后宫，李春燕就因手段略输一筹而被冷落，从此，她对陈金凤怀恨在心。

为了报复陈金凤，也为了填补自己身体和心灵的空虚，李春燕也效仿陈金凤，私下与王延钧的儿子王昶勾搭成奸。王延钧晚年因纵欲过度而瘫痪，陈金凤又与其男宠归守明通奸，这一事情却被李春燕发现。为了进一步实现自己的计划，李春燕趁机要挟陈金凤，迫使其说服王延钧，将自己赐给王昶为妃，陈金凤只得选

择答应。年老昏聩的王延钧竟然真的答应了这一请求，从此，李春燕就成为王昶的妃子。

公元 935 年，王昶的心腹李仿杀死陈金凤另一名奸夫李可殷，事后被王延钧询问，出于惶恐，王昶干脆与李仿一同造反，带兵杀入皇宫。当天，王延钧和陈金凤先后被乱军杀死，至此，李春燕终于出了一口恶气。同年王昶即位为帝，册封李春燕为贤妃，次年又正式册立其为皇后，还为她修建了一座比东华宫更奢华大气的紫微宫。

登基后，王昶对先王麾下的亲军"拱宸""控鹤"赏赐不均，因此两军都很不满；公元 939 年皇宫大火后，他又怀疑是两军士兵私下所为。两军军使因此又畏又恨，干脆联合一气杀入皇宫。王昶仓皇出逃，却被抓获并处死，李春燕及其他皇子也一同被杀。

【人物简评】

李春燕为了发泄争宠失败的怨恨，不惜先后侍奉父子两代君主，比起善于魅惑的陈金凤，无疑更加狠得下心。只是李春燕虽然为自己出了一口恶气，最终的结局却也没有比仇人好到哪里去，这实在是一种辛辣讽刺。

李氏：所托非良贵无用，荣华方享命已终

【人物简介】

李氏是闽景宗王延曦的皇后，她生年不详，卒于公元 943 年。王延曦在康宗被弑后即位，却因暴虐而被杀死，李氏也一同遇难。

【人物生平】

李氏家世背景不详，于何时嫁给王延曦也不得而知。李氏的丈夫王延曦是王审知之子、王延钧之弟、王昶之叔父，曾在王昶在位期间，担任朝中要职。王昶自登基后，就大肆迫害、屠杀宗室子弟，王延曦因装疯卖傻而侥幸逃过一死。

公元 939 年，王昶因猜忌皇宫亲军而被弑杀，此前，被软禁的王延曦不但得以脱困，还被叛军直接拥上了皇位，李氏自然而然成为皇后。然而登基没过多久，王延曦就暴露了自己的真面目，比起荒淫无道的王昶，他的暴虐还要更胜一筹。王延曦不好美色却钟情于酒，经常通宵达旦地饮酒作乐，同时又逼迫大臣赴宴饮酒。对于那些不善饮酒的大臣，王延曦一律以大不敬的罪名将他们处死，甚至包括当时拥立自己登基的一位功臣。

为了自保，幸存的几位拥立功臣于公元 943 年再次发动叛乱，趁着王延曦喝醉的机会将他杀死，皇后李氏也一同被杀。

【人物简评】

李氏虽然嫁入皇室，但她的丈夫在当时却饱受猜忌，她的生活境况可想而知。

好不容易等到自己的丈夫登基，却又偏偏是一副暴君做派，最终，李氏自己也难逃杀身之祸。李氏一生的悲剧可以说都是因其夫王延曦而起。

马氏：为避国祸嫁敌寇，稳坐后位战事休

【人物简介】

马氏是南汉高祖刘龑的妻子，她出自南楚宗室，生年不详，卒于公元934年。

【人物生平】

马氏的父亲马殷曾被朱全忠封为楚王，后唐时又被封为楚国王。由于自己奉行"上奉天子，下奉士民"的治国政策，马殷对当时屡屡攻打自己的刘龑，不但没有进行反击，反而主动提出议和。

公元916年，刘龑正式迎娶马氏为夫人，次年刘龑又称帝自立，建立大越政权，随后，将国号改为汉。最初，马氏仅仅被封为越国夫人，过了1年，她又在群臣的联名上书下，被刘龑正式册立为皇后。

此后，马氏一直是南汉后宫之主，直至公元934年去世。

【人物简评】

马氏因父亲不肯兴兵而出嫁，因此她与刘龑的结合，从一开始就是一场政治婚姻，但在南汉期间，马氏也坐稳了皇后宝座，可见刘龑对她并没有太过凉薄。

郭氏：养子不念养母恩，继承刘氏灭刘宗

【人物简介】

郭氏是北汉睿宗刘钧的皇后，她生年不详，卒于公元968年。

【人物生平】

郭氏家世背景不详，在北汉世祖刘崇在世时，就已经嫁给其子刘钧为妻。当时郭威杀死后汉隐帝自立，刘崇不惜向辽国称侄以求援助，却还是无法击败后周，最终于公元954年抑郁而死。

刘崇死后刘钧即位，即睿宗，郭氏由此被册立为皇后。然而，郭氏始终没有生育，只好收养了两名养子。其中一人木姓薛，后来改名刘继恩；另一人本姓何，后来改名刘继元。

郭氏虽然是刘继元的养母，却又与刘继元之妻段氏不睦，后来段氏因故染病，不久，她就突然死去。刘继元一心认定是养母所为，从此之后，他便怀恨在心。

公元968年，睿宗驾崩，刘继恩即位仅2个月就被杀死，刘继元于是继承皇位。当时，郭氏正在为睿宗守丧，刘继元就迫不及待地命令宫人将她勒死于灵前。

不仅如此，刘继元同时还将刘氏子孙斩草除根，尽数杀死。

【人物简评】

段氏之死疑点重重，未必就是郭氏所为，结合后来灭杀刘氏子孙的行为来看，刘继元更像是另有所图，只是以郭氏作为借口罢了。

宋

北宋

贺氏：两小无猜与君爱，此生已尽愿重来

【人物简介】

贺氏是北宋太祖赵匡胤的妻子，她生于公元 929 年，卒于公元 958 年，享年 30 岁，为赵匡胤育有 3 子 2 女。贺氏早逝，直至死后才被赵匡胤追尊为皇后。

【人物生平】

贺氏的父亲名叫贺景思，与赵匡胤之父赵弘殷曾一同效力于后晋军中，两人很早就结为好友。因此赵匡胤与贺氏青梅竹马从小一起玩到大，是一对不折不扣的佳侣。随着两人逐渐长大，心有灵犀的父辈大也达成一致，共同做主将两人结为了夫妻。

贺氏虽然出身军门，但毕竟是女儿身，从小就受到家里的教导，长大后十分温婉、柔顺。在她的影响下，原本顽劣逞强的赵匡胤也逐渐改头换面，从一个只知恃勇斗狠的男子，变成一位勤奋好学、熟读军书的将才。凭借着自己的才能，赵匡胤在投军之后，身份地位直线上升，公元 956 年，他已经被任命为地方节度使。

贺氏自从婚后就与赵匡胤相敬如宾，二人举案齐眉，生活十分和睦，后来更生下赵德秀、赵德昭、赵德林、昭庆公主、延庆公主 5 位子女。但是，贺氏自幼体弱多病，因此在 30 岁时便因病去世，此时距离她与赵匡胤成婚不过 14 年。

公元 960 年，赵匡胤代周自立，建立北宋王朝，2 年后，他下令追尊贺氏为皇后，并追谥其为孝惠皇后。

【人物简评】

贺氏与赵匡胤青梅竹马、两小无猜，长大之后顺理成章结为夫妻，这样的情

感自然十分坚贞，难以被旁人取代。遗憾的是，贺氏虽与赵匡胤携手一生，却未能看到丈夫身登宝殿的那一天，早早就离开了自己心爱的丈夫。

王氏：贤淑折服君主，母仪尊贵后宫

【人物简介】

王氏是北宋太祖赵匡胤的第二任妻子、第一位正式册立的皇后，她生于公元942年，卒于公元963年，享年22岁。王氏死后谥孝明皇后，葬于永安陵。

【人物生平】

公元958年，赵匡胤的发妻病逝，享年30岁，之后，赵匡胤为了巩固自己的地位，又不得不寻求联姻。王氏由于出身名门，其父王绕又在后周任节度使，因此被赵匡胤娶为继室。不久王氏又被周世宗封为琅琊郡夫人。

公元962年，赵匡胤下令追尊发妻贺氏为孝惠皇后，随后又将王氏册立为皇后。王氏出身名门世家，自小受到良好教育，入主后宫后自然展现出母仪天下的气度风范。尽管自己地位显赫，王氏在后宫中却从不颐指气使、虐待宫人，侍奉婆婆也十分尽心。因此，赵匡胤及其生母杜氏都对王氏十分敬爱。

王氏虽然仁善却身体虚弱，为赵匡胤先后生育3名子嗣均以早夭告终，因此自己也受到很大的打击。公元963年时王氏病故，年仅22岁。王氏死后，赵匡胤将其安葬于父母的永安陵旁，追谥其为孝明皇后。

【人物简评】

比起与赵匡胤两小无猜的原配贺氏，王氏的婚姻基本上是一场政治联姻，但王氏却仍旧以自己高尚的人格魅力，征服了赵匡胤和整个后宫。可惜的是，这位母仪天下的尊贵女子却和贺氏一样早早离开人世，没能长久地陪在丈夫身边。

宋氏：官家曾许共富贵，身后却无半点情

【人物简介】

宋氏是北宋太祖赵匡胤的第二任正式皇后，她生于公元952年，卒于公元995年，享年44岁。宋氏死后葬于永昌陵，谥孝章宋皇后。

【人物生平】

宋氏的父亲宋偓是后唐庄宗李存勖外孙，其母则是后汉太祖刘知远的女儿，家世背景在当时的北宋鲜有能及。早在后周年间，凭借着尊贵的出身宋氏就多次出入宫廷，得到郭威的赏赐，后来又嫁给赵匡胤为皇后。

宋氏与赵匡胤年龄悬殊，彼此却十分恩爱，赵匡胤每次退朝之后，宋氏必然会在后宫迎接，举止十分亲昵。宋氏始终没有子嗣，因此，她把其他皇子视同己出，为了避嫌又尽量避开年长皇子，一举一动可谓十分合宜。

公元 976 年，赵匡胤驾崩，赵光义以皇弟的身份即位，对宋氏许下"共保富贵"的承诺，随后尊其为开宝皇后，迁居其他宫殿。公元 995 年，宋氏病逝，享年 44 岁。然而宋氏死后，赵光义却表现得十分淡漠，不仅不肯服丧，甚至还下令群臣不得治丧。由于这一凉薄态度，世人对"斧声烛影"一事的真实性也愈发信任。

【人物简评】

宋氏为人仁善、温驯，在后宫中口碑极好，因此，赵光义的即位后的凉薄态度，就更能表露出一些问题。只是如今年代太过久远，世人已经难以得知当时的种种真相了。

李氏：违背君意险酿祸，悬崖勒马幸及时

【人物简介】

李氏是北宋太宗赵光义的皇后，她生于公元 960 年，卒于公元 1004 年，享年 45 岁。李氏为人宽厚仁爱，死后葬于永熙陵，谥明德皇后。

【人物生平】

李氏的父亲李处耘曾经跟随宋太祖赵匡胤起兵，立有从龙之功，官至刺史；李氏作为李处耘的次女，也被许配给时为晋王的赵光义。公元 976 年，宋太祖驾崩，赵光义以皇弟的身份即位，此时李氏尚未过门，因逢国丧只得暂时延后婚礼。

公元 978 年，赵光义才将李氏迎入后宫，初时册封她为德妃，直到公元 984 年才正式册立她为皇后。李氏虽然贵为后宫之主，却始终保持雍容气度，从不在后宫滥施刑罚，对于宫人极为仁厚。李氏曾经育有一子，却不幸早夭，此后再也不曾生育，更把其他妃子的子女视同己出、呵护有加，赵光义因此对她十分敬爱。李氏的几位兄长在当时也凭借李氏的得宠而担任宫中要职。

公元 997 年，赵光义病重，此前已经册立太子赵恒，然而，李氏却因其兄长与宦官王继恩勾结之故，私下支持赵光义长子赵元佐。被誉为"大事不糊涂"的名臣吕端得知后，当即将王继恩囚禁，随后又入宫极力分辩。在吕端的劝阻下，李氏最终改变心意，支持赵恒即位，即宋真宗。

由于自己及时收手，真宗对李氏的兄长也没有过于报复，对李氏更是十分恭敬，甚至还为她专门修建了一座宫殿居住。李氏晚年病重，真宗又整日陪侍身边，广召天下名医救治。公元 1004 年，李氏病逝，享年 45 岁。

【人物简评】

由于自己耳根子太软，李氏险些在太宗病逝后，酿出政治风波，所幸的是她最终能够听取意见，放弃一意孤行。真宗因此也对李氏非常敬重，使她最终度过了一个安详、平和的晚年。

李贤妃：梦日入怀生帝子，欲养不待了无期

【人物简介】

李贤妃是北宋太宗赵光义的妃子、宋真宗赵恒的生母，她生于公元 944 年，卒于公元 977 年，享年 34 岁。李贤妃死后葬于永熙陵，并被真宗追尊为元德皇后。

【人物生平】

李氏的父亲李英官至防御使，李氏从小就受到良好教育，为人十分贤淑。因此早在明德皇后被许配前，李氏就已经嫁给赵光义为妾。

成婚之后，李氏先后为赵光义生下 2 子 2 女，其中 2 女皆早早夭折，只有儿子赵元佐与赵元侃顺利长大，赵元侃即后来的真宗赵恒。公元 976 年，宋太祖驾崩，赵光义即位，李氏仅仅在之后 1 年就因病去世，此时，朝廷尚未来得及对她册封。

据说，李氏生下赵恒前，曾梦到过太阳入怀、光耀周身，公元 995 年，赵光义果然将他立为储君。2 年之后赵光义驾崩，赵恒即位，这才将生母李氏追尊为贤妃，后来又直接追尊为太后，上谥为元德。不仅如此，赵恒又对生母的家人分别予以追赠，后来又改葬她于永熙陵。

【人物简评】

由于自己早早辞世，李氏虽然生下天子赵恒，生前却连妃子的名号都没来得及得到。对于真宗赵恒来说，子欲养而生母早已不在，登基后的接连追封，也只能用来寄托身为人子的一腔缅怀之情了。

郭氏：女继父志远奢侈，后得君宠弘廉德

【人物简介】

郭氏是宋真宗赵恒的皇后，她生于公元 976 年，卒于公元 1007 年，享年 62 岁。郭氏贵为皇后却不纵外戚，品行十分端正，因此，真宗对她十分敬重。

【人物生平】

郭氏的父亲郭守文 14 岁时就投身军旅，投入北宋后，先后参与灭南汉、南唐、北汉的战役，立下赫赫战功，官至宣徽南院使。郭守文一生不爱钱财，所得赏赐全数分给麾下士卒，因此，他死后家中竟然没有任何余财。宋太宗得知后十分感叹，于是便将郭守文的次女郭氏娶为儿媳，嫁给儿子赵恒。

当时郭氏年方 17，赵恒也尚未被立为太子。公元 997 年太宗驾崩，赵恒即位，随后，他将郭氏册立为皇后。或许是自小耳濡目染父亲的事迹，郭氏虽然贵为后宫之主，却对奢华享乐十分厌恶，平素居于宫中也始终保持节俭作风。不仅如此，

每当她的家人穿着华服入宫，郭氏都会进行劝诫，因此，郭氏外戚始终小心谨慎，更没有任何干预朝政的图谋。

有一次，郭氏的一位侄女要出嫁，却因家贫而拿不出嫁妆，无奈之下只得向郭氏求助，希望能够从姑父真宗那里获取赏赐。郭氏为了不添麻烦，只得把自己的微薄积蓄拿出来充数。真宗得知后十分惊异，对郭氏也愈发敬爱。

公元1007年，郭氏病逝，享年32岁，真宗因此哀叹不已。为了表示哀悼，真宗把服丧日期从7天改为13天，同时又对她的兄弟族人进行封赏。

【人物简评】

郭氏生前虽然没有太过显赫的事迹，但在后宫这一亩三分地上，却又管理得十分到位。郭氏对于族人的约束，比起东汉明德马皇后也不遑多让，这样的一位贤后自然值得皇帝深深的宠爱。

刘娥：老身不羡武后事，曾着帝服意已足

【人物简介】

刘娥是宋真宗赵恒的第二任皇后，她生于公元968年，卒于公元1033年，享年66岁。刘娥在真宗死后，一度以太后的身份临朝听政，为当时宋朝的安定做出巨大贡献。因此后世常常将刘娥与吕后、武则天并称，十分赞扬她的贤明。

【人物生平】

刘娥祖上据说曾在北汉任官，其父刘通则在宋太祖时官至嘉州刺史。后来，刘娥因父亲战死而随母返回娘家，十几岁时又嫁给一名叫作龚美的银匠为妻。

刘娥身为将门之女，出身富贵之家，却对击鼗唱词等民间贫寒百姓的谋生手段十分熟稔，再加上她的丈夫出身平民，刘娥的显贵身世也招来后世的怀疑。后来刘娥又与丈夫一同来到京城谋生，并侥幸与时为襄王的赵恒认识。

当时赵恒正要选择妃子，龚美得知后，便谎称与刘娥是表兄妹，将她献入襄王府，刘娥就此成为赵恒的妃子。这一做法可谓是胆大包天，但也有一说为刘娥与龚美确实并非夫妻，只是被他好心收留并带至京城。

不论出身背景究竟如何，也不论事前是否嫁给他人，刘娥都是一名长相无可挑剔的大美人，因此赵恒对她十分宠爱，成婚后两人整日缠绵恩爱。然而赵恒的乳母却十分看不起刘娥，为此甚至主动报告太宗，请求将刘娥赶出王府。刘娥走后，满心不舍的赵恒又私下将她藏在自己心腹的家里，直到15年后太宗驾崩，才再次将刘娥迎回。

在这15年间，聪慧的刘娥不仅没有因赵恒宠爱而迷失自己，反而广泛地涉猎典籍，学习琴棋书画，终于从一个见识有限、空有美色的花瓶女子，转变为一名知书达礼、仪态优雅的端庄女人。由于出身卑微且没有子嗣，朝中大臣始终反对

立刘娥为后，真宗也只得暂时搁置此事。

公元 1010 年，刘娥与真宗将李宸妃的孩子收养，以此"折服"群臣入主后宫，随后，刘娥又与另一名妃子杨氏共同养育这名皇子，即后来的仁宗赵祯。由于自己精熟政务，这一时期真宗经常依靠刘娥来处理国事，刘娥为了巩固后位也开始培植自己的势力。

公元 1022 年，真宗驾崩，仁宗即位，由于年幼而由刘娥临朝听政。当时心腹丁谓逐渐生出异心，刘娥当即将他贬出庙堂，牢牢掌握了朝廷大权。尽管对自己的族人有所偏私，刘娥在大体上仍然做到了赏罚合理、是非分明，同时又对士大夫予以极大重用。公元 1032 年，仁宗生母病重去世，刘娥先是派遣御医治疗，随后又采纳建议，以一品大礼将其安葬，甚至特意为其穿上皇后的冠服。

由于多年不肯交出大权，群臣私下议论纷纷，有人更趁机谄媚逢迎，劝说刘娥效仿武后自立。刘娥对此虽然一度动心，但最终却明确表示自己绝不做第二个武则天。公元 1033 年，刘娥因自觉大限已到，主动提出想要穿一次天子的帝衣，群臣因此莫衷一是，但最终还是选择成全，并特意在太庙举行了一场祭典。

祭典过后，刘娥正式归政于仁宗，不久，她就因病去世，享年 65 岁。刘娥死前还不停拉扯自己的衣服，仁宗询问大臣之后得知缘由，于是下令为其换回皇后冠服。此时仁宗的身世也被揭穿，更有人恶意中伤刘娥，指责她犯下毒杀皇帝生母的恶行。仁宗开棺验尸后，才发现生母李氏身着后服，尸身保存完好，不由感叹地说，人言不可尽信，于是又在刘娥的牌位前谢罪。

刘娥下葬时，仁宗亲自牵引棺材走出宫门，随后又追谥她为庄献明肃皇后，比起当时的皇后还要多出两字。此后，刘娥被葬于永定陵，她的家人也得到仁宗的优待。

【人物简评】

在《狸猫换太子》中，刘娥被描述成工于心计、心狠手辣的女子，饱受世人唾弃，然而这并不属实。在真实的历史上，刘娥不仅以杰出的政治才干与吕后、武则天并称，更以其开明、仁厚的作风赢得了后世的认可，她是一位值得称颂的贤后。

李宸妃：生子可惜不得认，默默旁观度余生

【人物简介】

李氏是宋真宗赵恒的妃子，宋仁宗赵祯的生母，她生于公元 987 年，卒于公元 1032 年，享年 46 岁。

【人物生平】

李氏原本因父母早逝、继母改嫁而出家，后来又因美貌而被刘娥带回宫中。

由于刘娥多年无子，便与真宗达成借腹生子的一致想法，李氏自然成为了最佳人选。生下皇子赵受益（即仁宗赵祯）后，真宗对外宣称是刘娥所生，又将李氏封为才人。

公元 1022 年，真宗驾崩，赵祯即位，此时，赵祯仍不知晓自己的身世，李氏也从未主动提起，始终安居深宫默默无闻。公元 1032 年李氏病重，身为太后的刘娥当即派人探视，并册封她为宸妃，然而，李氏在被册封当天就病逝，享年46 岁。

李氏死后，刘娥本打算以妃嫔之礼下葬，但最终接纳大臣建议，改以一品大礼安葬李氏，并特意为其穿上皇后冠服。次年刘娥病逝，仁宗这时才得知真相，于是追封生母为皇后，改葬于永定陵。

【人物简评】

李氏因《狸猫换太子》这一名剧而为人所知，但她的真实故事却与戏剧大不相同。尽管生前未能与亲子相认，李氏却能够默默地看着儿子长大、即位，并得到妥善的照顾，一生并未遭受宫闱迫害。

杨氏：不以斗争博君宠，唯以仁善安一生

【人物简介】

杨氏是宋真宗赵恒的宠妃，她生于公元 984 年，卒于公元 1306 年，享年 53岁。杨氏长相美貌且善于交际，不仅在后宫如鱼得水，后来更与皇后刘娥共同抚养仁宗长大。

【人物生平】

杨氏 12 岁时就进入皇宫，成为真宗赵恒的妃子，因美貌而深得真宗宠爱。当时，后宫中的皇妃刘娥最为得宠，杨氏不仅不与她争宠，反而处处谦让、事事依从，因此，刘娥对她十分友善，两人的关系亲如姐妹。

刘娥始终无子，不得不借助婢女李氏代孕生子，生下皇子赵受益（即仁宗赵祯），对外宣称为自己的亲子。彼时刘娥精力不济，无力单独照看皇子，于是便委托杨氏照料赵祯，杨氏也当仁不让地接受了这一委托。公元 1012 年，真宗终于册立刘娥为皇后，杨氏也随即被册立为淑妃。

公元 1022 年，真宗驾崩，赵祯即位，尊刘娥为皇太后，杨氏为皇太妃。由于赵祯体弱多病，这一时期仍是由刘娥听政，杨氏则负责照料赵祯，因此两人又分别被称为"大娘娘""小娘娘"。由于仁宗无子，杨氏后来又劝说仁宗选取宗室贤能子弟，因此英宗赵曙才得以被选为储君。刘娥病逝后，仁宗又尊杨氏为太后。

公元 1306 年，杨氏寿终正寝，享年 53 岁。

【人物简评】

杨氏深谙宫闱斗争之事，其实，她并非单纯女子，但她也从来没有通过算计

谋取私利，为人不失善良仁爱，因此，杨氏才得以在杀机四伏的后宫中安享一生，直至死后都享有善名。

郭清悟：善妒引来雷霆怒，远离深宫一生孤

【人物简介】

郭清悟是宋仁宗赵祯的第一任皇后，生于公元 1012 年，卒于公元 1035 年 12 月 10 日，享年 24 岁。郭清悟后来因失宠被废，落发出家直至病逝。

【人物生平】

郭清悟的祖父郭崇在北宋官至节度使，家族世代均为代北之地的酋长。公元 1024 年，郭清悟被选入后宫，在太后刘娥的钦点下，成为仁宗的皇后。

郭清悟本就量小善妒，又有刘太后为自己撑腰，因此在后宫中十分跋扈，就连仁宗的日常生活也要受到管制，很难接近其他妃子。公元 1033 年，刘太后病逝，仁宗这才撕破脸面，再也不肯搭理她。

对于仁宗的这一态度，郭清悟自然十分不满，后来她竟然跑至仁宗宠妃的居处，对她们破口大骂。有一次，郭清悟当着仁宗的面，与妃子扭打成一团，期间甚至还一巴掌拍在仁宗脖子上。仁宗恼羞成怒之下，当即打算废黜皇后，情绪激动之时甚至当着大臣的面，亮出脖子上的印记。尽管范仲淹等人苦劝，暴怒的仁宗最终仍是采纳了宰相吕夷简的建议，以无子的理由下令郭清悟出家为尼。

事隔多年后，仁宗也曾一度想要迎回郭清悟，然而郭清悟却表示除非册立自己为皇后，否则不肯回宫。此时，仁宗已经册立了新皇后曹氏，无法答应这一请求，所以只得作罢。公元 1035 年郭清悟病重，仁宗特意派遣御医探视，然而郭清悟不久后就突然死去，年仅 24 岁。同年仁宗追复郭清悟的皇后之位。

【人物简评】

郭清悟因有太后撑腰就不辨情势，一味蛮横无理、胡搅蛮缠，实在是不明智之极。在古代的后宫中，女子即便深得恩宠，荣辱说到底却依旧系于君王一身，纵然不愿阿谀逢迎，也不该强势胁迫。尤其是仁宗历来以仁厚著称，却依旧被郭清悟激怒，可见郭清悟的脾气确实太坏。

曹氏：不争而荣辱已定，谦让而高下早分

【人物简介】

曹氏是宋仁宗赵祯的第二任皇后，她生于公元 1016 年，卒于公元 1079 年，享年 64 岁。曹氏为人宽仁敦厚，先后经历仁宗、英宗、神宗三朝，并在生前多次为庙堂之事出谋划策，做出许多贡献。

【人物生平】

曹氏是北宋开国名将曹彬之后，于仁宗第一任皇后郭清悟被废后入宫，此时曹氏年仅18岁。次年，曹氏就被正式册立为皇后。曹氏性情温驯，自小熟读经典，精擅书法，但容貌却相对普通，相比之下，仁宗更宠爱贵妃张氏。

公元1048年宫中有士兵作乱，曹氏当机立断，下令宫人拦住好奇的仁宗，随后又暗中命人跟随叛军，即使阻止了他们纵火作乱。不仅如此，曹氏还剪下所派太监的头发，表示以后会以此为证，赏赐所有参与平叛的宫人，因此宫中人人奋勇杀敌。但令人哭笑不得的是，仁宗竟然在事后怀疑曹氏是演戏自夸，反而打算废掉她。幸好当时大臣们苦苦劝说，仁宗自己也没有证据，曹氏这才得以成功保住后位。

当时，曹氏对张贵妃的种种无理要求，一概不予拒绝，因此反而使得仁宗十分不好意思。但对于犯下重大过错的宫人，曹氏却表现得十分严酷，即便张贵妃在仁宗枕边吹风，她也绝不妥协放纵。因此等到仁宗、英宗先后驾崩，即位的神宗对曹氏这位祖母十分敬重，不论做什么都力求使她开心。

在英宗、神宗两朝，曹氏贵为太后、太皇太后，却始终对曹氏外戚严加约束，甚至到了不准许族中男子入宫的程度。英宗曾因病无法上朝，曹氏临朝听政期间，也很少干预大臣的决定。后来苏轼因乌台诗案而入狱，曹氏又主动出面找到神宗，劝说他网开一面，苏轼因此才得以赦免。

公元1079年，曹氏病逝，享年64岁，死后与仁宗合葬永昭陵，谥慈圣光献皇后。

【人物简评】

道家有"夫唯不争，故天下莫能与之争"的说法，熟读典籍的曹氏显然深谙这一道理。正是因此，曹氏才在并不得宠的情况下，牢牢保住了皇后之位，比起因骄横无理而被废的前皇后郭氏，可谓高下立判。

张氏：名位本是身外物，一生争持偏不得

【人物简介】

张氏是宋仁宗赵祯的爱妃，生于公元1024年，卒于公元1054年，享年31岁。张氏生前一心想成为皇后，但直至死后才得到追封。

【人物生平】

张氏在8岁时就与两位姐妹入宫，后来成为一名歌女。由于自己姿色出众、舞姿曼妙，在一次宴会上仁宗一眼就看中了她。张氏出身良家，比起后宫中许多妃子都要清白，因此仁宗对她的喜爱，甚至超过了皇后曹氏。

趁着自己得宠的机会，张氏数次请求仁宗封赏家人，后来，她又对皇后之位

生出想法。但随着仁宗数次进封其家人，朝中言官都逐渐对张氏生出不满。后来张氏又得寸进尺，想要把父亲晋升为宣徽南院使，言官包拯等人当即明确表示反对。当时包拯说得兴起，唾沫甚至都溅到了仁宗脸上，好脾气的仁宗只得收回成命。

尽管张氏想尽办法，却始终无法扳倒曹皇后，直到公元 1054 年病逝，享年 31 岁。仁宗为此十分悲痛，特意下令以皇后冠服为其收殓，待其下葬后又特意避开谏官，追封其为皇后。

【人物简评】

张氏虽然自恃恩宠，谋求皇后之位，但也并没有做出什么伤天害理的事情，只是对家人有些过于偏私。比起韬光养晦、不与人争的曹氏，张氏显得急功近利，这也是她没能赢过曹氏的原因之一。

杨德妃：外戚当以积劳显，岂能攀附靠裙带

【人物简介】

杨氏是宋仁宗赵祯的妃子，她生于公元 1019 年，卒于公元 1072 年，享年 54 岁。

【人物生平】

杨氏何时入宫不详，最初是仁宗赵祯的近侍，后来意外得到临幸，被封为美人。杨氏为人仪态端庄、深明大义，因此，仁宗对她十分宠爱。

当时，杨氏的父亲杨忠担任宫中禁卫，仁宗爱屋及乌之下，便打算给他加官晋爵。然而杨氏得知后，却坚决地表示反对。她对仁宗说，身为外戚，就更应该积攒功劳以求富贵，依仗外戚身份求取荣华，并不是该为之事。仁宗听后对她愈发赞赏，后来又接连册封她为婕妤、修媛、修仪。

公元 1072 年，杨氏病逝，享年 54 岁，随后仁宗又下令追赠她为德妃。

【人物简评】

杨氏得宠却不专宠，更没有借此求取家族富贵，这一举动看似有负家人，其实却是避免小人谗害、佑护家人安康的明智之举。

高滔滔：女子犹有尧舜志，治国问政不输男

【人物简介】

高滔滔是宋英宗赵曙的皇后、宋神宗赵顼的生母，她生于公元 1032 年，卒于公元 1093 年，享年 62 岁。在世期间，高滔滔曾一度以太皇太后的身份临朝听政，为北宋哲宗时期的国家繁盛，做出了很大的贡献。

【人物生平】

高滔滔真名不详，其实滔滔是她的小名。当时的仁宗皇后曹氏是高滔滔姨母，凭借着这一层关系，她才得以嫁给后来的英宗赵曙为妻。

公元 1063 年，仁宗驾崩，英宗即位，2 年后，他正式册立高滔滔为皇后。当时英宗一度想要提拔高滔滔的胞弟为高家修建宅院，高滔滔都屡屡推辞。英宗在位 5 年就因病去世，死后高滔滔的儿子赵顼继位，即宋神宗。

宋神宗在位期间，重用王安石推行变法，但高滔滔对新政却并不认可。等到公元 1085 年神宗驾崩、哲宗赵煦即位后，高滔滔又以太皇太后的身份临朝听政。执政之后，高滔滔出于个人政治立场，将王安石的新法全数废去，重用司马光等守旧派，但这一时期北宋在高滔滔的治理下，也迎来了后来的强盛和繁荣。

哲宗亲政后，曾想要提拔高滔滔的侄儿，但她却依旧严词拒绝。不仅如此，当她得知侄子请人代笔拟写奏章后，又断然将代笔大臣驱逐出庙堂。因此，高氏外戚看似地位显赫，却始终不敢有逾越之举，庙堂风气也极为清明。高滔滔本人也被誉为"女中尧舜"。

公元 1093 年高滔滔病逝，享年 62 岁，死后与英宗合葬于永裕陵，谥宣仁圣烈皇太后。

【人物简评】

高滔滔自成为皇后起，先后经历英宗、神宗、哲宗三朝，最终成为后宫乃至当时北宋最具权柄之人，可谓尊贵至极。但她始终牢记自己的身份，不忘为国的初衷，一心一意为赵氏江山奉献心力，的确当得起"女中尧舜"这一称赞。

向氏：制约外戚肃朝政，择取昏主葬山河

【人物简介】

向氏是宋神宗赵顼的皇后，生于公元 1046 年，卒于公元 1101 年，享年 56 岁。

【人物生平】

向氏的曾祖父即是宰相向敏中，其父也官至一州知府。公元 1066 年，向氏嫁给赵顼，次年赵顼就接替英宗登基为帝。向氏因此一跃成为皇后。

公元 1085 年，神宗驾崩，哲宗即位，此前向氏曾建议立他为储君，因此哲宗对她十分敬重。当时哲宗正在寻找皇后人选，并打算为诸王纳妃，向氏得知后竭力阻止族人参与，只为防止他们借此博取君宠，谋求官职。

公元 1100 年，哲宗英年早逝，身后没有子嗣，向氏又极力主张由端王赵佶即位。身为宰相的章惇曾就此表示异议，但向氏最终没有采纳。赵佶即位后，向氏曾短暂地临朝听政一段时日，但不久就彻底归还国家权柄。

1 年之后，向氏病逝，享年 56 岁。徽宗因此十分悲伤，不仅将她的兄弟封为

郡王，还对其祖上自曾祖父向敏中以上三代，也一并追赠王爵。

【人物简评】

向氏贵为后宫之主，但生前并未迁就族人、谋取私利，可谓光明磊落。但她晚年也在皇位归属问题上，因一时不察犯下大错，致使博学多才、但却不善治政的徽宗登基为帝，否则，北宋或许不至于在日后走向灭亡。

朱氏：一女显贵，三父皆荣

【人物简介】

朱氏是宋神宗赵顼的皇后、宋哲宗赵煦的生母，她生于公元 1052 年，卒于公元 1102 年，享年 51 岁，死后葬于永裕陵。

【人物生平】

朱氏原本出自一户姓崔的贫民家庭，其父很早就去世，因此朱氏又随着母亲改嫁到一户朱姓人家，这才改了姓氏。此后，朱氏又被送给一户姓任的亲人，才将她养育成人。

公元 1068 年，朱氏被选入皇宫，成为神宗的妃子，后来，她又生下皇子赵煦、赵似，以及女儿徐国公主。公元 1085 年赵煦即位，即宋哲宗，朱氏因当时后宫太后健在之故，仅仅被尊为皇太妃。

后来，太皇太后高滔滔和太后向氏接连下诏，提高朱氏在宫中的地位，朱氏的三位父亲也都得到朝廷追赠。徽宗赵佶即位后，对朱氏也十分恭敬。

公元 1102 年，朱氏病逝，享年 51 岁，死后朝廷追尊她为皇后，葬于永裕陵。

【人物简评】

由于自己资历浅薄，朱氏虽然贵为天子生母，生前却始终没能成为皇后、太后，但这一切都无碍于她在宫中的显赫。就连她的三位父亲，也都因此得到朝廷追尊，可谓一人得道、鸡犬升天。

陈氏：汤药延寿非我愿，只求随君下九泉

【人物简介】

陈氏是宋神宗赵顼的妃子，宋徽宗赵佶的生母，生卒年不详。神宗死后，陈氏哀伤过度成疾，又拒绝医治和饮食，她很快就死去了。

【人物生平】

陈氏的家世背景皆不详，入宫后最初担任神宗的近侍，后来有幸得到神宗临幸。公元 1082 年，陈氏生下一子赵佶，因此被册立为美人。

公元 1085 年，神宗驾崩，陈氏此后便终日守护神宗陵寝，同时又因哀伤过度而染上疾病，瘦得皮包骨头。尽管如此，当宫人为她拿来食物和汤药后，她却坚

决不肯服用，表示自己要追随神宗而去。

不久后陈氏病逝，享年 32 岁。等到其子赵佶即位后，又追封她为皇太后，陪葬其于永裕陵。

【人物简评】

史料中关于陈氏的记载有限，因此后人已经难以知晓其生前所受的恩宠如何。但对神宗陈氏却做到了一往情深、至死不渝，令人十分动容。

孟氏：赵氏未尝有善遇，老身亦不负官家

【人物简介】

孟氏是宋哲宗赵煦的第一任皇后，她生于公元 1073 年，卒于公元 1131 年，享年 59 岁。孟氏一生先后两次被废，两次临朝听政，为北宋末年、南宋初年的国家稳定，起到了很大的作用。

【人物生平】

孟氏是英宗皇后高滔滔的孙女，在祖母的安排下入宫，成为了哲宗赵煦的妻子，公元 1092 年，又被祖母下诏封为皇后。

当时哲宗宠幸妃子刘清菁，再加上祖母高滔滔反对新法，因此，他心中对孟氏并不喜爱。恰好此时孟氏的姐姐带符水入宫，为孟氏患病的女儿祈福，不料公主最终病逝，事后，刘清菁趁机构陷孟氏。此时，高滔滔已经病逝，宫中无人为孟氏撑腰，刘清菁趁机授意官员严刑逼供，拷打孟氏身边的宫人。然而，这些宫人始终不肯认罪，最终刘清菁等人只得伪造供词，使哲宗下令将孟氏废黜并勒令出家。

公元 1100 年，哲宗驾崩，徽宗即位，孟氏在哲宗生母向太后的支持下，再次被迎回皇宫，尊为元祐皇后。但仅仅过了 1 年向太后就病逝，徽宗趁机起用新党人士，驱逐向太后所重用的元祐党人。可怜的孟氏也再次受到牵连，被迫再次回到原来出家的地方。

公元 1127 年，金兵将徽、钦二帝等皇室成员掳至金国，远离皇宫的孟氏反而因此躲过一劫。为了安定中原局势，金人扶持张邦昌建立伪楚政权，然而张邦昌本人其实并不情愿，甚至还打算以自杀来躲避。眼见自己实在无法抗拒，张邦昌只得处处放低姿态，同时又将孟氏迎回皇宫。回宫之后，张邦昌又尊其为宋太后、元祐皇后，并特意请她垂帘听政，以此表明自己其实并无篡位之心。

当时，赵氏皇族子弟大多被俘，唯有康王赵构泥马南渡逃至建康，孟氏得知后当即以太后的身份写信，劝说其担起兴国大任。有了孟氏的"钦点"，赵构就有了依恃，于同年就在建康登基。次年孟氏又不远千里南下，最终在杭州与高宗会合。

当时宋金尚未议和，偏偏此时南宋内部又爆发了兵变。当时叛军气势汹汹、态度蛮横，孟氏却主动出面与他们和谈，最终敲定由赵构禅位于太子赵旉，自己则以太后的身份垂帘听政。与此同时，孟氏却在暗中与大将韩世忠的妻子梁红玉取得联系，最终凭借韩世忠等人剿灭了叛军，拥立赵构复位。此后，宋金之间连年征战，孟氏与赵构分头流亡，饱经颠沛苦难。

公元1130年，南宋在黄天荡之战中大败金兀术，此后南宋暂时得以安定，孟氏也被迎回皇宫，受到赵构的精心侍奉。此时，孟氏早已积劳成疾，患上种种疾病。次年，孟氏因病去世，享年59岁。

【人物简评】

孟氏在生前并没有享受多少安稳日子，甚至两度遭到排斥。但就是这样一位被辜负的女子，却为赵氏江山的安定做出了巨大贡献，比起那些只知在深宫中钩心斗角的妃子，可谓天壤之别。

刘清菁：得意忘形失分寸，害人乱政丧尊荣

【人物简介】

刘清菁是宋哲宗赵煦的第二任皇后，她生于公元1079年，入宫后因美貌多才得到宠爱，但品行却并不端正。徽宗即位后，刘清菁因干预国政而招来不满，公元1113年被废后自尽，享年35岁。

【人物生平】

刘清菁最初被选入后宫为婢，由于容貌冠绝后宫，很快就被哲宗发现并临幸。刘清菁不仅美貌且多才多艺，展现出风雅端庄的气质，哲宗因此对她更加宠爱。

当时，太后向氏与太妃朱氏均在人世，刘清菁对她们事事依从、极尽逢迎，因此，她在后宫中站稳了脚跟。然而刘清菁看似雍容风雅，为人却量小善妒、心怀叵测，经常利用宫人散播谣言，攻讦皇后孟氏，最终将孟氏赶出了皇宫，自己则占据了皇后之位。

公元1100年，哲宗驾崩，其弟赵佶即位，出于对她敬重，仍尊刘清菁为皇后，次年，又尊她为太后，但是刘清菁却自恃身份，趁机干预朝中大事，招来庙堂君臣不满。公元1113年徽宗在群臣的上疏下，宣布废黜刘清菁的后位，刘清菁于是自尽而死。

【人物简评】

刘清菁虽有才华却品行不端，本是有德无才的一类女子，只是因美貌而得到皇帝宠爱，一时得意于后宫。可笑的是她却不辨形势、自恃身份，犯下忤逆君王的大忌，最终给自己带来灭顶之灾。

王氏：有冤何须辩解，无私不畏诋谗

【人物简介】

王氏是宋徽宗赵佶的原配妻子、宋钦宗赵恒的生母，她生于公元1084年，卒于公元1108年，享年25岁，死后葬于永祐陵。

【人物生平】

王氏之父王藻官至德州刺史，王氏因此得以嫁给时为端王的赵佶为妃。公元1100年，宋哲宗驾崩，赵佶以皇弟的身份即位，王氏随后被册立为皇后。

王氏出身名门，是大家闺秀，为人谦恭有礼，即便当时后宫中郑妃与王妃偶有争宠，王氏也始终一碗水端平，从无任何偏私。有些宫人为了讨好其他妃子，便故意在徽宗面前构陷王氏，徽宗怒而派人查办，却始终没有任何证据，这才宣布作罢。

不久，徽宗见到王氏，王氏却对之前的冤情绝口不提，徽宗因此感到既惭愧，又怜惜。公元1100年，王氏病逝，年仅25岁，死后先是葬于裕陵，后来又葬于徽宗陵寝永祐陵。

【人物简评】

王氏为人不卑不亢，善于忍耐，不喜欢后宫争斗。但也正是这一份娴静淑德，反而为她赢得了徽宗的宠爱，换来了安稳的一生。

郑氏：贤后惜不遇明主，故土已远死异邦

【人物简介】

郑氏是宋徽宗赵佶的第二任皇后，她生于公元1079年，卒于公元1131年，享年52岁。郑氏为人宽厚节俭、勤奋好读，深得徽宗喜爱。

【人物生平】

郑氏最初入宫时，是在向太后身边侍奉，由于自己年轻漂亮、聪颖伶俐，又被指派去侍奉时为端王的赵佶。公元1100年哲宗驾崩，赵佶即位，向太后又干脆将她赐给徽宗为妃。

郑氏入宫后，一有时间便读书学习，平时也经常帮助徽宗整理奏章，一应事务都处理得井井有条，十分合宜。因此，徽宗对郑氏也十分喜爱，接连册封她为贤妃、贵妃，公元1111年，又册立她为皇后。当时国库财用不足，节俭的郑氏直接下令，将自己的贵妃服饰改为皇后冠服，以此达到节省钱财的目的。

公元1125年，宋钦宗受禅登基，尊郑氏为太上皇后，两年后靖康之难爆发，郑氏与徽钦二帝一同被掳至金国。康王赵构即位后，因战争和私心而迟迟未能迎回二帝，郑氏也在被俘5年后病逝于金国境内，时为公元1131年，郑氏52岁。直

到公元 1142 年时，郑氏与徽宗的灵柩才被运回南宋，合葬于永祐陵。

【人物简评】

郑氏为人生性节俭、聪颖伶俐，本来是一位贤内助皇后，只可惜徽宗却不是什么圣明君主。郑氏尽管没有什么过错，最终却与徽宗一同承受亡国被俘、终老敌国的悲惨命运，实在是一场悲剧。

韦氏：食言非是本意，只因力短难及

【人物简介】

韦氏是宋徽宗赵佶的妃子、宋高宗赵构的生母，她生于公元 1080 年，卒于公元 1159 年，享年 80 岁。韦氏曾与徽宗一同被掳至金国，后来又与徽宗灵柩一同被护送回南宋。

【人物生平】

韦氏早年入宫侍奉徽宗皇后郑氏，并与另一名婢女乔氏情同姐妹，许下"苟富贵，勿相忘"的誓言。后来乔氏先得君宠，被册立为贵妃，之后，她果然劝说徽宗将韦氏纳入后宫。

当时韦氏在后宫并不十分受宠，但她后来却幸运地生下一子赵构。靖康之难前夕，赵构更是代表赵氏皇族出使金国，为议和而奔走，韦氏又因这一原因被册立为贤妃。

公元 1127 年，金国突然再次发难，将徽、钦二帝和后宫诸妃尽数掳掠，韦氏也与乔氏一同被押往金国。一路上，韦氏等人饱尝颠沛流离之苦，更要忍受金国士兵的调戏、欺侮。同年，赵构南渡之后登基为帝，遥尊韦氏为宣和皇后，但韦氏也因此受到金国的故意刁难。

南宋建立之后，宋金双方且战且和，最终于公元 1142 年签订《绍兴和议》，韦氏这才得以返回故土。然而，与她情同姐妹的乔氏却没有这样的幸运，两人只得含泪作别。临行前，乔氏又拿出 50 金赠送给护送人员，祈求他们能够安全护送韦氏返国，随后两人就此永诀。

除了乔氏以外，当时在世的钦宗也曾抱着韦氏痛哭，请求她回国之后一定要向高宗进言，将自己迎回故国。韦氏含泪答应了这一请求，并表示如果食言，就让自己双目失明。同年，韦氏与徽宗的棺椁一同被护送回国，高宗当即尊生母为太后。

回国之后，韦氏才得知高宗已经无法生育，又探明了他内心对钦宗的忌惮，因此始终不能开口为钦宗求情，钦宗最终于公元 1156 年死在金国。后来韦氏果然患上疾病，导致双目失明，经过相土精心治理，才将其中一只眼睛治好。公元 1159 年，韦氏去世，享年 80 岁，死后葬于永祐陵，谥显仁皇后。

【人物简评】

表面上看，韦氏对乔氏、钦宗等人均有所亏欠，没能做到尽心尽力，但在当时的情势下，身为女子的她也确实力有未逮。返回故土之后，韦氏虽然贵为后宫主母，却始终保持节俭作风，反对奢靡享乐，可见她也并非无德之人。

乔氏：妾身终究死大漠，且以黄金赠荣途

【人物简介】

乔氏是宋徽宗赵佶的妃子，生卒年不详，与韦贵妃曾是闺中密友。靖康之难后，乔氏与韦贵妃一同被掳，此后终老于异邦。

【人物生平】

乔氏早年入宫后，曾与韦贵妃一同侍奉徽宗皇后郑氏，因此，二人相识并结为姐妹，约定他日一人受宠，绝不抛弃对方。后来乔氏先得到徽宗临幸，成为贵妃后，她立即把韦氏介绍给徽宗。

公元1127年靖康之难后，徽、钦二帝及宫人大多被掳掠，已经成为贵妃的乔氏和韦氏自然难以幸免。直到公元1142年宋金正式敲定《绍兴和议》，情况才有所转变。当时在位的南宋高宗赵构，正是韦氏的儿子，韦氏因此得以被护送回国。可怜的乔氏却没有这样的幸运，最终只是拿出50金献给护卫人员，请求他们沿途善待韦氏。当时姐妹二人抱头痛哭，乔氏虽然不舍，却也无可奈何。

归国后，韦氏被高宗尊为太后，从此享受宫中富贵，而乔氏则如自己分别前所说那样，最终死于大漠之地。

【人物简评】

乔氏与韦氏共同立有"苟富贵，勿相忘"的誓约，两人后来也确实都最大限度地实现了诺言。遗憾的是，在返回故土的最后时刻，有心无力的韦氏，却终究无法解救乔氏，只给后人留下一段充满遗憾的诀别。

朱琏：怀清履洁以死守，宁亡不辱贞节躯

【人物简介】

朱琏是宋钦宗赵桓的皇后，她生于公元1102年，为人性情刚烈，十分坚贞。靖康之难后，朱琏在金国饱受凌辱，最终于公元1128年去世，享年27岁。

【人物生平】

朱琏出身将门之家，其父朱伯材曾官至节度使，公元1124年，朱琏又被许配给太子赵桓。不仅如此，朱琏的妹妹后来也嫁给徽宗另一子为妃，一家因此十分显赫。

公元1125年，朱琏生下一子赵谌，同年赵桓受禅即位，即宋钦宗。此时金国

已经开始大举南下，北宋处于风雨飘摇当中。公元 1127 年徽、钦二帝全数被俘，朱琏作为皇后也与众多宫人一同被迁至金国。

当时正值初春时节，朱琏在迁徙途中，饱经春寒料峭之苦，沿途更因貌美而被许多金国士兵轻薄。公元 1128 年抵达金国国都后，朱琏等宫妃先是被勒令脱去上衣行礼，随后又被迫入宫接受"赐浴"。朱琏因此感到屈辱，想要自缢却又被人救下，随后干脆投水而死，时年 27 岁。

2 年之后，金太宗对朱琏的贞节刚烈大加褒奖，追尊她为靖康郡贞节夫人；此后，南宋皇室也对朱琏进行追尊、追谥，并对国境内的 15 位朱家后人进行了封赏。

【人物简评】

朱琏入主后宫期间，虽然不曾留下什么贤良淑德的逸事典故，但她最终却以一死表明了自己的坚贞。即便遭受国破家亡的命运，面临生死难测的境况，朱琏始终不肯低头屈服、苟延残喘，性情之刚烈令人敬重。

南宋

邢秉懿：金环可恨成追忆，此生渺渺无归期

【人物简介】

邢秉懿是南宋高宗赵构的原配发妻，她生于公元 1106 年，卒于公元 1139 年，享年 34 岁。靖康之难后，邢秉懿一度被掳至金国，高宗对她却始终挂念，后来更遥册她为皇后。

【人物生平】

邢秉懿在赵构还是康王时，就被娶为王妃，后来又被封为嘉国夫人。当时，正值北宋末年，北方的金国大举入侵，公元 1127 年，爆发了靖康之难。

靖康之难前夕，赵构几度以使者身份与金和谈，但最终徽、钦二帝还是被掳走，当时怀有身孕的邢秉懿及赵构诸妃，也一同身陷异邦。期间，邢秉懿因颠沛流离最终导致流产，到了金国后更受到种种屈辱对待，被迫干各种繁重的劳役。直至宋金开启议和后，邢秉懿的待遇才开始有所好转。

为了能够回到中原，邢秉懿曾将一只金耳环托人送给赵构，赵构因此十分珍惜，当即下令册封她为皇后，并对她的 20 多位亲人进行封赏。公元 1139 年邢秉懿就死于金国，享年 34 岁，3 年之后《绍兴和议》才正式签订。得知邢秉懿身亡

的消息后，赵构感到十分悲戚，特意下令辍朝，并追谥她为懿节皇后。

【人物简评】

由于种种复杂原因，南宋与金国很久才达成和议，邢秉懿就此错过了与高宗团聚的机会。在邢秉懿留滞金国期间，高宗也始终没有册立新的皇后，可见两人之间确实颇有真情。

吴氏：披坚执锐护天子，循礼守制安朝堂

【人物简介】

吴氏是宋高宗赵构的皇后，她生于公元 1115 年，卒于公元 1197 年，享年 83岁。自嫁给赵构之后，吴氏先后经历了高宗、孝宗、光宗、宁宗四朝，她是历史上在后位时间最长的女子。

【人物生平】

吴氏为人知书达礼，又有英武之气，14 岁时就成为赵构的王妃。公元 1127年，赵构在南渡之后登基为帝，建立了南宋政权，但很快就受到金国的追击。当时赵构经常处于流亡途中，吴氏总是身披铠甲，随时护卫在他身边。

在逃亡途中，赵构曾遭遇将士哗变，多亏了吴氏出面欺骗，这才侥幸得以逃脱。有一次，赵构乘船躲避金兵，恰好有一条鱼跃入船中，吴氏当即以《史记》之中，"武王渡河，中流，白鱼跃入王舟"一事相对，赵构因此十分欣喜。等到宋金达成和议、太后韦氏返国之后，吴氏又尽心尽力侍奉婆婆，因此受到韦氏喜爱，公元 1143 年，她被册立为皇后。

吴氏一生不曾生育子嗣，先后收养赵璩、赵慎两名皇子，对于两个孩子，她也从没有丝毫偏心。不仅如此，她还主动在赵构面前，褒奖后来收养的赵慎，最终促使赵构下定决心，册立赵慎为储君，即后来的宋孝宗赵昚。

公元 1162 年，赵构禅位于赵昚，吴氏被尊为太上皇后；公元 1189 年，赵昚又禅位于光宗赵惇，吴氏又被尊为太后。公元 1194 年，孝宗驾崩后，鉴于光宗病重，吴氏又以太皇太后的身份主持葬礼，不久后又迎立宁宗赵扩即位。

公元 1197 年，吴氏病逝，享年 83 岁。吴氏死后葬于永思陵，谥宪圣慈烈皇后。

【人物简评】

吴氏虽为女子，但在跟随赵构逃难的过程中，却表现得更加英武，堪称女中豪杰。宋金达成议和后，吴氏先后经历南宋四帝，资历之高堪称无与伦比。即便如此，吴氏却始终没有做出任何乱政误国的举措，她是一位值得敬重的女人。

谢氏：后位不正言行正，自身尊荣家族荣

【人物简介】

谢氏是南宋孝宗赵昚的皇后，她生年不详，卒于公元 1203 年，死后与孝宗合葬于永阜陵。

【人物生平】

谢氏自小家境贫寒，后来又被选入后宫，成为高宗皇后吴氏的侍女。随后，她又被赐给赵昚为妃子，受封咸安郡夫人。

公元 1162 年，高宗禅位，赵昚登基为帝，谢氏先后被晋封为婉容、贵妃。谢氏虽然在后宫中地位显赫，日常生活却十分勤劳朴素，甚至经常自己洗涤衣物，不肯劳烦宫人。公元 1176 年，孝宗正式册立谢氏为皇后，并对她的 10 多位家人都进行了封赏。

公元 1189 年，孝宗也选择禅位，由光宗赵惇即位，谢氏仍被尊为皇后。当时，光宗的皇后李凤娘为人专横跋扈，谢氏曾经好心规劝，却被李凤娘以自己不是正妻来加以讥讽。谢氏将此事告知孝宗后，孝宗当即想要废黜李凤娘，最终，鉴于当时光宗即位不久而作罢。

公元 1194 年孝宗驾崩，谢氏被尊为太后，公元 1202 年又被宁宗尊为太皇太后。第二年，谢氏因病去世，宁宗将她与孝宗合葬于永阜陵，并对她的兄弟予以丰厚的赏赐。

【人物简评】

谢氏虽然不是孝宗正妻，但为人端庄大方、贤良淑德，在充满钩心斗角的古代后宫中，她称得上是一位贤后。正是因此，谢氏在后来又得到光宗、宁宗的敬重，就连其家人也因此得到朝廷优待。

李凤娘：一言大贵嫁帝室，欺君欺婆逞霸凌

【人物简介】

李凤娘是南宋光宗赵惇的皇后、宁宗赵扩的生母，她生于公元 1144 年，卒于公元 1200 年，享年 57 岁。李凤娘同时也是中国历史上著名的凶悍皇后之一。

【人物生平】

公元 1144 年时，李凤娘出生于远军节度使李道家中，李凤娘是李道的次女。后来有一名相士皇甫坦，又来到李家登门做客。这位皇甫坦不是别人，正是曾经治好高宗生母韦妃一只眼的那位相士，因此李道不仅没有丝毫轻视，反而当即叫出 3 个女儿，诚心诚意地请他相面。李凤娘就此被皇甫坦相中，被称为 "大贵" 之人。

相完面之后，皇甫坦便赶紧返回京城汇报高宗，表示自己找到了一名大贵之

女，并建议将她许配给皇孙赵惇。高宗对皇甫坦早就深信不疑，于是采纳了这一建议。李凤娘就此嫁入皇室，公元1189年孝宗禅位，赵惇即位，李凤娘也被册立为皇后，后来又生下一子赵扩，即宋宁宗。

或许是出身将门之故，李凤娘贵为皇后却性情凶悍，量小善妒，一旦光宗对其他妃子有所宠爱，她就一定会施以报复。有一次，光宗无意间见到一位宫女双手白皙滑嫩，随口称赞了几句，不料李凤娘第二天就下令砍掉宫女的双手，将血淋淋的双手装在盒子里，献给了光宗。光宗因此被吓出疾病，病情时好时坏，李凤娘却丝毫没有悔悟之意。在她的迫害下，另一名妃子黄氏也在光宗卧病期间被害，导致光宗病情加剧，另外几名宠妃也被迫嫁出皇宫。

李凤娘的凶名在后宫中传扬，就连孝宗的皇后谢氏也看不下去，好心好意予以规劝，不料李凤娘反而以出身作为讥讽。孝宗得知后，怒而打算将其废黜，却念在光宗即位不久而作罢。此后李凤娘不但不领情，反而又因亲子赵扩未获允许辅政之故，在光宗面前极力挑拨他与孝宗的父子关系。李凤娘甚至还强行阻止光宗探望病重的父亲，朝臣得知后一片哗然。

公元1194年，光宗被迫禅位，宁宗赵扩登基，李凤娘也被尊为太后。眼见自己的丈夫失势，此时的李凤娘一反常态，不再对他进行欺凌，反而予以悉心照料，还经常嘱托身边宫人不要提起"太上皇""禅位"等话题。或许是感念自己早年作恶太多，李凤娘开始虔心向佛，不再过问政事。

公元1200年，李凤娘病逝，享年57岁，据说，此前还有相士指出她近期会有灾厄。李凤娘死后葬于永崇陵，谥号慈懿。

【人物简评】

李凤娘因相士之言而嫁入皇宫，一度强势干预皇帝、庙堂，但与其说是她"命中大贵"，毋宁说是相士的那番话，意外成全了她日后的富贵。然而，李凤娘在入宫后，却做出种种伤天害理的恶事，不论是身为人妻、儿媳，都称不上合格。

杨桂枝：一言怀恨杀臣子，任人不当易君王

【人物简介】

杨桂枝是南宋宁宗赵扩的皇后，她生于公元1162年，卒于公元1232年，享年71岁。

【人物生平】

杨桂枝最初因美貌入宫，成为太子赵扩的贴身婢女，赵扩即位后又册立她为贵妃。当时大臣韩侂胄认为后宫女子太过聪颖并非好事，极力主张以曹美人为皇后，但宁宗最终没有采纳。

公元1202年，杨桂枝被册立为皇后，出于怨恨，她私下与大臣史弥远合谋，

派人将韩侂胄刺杀。此后，史弥远凭借着她的关系逐渐掌控了大局，更在宁宗驾崩后趁机废掉皇子赵竑，改立赵昀为储君。

杨桂枝得知后十分不愿，但此时大局已定，杨桂枝只得接受了这一结果。随后赵昀登基为帝，即理宗，为了表示尊敬，他不仅尊杨桂枝为太后，还主动提出垂帘听政的请求。为了让理宗安心，杨桂枝接受了这一请求，但在垂帘听政期间，她始终都没有蛮横干预大臣举动，表现得十分宽厚。

公元 1231 年，理宗率领群臣为杨桂枝 70 大寿进行祝贺，同年，杨桂枝宣布归政，不再过问国事。次年杨桂枝因病逝世，享年 71 岁。

【人物简评】

杨桂枝深谙后宫权谋，诛杀反对大臣，显然不是什么纯情女子，但她本人的品行也并不算恶劣。只是由于自己的失察，宋理宗意外登上皇位，这在无形中为南宋后来的衰落埋下了祸根。

谢道清：贤淑难阻奸佞祸，无才偏逢乱世局

【人物简介】

谢道清是南宋理宗赵昀的皇后，她生于公元 1210 年，卒于公元 1283 年，享年 74 岁。南宋灭亡后，谢道清带着年幼的恭帝一同投降元朝，死后归葬于家乡。

【人物生平】

谢道清的父亲谢深甫官至宰相，曾竭力扶持太后杨桂枝，因此，杨桂枝心中一直十分感念。公元 1224 年，宁宗驾崩，理宗即位，杨桂枝趁机下令从谢家选择皇后，谢道清因此被选入后宫。

据说，谢道清在入宫前一直有病，入宫后却很快好转，因此宫人都十分惊异。理宗宠爱妃子贾氏，本来想要立她为后。杨桂枝却属意谢道清。不仅如此，宫人们私下也都有"不立真皇后，乃立假（贾）皇后"的议论，于是理宗便册立谢道清为皇后。

当时，理宗先是宠爱贾贵妃，等到贾贵妃死后又专宠阎氏，然而，谢道清身为皇后却从不忌妒，私下更从未参与后宫争宠。理宗在位期间，南宋已经走向衰败，蒙古大军更数度南下侵扰。理宗出于畏惧一度想要迁都，却被谢道清以动摇人心为理由，将其劝阻住了。

公元 1264 年，理宗驾崩，度宗即位，谢道清被尊为太后，族人也都得到封赏。10 年之后度宗驾崩，恭帝即位，谢道清又以太皇太后的身份垂帘听政。此时南宋江山已经摇摇欲坠。为了节省军费，谢道清平素生活极为节俭，同时又大力裁减国中冗官，但南宋的败亡却已难以挽回。

公元 1276 年，元军兵临临安城下，此前，谢道清屡次派遣陆秀夫、陈宜中等

人求和，甚至表示愿意称臣，却无法阻止南宋的灭亡。为此，谢道清私下命令江万载等人转移，以求延续南宋国祚，自己则带着恭帝一同出城请降，借此避免临安百姓遭受刀兵之劫。

同年，谢道清被押往大都，降封为寿春郡夫人。公元 1283 年谢道清病逝，享年 74 岁。

【人物简评】

谢道清性情平和，不好争斗，称得上贤淑，但可惜的是她却并没有太多才干。身处南宋末年危亡之际，谢道清一度以太皇太后的身份总领朝政，但却纵容贾似道等奸臣误国，尽管个人大节无亏，却依旧无益于国家大局。

贾贵妃：偏私族人本失当，举荐奸弟终误国

【人物简介】

贾氏是南宋理宗赵昀的妃子、贾似道的姐姐，生卒年不详。她虽然没有被立为皇后，贾氏生前却深得理宗的宠爱。

【人物生平】

贾氏是南宋名将贾涉的女儿，祖上为西汉名臣贾谊。贾氏最初因美貌而入宫，并得到理宗的宠爱。

当时理宗一度打算册立她为皇后，但杨太后却表示反对，宫人私下也都讽刺理宗"不立真皇后，乃立假（贾）皇后邪"，因此，理宗最终册立谢道清为皇后，但贾氏依旧被理宗所宠幸，她的弟弟"蟋蟀宰相"贾似道也正是因她而得以显贵。

贾氏在 34 岁时就病逝，并未能陪伴理宗太久，死后理宗为她追谥惠顺。

【人物简评】

贾氏入宫后，并没有做出什么恃宠而骄、横行不法的恶事，但她却偏偏又举荐了贾似道这一误国奸相。身为皇后爱护族人，本来也无可厚非，但结合贾似道日后的种种举动，她的这一做法也可以说是遗患无穷。

阎贵妃：后宫庙堂成一气，动摇朝堂惑君王

【人物简介】

阎氏是南宋理宗赵昀的妃子，生卒年不详，在贾贵妃死后，得到理宗的宠爱。阎氏仗着理宗的宠爱，与朝中奸佞丁大全等人狼狈为奸，迫害贤良，因此受到世人的诟病。

【人物生平】

理宗最宠爱的妃子本是贾贵妃，然而贾贵妃在 34 岁时就病逝了。贾氏死后，阎氏逐渐得到理宗的宠幸，奉命照顾贾氏的女儿瑞国公主，公元 1240 年，她又被

册立为贵妃。

为了讨好阎氏，理宗花费 3 年时间和无数民力、财力，特意修建了一座功德寺，就连当时的名寺灵隐寺也受到波及，庙中的一棵古松险些就被砍去。随着自己在后宫的地位愈发稳固，阎氏又与朝中奸佞马天骥、丁大全、董宋臣抱成一团，在后宫和庙堂上蛊惑理宗，迫害忠良，与以贾似道为首的另一派势力明争暗斗。南宋朝堂因此愈发混乱、动荡，阎氏等人也被时人并称为"阎马丁董"。

【人物简评】

史料中关于阎氏的记载有限，因此后人无法得知其更多事迹，但根据已有资料，也不难看出阎氏在当时为祸之大。

全皇后：民生多艰早有叹，自身亦是可怜人

【人物简介】

全皇后本名全玖，是南宋度宗赵禥的皇后，生卒年不详。南宋灭亡后，全玖被俘虏至大都，因无法得到返乡准许，最终选择落发出家。

【人物生平】

全玖是宋理宗赵昀之母的侄孙女，曾以幼龄跟随父亲四处奔波，她虽为女子却也颇晓典籍。当时，理宗正要为太子赵禥选妃，大臣认为全玖早年侍奉父亲往来各地，经历种种艰辛，必然能够谨慎自律，勤勉操持，于是便举荐全玖为太子妃。

理宗得知后特意召来全玖觐见，期间又谈到她的父亲早逝一事。对此，全玖则表示，父亲之死固然遗憾，饱经战火的民间百姓也同样艰辛。理宗因此十分赞叹，认为她言行十分得宜，于公元 1261 年正式下令，册封她为太子妃。

公元 1264 年，理宗驾崩，赵禥即位，3 年后又将全玖册立为皇后。与此同时，全玖的祖上三代均被追赠官职，家中的其他子弟也都被委以官职。

公元 1274 年，度宗驾崩，恭帝赵㬎即位，尊全玖为皇太后。此时蒙古连年南下，南宋江山已经岌岌可危。公元 1276 年，元军再次南下，很快就直接攻至临安。眼见大势已去，太皇太后谢道清带着恭帝出城请降，全玖等宫人随后也被押送至大都。

由于南北地理差异，全玖在北方十分不适应，为此，忽必烈的皇后察必还请求让她返乡，但却没有得到允许。此后，全玖在正智寺落发为尼，直至病逝。

【人物简评】

全玖自幼跟随父亲往来于全国，她体察民生多艰，因此才会发出哀民之叹，受到理宗的青睐。但不论如何，全玖也只是一位女子，无法挽救早已病入膏肓的南宋，最终只能在亡国后孤独地终老。

辽

述律平：断腕只为堵众口，既老何必逞执着

【人物简介】

述律平小字月里朵，她是辽太祖耶律阿保机的皇后、辽太宗耶律德光的生母，她生于公元 879 年，卒于公元 953 年，享年 75 岁。述律平先后经历辽太祖、辽太祖、辽世宗三朝，期间一度临朝摄政，表现出强势作风。最终，述律平因反对世宗而被囚禁致死，死后与辽太祖合葬于祖陵。

【人物生平】

述律平的父亲是回鹘人，其母则是契丹贵族。公元 878 年，述律平依照当时惯例，嫁给出自契丹的耶律阿保机为妻，阿保机与述律平为姑表兄妹。

在阿保机四处征战期间，述律平始终紧紧追随丈夫，为其出谋划策，在她的帮助下，阿保机如愿成为契丹可汗。按照当时惯例，契丹可汗每逢 3 年便要重选，但随着辖境下的汉人逐渐增多，阿保机对中原的世袭制度也产生了想法。得知丈夫的意图之后，述律平立即表示支持。当时，阿保机的族中兄弟最先提出反对，在接下来的日子里，述律平当即以铁血手腕对他们进行铲除。不仅如此，述律平又建议阿保机趁着宴会的机会，将其余部族的首领全数斩杀，阿保机终于成功登上皇位。

公元 926 年，阿保机病逝，述律平之子耶律德光即位，即辽太宗。述律平心中对幼子耶律李胡最为偏祖，一度想要以他继位，对于长子耶律倍却十分讨厌。为此，早在阿保机病逝之处，她就趁机掌握了朝中大权，宣布临朝听政，并以殉葬为由处死朝中异己。更为可怕的是，当有大臣质问她自己为何不殉葬时，述律平竟当场拔刀砍下右手，表示以手代人，群臣当即噤若寒蝉。

公元 947 年，太宗也在班师途中病逝，由于述律平过于强势，群臣自发拥立耶律倍之子耶律阮即位，即辽世宗。属意于幼子的述律平震怒之下，先是派遣耶律李胡出征，随后又亲率大军讨伐。然而此时大局已定，述律平不得不在表面上接受这一结果，同时又在私下密谋政变。得知了这一消息后，世宗当即将述律平与耶律李胡一同囚禁。

公元953年述律平病逝，享年75岁，死后与阿保机合葬于祖陵。

【人物简评】

都说对别人狠容易，对自己狠难，敢于断腕的述律平显然是一个异类，但从她早年辅助阿保机建立霸业的种种举措来看，她的斗狠也是一贯作风。只是述律平晚年实在太过执拗，才会为了皇位付出惨重代价，最终功亏一篑。

萧温：恩爱如宾无他羡，所恨不过时日短

【人物简介】

萧温是辽太宗耶律德光的皇后、辽穆宗耶律璟的生母，她生年不详，卒于公元935年，死后葬于奉陵。

【人物生平】

萧温的父亲名叫室鲁，与太祖皇后述律平为姐弟关系，然而她的母亲却又是述律平的女儿。这一关系可谓错综复杂，颇有悖逆伦理之处，但对当时的契丹而言，却并非什么大事。

述律平在后期失势并被囚禁，但萧家依旧地位稳固，萧温更是嫁给了太祖的弟弟耶律德光，即后来的辽太宗。公元926年，太祖病逝，耶律德光于次年继位为帝，不久，就将萧温册立为皇后。萧温为人聪明体贴，性情平和，生活中与耶律德光二人相敬如宾，彼此十分和睦。耶律德光不论何时，总是要将她带在身边，表现得十分恩爱。

公元935年，萧温与耶律德光前往行宫，途中又生下第二个儿子阿钵撒葛里。然而萧温却因生产而患病，不久后就在行宫内病逝。萧温死后葬于奉陵，谥彰德皇后，后来又改为靖安皇后。

【人物简评】

萧温死后，耶律德光曾亲自撰写悼文，以示对这位发妻的追慕、哀悼，略可窥得二人感情之深厚。

甄氏：真情不以族类辨，生前同爱死同眠

【人物简介】

甄氏是辽世宗耶律阮的皇后，她生于公元904年，卒于公元951年，享年48岁。甄氏是辽国历史上唯一一位汉人皇后，深得世宗宠爱，因此，一度引发辽国庙堂不满，最终，她与世宗一同被叛军杀害。

【人物生平】

甄氏在后宫时期就被选为宫女，然而，后唐却被石敬瑭勾结辽国攻灭。之后，甄氏继续留在后晋后宫，直至公元 947 年辽国派兵灭亡后晋，自己也被辽国俘虏。

当时，耶律阮跟随辽太宗一同出征，见到甄氏的第一眼就被她所吸引，此时甄氏已将近 40 岁，比起年轻的耶律阮更是年长 10 岁。然而，耶律阮却毫不犹豫地将甄氏纳为妃子，对她十分宠爱。

同年，太宗在班师途中病逝，耶律阮被拥立为帝，之后，他便将甄氏册立为皇后。由于甄氏的汉人身份，这一诏令自然而然引起了契丹贵族的不满，为此，耶律阮又不得不同时册立妃子萧撒葛只为皇后。公元 951 年，耶律阮力排众议，亲率大军讨伐后周，甄氏与萧撒葛只也一同随行。在此期间，甄氏始终与耶律阮同处一室，同为皇后的萧撒葛只却单独居住，由此可见两人地位之悬殊。

同年大军行至祥古山时，部将察割突然发动叛乱，将世宗耶律阮弑杀，随侍在侧的甄氏也一同遇害，享年 48 岁。另一名皇后萧撒葛只在得知后，主动前来请求收殓两人，不久，她也被叛军杀害。由于自己出身汉族，甄氏死后未能得到契丹贵族承认和谥号，但仍与萧撒葛只一同安葬。

【人物简评】

辽世宗虽为契丹人，却对中原制度十分重视，因此甄氏即便是汉人，也一样能够被他所包容。然而，世宗即位之后，始终未能彻底压服人心，因此才会遭到背叛，甄氏也无辜受到牵连而死。

萧撒葛只：君王待我以淡漠，我以忠贞报君王

【人物简介】

萧撒葛只是辽世宗耶律阮的妻子、辽景宗耶律贤的生母，她生年不详，与皇后甄氏并列为皇后。公元 951 年，世宗被弑，萧撒葛只主动前往收尸，最终被叛军囚禁并杀害。

【人物生平】

萧撒葛只的父亲名叫萧阿古只，与太祖皇后述律平为姐弟关系。尽管述律平后期失势，萧家却依然没有受到太大影响，后来时为永康王的耶律阮更迎娶了萧撒葛只为妃。

公元 947 年，辽太宗病逝，随其一同出征的耶律阮被拥立为帝，出自汉族的妃子甄氏也被立为皇后。然而他的这一举动却引起了契丹贵族的反对，耶律阮只好适当退让，同时将萧撒葛只立为皇后。

公元 951 年，耶律阮不顾劝阻毅然亲征，甄氏与萧撒葛只一同随行。但在行军途中，甄氏始终与耶律阮共处一帐，萧撒葛只却单独居住在另一处。行至祥古

山时，部下察割突然发动叛乱，将耶律阮与甄氏杀死，萧撒葛只侥幸躲过一劫。在得知了噩耗后，萧撒葛只不仅没有仓皇逃走，反而主动前往大营，请求为耶律阮、甄氏收殓，因此，她也被叛军囚禁。

得知耶律阮的死讯后，辽国皇室子弟迅速整军，将察割等人团团围住。眼见大势已去，察割发狠将萧撒葛只杀害，随后自己也被处死。

【人物简评】

辽世宗耶律阮倾慕汉文化，与出自汉族的皇后甄氏互相爱慕，对于萧撒葛只自然颇为冷落。可在面临生死危机的紧急关头，萧撒葛只这位出身异族的女子，却同样表现出中原汉家所推崇的大义忠贞，最终因此遭到杀害，令人既惋惜，又钦佩。

萧绰：承天奉运辅幼子，下嫁汉臣兴国祚

【人物简介】

萧绰本姓拔里氏，小名燕燕，她生于公元953年，卒于公元1009年，享年57岁，是辽景宗耶律贤的妃子、辽圣宗耶律隆绪的生母。景宗死后，萧绰以太后的身份临朝听政，期间与北宋签澶渊之盟，辽国因此走向强盛。

【人物生平】

萧绰从小就聪颖机智，不论做什么事情都十分认真、仔细，因此受到父亲的称赞。公元969年萧绰的父亲因拥立景宗立下大功，得到提拔任命，萧绰也被选入后宫，不久，她就被册立为皇后。

公元970年，萧绰的父亲被刺杀，此后萧绰心性转变，对于世情变化有了自己的认识。当时景宗体弱多病，萧绰主动帮助景宗处理国家大事，逐渐成长为一名富有政治眼光与谋略的优秀女政治家，就连景宗也对她十分倚重，后来，他干脆把一应日常政务全数交给她处理。

公元982年，景宗病逝，遗命由太子继承皇位，由萧绰总领军国大事。群臣对此也一一遵行。鉴于当时王室子弟势大，萧绰先是私下找到朝中重臣，使他们明确表示拥戴立场，随后又采取一系列手段，削弱各位亲王的势力。圣宗即位后，萧绰开始以承天皇太后的身份摄政问事。

早在嫁给景宗之前，萧绰就与汉臣韩德让有过婚约，等到景宗死后，萧绰为了巩固庙堂，又与韩德让结合。这一举动放在中原可谓惊天动地，但在当时风俗尚未完全扭转的契丹，却并非什么大惊小怪的事。此后，韩德让便居住于皇宫中，与萧绰共同起居饮食，萧绰还特意要求圣宗将韩德让视为亲父侍奉。

在韩德让等人的辅佐下，辽国逐渐从奴隶制走向封建化，国内官制也随之有了极大改变。在萧绰和韩德让的努力下，辽国内部进一步安定，国势也愈发强盛。

此时，北宋为了夺回幽云十六州，便趁着辽国"母寡子弱"的机会发起攻击，不料最终却吃了大亏。正是在这场战斗中，萧绰亲自披挂上阵，名将杨业也在战争中兵败被俘。

公元1004年，萧绰主动率领大军南下，此时正是宋真宗时期。在寇准等人的主张下，宋真宗勉强御驾亲征，北宋将士因此士气大振。同年辽国大将萧挞凛战死，辽军士气受到影响，战局因此陷入僵持状态。在韩德让的建议下，萧绰答应与北宋议和，签订了著名的澶渊之盟，宋辽两国因此实现了长达百年的和平。

公元1009年萧绰正式归政于圣宗，迁至南京安享余生，同年就因病去世，享年57岁，死后葬于乾陵。

【人物简评】

在民间艺术作品中，萧太后萧绰历来扮演着反派角色，但事实上她却是一位历史上少有的奇女子。由于自己的强硬作风，后世对萧绰的评价有着很大差异，但无人能否认她的才干。正是在她统治时期，辽国走向了极强极盛、最为辉煌的时期。

萧菩萨哥：四十年侍君育储，一夕间性命终无

【人物简介】

萧菩萨哥是辽圣宗耶律隆绪的第二任皇后，生于公元983年，她入宫后深得圣宗宠爱，更曾为其抚养后来的兴宗耶律宗真。然而圣宗死后，萧菩萨哥却受到兴宗生母萧耨斤的迫害，于公元1032年被迫自杀，享年50岁，死后葬于庆陵。

【人物生平】

萧菩萨哥是辽景宗皇后萧绰的甥女，她12岁时就被选为妃子入宫，得到圣宗耶律隆绪的宠爱。入宫后，萧菩萨哥先后育有2子，不幸2子均早夭，于是，圣宗又下令由她抚养宫人萧耨斤所生的儿子，即后来的兴宗耶律宗真。

萧菩萨哥对耶律宗真视同己出，呵护有加，耶律宗真也对这位养母十分敬重。但萧耨斤对此却十分忌恨，于是私下派人监控萧菩萨哥的一举一动。萧菩萨哥虽然有所察觉，并打算处死跟踪之人，但圣宗却听从萧耨斤之言，宽赦了相关人员。

公元1031年，圣宗病逝，遗命以萧菩萨哥为皇太后，萧耨斤为皇太妃，然而，萧耨斤却篡改诏书自立为皇太后，随即就对萧菩萨哥展开报复。兴宗感念养育之恩，并不赞同母亲的做法，但此时大权却被萧耨斤掌控，他也只得眼睁睁看着萧菩萨哥被迁至上京。

次年，萧耨斤为了根除后患，干脆趁着兴宗外出打猎的机会，派遣使者将萧菩萨哥赐死，萧菩萨哥死时50岁。兴宗对此十分不满，下令追谥萧菩萨哥为仁德皇后，还特意将她葬于庆陵。

【人物简评】

萧菩萨哥侍奉圣宗将近40年，又精心哺育兴宗长大，可谓劳苦功高。太后之

位于她而言，也是理所应得的，但萧菩萨哥偏偏又是一位不善斗争的善良女子，因此才将自己陷入被动局面，最终含冤身死。

萧耨斤：侍君从无忠贞意，人母偏有蛇蝎心

【人物简介】

萧耨斤是辽圣宗耶律隆绪的妃子、辽兴宗耶律宗真的生母，她生年不详，卒于公元1057年。萧耨斤在圣宗死后自立为后，迫害妃子、专政擅权，最终被兴宗镇压囚禁。

【人物生平】

萧耨斤原本是承天皇太后萧绰的婢女，后来又被赐给圣宗耶律隆绪为妃。公元1016年，萧耨斤生下一子耶律宗真，即后来的兴宗，不久后，她也被册立为妃。

当时圣宗已经册立皇后萧菩萨哥，随后耶律宗真也被下令由皇后亲自抚养。萧耨斤对此十分嫉恨，多次暗中构陷萧菩萨哥，并逐渐培养出一批心腹。公元1031年，圣宗病逝，遗命以萧菩萨哥为皇太后，萧耨斤为皇太妃，不料萧耨斤却趁机自立为太后，牢牢掌控了朝中大权。

随后，萧耨斤就将萧菩萨哥逼死，同时又对自己的亲戚族人大肆封赏，甚至就连家中的奴仆都有40多人被封官。不仅如此，此前在承天太后和圣宗时期建立起来的封建官制，也几乎被她摧残殆尽，辽国因此再度陷入动荡不安。由于母子关系紧张，萧耨斤私下又极力谋划废黜兴宗，改立幼子耶律重元为帝。

公元1034年，兴宗趁着前往行宫的机会发动政变，将萧耨斤囚禁关押，随后又下令废其为庶人。尽管事后自己又被迎回宫中，萧耨斤却对兴宗愈发冷漠。公元1055年，兴宗病逝，萧耨斤不仅没有悲伤情绪，反而对哀伤的儿媳萧挞里冷嘲热讽，表现得十分无情。

公元1057年萧耨斤病逝，死后葬于庆陵。

【人物简评】

萧耨斤身为人母却毒如蛇蝎、人情淡漠，满心只有权欲算计，所作所为无不令人寒心。

萧挞里：贼臣兴乱自可定，死后何妨多容情

【人物简介】

萧挞里是辽兴宗耶律宗真的皇后、辽道宗耶律洪基的生母，她生年不详，卒于公元1076年。萧挞里一生为兴宗育有3子2女，死后葬于庆陵，谥仁懿皇后。

【人物生平】

萧挞里与辽太祖皇后述律平同族，其祖上正是述律平的弟弟萧阿古只。萧挞里为人容貌端庄、性情温和，就连兴宗也有所听闻，因此等到自己即位，便将她纳入后宫为妃。

入宫后，萧挞里先后生下 3 子 2 女，其中的耶律洪基正是兴宗长子。公元 1035 年，兴宗正式册立萧挞里为皇后，公元 1054 年，时又特意为她追加尊号，尊为贞懿慈和文惠孝敬广爱崇圣皇后。

次年，兴宗驾崩，耶律洪基即位，即道宗，萧挞里又被尊为太后。道宗即位之后，许多契丹皇族都心怀不满，皇叔耶律重元等人更在私下密谋作乱。得到这一消息之后，道宗初时不肯相信，萧挞里却提醒他应该早作准备。等到耶律重元发起叛乱，萧挞里又亲自策马呵斥叛军，致使对方人心浮动，叛乱很快就被平息。事后耶律重元自尽身亡，萧挞里明知其为乱臣贼子，却还是下令为他重修陵墓，表现出她宽宏大量的一面。

公元 1076 年，萧挞里病逝，得知这一消息后，宋朝、高丽、西夏等国都专门派遣使者前来吊唁。同年，道宗将萧挞里葬于庆陵，追谥其为仁懿皇后。

【人物简评】

萧挞里虽为女子，却因出身游牧之族而生性英武，扼杀耶律重元之乱一事便是最好证明。与此同时，她又有着一颗仁善宽厚的心，在刚毅中展现出女子的温柔一面。

萧观音：笔下回心劝君王，何曾迁恋爱十香

【人物简介】

萧观音是辽道宗耶律洪基的第一任皇后，生于公元 1040 年，她是辽国著名的女诗人。公元 1075 年萧观音被构陷害死，享年 36 岁。

【人物生平】

萧观音与太祖皇后述律平同族，自幼习读诗词文字，长大后也以才华见长，为当时最具才情的女子。萧观音不仅富于才华，同时又美貌端庄，因此，她得到时为燕赵国王的耶律洪基钟情。

公元 1055 年，兴宗病逝，耶律洪基即位，同年，她就册封萧观音为皇后。此时，萧观音已经接连生下 3 女 1 子，其子即后来的昭怀太子耶律浚，也就是天祚帝的父亲。这一时期，萧观音先后写下了许多应制诗、闺怨诗，大多为后世称道，其中尤以《回心院》词十篇最为著名。

朝中奸臣耶律乙辛倚仗道宗宠信，犯下许多恶行，等到太子耶律浚参政后，他又陷入了忧虑之中。为了自保，他决定构陷太子及萧观音。他先是通过宫人诱

骗萧观音，使其抄写了极为暧昧露骨的《十香词》，随后又以此为证，诬告她与伶人赵惟一私通。道宗见到"证据"后竟然信以为真，下令将萧观音抓捕下狱。可怜的萧观音在狱中受尽折磨，连见道宗一面都不被准许，最终被逼迫自杀而死。

【人物简评】

萧观音对汉文化有着很深的造诣，其所写的《回心院》十篇更是被后世许多名家收录于诗集中，对其有着极高的评价。可惜的是，萧观音这位美貌才女精于诗文，却不知人心险恶，最终遭到无情迫害，无辜含冤而死。

萧夺里懒：战火摧折家国乱，后仪虽贵无从显

【人物简介】

萧夺里懒是辽天祚帝耶律延禧的皇后，生卒年不详。天祚帝时女真兴起，萧夺里懒与天祚帝一同逃亡，最终病逝于途中。

【人物生平】

萧夺里懒真名不详，夺里懒是她的小字。萧夺里懒的祖上为辽国大将萧继先，是一位一生未尝一败的勇将。

公元 1087 年，萧夺里懒入宫，嫁给皇孙耶律延禧为妻，彼时还是辽道宗耶律洪基在位时期。次年，辽廷又册封她为燕国王妃。公元 1101 年，道宗病逝，耶律延禧即位，不久，便正式册立萧夺里懒为后。

萧夺里懒性情温柔，仪态端庄，因此受到天祚帝宠爱，她的几位兄弟也都受到提拔、封赏。天祚帝在位期间耽于享乐，终于致使女真坐大，于公元 1114 年正式对辽国发起反击。天祚帝数次派遣大军，甚至一度御驾亲征，均被女真打得大败，最终不得不向西逃窜。

公元 1125 年天祚帝在西逃途中被捕，此前萧夺里懒病逝于途中。

【人物简评】

史载萧夺里懒"性闲淑，有仪则"，但她的丈夫天祚帝却又是一位沉溺享乐、不理国政的昏君，因此即便贵为一国之后，萧夺里懒却没能享有安稳的生活，最终死于战乱流离。

萧贵哥：只愿人无咎，不爱千金裘

【人物简介】

萧贵哥是辽天祚帝耶律延禧的妃子，其生年不详，卒于公元 1120 年。

【人物生平】

萧贵哥与天祚帝皇后萧夺里懒为亲姐妹，她 17 岁时进入后宫，并被天祚帝册立为元妃。

萧氏姐妹为人均十分和善，在宫中有很好的口碑。有一次萧贵哥在宫中休息，她的近侍一时财迷心窍，竟然将一件极为名贵的貂裘盗走。当时，萧贵哥并未睡着，也察觉了这一事情，但她依旧保持沉默，没有当面揭发。

天祚帝时女真崛起，辽国数次被打败，最终天祚帝不得不放弃京城出逃。公元1120年，萧贵哥在跟随丈夫和姐姐的逃亡途中病逝。

【人物简评】

萧贵哥身为高高在上的贵妃，却仍体谅宫人艰辛，明知其罪愆也一再容忍，可谓重人轻财，心肠仁善。

萧师姑：可怜吾子福祚短，既死生母岂苟安

【人物简介】

萧师姑是辽天祚帝耶律延禧的妃子，其生卒年不详。萧师姑为天祚帝育有一子却早夭，最终因悲伤过度而死。

【人物生平】

萧师姑真名不详，师姑是她的小字。萧师姑的父亲萧常哥也为辽国重臣，萧师姑因此于公元1096年嫁入皇室，成为皇孙耶律延禧的妃子。

公元1101年，耶律延禧继承皇位，2年后，她册封萧师姑为德妃。早在天祚帝登基之前，萧师姑就已经为他育有一子挞鲁，天祚帝同时又册封其为燕国王，然而燕国王福祚短浅，在封王后不久就因病夭折，萧师姑也在悲痛了一段时间后病逝。

【人物简评】

世间大抵是温情的母亲居多，对于自己怀胎十月生下的孩子，没有母亲不会心疼、呵护。萧师姑显然就是这样一位温柔的可怜母亲。

萧瑟瑟：长歌为谏终无果，母子同哀嗟亡国

【人物简介】

萧瑟瑟是辽天祚帝耶律延禧的妃子，其生年不详，卒于公元1121年。

【人物生平】

萧瑟瑟的姐妹分别嫁入皇族耶律氏，其姐夫为天祚帝宠臣耶律挞葛。有一次，萧瑟瑟前去探望姐姐，恰好遇到登门造访的天祚帝，并以自己的美貌贤淑，当场受到了君王的关注。惊为天人的天祚帝甚至来不及正式册封，就将萧瑟瑟带入宫中，直到数个月后才正式册封她为文妃。

当时，女真族不堪辽国压迫，在完颜阿骨打的领导下，逐渐凝成一股强大的军事力量，对辽国构成严重威胁。萧瑟瑟虽为女子却自幼学习诗书，有着不凡的

见识，深知女真的威胁不容小觑，于是专门写诗规劝天祚帝。然而天祚帝在看到诗文后，反而感到十分愤怒，并从此疏远了萧瑟瑟。

入宫后，萧瑟瑟先后为天祚帝生下1子1女，其子耶律敖卢斡正是天祚帝的长子。自从被冷落后，萧瑟瑟便把所有希望都寄托在儿子身上，对他勤加教育，希望他日后能够成为国之英才。耶律敖卢斡也确实不负母亲希望，后来逐渐成长为当时辽国群臣眼中的未来明主。

天祚帝皇后萧夺里懒的兄长名叫萧奉先，素来怀有异心，因此，他对耶律敖卢斡十分忌惮。为了把自己的外甥推上皇位，他决意除掉萧瑟瑟母子。公元1121年萧瑟瑟去妹妹家探望，萧奉先趁机诬告其妹夫谋反，以此牵连到萧瑟瑟，并成功蛊惑天祚帝将萧瑟瑟、耶律敖卢斡处死。

【人物简评】

萧瑟瑟为人深明大义，心忧国事，不惜触怒君王来进行劝谏，可惜天祚帝实在是不辨忠奸。萧瑟瑟母子死后，辽国群臣无不痛惜、叹惋，此后更是人心离散，无形中进一步加快了辽国的灭亡。

金

纥石烈丽花：美誉流传三世，宫闱尊荣一如

【人物简介】

纥石烈丽花是金太祖完颜阿骨打的妻子，其生年不详，卒于公元 1136 年。丽花为人贤良宽厚，在后宫中享有很高声誉，因此直至金太宗、金熙宗即位，仍旧对她十分礼遇。

【人物生平】

纥石烈丽花早年就嫁给完颜阿骨打，当时她还只是一个身份卑微的小妾。尽管没有妻子的名分，丽花却在阿骨打骑兵抗辽的过程中，多次帮助他出谋划策，起到了很大的作用。

公元 1115 年，阿骨打建立金国，公元 1123 年时因病去世，他死后，其弟完颜晟继承皇位。此时丽花早已被册立为皇后，并且以自己的良好品行，赢得了国人的敬重。为此，完颜晟在登基之后，不仅依旧将这位嫂子尊为皇后，甚至连她的居住的宫殿都没有迁移、变更。

公元 1135 年，完颜晟病逝，阿骨打的嫡孙完颜亶即位，即金熙宗。对于这位口碑极好的祖母，熙宗表现得更为恭敬，同年，又尊她为庆元宫太皇太后。

次年纥石烈丽花病逝，死后葬于睿陵，谥钦宪皇后。

【人物简评】

纥石烈丽花在阿骨打起兵过程中的事迹不详，但从她后来所享有的声誉来看，她必然起到了相当程度的作用。直至丈夫身死，丽花仍然得以安居后宫不受侵扰，也可见其声望之高。

裴满氏：生前逐利终反目，死后岂料又同穴

【人物简介】

裴满氏是金熙宗完颜亶的皇后，其生年不详，卒于公元 1149 年。金熙宗执政后期，裴满氏一度专权干政，最终被下令赐死。

【人物生平】

裴满氏所在的家族，历来是金国皇室联姻通婚的对象，裴满氏因此得以嫁给完颜亶为妻。公元 1135 年，金太宗病逝，完颜亶即位，3 年后，他又先后册立裴满氏为贵妃、皇后。

公元 1142 年，裴满氏曾为完颜亶生下一子完颜济安，完颜亶因此大喜过望。不久，完颜亶就宣布册立完颜济安为太子，同时又大肆赏赐裴满氏的父亲。然而同年年底时，不到 1 岁的完颜济安却意外因病夭折，此后裴满氏再未生育子嗣。

当时，完颜亶虽然登基，但一干老臣如完颜宗弼（即金兀术）等人均健在，并奉太宗遗命辅助朝政，因此，完颜亶受到很大的掣肘。好在完颜宗弼等人忠心耿耿，因此完颜亶虽有不满，却也并未计较。及至公元 1148 年完颜宗弼死后，朝中再无具有影响力的资深大臣，裴满氏于是趁机干涉国政，完颜亶终于感到愤怒。

然而，裴满氏为人强势，完颜亶又因多年依赖老臣而失去了锐气，虽然气愤却只能迁怒他人，并且经常喝得大醉，胡乱处死宫中奴仆。此时，裴满氏却得寸进尺，与海陵王完颜亮走得很近，完颜亶终于无法忍受。公元 1149 年，裴满氏再次干涉宫中的变动，完颜亶于是怒而下令将她赐死。

同年，完颜亮发动政变，弑杀完颜亶自立为君，追谥裴满氏为悼皇后。等到宣宗即位后，又追谥裴满氏为悼平皇后，恢复完颜亶之前被废去的帝号，并将两人合葬于思陵。

【人物简评】

裴满氏与完颜亶成婚多年，完颜亶本人也并没有任何亏待她的地方，但裴满氏的所作所为，却在很大程度上对不起两人多年的感情。正是由于她后期的蛮横干涉，才使得完颜亶走向极端，将事情推向无可挽回的局面。

乌林答氏：妾身不畏守贞死，惟愿夫君忍辱生

【人物简介】

乌林答氏是金世宗完颜雍的爱妻，其生卒年不详，与金世宗之间伉俪情深，留下一段感人至深的悲剧爱情故事。

【人物生平】

乌林答氏 5 岁时，她的家人就为她与宗室子弟完颜雍订婚，时为公元 1127

年。公元1140年两人结婚，此时完颜雍的父亲早逝，母亲也已落发为尼。此后，两人朝夕相伴，互相抚慰，乌林答氏后来又为丈夫生下一子完颜允恭。

金熙宗在执政后期，因皇后裴满氏干政而大肆迁怒于朝臣，许多官员都被无辜杀害，完颜雍也遭到猜忌。当时完颜雍家中有一条祖传的白玉带，熙宗故意表露出觊觎之意，完颜雍因此十分犹疑。乌林答氏得知后，便极力劝说丈夫舍弃重宝，这才使得完颜雍保住了官职，更保住了自己的性命。

公元1149年，海陵王完颜亮弑杀熙宗即位，完颜雍再次受到猜忌，不得不采纳乌林答氏的建议，献出大量珍宝给完颜亮，因此才稍微扭转了处境。不久之后，完颜亮又下令乌林答氏前去京城觐见。完颜亮为人虽有雄才，却也是历史上罕见的荒淫帝王，甚至曾说出过"无论亲疏，尽得天下绝色而妻之"的话语，因此他的真实用心可谓昭然若揭。乌林答氏虽然不愿，但在接到诏令之后，也只得动身前往京城。

心知完颜亮心怀不轨，乌林答氏既不肯受辱，又不肯连累丈夫，于是在途中趁机自尽，临死前还写下一篇感人肺腑的《上雍王书》。在信中，乌林答氏不仅表明了自己的贞节之志，同时又鼓励完颜雍忍辱负重，图谋大事。完颜雍得知后悲痛欲绝，却又不得不选择忍耐。

公元1161年，完颜亮大举攻宋，完颜雍趁机在后方称帝，即金世宗。同年，完颜亮众叛亲离被杀，完颜雍开始了自己长达29年的励精图治。为了纪念爱妻，完颜雍在这29年间，再也没有册立过皇后。

【人物简评】

完颜雍早年成为孤儿，多亏有乌林答氏相伴，这才得以享受到生活幸福；对于完颜雍的人生而言，乌林答氏有着不可取代的意义，正是在这位贤内助的指点和牺牲下，完颜雍才能够避开统治者的猜忌，成功登上皇位，可以说，如果没有乌林答氏的付出，就没有后来的金世宗。

蒲察氏：庆云托日多吉兆，早逝辞君少伴随

【人物简介】

蒲察氏是金章宗完颜璟的妻子，生卒年不详。

【人物生平】

蒲察氏的家世在金朝极为显赫，祖上自金国立国之初，就因从龙之功而受封国公。不仅如此，就连她的祖父和父亲后来也都被封为国公。

传闻蒲察氏出生时伴有红光异象，之后她的家人又把她交给姨母冀国公主，由她来代替照料。长大之后的蒲察氏为人谦恭孝顺，是一位远近闻名的淑良女子。公元1183，时为郡王的完颜璟特意下了隆重的聘礼，聘娶蒲察氏为正妻。据说，

当蒲察氏家人纳聘之时，天边又出现青云托日的异象，因此人们都感到十分惊异。

蒲察氏在嫁给完颜璟后很早就去世，直到自己死后，完颜璟才追谥她为钦怀皇后。

【人物简评】

蒲察氏一族为女真旧部，历来是金国宗室联姻的选择对象，蒲察氏正是以此嫁入皇室，然而蒲察氏福祚短浅，并未能长伴于章宗身边。

李师儿：往日尊宠一夕丧，不见凤凰向里飞

【人物简介】

李师儿是金章宗完颜璟的妃子，她生于公元 1172 年，卒于公元 1209 年，享年 38 岁。

【人物生平】

李师儿出自贫寒之家，早年因家人犯罪受到牵连，进入宫中为婢，后来又与许多宫女一起学习。由于嗓音柔美，李师儿很快就得到讲师的注意，同时，她的相貌也被章宗的近侍发现。章宗得知后，便将李师儿纳为妃子，对她极尽宠爱。

当时章宗爱屋及乌，不仅对李师儿予以许多赏赐，同时又对她的家人封赏无度。甚至李师儿的兄长沦为盗贼，也被他下令一并赦免，甚至还委以官职。朝中的正直之士对此十分不满，但却无可奈何，至于那些投机分子更是趁机巴结逢迎，因此个个不法之徒都得以显赫。在一次宴会上，伶人故意提到凤凰飞翔的祥瑞，指出凤凰向里飞（李妃）则预示着加官晋爵，以此喻指当时情况。

公元 1208 年，金章宗病重，由于身后无子而钦点叔父完颜永济继位，李师儿也在私下为其造势。同年，完颜永济登基为帝。此前章宗有两名妃子怀孕，曾嘱咐一旦生下男儿，便立为未来储君，事后完颜永济却又反悔。仅仅过了 3 天，宫中就传出其中一名妃子范氏流产的消息；不久后，完颜永济又以假孕为名，将另一名妃子贾氏处死。

与此同时，完颜永济又斥责李师儿勾结宦官，暗中指使贾氏欺骗君主，以此为罪名将李师儿处死。直到宣宗即位后，这一冤案才得以平反。

【人物简评】

所谓李师儿勾结宫人、欺君假孕，不过是完颜永济为了实现父死子继这一野心的借口，李师儿之死可说是十分冤枉。不过，李师儿生前的种种作为，也有许多失当之处，在很大程度上也引发了后来的庙堂混乱。

徒单氏：所嫁非贤贵无用，一朝失势尽哀声

【人物简介】

徒单氏是金卫绍王完颜永济的皇后，她生于公元1168年。完颜永济被弑杀后，徒单氏被废去后位，此后记载不详。

【人物生平】

徒单氏的家世背景不详，何时嫁入皇室也不得而知。公元1208年，金章宗病逝，因无子而传位于叔父卫绍王完颜永济，次年正月，完颜永济又册立徒单氏为皇后。

章宗死前，他的两位妃子皆怀有身孕，因此他在传位之后，又特意嘱托完颜永济日后善待自己的妃子、孩子，如果生下的是男孩，将来就把皇位再传回来。完颜永济当时口头上答应，却在章宗死后不久就将其中一名妃子处死，另一名妃子则意外流产。登基之后，完颜永济犯下一系列重大失误，惹得天怒人怨，最终公元1213年，他被部下弑杀。

完颜永济死后，宣宗完颜珣登基为帝，徒单氏不仅失去了丈夫，后位也一并被废黜。次年，宣宗又下令将徒单氏等完颜永济亲属一并囚禁于郑州。直到公元1232年河南沦陷前夕，金哀宗才下令解除禁锢，此后，徒单氏的下落一直不明。

【人物简评】

徒单氏本人一生中，并没有犯下什么恶行，但由于丈夫完颜永济一系列的失误，她也跟着付出了很大的代价，因此经受了种种苦难。

王霓：元知社稷将倾覆，母贤子勉势难回

【人物简介】

王霓是金宣宗完颜珣的皇后，其生卒年不详。

【人物生平】

王霓早年因美貌入宫，她成为完颜珣的妃子，一同被娶的还有自己的姐姐王云。后来王云生下一子，即哀宗完颜守绪，完颜珣即位后又下令由王霓亲自抚养他长大。

公元1213年，卫绍王被弑，完颜珣为拥立为帝，同年册立王霓为元妃，王云为淑妃。随着王霓的外甥、养子完颜守绪逐渐长大，完颜珣又册立他为太子。10年之后，完颜珣病逝，完颜守绪即位为帝，王霓又与姐姐一同被尊为太后。

在宣宗统治时期，金国对内对外政策连续出现失误，终于陷入腹背受敌的危亡局面。王霓与姐姐都感到十分担忧，于是屡次教导、劝说哀宗。哀宗对此不敢大意，往往认真听取，同时也为挽回大局做出了种种努力。但此时金国气数已尽，

哀宗最终无力回天，公元 1234 年，国都被攻破后，哀宗自尽而亡。

早在公元 1232 年，也就是金国灭亡的前 2 年时，王霓就被蒙古大军掳走，此后下落不明；她的姐姐王云更在此前就已经病逝。

【人物简评】

王霓与姐姐王云俱是身在后宫、心怀天下的贤良女子，然而早在她们的丈夫宣宗统治时期，金国就已经开始走向衰落。尽管日后姐妹二人勤勉教导哀宗，哀宗也确实勤勉治政，但金国的灭亡却已经难以挽回了。

西夏

野利氏：害人岂有无报日，自身亦是踏脚石

【人物简介】

野利氏是西夏景宗李元昊的第一任皇后，其生年不详，卒于公元 1048 年。

【人物生平】

野利氏出自党项野利部，最初，她嫁给李元昊为妾，地位十分卑微。但在李元昊称帝建国的过程中，野利一族立下从龙大功，野利氏本人又一连生下 3 位皇子。不仅如此，就连李元昊的正妻，也被工于心计的野利氏害死，最终，她成为了西夏的皇后。

但随着李元昊的帝位巩固，他也开始着手削弱野利家族的权势，而野利氏本人的子嗣虽然众多，其中却又有两人先后夭折。尽管另一子宁令哥后来被立为太子，李元昊却逐渐开始宠爱美女没藏黑云，疏远了野利氏。碍于没藏黑云曾嫁给自己的兄长，野利氏无法将她处死，只得下令将她送入寺庙出家，但李元昊却在私下偷偷与没藏黑云往来，两人甚至还生下一子李谅祚。

得知这一事情之后，满心不甘、嫉恨的野利氏当即与李元昊爆发争吵，李元昊一怒之下便将其废黜，时为公元 1047 年。失势之后，野利氏便将希望全数寄托在太子宁令哥身上，但没藏黑云及其背后的家族，却并没有就此收手。

当时宁令哥有一名心爱的妃子没移氏，不料李元昊色心泛滥，竟将这位儿媳抢入宫中，宁令哥因此十分仇恨。利用父子之间的矛盾，没藏黑云之父没藏讹庞极力唆使宁令哥，最终使事态进一步恶化。公元 1048 年元宵之夜，宁令哥趁机杀入皇宫，将醉倒的李元昊砍成重伤，当晚没藏讹庞又将投靠自己的宁令哥绑起来，将他与野利氏一同处死。

【人物简评】

野利氏的下场固然悲惨，但事实上她与构陷自己的没藏黑云，却是不折不扣一路货色。早年野利氏依仗宠爱，逸杀李元昊正妻，这才夺得了皇后之位，比起没藏氏家族，她的手段同样凶残，最终的结果也可以说是一报还一报。

没藏黑云：宫闱虽乱政不乱，一夕遽死成疑案

【人物简介】

没藏黑云是西夏景宗李元昊的情妇、西夏毅宗李谅祚的生母，生年不详，卒于公元1056年。没藏黑云为人放荡，在李元昊死后掌握西夏国政，最终又死于情夫之手。

【人物生平】

没藏黑云早年曾嫁入在西夏享有盛名的野利氏家族，她的丈夫即是西夏名将野利遇乞，为西夏景宗李元昊皇后野利氏的兄长。当时，野利遇乞长年统兵在外，没藏黑云与其部将李守贵勾搭成奸。

公元1042年，野利遇乞被宋朝以反间计杀死，没藏黑云也被迫出家。不久，李元昊才明白了真相，于是又对野利遇乞的家人予以抚恤。为了安抚自己的嫂嫂，野利皇后将没藏黑云从寺庙中带出，不料李元昊却被她所吸引，两人就此有所往来。为了防止野利氏追究，李元昊表面上仍命令没藏黑云出家，私下却与她继续暗通，两人甚至还生下一子。

在没藏黑云及其兄长没藏讹庞等人的构陷下，野利皇后最终于公元1047年被废，此后，没藏黑云成为了后宫真正意义上的主人。公元1048年李元昊死后，没藏讹庞趁机拥立妹妹的儿子李谅祚即位，即西夏毅宗，没藏氏一族就此开始掌控朝政。

没藏氏的发迹虽然伴随着满手血腥，但这一时期西夏王朝在其统治下，倒也显得相对安宁。与李元昊生前时不同，这一时期西夏统治者主动停止对宋征战，同时又极力打击国内贪腐，对百姓较为体恤。甚至没藏黑云得知自己的兄长圈占土地后，也大发雷霆勒令其全数归还。

在私生活方面，生性放荡的没藏黑云依旧没有任何收敛，除了之前的情夫李守贵之外，她又与近侍保吃多通奸。为了打发时光、寻找乐趣，没藏黑云经常带着保吃多外出打猎，但这一举动却引起了另一名情夫李守贵的忌恨。

公元1056年，没藏黑云再次与保吃多外出，李守贵得知消息之后，便率领士兵埋伏在必经之路上，趁着夜晚突然发起袭击，没藏黑云当场被杀。5年之后，没藏氏家族也被毅宗连根拔掉。

【人物简评】

没藏黑云死于情夫之事疑点重重，因此也有人怀疑是其兄没藏讹庞为了擅权，或者亲子毅宗为了夺回大权而导演的一出戏。实事求是来讲，没藏黑云虽然心机深沉、手段狠毒，但在执政期间，倒也做出了一些有益国家的政绩，并非完全是祸国殃民的放荡女子。

没藏氏：可悲族人多忤逆，连累无辜幼女死

【人物简介】

没藏氏是西夏毅宗李谅祚的第一任皇后，她生年不详，卒于公元 1061 年 9 月，于没藏家族覆灭后被赐死。

【人物生平】

没藏氏的父亲便是西夏权臣没藏讹庞，她的姑姑便是景宗李元昊的妻子没藏黑云。李元昊死后，没藏讹庞趁机拥立李谅祚即位，即毅宗，同时又掌握了朝中大权。

公元 1056 年，没藏黑云被情夫杀死，没藏讹庞为了继续巩固势力，便将女儿没藏氏嫁给李谅祚为妻。此后，没藏讹庞自以为高枕无忧，在国中愈发专横。他动辄大肆屠杀异己，后来甚至不顾毅宗的请求，将他的乳母等一干宫人也全数杀害。

当时，李谅祚已经逐渐长大，同时又与没藏讹庞的儿媳、没藏氏的嫂子梁氏通奸。没藏讹庞得知后十分恼怒，与儿子密谋发动政变，但这一消息却被梁氏探知。得到梁氏的紧急通报后。李谅祚于公元 1601 年抢先下手，将没藏讹庞全族尽数诛杀，唯有没藏氏因嫁入皇宫得以幸免，但后位却因此被废去。

得知了家族的惨祸之后，没藏氏感到十分悲痛，整日在后宫哭泣哀怨。然而这一举动却又犯了李谅祚的忌讳，李谅祚一怒之下便将没藏氏赐死。没藏氏早就心如死灰，当即自尽赴死，此时年仅 10 多岁。

【人物简评】

没藏氏到死时才 10 多岁，不过是一个年幼女子，显然不曾参与父兄等人的密谋，也不可能在后宫中犯下什么大恶之事，但整个没藏家族却都是野心勃勃、擅权忤逆之辈，因此导致覆亡的命运，可怜的没藏氏也不幸牵涉其中，实在是十分冤屈。

梁氏：世间亲情未入眼，一心所念唯政权

【人物简介】

梁氏是西夏毅宗李谅祚的第二任皇后、西夏惠宗李秉常的生母，她生年不详，卒于公元 1085 年。梁氏本是毅宗皇后没藏氏的亲嫂，私下却与毅宗通奸，并在没藏氏死后成为皇后。毅宗死后，梁氏又以太后的身份专权。

【人物生平】

梁氏原本嫁给毅宗的表兄、没藏皇后的兄长为妻，然而，她在私下又与李谅祚勾搭成奸。当时，没藏氏一族专擅朝政，气焰十分嚣张，毅宗心中早就十分反

感。公元 1061 年，梁氏向毅宗紧急通报，告诉他两人的事情已经泄漏，毅宗于是悍然下手，诛杀没藏一族，不久，就连年幼的没藏皇后也被赐死。

没藏氏死后，毅宗公然将梁氏纳入后宫，同年就册立她为皇后，梁氏又为他生下一子李秉常。仅仅 7 年之后，毅宗便在对宋作战中染病去世，李秉常即位为帝。此时的李秉常年岁还小，梁氏顺理成章以太后的身份临朝听政，开始了自己长达 18 年的统治。

早在执政伊始，梁氏就将自己的弟弟梁乙埋任命为国相，侄女梁氏嫁给李秉常为妻，随后又宣布废黜毅宗生前所推行的种种汉化政策，以此向党项贵族示好。然而，这一政策仍旧对党项贵族造成了一定的利益损害，因此梁氏又不得不祸水东引，把矛盾转向国外。为了名正言顺，梁氏故意指责北宋朝廷破坏互市，随即开始近乎疯狂地对宋用兵。

公元 1076 年，李秉常已经 17 岁，朝中有人提出归政建议，梁氏得知后大怒，为了巩固自己的权势，梁氏不仅将进言的大臣处死，甚至还将李秉常也一并囚禁。这一时期西夏大军在梁氏的统帅下，取得了"永乐城之战"的胜利，使得北宋元气大伤，但西夏也因此陷入连年战争而国乏民疲。

直到公元 1083 年，在辽国的干涉下，梁氏才不得不释放李秉常，但此后，她依旧掌握朝中大权。等到弟弟梁乙埋死后，她又指定侄子梁乙逋执政。2 年之后，梁氏病逝，谥恭肃章宪皇后，次年，其子也因大权继续旁落而忧愤死去。

【人物简评】

梁氏虽为女子，却对权力有着超过男人的疯狂渴求，她为了夺取大权而采取的种种作为，也实在令人震惊。有人曾怀疑没藏氏的覆灭就是梁氏一手策划，结合她执政后的表现，这一怀疑也并非没有根据。

梁氏：败毁国业为一姓，孰料身家两不存

【人物简介】

梁氏是西夏惠宗李秉常的皇后、西夏崇宗李乾顺的生母，其生年不详，卒于公元 1099 年，与毅宗皇后梁氏为姑侄关系。

【人物生平】

梁氏的父亲即是西夏权臣梁乙埋，梁太后则是她的姑姑。为了巩固家族势力，梁乙埋与姐姐梁太后共同运作，将梁氏嫁给惠宗李秉常为皇后，时为公元 1083 年。

由于大权旁落，李秉常一度被废黜，后来是在辽国的干涉下，才得以恢复皇位。公元 1086 年，李秉常因忧愤而死，死后李乾顺即位为帝，梁氏又以太后的身份，与兄长梁乙逋共同干政。

由于梁氏继续专权，当时国中的矛盾依旧十分尖锐，梁氏只得采纳姑母生前的对外战争政策，极力对北宋用兵。由于西夏国力有限，梁氏又不惜向辽国求援。从公元1087年开始，西夏数次大举侵犯北宋，并在辽国的帮助下，大肆掳掠北宋边境人口和财富。然而，一旦辽国缺席，西夏就无法取胜，可见当时的西夏已经何等疲弊。后来梁氏与梁乙逋兄妹之间又产生矛盾。

公元1094年，梁乙逋被杀，此后，梁氏独自掌握军国大权，继续对外用兵。连年的战争导致西夏国力衰竭，就连国人也产生了极大的不满。公元1098年，梁氏亲率40大军征讨，最终仍以失败告终，此后辽国也不再对她寄予希望。

次年，辽道宗耶律洪基以宗主国的身份下令，将梁氏赐死，此后，崇宗李乾顺开始亲政。

【人物简评】

梁氏执政期间，为了转移内部矛盾而不顾实际情况，大举兴兵对外，不料，反而因此导致国力衰弱，甚至降到了极点。对于辽国而言，她本就是一枚棋子，等到西夏衰败，她也就失去了利用价值，成为一枚无用弃子。

耶律南仙：不畏孤身嫁异土，但恨郎君负真情

【人物简介】

耶律南仙是西夏崇宗李乾顺的皇后，其生年不详，卒于公元1125年。

【人物生平】

耶律一姓出自契丹族，为辽国国姓，而耶律南仙正是出自辽国宗室的一位公主。当时，辽国正是天祚帝统治时期，为了巩固边境关系，天祚帝于公元1105年正式册立耶律南仙为公主，并将她嫁至西夏为皇后。

尽管是以政治联姻工具的身份来到西夏，耶律南仙却得到了崇宗的宠爱，公元1108年，她又生下太子李仁爱。不仅如此，耶律南仙与后宫中的诸多妃子，也都相处得十分和睦，就连后来的西夏仁宗李仁孝，也是在出生后就被抱到她的住处，由她精心抚养长大。

此时，金国崛起，辽国衰落，辽天祚帝数次调兵遣将抵御金国，甚至一度亲自带兵出征，却都无法挽回败局。耶律南仙虽然身在西夏，心中却无比挂念故国，更与儿子多次请求崇宗出兵救援。公元1120年，天祚帝逃至西夏，崇宗原本派兵迎接，却在得到金国的割地允诺后翻脸无情，最终，天祚帝于公元1125年落入金国之手。

天祚帝被俘后，具有耶律氏血脉的太子李仁爱愤恨而死，时年17岁，耶律南仙因此再次受到打击。不久，耶律南仙也在悲痛愤恨中绝食死去。

【人物简评】

耶律南仙因和亲之故远嫁异邦，不仅没有丝毫怨恨，反而在辽国将亡时竭力

救援，可见天祚帝以她为和亲人选，不是没有道理的。只是在当时的情况下，政治利益远远胜过了私人情感，因此，耶律南仙最终没能挽回故国的灭亡命运。

任氏：人女岂有不爱父，但恨家国两难全

【人物简介】

任氏是西夏崇宗李乾顺的第二任皇后，她生于公元 1120 年，卒于公元 1170 年，享年 51 岁。

【人物生平】

任氏原本是北宋人士，其父任得敬曾仕宦于北宋，官至都统。公元 1137 年，任得敬却被西夏大军打败，事后为了自保，他便将女儿任氏献给崇宗，就此投入西夏。

此前，崇宗的皇后耶律南仙绝食而死，在长达 10 多年的时间里，崇宗因惭愧、抑郁之故，始终没有册立皇后。直到任氏被献入皇宫，他才再次被其美貌温柔打动。眼见女儿得到宠爱，善于政治投机的任得敬当即大肆行贿，收买西夏国中重臣，最终于公元 1138 年将女儿推上了皇后之位。

次年，崇宗病逝，太子李仁孝即位，尊任氏为太后，而将生母曹氏改尊为国母。即位初期李仁孝年少，任得敬趁机掌握大权，并将自己晋为国相。任氏家族就此在西夏崛起，逐渐形成尾大不掉之势。

家族显赫之后，任得敬的野心也逐渐暴露，任氏将这一切都看在眼里，不仅没有任何欣喜，反而感到忧心忡忡。为了打消父亲的野心，防止家族一夕覆灭，任氏多次苦劝父亲，但权欲熏心的任得敬最终没有任何收敛。

公元 1170 年任氏在忧虑中病逝，享年 51 岁，李仁孝对她的正直十分敬重，于是以重礼将她安葬。同年任得敬果然因图谋分裂西夏被处死，任氏家族也被剿灭。

【人物简评】

任氏本为任得敬之女，同时又是凭借着父亲的运作而成为皇后，但她心中所思所虑，无一不是着眼大局，以国为先，表现得十分深明大义。可惜任得敬利令智昏，没能冷静下来认真思考女儿的劝说，最终祸及整个家族。

曹氏：温情得厚爱，为国孕圣君

【人物简介】

曹氏是西夏崇宗李乾顺的妃子、西夏仁宗李仁孝的生母，其生卒年不详。

【人物生平】

曹氏的祖父曾在西夏担任太尉，曹氏被选入宫后，最初在皇后耶律南仙身边

做婢女。曹氏为人性情温驯、言行端庄，耶律南仙对她十分喜爱，于是主动建议崇宗纳她为妃。

公元1120年，崇宗册立曹氏为贤妃，4年后曹氏生下一子，即李仁孝。1年后，耶律南仙因故国灭亡、儿子李仁爱病逝而悲痛过度，不久，她也绝食身死。崇宗对此感到十分抑郁，于是改立李仁孝为太子，却在此后10多年都没有再次册立皇后。

公元1139年，崇宗病逝，李仁孝即位，此前1年，任氏已经被崇宗立为皇后，因此李仁孝继续尊其为太后，而将曹氏尊为国母（一说为太后）。此后，关于曹氏的记载不详。

【人物简评】

仁宗李仁孝统治时期，西夏国力达到最强最盛，国家十分安稳。曹氏一生就生活在这样一个时代，虽然没有显赫事迹，但却度过了安稳的一生。

罔皇后：重赐博得臣下谏，身死善政从此亡

【人物简介】

罔氏是西夏仁宗李仁孝的第一任皇后，其生年不详，卒于公元1167年，为人以贤明著称。

【人物生平】

罔氏出身党项大族，从小就受到极好的教育，长大之后，也以知书达礼、崇尚汉学闻名。因此，罔氏自嫁给仁宗后，就得到其宠爱，公元1139年，她又被正式立为皇后。

有一次仁宗外出打猎，不料所骑马匹却因道路不平而受伤，仁宗一怒之下，便要下令处死修路之人，幸亏一旁的大臣阿华及时劝谏，仁宗才平息了怒气。罔氏得知此事之后，当即下令重赏阿华，并以此来鼓励国中大臣积极进谏。

公元1167年，罔氏病逝，直至死前，她依然不忘劝说仁宗优待大臣、勤勉治国。

【人物简评】

在仁宗年间，西夏国力达到鼎盛，这与他的勤勉、善纳有着密不可分的关系，罔氏的重要性也就不言而喻了。后世更将罔氏之死看作西夏善政的终结，这一评价不可谓不高。

罗皇后：人母未料不爱子，却使侄儿坐銮堂

【人物简介】

罗氏是西夏仁宗李仁孝的第二任皇后，西夏桓宗李纯祐生母，其生卒年不详。

【人物生平】

公元1167年，仁宗的妻子罔氏病逝，仁宗哀痛之余，又将妃子罗氏立为皇后。公元1193年，仁宗病逝，之后以罗氏之子李纯祐继位，即桓宗，罗氏被尊为太后。

当时，西夏国力已经开始衰败，可罗氏却因向佛而花费大量人力、物力、财力，将佛经翻译为西夏文字，因此，进一步加剧了国内的社会矛盾。公元1206年，罗氏又突然以太后的身份下诏，废去亲子李纯祐的皇位，改立宗室子弟李安全为帝，即西夏襄宗。

襄宗即位后不久，桓宗就突然暴死，此后，关于罗氏的记载不详。

【人物简评】

罗氏身为人母却废黜亲子、改立侄儿，其真实想法自然令人费解。但不论如何，罗氏所拥立的李安全，却是日后西夏覆灭的一大推手，而不是什么有道明君，以此来看，罗氏的举动无论如何都是一着错棋。

元

弘吉剌·察必：国祚未有逾千岁，今不足喜后堪忧

【人物简介】

弘吉剌·察必是元世祖忽必烈的妻子，其生年不详，卒于公元 1281 年。察必为人聪颖贤惠，在忽必烈登基、征服中原的过程中，她曾发挥了重要的作用。

【人物生平】

弘吉剌氏自元太祖成吉思汗起兵之时，就以从龙之功得到器重，因此，成吉思汗钦点弘吉剌氏"生女为后，生男尚公主，世世不绝"。察必不仅出自弘吉剌氏，同时又以美貌贤淑闻名，因此忽必烈早在即位之前，就将她娶为自己的妻子。

公元 1259 年，忽必烈的兄长蒙哥病逝，此时忽必烈统兵在外，国中有人私下建议其弟阿不里哥即位，察必得知后当即派人问责。另外，她又在私下紧急通知忽必烈班师，这才使得忽必烈得以成功继位。随后，忽必烈又于公元 1262 年将察必正式册立为皇后。

当时，元朝尚未征服中原，因此察必始终一心一意地辅佐丈夫，不敢有丝毫大意。有一次，她从库府中拿走了一些绸缎，事后，忽必烈表明这些是军用物资，从此察必便率领宫人亲自纺织。不仅如此，为了节省物资补充军需，察必甚至连自己住处的地毯，都用废弃的羊皮制成，在生活中极尽节俭。

蒙古族本是游牧民族，对于农耕一事不如中原重视，有一次，大臣提议圈占农田改为牧场，英明如忽必烈也没有多想就应允。然而察必却是一位心细如发的女子，敏感地察觉到其中的不妥。为此，她特意就此事在公开场合责备大臣，忽必烈这才听出了话外音，于是下诏收回之前的命令。

公元 1276 年，南宋被元朝所灭，就连国主恭帝也被俘虏，元朝统治者上下一片欢呼。但在庆功宴会上，察必却表现得十分严肃，忽必烈因此十分好奇。当他询问察必时，她坦然指出，自古以来没有哪个王朝能够一直延续，因此，比起占据天下，她更在意后世子孙的守成。出于一片仁心，她又多次建议忽必烈放回不

服水土的南宋皇后，但忽必烈鉴于流言害人无法释放，只得通过追加抚恤来作为弥补。察必也因此对南宋宗室更加仁厚。

公元 1281 年察必逝世，成宗即位后，又追谥她为昭睿顺圣皇后。

【人物简评】

察必多次在忽必烈建立帝业的关键时刻，以自己的聪颖睿智进行扶持、纠治，堪称忽必烈的"贵人"。

弘吉剌·失怜答里：余生所望一夕灭，子夭母丧两重哀

【人物简介】

弘吉剌·失怜答里是元成宗铁穆耳的妃子，其生卒年不详。

【人物生平】

失怜答里与元世祖皇后察必同出自弘吉剌部，为人也一样贤良温柔，颇有类似之处。因此，失怜答里在入宫后，很快就被册封为元妃，并受到成宗的宠爱。

公元 1299 年时，成宗正式册立失怜答里为皇后，同年失怜答里又为成宗生下一子德寿，可谓是双喜临门。成宗一生仅有德寿一子，对他百般疼爱，失怜答里受到的恩宠也就可想而知。然而另一名皇后卜鲁罕出于忌妒，却对失怜答里极尽刁难、打压，温柔懦弱的失怜答里对此只能咬牙忍耐。

公元 1305 年，成宗正式册立德寿为太子，不久，德寿突然死去，当时，有传言是皇后卜鲁罕暗中所为。失怜答里也因此受到巨大打击，很快她就抑郁而终。

【人物简评】

德寿之死疑点重重，很难说不是卜鲁罕暗中加害。但不论真相为何，他的死对于生母失怜答里来说，都是极为致命的打击。在当时的情况下，德寿可说是失怜答里的唯一精神寄托，希望一旦破灭，失怜答里自然也就失去了生的期望。

伯岳吾·卜鲁罕：欲谋废立亏一篑，争夺权柄毁半生

【人物简介】

伯岳吾·卜鲁罕是元成宗铁穆耳的皇后，其生年不详，卒于公元 1307 年。成宗死后，卜鲁罕一度打算利用自己的影响力，专擅国中政事，却最终被元仁宗挫败，并被赐死。

【人物生平】

卜鲁罕的父亲曾迎娶元朝宗室公主，是一位尊贵的驸马爷。卜鲁罕为人量窄善妒，自入宫后，就不遗余力地迫害成宗之妃失怜答里，据说，她还曾害死过失怜答里的儿子德寿。

成宗晚年因身体原因无力理政，卜鲁罕趁机推举贤臣哈剌哈孙掌政，借此进

一步提高了自己的威望。卜鲁罕也一度想要为自己上尊号，以便扩大自己的影响力，只是成宗始终不肯应允。鉴于成宗并非世祖嫡长孙，卜鲁罕又将成宗的侄儿海山、爱育黎拔力八达等人外放至遥远边境，以防皇位脱离成宗一系。

公元 1307 年，成宗病逝，由于自己唯一的子嗣德寿早逝，皇位归属成为重大问题，卜鲁罕等人也各有打算。原本卜鲁罕属意于安西王阿难答，但当初受她举荐的哈剌哈孙却暗中将消息告知海山、爱育黎拔力八达兄弟，使得爱育黎拔力八达及时抵达了京城。

眼见一计不成，卜鲁罕又与阿难答等人密谋，打算以庆生为名杀掉爱育黎拔力八达，不料事情却被泄漏。最终，爱育黎拔力八达抢先下手，以私通为名将卜鲁罕等人全数囚禁，随后又拥立兄长海山即位，即武宗。即位之前，海山便下令将阿难答一干人等全数处死，即位后，他又下令废去卜鲁罕的后位并将她赐死。

【人物简评】

卜鲁罕为人工于心计、精于权谋，只是庙堂权争从来险恶，不容稍有疏忽，卜鲁罕显然未能做到周详缜密。既然谋划不周，事情便有失败之虞，失败既成定局，身死也就成为必然。

弘吉剌·真哥：国母不是贤内助，纵容酒色祸夫君

【人物简介】

弘吉剌·真哥是元武宗海山的皇后，其生年不详，卒于公元 1327 年。

【人物生平】

真哥何时入宫不详，但在后宫中她最得武宗的宠爱。公元 1310 年，武宗正式册立真哥为皇后。

武宗登基之后，虽然大力革除旧弊、励精图治，使得元朝一时强盛，但私下却爱好饮酒、沉迷美色。作为皇后真哥对此不仅不加劝阻，反而整日与武宗共同耽溺于享乐，因此导致武宗后期，朝政开始走向衰败。当时，宰相阿沙不花曾经忧虑地提出劝阻，希望武宗能够远离酒色，武宗听后却只是口头应允，私下毫无更改。

公元 1311 年，武宗终于因沉湎酒色过度而死，此时距离他即位还不到 4 年，他生前所推行的一系列改革政策也因此止步。6 年之后，独守空房的真哥也因病去世，死后，她被宣慈惠圣皇后。

【人物简评】

真哥因家族显赫而入主后宫，但比起聪明睿智的察必、温柔贤淑的失怜答里，她显得要逊色许多。作为一国之后，对于她的丈夫，真哥不仅没有起到劝谏作用，反而在一定程度上加深了丈夫的堕落。

弘吉剌·阿纳失失里：爱子未料不长远，实验终招灾厄来

【人物简介】

弘吉剌·阿纳失失里是元仁宗爱育黎拔力八达的皇后、元英宗硕德八剌的生母，她生于公元 1283 年，卒于公元 1322 年，享年 40 岁。

【人物生平】

阿纳失失里出自弘吉剌部，早在仁宗即位之前，就已经与他成婚，并因志趣相投、爱好汉学而得到仁宗宠爱。公元 1313 年，阿纳失失里被册立为皇后，此后便将唐太宗妻子长孙观音婢视为榜样，一心一意辅佐仁宗。

仁宗的母亲答己疼爱幼子，为仁宗即位做出了很多努力，但等到仁宗即位之后，她却以太后的身份干预政事，使得仁宗受到很大掣肘。不仅如此，另一权臣铁木迭儿也对仁宗阳奉阴违，仁宗因此陷入在朝中被动。阿纳失失里眼见如此，便经常对丈夫进行宽慰，两人一同度过了这段艰难时光。

当初，仁宗是从兄长武宗那里继承皇位，并约定死后将皇位传回兄长之子，但武宗死后，阿纳失失里却劝说仁宗食言，改立自己的儿子硕德八剌为储君。

公元 1322 年，阿纳失失里病逝，享年 40 岁，死后谥庄懿慈圣皇后。

【人物简评】

阿纳失失里与丈夫互相携手、不离不弃，走过一段艰难岁月，可谓情深意笃，但唆使仁宗出尔反尔一事，却做得不够光明。尤其是其子后来虽然即位，却又不幸遭到弑杀，致使阿纳失失里的爱子之举，到头来反而成为害子之因。

速哥八剌：可恨庙臣目光短，贤夫明主命不长

【人物简介】

速哥八剌是元英宗硕德八剌的皇后，她生于公元 1301 年，出自元朝宗室。公元 1327 年速哥八剌病逝，享年 27 岁。

【人物生平】

速哥八剌长相美貌，同时又酷爱诗文，在当时的元朝宗室子弟中，显得格外突出。元英宗硕德八剌也是一位崇尚汉学的异族君主，与速哥八剌堪称绝配。公元 1321 年时，英宗正式册立速哥八剌为皇后。

鉴于元朝当时的种种弊政，崇尚汉学的英宗大力推行改革政策，然而他的这一举动，却遭到了以祖母太皇太后答己为首的蒙古守旧势力的坚决反对。在这样的情势下，速哥八剌始终坚定地站在了英宗这一边。不仅如此，速哥八剌在平日里，也经常提醒英宗要体恤百姓、虚心纳谏，展现出贤后的风采。

英宗在位期间所推行的种种改革，使得当时的元朝帝国再次显现出中兴气象，

然而，许多蒙古贵族却因利益受损而怀恨在心，公元 1323 年，他们又发动叛乱将英宗弑杀。当时速哥八剌侥幸逃过一劫，但却就此与自己的丈夫阴阳两隔。4 年之后，速哥八剌也早早辞世，享年 27 岁，死后被谥为庄静懿圣皇后。

【人物简评】

速哥八剌与丈夫元英宗都是当时眼界开明之人，但他们的周围，却被一片守旧势力包裹。正是在这样的强大阻力下，速哥八剌辅助英宗革除政弊，为元朝的兴起起到了很大的作用。

弘吉剌·卜答失里：杀母立子偏反复，大仇在前又异谋

【人物简介】

弘吉剌·卜答失里是元文宗图帖睦尔的皇后，她生于公元 1307 年，卒于公元 1340 年，享年 34 岁。

【人物生平】

卜答失里的父亲曾迎娶元朝宗室公主，因此，卜答失里的体内也流淌着元朝宗室血脉，她与文宗图帖睦尔为堂兄妹。公元 1324 年两人成婚，4 年后文宗正式即位，将卜答失里册立为皇后。

文宗即位后不久，就因之前的承诺而不得不禅位于兄长明宗，自己则降为太子。仅仅过了几个月，心怀不甘的文宗就暗中将兄长毒杀，再次登上了皇位。为了根除后患，卜答失里又在私下与宫人联手，将明宗的妻子推入火坑中活活烧死。

公元 1332 年，文宗在毒杀兄长的愧疚中病死，死前为了弥补过错，他特意下诏由兄长的亲子妥欢帖木儿即位。然而，当时的辅政大臣燕铁木儿为了专权，却擅自更改遗嘱命令，扶持明宗次子懿璘质班即位，也就是后来的元宁宗。

宁宗在位不到 2 个月就病逝了，元朝帝国很快就再次面临皇权归属的问题。燕铁木儿本打算如法炮制，再次从宗室中选择其余子弟即位，但卜答失里却再也不肯同意了。在她的坚持下，燕铁木儿只得将妥欢帖木儿从江西迎回，但却坚持由卜答失里临朝听政，时间长达 1 年之久。直到次年燕铁木儿死后，卜答失里才将妥欢帖木儿拥立登基，即元顺帝。

顺帝即位后，便将卜答失里尊为太皇太后，为此一度遭到大臣反对，卜答失里也十分愤怒。最终，卜答失里还是放弃了问责大臣的念头，展现出自己的开明一面。在平日里，卜答失里又对奸臣伯颜十分放纵，甚至允许他自由出入自己的住处，因此，当时国中百姓都责备她不知羞耻。

顺帝即位之处，卜答失里曾与他约好，册立自己的亲子为储君，然而等到顺帝的孩子出生后，她又开始担心顺帝会出尔反尔。为此，她不惜与伯颜密谋政变，终于引起了顺帝的警惕。公元 1340 年，在脱脱的帮助下，顺帝成功将伯颜和卜答

失里镇压，随后又开始清算当年她与文宗杀害父母的大仇。同年，卜答失里就被赐死于贬所，已死的文宗也被毁去太庙室的位置。

【人物简评】

文宗与卜答失里夫妇迫害明宗夫妻在先，扶持明宗之子在后，这份恩怨堪称是一笔糊涂账。文宗死后，卜答失里虽然一度遵照他的遗令，拥立顺帝即位，但后来却再次生出恶念，以至于酿成恶果。就连圣人也曾说过"父母之仇不共戴天"，卜答失里显然是高估了自己的恩义，看轻了自己的恶行。

钦察·答纳失里：丈夫手足两成恨，孤弱女子一难全

【人物简介】

钦察·答纳失里是元顺帝妥欢帖木儿的第一任皇后，她生年不详，卒于公元1335年。

【人物生平】

答纳失里出自钦察部，其父为元末权臣太平王燕帖木儿。答纳失里应在顺帝登基前就已出嫁，公元1333年，顺帝登基，于次年，她正式被立为皇后。

早在顺帝登基之前，答纳失里的父亲燕帖木儿就擅权自专，一度把持朝政；等到顺帝即位后，答纳失里的家人又在暗中谋划叛逆。公元1335年，也就是答纳失里成为皇后1年后，她的兄长唐其势就发动叛乱，然而由于顺帝早有准备，这场叛乱最终以失败告终，事后唐其势也被杀死，但答纳失里的弟弟塔剌海却躲入皇宫，在姐姐的掩护下躲藏起来。

很快的，答纳失里包庇其弟的消息就被泄漏，顺帝一怒治下便将她赶出皇宫。承相伯颜随后又派人将她鸩杀，此时，答纳失里还不到16岁。

【人物简评】

答纳失里包庇弟弟，本是挂念手足亲情的人之本性，但在其弟为逆臣贼子的前提下，顺帝的愤怒也同样情有可原。说到底，答纳失里只是一位夹在丈夫和家族之间、左右为难的苦命女子，她的悲剧根源仍在于庙堂之争。

弘吉刺·伯颜忽都：敝衣缊袍不足耻，此心崇贤有人知

【人物简介】

弘吉刺·伯颜忽都是元顺帝妥欢帖木儿的第二任皇后，她生于公元1324年，出自外戚弘吉刺氏。伯颜忽都虽不得宠，为人却十分谦恭、节俭，因此，顺帝对她十分敬重。公元1365年，伯颜忽都病逝，享年42岁。

【人物生平】

伯颜忽都的父亲是武宗皇后真哥的侄儿，受封为毓德王，伯颜忽都因此得以

入宫。当时，顺帝本来已经册立答纳失里为皇后，然而，公元 1335 年答纳失里却因兄长叛乱受到牵连，最终被顺帝废杀。

答纳失里死后，顺帝曾打算改立妃子奇氏，但这一决定却遭到了朝中大臣的反对。不得已之下，顺帝只好册立伯颜忽都为后。尽管自己不是很受宠爱，伯颜忽都却表现得十分淡然，从不参与后宫争宠。甚至有一天晚上顺帝打算去她的宫殿，伯颜忽都都以不合礼法为由多次拒绝，顺帝这才对她刮目相看。

尽管自己贵为后宫之主，伯颜忽都的日常穿着却十分简朴，平日里也从不走出自己的宫殿，生活十分恬淡。公元 1365 年，伯颜忽都病逝，享年 42 岁，由于自己遗留下的衣物过于简陋，另一位皇后奇氏甚至发出"何必如此"的耻笑。

【人物简评】

伯颜忽都自入后宫，始终牢记自己的本分，不肯有丝毫逾越之处，其中的一些做法甚至完全可以说是非常古板，但她的一言一行也充分体现了她的淑德，比起后来的皇后奇氏，显得要贤明许多。

肃良合·完者忽都：满脑不知国兴灭，一心唯念争庙堂

【人物简介】

肃良合·完者忽都是元顺帝妥欢帖木儿的第三任皇后（即奇氏），她生于公元 1315 年，出自高丽贵族。元朝灭亡后，完者忽都也逃往大漠，于公元 1369 年病逝，享年 54 岁。

【人物生平】

完者忽都本是高丽贵族之女，从小姿色美貌动人，因此，她被献给元顺帝妥欢帖木儿为妃。由于自己深得宠爱，顺帝的原配皇后答纳失里一度迁怒责罚于她，但却无济于事。

公元 1335 年，答纳失里因家族谋反被赐死，此后顺帝本来打算立完者忽都为后，却因大臣纷纷劝阻而改立伯颜忽都。出于愤恨，完者忽都多次在顺帝面前，构陷反对立自己为皇后的大臣伯颜，同时又故意劝说顺帝开仓赈灾，以此来为自己博取人心。

此后，完者忽都先后为顺帝生下 2 个孩子，虽然没有被立为皇后，却成为后宫最受宠爱的一人。由于自己在元朝地位显赫，奇氏家族在高丽国中也逐渐生出野心，最终被国主下令诛杀。完者忽都得知家族败亡的消息后，又极力唆使儿子统帅大军攻打故国，以便为家族报仇，最终却徒然导致军力损耗，使元朝更加不得人心。

尽管顺帝对自己宠爱有加，完者忽都心中却并没有太多的感恩，后来甚至还生出野心，想要逼迫顺帝禅位给自己的儿子，这样就能使自己以太后的身份彻底

掌握大权。当时的丞相太平严词拒绝了她的拉拢，因此竟被活活构陷至死。等到勤俭节约的皇后伯颜忽都病逝后，只留下许多破旧的衣物，完者忽都不仅没有任何感动情绪，反而对她生前的节俭极尽嘲讽之能。

同年，顺帝册立完者忽都为皇后，直到这时，她才打消了对权力的渴望，在精神上与顺帝"重归于好"。然而此时已到元朝末期，仅仅过了3年后，朱元璋麾下的明军就将大都攻破。不得已之下，完者忽都只好带着儿子跟随顺帝仓皇出逃，直至大漠和林一地，这才暂时站稳了脚跟。

次年完者忽都就在和林病逝，享年54岁。

【人物简评】

完者忽都虽有野心，却不明大局变化，可谓无知至极。倘若她真的发动政变擅权自专，只怕当时本就风雨飘摇的元朝，会比预料中更早覆灭，到时候她的一厢情愿，只会破灭得更加彻底。

张阿元：翩然举身步高阁，为君裁剪仙人衣

【人物简介】

张阿元是元顺帝妥欢帖木儿的妃子，她生卒年不详，因善于缝制而得到顺帝宠爱。

【人物生平】

张阿元身世背景不详，何时入宫也不得而知，只知道在入宫不久后，就被顺帝册封为"七贵"之一的丽妃。张阿元不仅长相美丽，同时也精熟女红之事，尤其善于缝制衣物，可谓心灵手巧。

入宫之后，张阿元曾亲手缝制了一件龙袍，后来又缝制了一双千层靴，工艺之精美比起当时的御用织造，也毫不显得逊色。顺帝心中十分喜爱，下令将这些衣物专门保管起来，只有在举行大典的时候，才会穿用一下。张阿元也因此得到顺帝宠爱，顺帝甚至表示说，如今自己穿着华服、住在高阁，俨然与成仙所差无几。

【人物简评】

比起那些钩心斗角、暗中陷害的宫人妃子，张阿元的得宠方式显得十分另类，但至少并没有给别人带来任何伤害。

明

马秀英：历经苦难真情在，至死犹念阳世人

【人物简介】

马秀英是明太祖朱元璋的皇后，她生于公元1332年，卒于公元1382年，享年51岁。早在朱元璋起兵之初，马秀英就已经嫁给他了，两人携手共经患难，一同度过了最艰辛的一段时光。朱元璋也因此对这位发妻十分敬爱，等到马秀英病逝后，终其一生都没有再册立皇后。

【人物生平】

马秀英的祖上曾经是当地富户，不料到了她的父亲这一辈时，却因太过乐善好施而导致家道中落。马秀英氏的母亲很早就去世，她从小就格外受到父亲的爱惜与教导，长大之后也因善于笔墨、性情贤淑而闻名。后来，马秀英的父亲因犯罪而逃亡，临行前又将她托付给挚友郭子兴。

当时，正值元朝末年，顺帝、太师脱脱等统治阶层虽然一再努力，却始终无法挽回大局，公元1351年，终于爆发刘福通起义。次年，郭子兴也在家乡宣布起义，朱元璋也在不久后前来投奔。由于自己生性豪爽、不贪钱财，朱元璋在军中享有很好的口碑，更被郭子兴引为心腹。出于自己的看重，郭子兴干脆将马秀英嫁给朱元璋为妻。

结婚之后，马秀英与朱元璋十分恩爱，两人后来甚至还收养了20多位义子。这一时期，朱元璋经常在外作战，立下赫赫功劳，但却因此受到郭子兴一家的猜忌。有一次，郭子兴一怒之下，干脆将朱元璋关入狱中，打算将他活活饿死，马秀英得知后又怀揣大饼前去探望，为此还导致自己被烫伤。在她的哀求下，郭子兴才逐渐改变心意，答应释放了朱元璋。

此后，朱元璋自领一军在外征战，马秀英则留在后方，负责维护他与郭家之间的关系。不仅如此，马秀英还多次写信劝说朱元璋，提醒他一定要善待百姓。为了帮助朱元璋笼络人心，马秀英不仅亲自为将士缝制衣服，甚至还拿出自己所有的财产来犒赏将士，为朱元璋在战争时期稳定人心起到了巨大的作用。

公元1368年，朱元璋正式称帝，册立马秀英为皇后。尽管自己贵为后宫之主，马秀英却没有丝毫放纵、大意，仍旧以非常严肃的态度来教导子女，甚至特意下令自己的儿子如果犯错，负责监督的宫人也可以施以杖责。宫中皇子的老师李希颜因责打皇子触怒朱元璋，马秀英当即劝他说，世间哪有以圣贤之道教育自己子女，自己反而迁怒于人的道理。听了这番话后朱元璋才转怒为喜。

当时，不论是皇子的衣食住行，还是宫妃的怀孕生育，马秀英都要亲自过问，从没有丝毫放松与疏忽。为了倡导节俭，她又效仿忽必烈皇后察必的做法，在宫中亲自纺织布匹，然后赠送给城内的老人，或是做成衣服赐给皇室宗亲。朱元璋为人脾气暴躁，对朝中功臣也十分猜忌，动辄加以重罚，马秀英又屡次进行劝阻，成功地帮助很多人免于死罪。朱元璋感念她多年的深情陪伴，想要封赏她的家人，马秀英却坚决表示反对。

公元1382年，马秀英病重，朱元璋十分担忧，然而，马秀英却明确拒绝御医的医治。她对朱元璋说，生死之事向来有定，倘若自己大限已到，再高明的医生也只是空费力气，如不能治好，只怕还要被他迁怒。同年马秀英病逝，享年51岁，死后葬于孝陵，此后，朱元璋终其一生再也没有册立过皇后。

【人物简评】

马秀英与朱元璋早年成婚，经历了元末明初的巨大动荡和战火考验，但两人的感情始终纯真如初。不论是在发迹之前，还是显赫之后，马秀英始终没有任何改变，始终是那位贤良淑德、关爱丈夫和他人的温婉女子，更是当之无愧的大明国母。

李淑妃：得幸偏偏福祚短，未有贤良后世传

【人物简介】

李氏是明太祖朱元璋的妃子，生卒年不详，于马皇后死后接管后宫事务。

【人物生平】

李氏的父亲李杰曾经跟随朱元璋起兵，官至广武卫指挥，李氏的入宫与此不无关系。

公元1382年，朱元璋的发妻马秀英皇后病逝，朱元璋深感悲痛，等到将马皇后下葬完毕，又将李氏册立为淑妃。俗话说，国不可一日无主，后宫之中失去了马皇后，也一样没了主心骨。偏偏朱元璋自马皇后死后，就不愿再册立皇后，于是便由李氏以淑妃的身份，代行皇后权柄。

不久后，李氏也染病而死，她死后由郭宁妃接替她管理后宫。

【人物简评】

朱元璋对马皇后一片深情人所共知，但从李氏的待遇来看，她也是朱元璋极

为认可的妃子。只是李氏福祚短暂，过早地离开人世，因此没能留下像马皇后那样的许多贤良佳话。

郭宁妃：夫君未显亦可嫁，满门富贵自有时

【人物简介】

郭氏是明太祖朱元璋的妃子，生卒年不详，在马皇后、李淑妃死后，接替负责管理后宫事务。

【人物生平】

郭氏的父亲名叫郭山甫，据说，他是一位精于相面之人。有一次，朱元璋偶然与郭山甫撞见，郭山甫当即一口认定他将来必然大贵，可以显耀自家门庭，于是便将女儿嫁给了他。

朱元璋后来便投奔郭子兴，参加了波澜壮阔的反元起义，并在接下来的数十年间，先后击败了陈友谅、张士诚等对手，建立起自己的帝业。公元1368年朱元璋称帝登基，郭氏也在此后被封为宁妃。

公元1382年，朱元璋的发妻马皇后病逝，朱元璋再也没有册立皇后，改以李淑妃代行皇后权柄。不久，李淑妃也因病去世，于是朱元璋便下令由郭氏接替李淑妃。与此同时，郭氏的父亲、兄弟也都被授予侯爵，一家果然得以显赫。此后关于郭氏的记载不详。

【人物简评】

郭氏家族的显赫带有浓重的传奇色彩，未必能够尽信。但从她能够接掌后宫一事来看，她在朱元璋的心中显然也有着一定的地位。

马恩惠：帝位从来伴血泪，深宫多是戚戚魂

【人物简介】

马恩惠是明惠帝朱允炆的皇后，生年不详，为建文帝生有2子。公元1402年靖难之役后，建文帝下落不明，马恩惠也在宫中自焚而死。

【人物生平】

马恩惠之父马全曾官至光禄卿，马恩惠何时入宫不详。早在公元1396年，明太祖时期，马恩惠就为朱允炆生下一子，即后来的太子朱文奎，太祖大喜之下便册立她为皇太孙妃。

2年之后，太祖驾崩，朱允炆即位，同年册立马恩惠为皇后，公元1401年，马恩惠又生下一子朱文圭。然而此时靖难之役早已爆发，仅仅过了1年之后，燕王朱棣的大军就成功地攻破了南京。当时朱允炆在一片混乱中下落不明，太子朱文奎被乱军杀死，马恩惠则在宫中自焚而死。

靖难之役结束后，朱棣成功登基为帝，即明成祖，马恩惠唯一在世的幼子朱文圭也被囚禁，直到明英宗复位后，才将他再次释放。此时，朱文圭已近 60 岁了，因数十年被囚以至于连牛马都无法分辨，不久后便因病去世。

【人物简评】

马恩惠本是建文帝的妻子、大明的国母，却又因靖难之役而遭逢巨变，一夕之间接连失去丈夫、儿子。对她而言，死亡固然是无可奈何的选择，但也多少是一种解脱。

徐仪华：将门不独有虎女，亦有贤后佐明君

【人物简介】

徐仪华又名妙云，是明成祖朱棣的皇后、明仁宗朱高炽的生母，她生于公元 1362 年，卒于公元 1407 年，享年 46 岁。徐仪华死后葬于长陵，谥仁孝慈懿诚明庄献配天齐圣文皇后。

【人物生平】

徐仪华是明朝开国名将徐达的第长女，自小聪颖好读，为人知书达礼，就连太祖朱元璋也对她有所听闻。公元 1376 年时，朱元璋下诏将徐仪华嫁给自己的儿子朱棣，册封她为燕王妃。

入宫之后，徐仪华始终谨慎地侍奉太祖和马皇后，因此受到褒奖和喜爱，等到朱棣发起靖难之役，她又留守后方负责防御。当时，建文帝的军队趁机直捣北平，徐氏果断将铠甲兵器分发给城中将士的妻女家人，与他们共同守城杀敌，终于保住了北平。

公元 1402 年，朱棣即位，册立徐仪华为皇后，随后又打算追赠她的弟弟，以她的侄儿继承爵位，徐仪华却断然拒绝。不仅如此，她还屡次对朱棣提出劝谏，甚至还主动告诫朱棣要提防两人的其余两子朱高煦、朱高燧。为了让丈夫倚重的大臣更加尽心尽力，徐仪华又主动召见并赏赐这些大臣的妻子，告诉她们在平日里要多多提醒丈夫保持勤勉。

除此之外，徐仪华为了倡导风俗，又收录前人的警世名言，编著了一本《劝善书》加以刊行，以此推行仁善教化。公元 1407 年徐仪华病逝，享年 46 岁。

【人物简评】

徐仪华作为将门之女，不仅富有胆识、气魄，同时也是一位温婉贤淑的女子，可说难得至极。不论是在朱棣攻取天下还是治理天下的过程中，徐仪华都以自己的英武和贤淑成功地帮到了自己的丈夫，于朱棣有着不可或缺的重要意义。

张氏：养育圣孙蒙青睐，辅佐夫儿展宏图

【人物简介】

张氏是明仁宗朱高炽的皇后、明宣宗朱瞻基的生母，她生年不详，卒于公元1442年。

【人物生平】

张氏的家族并不显赫，其父也是直到她成为仁宗的妻子后，才被授予官爵。由于自己侍奉公婆十分孝顺、耐心，张氏深得成祖和徐皇后的喜爱，仁宗之所以能够保住太子之位，也在很大程度上是源于张氏的儿子朱瞻基，被名臣解缙称为"圣孙"，在诸位皇孙中最得成祖喜爱。

公元1424年，成祖驾崩，仁宗即位，张氏被册立为皇后，但仅仅过了1年仁宗就因病驾崩。仁宗死后，张氏之子朱瞻基即位，即宣宗，又将生母尊为太后，这也是明代历史上的第一位皇太后。失去丈夫之后，张氏没有一味沉湎于悲痛，而是尽心尽力过问政事、规劝宣宗，同时又对娘家人进行严格的限制。

公元1435年，宣宗驾崩，张氏及时立孙子朱祁镇为皇帝，平息了尚未广泛传播的谣言。当时许多大臣都上疏请求张氏垂帘听政，张氏却坚决推辞。在她的主导下，明廷确立了张辅、杨士奇、杨荣、杨溥、胡濙5位核心老臣，随后，她又对亲近英宗的宦官王振多次进行敲打。尽管一直没能诛杀王振，张氏生前却始终将他压制得抬不起头来。

公元1442年，张氏病逝，死前还特意召见大臣询问国家大事，并对英宗和大臣提出勉励。张氏死后与仁宗合葬于献陵，谥诚孝恭肃明德弘仁顺天启圣昭皇后。

【人物简评】

张氏自成为皇后时起，先后经历了仁宗、宣宗、英宗三朝，在宣宗、英宗时期，更是多次参与军国大事，发挥了很大的作用。这一时期，明朝内外皆有动荡，但却都能够得到妥善处理，由此，张氏的政治才能可见一斑。

胡善祥：少年天子情义寡，废黜贤良远官家

【人物简介】

胡善祥是明宣宗朱瞻基的妻子，她生于公元1402年，卒于公元1443年，享年42岁。由于不受宠爱，胡善祥虽然为人贤淑，仍旧遭到被废黜的命运，因此引起当时百姓的同情。

【人物生平】

胡善祥的父亲在锦衣卫中担任百户，胡善祥很早的时候就以贤良闻名。明成祖朱棣得知后，便将胡善祥聘为皇孙朱瞻基的妃子。

公元 1426 年，朱瞻基即位，即明宣宗，胡善祥也被立为皇后。尽管自己姿色过人、性情端庄，胡善祥却一直子嗣不旺，因此宣宗对她并不宠爱。公元 1428 年，宣宗就以无子为由，勒令胡善祥"主动"辞去皇后之位，并在长安宫出家为尼。只有宣宗之母张太后依旧维护她，经常在宫廷宴会上带着她一同参加。民间百姓得知了她的遭遇后，也对这位无辜被废的皇后十分同情。

公元 1442 年，张太后病逝，胡善祥因感念恩情而哀伤过度，次年，她因病去世，享年 42 岁。胡善祥死后以妃礼下葬，直至英宗复位后，又追尊其后位。

【人物简评】

胡善祥为人以贤良称道，入宫后也并无任何过错，她的被废完全是因为宣宗的薄情所致。就连宣宗晚年，也对这一事情颇感惭愧，这更坐实了胡善祥的无辜。

孙氏：逢大乱何足惊惧，弥灾厄力挽狂澜

【人物简介】

孙氏是明宣宗朱瞻基的皇后、明英宗朱祁镇的生母，她生年不详，卒于公元 1462 年，在胡善祥被废后，接替皇后之位。

【人物生平】

孙氏的父亲本是永城县的主簿，官职十分低微，由于当时成祖的亲家、仁宗皇后的母亲却恰好与孙氏是同乡。由于亲家母屡次称赞孙氏贤德漂亮，成祖便下令将她征召入宫，嫁给皇孙朱瞻基为侧妃。

公元 1426 年，朱瞻基即位，即明宣宗，同时又将孙氏册立为贵妃。自入宫后，她就与朱瞻基一起玩耍，两人的感情十分深厚，为此，朱瞻基还特意请求为她赐金册宝，延续为明廷日后册妃的惯例。由于皇后胡氏子嗣不旺，宣宗后来更下令将她废黜，公元 1428 年，改立孙氏为皇后。

宣宗死后，张太皇太后立孙氏之子朱祁镇为帝，即英宗，孙氏也被尊为太后。等到土木堡之变爆发后，孙氏一方面组织大臣与瓦剌交涉，一方面又拥立英宗异母弟朱祁钰即位，即明代宗。在英宗被遣送之前，孙氏多次为其送去御寒衣物；等到英宗回国被幽禁，她又屡次前往探视。

公元 1457 年，石亨等人趁着代宗病重预谋政变，事先特意征求了孙氏的建议。同年，英宗复位为帝，又为生母加徽号为"圣烈慈寿皇太后"，这也是明代后宫徽号之始。6 年之后孙氏病逝，死后与宣宗合葬于景陵。

【人物简评】

孙氏虽为女子，却富有一定的政治才干，这从她在"土木堡之变"和"夺门之变"中的种种果决表现就可以明显看到。不仅如此，孙氏还在很大程度上促成了英宗晚年废除殉葬制度一事，足见她的仁厚善良。

吴贤妃：只因亲子受迁怒，君王寡情枉无辜

【人物简介】

吴氏是明宣宗朱瞻基的妃子、明代宗朱祁镇的生母，她生于公元 1397 年，卒于公元 1461 年，享年 65 岁。

【人物生平】

吴氏在入宫前是何身份不得而知，只知道她在公元 1428 年时生下一子，即后来的代宗朱祁镇。此前，吴氏虽然受到临幸，却始终住在宫外；生下儿子后，她虽然得到册封，却依旧没有被接回宫中，因此有人根据史料，推测她并非普通宫女，而是藩王朱高煦的宫人。

公元 1435 年，宣宗病重，直到此时才下诏将吴氏和孩子迎回宫中，承认了她与儿子的身份、地位，宣宗的生母张太后也对吴氏母子予以厚待。不仅如此，张太后还下令册封朱祁镇为郕王，特意修建王府供他们母子居住。

公元 1449 年，明英宗在"土木堡之变"中被俘，朱祁镇以监国的身份即位，尊生母吴氏为太后，并对吴氏家人也都予以封赏。然而这样的富贵荣誉，却仅仅维持了 8 年。公元 1457 年，朱祁镇病重，石亨等人趁机拥立英宗复位，不久，朱祁镇就死于宫中。英宗为了泄恨，又大肆贬斥与朱祁镇相关的大臣、宫人，吴氏也被废去太后之位。

公元 1461 年吴氏在孤寂中死去，享年 65 岁。

【人物简评】

英宗复位前虽然受到代宗的苛待，但某种程度上也是因为事涉皇权，不能完全以常理而论。何况在这一期间，吴氏本人也并没有推波助澜进行刁难。因此，英宗对她的待遇，就显得过于凉薄。

钱氏：一心只愿良人好，身外更无半点求

【人物简介】

钱氏是明英宗朱祁镇的发妻，她生于公元 1427 年，卒于公元 1468 年，享年 42 岁。钱氏一生对英宗矢志不渝，不离不弃，最终导致自身残疾，因此，她深得英宗的宠爱。

【人物生平】

钱氏的父亲是明成祖朱棣旧部，家世虽不十分显赫，但又非常可靠，因此太皇太后张氏才会将她选为孙子英宗的皇后。公元 1442 年钱氏正式与英宗成婚，并被册立为皇后。

然而仅仅过了 7 年，明英宗就因"土木堡之变"沦为俘虏，钱氏的两名兄弟

也死于战场，皇位则由郕王朱祁镇继承。钱氏得知了这一噩耗后，整日在宫中哀哭不止，后来大臣们打算以财宝赎回英宗，钱氏当即拿出所有私产。由于瓦剌首领也先出尔反尔，英宗并没能被及时放回，孤苦无依的钱氏万般无奈之下，只得每天诚心为丈夫祈祷，到最后竟然哭瞎了一只眼，一条腿也因此变瘸。

14 年后，英宗才被释放回国，然而等待他和钱氏的，却是代宗的薄情对待。由于需用不足，钱氏甚至不得不拖着病体亲自纺织，以此来补贴日常所需。尽管自己已非往日的明媚少女，英宗却对这位发妻更加感恩、愧疚，将她看作是自己一生中最值得珍爱之人。

公元 1457 年，英宗在石亨等人的拥立下复位，钱氏也再次成为皇后。当时太子朱见深的生母周氏认为钱氏又病又残，也想争夺后位，为此，她又暗中指使心腹大进谗言。然而英宗听到之后却勃然大怒，当即将建言的官员贬谪。

公元 1464 年，英宗病重，他死前唯一担忧的就是钱氏，于是特意命令太子尊钱氏为太后，并要求把与钱氏合葬写入遗诏。英宗死后，周氏却一再就名分一事进行纠缠，钱氏对此只有一再忍让。公元 1468 年钱氏病逝，享年 42 岁，死后由于周氏的干扰，始终未能与英宗合葬。

【人物简评】

都说"夫妻本是同林鸟，大难临头各自飞"，然而这一句话在钱氏和英宗身上，却断然看不到一丝半毫。钱氏虽然贵为皇后，却因丈夫之故一生饱尝艰辛，于她而言，真正的快乐时光其实极为短暂。但想必以钱氏的胸襟，她一定不会在意这些，一心只会牵挂自己的丈夫。

周氏：不与丈夫共患难，唯慕名利好争持

【人物简介】

周氏是明英宗朱祁镇的妃子、明宪宗朱见深的生母，她生于公元 1430 年，卒于公元 1504 年，享年 75 岁。

【人物生平】

周氏何时入宫不得而知，成为英宗的妃子后，先后生下 1 女 2 子。土木堡之变后代宗即位，就连英宗及皇后钱氏也处于窘迫境地，周氏的处境也同样没好到哪里。

公元 1457 年，英宗复位后，周氏认为钱皇后年老色衰、身有残疾，打算取代她的位置，于是便指使心腹在英宗面前进言，想要为自己争取皇后名分。然而英宗听后却勃然大怒，周氏因此没能得逞。直至自己死前，早就看穿一切的英宗还特意表示，以后要与钱氏合葬，以此防止周氏迫害钱氏。

朱见深刚一登基，周氏便开始积极运作排挤钱氏，幸好大臣李贤等人一再捍

卫，最终才促成两宫并尊的格局。在平素里，周氏为了表达不满，便处处与钱氏唱反调，后来宪宗的原配皇后吴氏之所以被废，也在很大程度上是因为原本并不赞同废后的周氏，为了胴应钱氏而选择支持儿子。

宪宗在登基后为了照顾母亲，曾与李贤等大臣达成一致，改英宗遗诏为两宫合葬，然而周氏却依旧不满。为此，她故意下令凿偏钱氏陵寝隧道，使得钱氏死后葬在它处。公元 1504 年周氏自己死后，却得以与英宗合葬一穴。

【人物简评】

周氏在英宗落魄期间，没有同甘共苦的举动。等到英宗复位、驾崩，却始终将名分利益作为争夺目标，她比起钱氏所差何止一星半点，简直是天壤云泥之别。

汪氏：只因仗义忤天子，唯虑是非一亲疏

【人物简介】

汪氏是明代宗朱祁钰的第一任皇后，她生于公元 1427 年，卒于公元 1506 年，享年 80 岁。汪氏为人仁德正直，因反对代宗废黜英宗太子而被废，后来却又因此避过殉葬，得以安享天年。

【人物生平】

汪氏的家族世代在金吾卫担任要职，汪氏于公元 1445 年被册封为郕王朱祁镇的正妃。仅仅过了 5 年之后，明英宗朱祁镇就因"土木堡之变"沦为俘虏，朱祁钰于是继位为帝，并将汪氏册立为皇后。

当时，瓦剌大军长驱直入，一度攻到北京城下，城郊居民因此多有死伤。汪氏为人仁德敦厚，心中十分不忍，于是主动下令予以抚恤、安葬。英宗之妻钱氏因心忧丈夫而终日悲痛，她又经常主动前去探望、抚慰。随着帝位一日日稳固，代宗逐渐生出父死子继的想法，想要废掉英宗的太子朱见深，改立自己的儿子朱见济，汪氏得知后却坚决表示反对。代宗显然没有想到自己的妻子也会持反对意见，恼羞成怒之下，竟然就将汪氏废黜。

公元 1457 年，"夺门之变"后英宗复位，代宗被废不久后就死去，汪氏因此前已经被废，再加上有钱氏维护，得以逃脱殉葬之劫，带着大量私产安然出宫。后来，英宗想要索回自己的一枚玉玲珑，性情刚烈的汪氏出于对丈夫的不平，大声质问"七年天子，不堪消受此数片玉耶"，随后又将之丢入井中。英宗一怒之下便收回了她的所有财产。

等到宪宗朱见深即位，十分感念汪氏早年的仗义执言，因此一改其父的态度，对汪氏极尽优待。公元 1506 年，汪氏死后，宪宗以妃礼将她与代宗合葬于景泰陵，并谥为贞惠安和景皇后。

【人物简评】

汪氏虽为女子但性情刚烈，难容不公之事，这一点从她维护英宗妻儿、敢于

触怒英宗就能看出来。尽管因此数度受挫，汪氏最终却得以善终，成为好人有好
报的典型。

杭氏：生前恩宠有限，身后屈辱无名

【人物简介】

杭氏是明代宗朱祁钰第二任皇后，生年不详，卒于公元1456年。

【人物生平】

杭氏早在朱祁钰即位之前，就已经嫁给他为王妃了。公元1449年，朱祁钰登
基后，又册立她为皇妃。此前，杭氏已经为朱祁钰育有一子，名叫朱见济。

为了安定人心，代宗曾在即位之初，册立英宗之子朱见深为太子，然而仅仅
过了3年，他便出尔反尔。当时皇后汪氏一度苦劝，却被废黜，代宗最终改立朱
见济为太子。杭氏因此被立为皇后，她的家人也得到朝廷封赏。公元1453年，朱
见济却意外夭折，杭氏因此悲伤过度，仅仅3年后，她便抑郁而逝。

公元1457年，夺门之变后，英宗因代宗废黜自己的儿子而迁怒杭氏，下令废
去她的谥号，甚至就连她的陵墓也被捣毁。不仅如此，英宗就连她的王妃身份也
一并否认，只将前皇后汪氏作为朱祁钰的妻子看待。

【人物简评】

比起其他妃子唐氏、李惜儿等人，杭氏的家人很晚才被代宗封赏，她早在代
宗生前，就并不得宠，只是看似尊贵而已。即便如此，她还是在日后成为英宗泄
恨的对象，就连名分都未能保全。

唐氏：随君殉死命不再，风华未逝已成哀

【人物简介】

唐氏是明代宗朱祁钰的爱妃，生年不详，她一入宫就得到代宗的宠爱。公元
1457年英宗复位、朱祁钰死后，唐氏又被迫为丈夫殉葬。

【人物生平】

唐氏在明代宗朱祁钰即位后被选入后宫，甫一入宫就以美色打动了代宗。有
一次唐氏在与代宗打猎时坠马，代宗甚至专门选出最好的马精心饲养，以防止日
后发生同样的事情。

此前，代宗的两任皇后或被废，或病逝，其他宠妃如李惜儿等人又出身卑贱，
因此，唐氏成为后宫最具权势的人物，威风一时无二。然而，这样的局面维持了
仅仅不到1年，公元1457年英宗复位后，代宗很快就暴毙于皇宫，于是，英宗便
按照当时的惯例，命令朱祁钰的宫人殉葬。

当时，英宗本打算以废后汪氏殉葬，却因汪氏已经被废，她并育有两女而打

消念头；此时杭皇后也已病逝，因此，唐氏就成为最合适的人选。讽刺的是，仅仅 7 年之后，英宗便下令彻底废去殉葬这一残酷的制度，因此唐氏成为明朝历史上最后一批殉葬的宫人。

【人物简评】

唐氏入宫之后，好不容易熬到汪皇后被废、杭皇后病逝，自己成为后宫之主，但这一幸运却只有短短 1 年。当时唐氏正值风华妙龄，却不得不被迫挥别尘世，沦为一抔黄土，可谓天妒红颜。

李惜儿：恩宠不尽如人意，灾厄不召而自来

【人物简介】

李惜儿是明代宗朱祁钰的妃子，她生卒年不详。

【人物生平】

李惜儿本是娼妓出身，家世背景、个人身份都十分卑微，然而，代宗晚年却偏好风尘女子。李惜儿因此得以入宫，并受到代宗的恩宠，时为公元 1456 年。随着自己的得宠，李惜儿的弟弟也被选入锦衣卫，此前他只是一名普通的伶人。

1 年之后，大明王朝就爆发了著名的"夺门之变"，原本已经幽禁多年的英宗在石亨等人的帮助下，趁着代宗病重一举复位，代宗也被废为郕王。此后，英宗又开始清算朝中异己，李惜儿的弟弟也被处死。不久，代宗病逝，英宗按照惯例下令其妃子为其殉葬，据说李惜儿是被遣送回家的。

【人物简评】

由于李惜儿曾被皇帝宠幸，遣返之说并不十分可信，她的真实下场很有可能是一同被殉葬。李惜儿入宫仅仅只有 1 年，虽然一时得宠却家破人亡，命运充满悲剧色彩。

吴氏：只因一时逞意气，往昔尊崇成追忆

【人物简介】

吴氏是明宪宗朱见深的皇后，其生年不详，卒于公元 1509 年。吴氏成为皇后仅 1 个多月就被废黜，直到孝宗即位后，才因感念养育之恩而将她释放并予以厚待。

【人物生平】

吴氏的父亲和兄长都在宫中担任羽林卫使，她的舅舅也曾因救驾有功而被授予侯爵。明英宗晚年为宪宗选择正妃，吴氏凭借着家世背景成为人选之一。

英宗死前对吴氏的品性最为满意，等到自己驾崩后，发妻钱皇后也同样看重吴氏，因此，吴氏得以被立为皇后，时为公元 1464 年。宪宗即位后，始终对曾经

养育自己的宫女万贞儿情有独钟，却对吴氏十分疏离，吴氏因此忍不住生出情绪。

为了发泄不满，吴氏随便寻找了个借口对万贞儿施以杖责，然而这一举动却捅了马蜂窝。得知自己心爱的人儿被打，宪宗一怒之下竟然打算将吴氏废黜并打入冷宫。钱太后曾就此表示反对，然而宪宗的生母却故意唱反调支持儿子，终于使得吴氏被废。此时距离吴氏成为皇后，才仅仅过了1个多月。

万贞儿得宠之后，因无法生育而大肆迫害宫中怀孕的妃子，致使宪宗多年无子，唯有一名女史纪氏得以生下孩子，即后来的孝宗。吴氏得知后，也与许多宫人共同抚养这个孩子，只瞒着万贞儿一人。公元1487年孝宗即位后，立即下令将吴氏从冷宫释放，以侍奉生母的礼节加以优待，同时又对她的兄弟族人进行封赏。

公元1509年，吴氏病逝，此时已是武宗时期。奸宦刘瑾本来打算将她草草焚葬，武宗却表示不妥，于是，改以贵妃的礼节将她下葬。

【人物简评】

吴氏既然能得到英宗和钱皇后的一致认可，想来绝非什么心性恶劣之人。责打万贞儿一事虽然无理，但也只能算是因吃醋而引发的小打小闹。只是吴氏显然低估了万贞儿在宪宗心中的地位，为了出一口恶气，竟赔上了自己一生的荣辱，代价实在太过惨重。

王氏：忍得一时气，不误后来功

【人物简介】

王氏是明宪宗朱见深的第二任皇后，她生年不详，卒于公元1518年。

【人物生平】

王氏与宪宗第一任皇后吴氏同时入宫，但由于英宗和钱太后心中已有定案之故，她并未能被册立为皇后。然而公元1464年时，成为皇后仅1个多月，吴氏却因责打宪宗宠妃万氏被废，此后王氏侥幸被立为皇后。

鉴于吴氏的惨痛教训在前，王氏尽管很少被宠幸，却从未因此与万氏有什么冲突，甚至还主动向她示好，表明自己不敢接受她的请示、问安和行礼。由于自己小心谨慎，宪宗也始终没有找到废黜她的借口，万氏就此稳坐后位，长达20多年。

公元1487年，宪宗驾崩，孝宗即位，改尊王氏为太后。武宗即位后又尊她为太皇太后。公元1518年，王氏在尽享荣华后去世，死后与宪宗合葬于茂陵，谥孝贞庄懿恭靖仁慈钦天辅圣纯皇后。

【人物简评】

有鉴于前人的悲惨教训，王氏在成为皇后之后，没有自恃身份欺压后宫，始终小心谨慎度日，虽然显得憋屈，但也至少保全了自己。比起一时冲动的吴氏，王氏显然更加隐忍，但也更加明智。

纪氏：忍辱只为全幼子，一朝扬眉竟死诀

【人物简介】

纪氏本姓李，名唐妹，是明宪宗朱见深的妃子、明孝宗朱佑樘的生母，她生年不详，卒于公元1475年。

【人物生平】

纪氏本是瑶族之女，自幼父母双亡，后来是被一户亲戚抚养长大。公元1466年，明军在当地进兵，纪氏作为俘虏被送至皇宫，由于自己生性聪颖，精熟文史，很快又被任命为女史。

当时，明宪宗偶然间发现了她的美貌，又对她的才华十分喜爱，于是便临幸了她，不久，纪氏竟然怀孕。这本是一个巨大的喜讯，然而当时的后宫却被万贵妃万贞儿所掌控，几乎所有怀孕的妃子，都遭到了她的迫害。得知这一消息后，万贞儿也如之前一样，派出宫人前去堕胎，但宫人却因不忍心而放过了她。公元1470年，孩子出生后，万贞儿又派太监张敏前去溺杀，但张敏却与吴废后等人一起，共同瞒住了万贞儿，尽心尽力地抚养这个孩子。

公元1475年，宪宗一时意兴阑珊，对张敏感叹自己无子，张敏这才小心翼翼地说出了真相。宪宗因此十分震惊，当即下令迎回皇子，随后，又将纪氏迁居到永寿宫。

不久，纪氏就死于宫中，一说为畏惧报复自缢而死，一说为被万贞儿所害。

【人物简评】

纪氏本是出身民间的女子，在入宫后偶然得到宠幸，生下未来的大明皇帝，然而这却不是什么令人歆羡的事。自从怀孕的那一刻起，纪氏就一直活在后宫的阴影之下，好不容易得到承认，却又只能选择与亲子死别。于她而言，所谓的后宫荣华富贵，从来都只是一个遥不可及、不能期许的梦罢了。

万贞儿：自古患难见人心，韶华不及男女情

【人物简介】

万贞儿是明宪宗朱见深的皇后，她生于公元1430年，卒于公元1485年，享年56岁。万贞儿自宪宗幼时，就对他悉心照料，因此成为宪宗一生的最大依赖。

【人物生平】

万贞儿4岁时就被选入后宫，成为孙太后的婢女，后来，她又被派去照料皇孙朱见深，即后来的宪宗。当时万贞儿已经19岁，朱见深年仅2岁。

公元1449年，朱见深的父亲英宗在土木堡大败被俘，此后英宗之弟代宗即

位，3 年后，朱见深的太子之位也被废去。由于代宗的猜忌，朱见深很难见到自己的父母，万贞儿与他相依为命，就此成为他心中唯一的依赖。尽管两人年龄悬殊，朱见深依旧深深爱慕、眷恋着这位亦姐亦母的女子，终其一生，他都没有改变心意。

公元 1457 年，英宗复位，朱见深这才再次恢复太子身份，公元 1464 年，他继位登基，即宪宗。当时宪宗本打算立万贞儿为皇后，却被自己的生母所反对，不得已只好改立吴氏为后。由于自己只宠爱万贞儿一人，吴氏气不过而将她责打，宪宗一怒之下干脆将吴氏废黜，此后，万贞儿的威名传遍后宫，再无妃子敢于招惹她了。据说由于自己的孩子早夭，万贞儿在得宠之后，又大肆迫害宪宗的其余妃子，逼迫所有怀孕的宫人堕胎，因此导致宪宗直到晚年，才偷偷生下一个孩子。

公元 1485 年，万贞儿病逝，享年 56 岁，宪宗得知后痛哭着说"万妃长去，吾亦安能久矣"，3 年之后，他就驾崩于皇宫。万贞儿死后葬于天寿山，谥恭肃端慎荣靖皇贵妃。

【人物简评】

万贵妃以"高龄"得到宪宗宠爱，这固然与宪宗幼年无依、滋生恋母情结有关，但也在某种程度上也体现了万贞儿个人的人格魅力。尤其需要指出的是，所谓万贞儿迫害怀孕妃子一事，本就是出自清朝时期编订的史书，来源更在野史之中，因此并不可尽信。

邵氏：命贵当自宫中显，大统有幸望皇孙

【人物简介】

邵氏是明宪宗朱见深的妃子，生年不详，卒于公元 1522 年。

【人物生平】

邵氏出自贫寒之家，她自幼通晓诗文，品行十分端庄，同时又容貌姣好。邵氏早年接连 7 次婚嫁，却都遇上未婚夫早逝，无奈之下其父只得将其送入宫中。

有一次，邵氏在夜间独自一人吟诗，却被偶然路过的宪宗听到，宪宗因此十分欣赏，当晚就宠幸了她。此后，邵氏接连被册封为宸妃、贵妃，并先后为宪宗生下朱祐杬、朱祐棆、朱祐枟 3 位皇子。

在邵氏的几个儿子中，朱祐杬后来被封为兴献王外出就藩，邵氏由于无法随行，只得写诗作为寄托，与儿子进行联络。后来，朱祐杬又生下一子朱厚熜，即后来的世宗。公元 1521 年，武宗驾崩，因无子而改由朱厚熜即位，邵氏因此又被尊为太后。

次年，邵氏病逝，死后世宗不顾劝阻，毅然将祖母葬入茂陵，并最终改谥为孝惠康肃温仁懿顺协天祐圣皇后。

【人物简评】

邵氏最初因嫁不出去而入宫，却在此后意外得到皇帝宠爱，经历不可谓不传奇。入宫之后，邵氏从未有过争宠斗狠之举，就这样在安稳中逐渐得以提升地位，最终成为太后之尊，堪称幸运。

张氏：帝后同心同尊贵，一人独活独凄凉

【人物简介】

张氏是明孝宗朱佑樘的皇后、明武宗朱厚照的生母，她生于公元1471年，卒于公元1541年，享年71岁。

【人物生平】

张氏出身于普通家庭，并非名门贵族之后，但在当时这却是皇帝选后的最佳标准。公元1487年时，张氏与时为太子的朱佑樘成婚，同年又被册立为皇后。

孝宗朱佑樘素来是明代口碑最佳的君主，而他一生也只有张氏这一位妻子，在历代皇帝中可以说绝无仅有。这一方面与张氏富于人格魅力有关，另一方面也与当时大臣们的劝阻有关系。总而言之，孝宗自与张氏成婚后，两人的感情始终十分融洽，堪称古代帝后夫妻楷模。

武宗即位后，张氏又被尊为太后等到武宗驾崩、世宗即位，张氏虽然地位仍在，却逐渐受到世宗的冷遇，自己的称谓也一再被降低。甚至有一次自己的亲人犯错，张氏不惜下跪求情都被拒绝，从此后就悲伤染病。

公元1541年张氏病逝，世宗将她与孝宗合葬于泰陵，同时却又对其葬礼规格加以很大限制，显得刻薄冷漠。

【人物简评】

张氏在前半生与孝宗携手相伴，享尽宫中荣华，但她晚年却受到世宗的冷漠对待，晚景十分凄凉。

夏氏：身后评非生前意，深宫恨是梦里人

【人物简介】

夏氏是明武宗朱厚照的皇后，她生于公元1492年，卒于公元1535年，享年44岁。

【人物生平】

夏氏何时入宫不详，公元1506年时被册立为皇后。夏氏尽管长相美貌，武宗对她却并不宠爱，经常将她冷落在深宫。

备受冷落的夏氏一生没有子嗣，就这样独自一人居住在后宫，直到公元1521年丈夫武宗病逝。由于继位的世宗与武宗为兄弟关系，因此夏氏依旧被尊为皇后。

15 年后夏氏病逝，享年 44 岁，死后与武宗合葬于康陵，谥庄肃皇后。

【人物简评】

夏氏死后，大臣们围绕着她的谥号问题，曾展开过激烈讨论，但对于这位孤寂深宫多年的女子来说，这却从不是她所在意的。由于自己无一子嗣，夏氏很有可能至死仍是冰清玉洁之身，这才是对渴望幸福与爱情的女子而言，最为心酸凄凉的事情。

陈氏：怀胎不知安心性，偏烧妒火焚自身

【人物简介】

陈氏是明世宗朱厚熜的第一任皇后，她生于公元 1508 年，卒于公元 1528 年，享年 21 岁。

【人物生平】

陈氏最初因美色入宫，得到世宗的宠爱并被立为皇后，时为公元 1522 年。然而陈氏为人善妒，甚至当着世宗的面也经常耍脾气。

公元 1528 年，陈氏怀孕了，按理说本该静心安养，但偏偏此时她依然没能管住自己的脾气。有一次，她与世宗共处时，另有两位妃子上前奉茶，世宗便多看了几眼妃子的双手。就是这样一件微不足道的小事，却使得陈氏醋意顿生，竟然当着世宗的面将茶杯狠狠砸下。世宗脾气本就暴躁，见到这一幕更是龙颜大怒，当即就痛斥陈氏无礼。

由于世宗的愤怒情绪太过激烈，陈氏竟因惊悸而导致流产。

【人物简评】

吃醋嫉妒本是人之天性，但陈氏却因此付出巨大代价，导致一尸两命，可怜之余也令人感到不值。

张氏：孰料丽质害人命，无辜遭黜堪称疑

【人物简介】

张氏是明世宗朱厚熜的第二任皇后，她生年不详，卒于公元 1537 年。

【人物生平】

张氏从小姿色过人、肤色白皙，因此于公元 1522 年被选入皇宫，同年又被册封为顺妃。

公元 1528 年，善妒的陈氏因世宗贪看妃子双手而吃醋，最后竟然酿出一尸两命的悲剧，而这名被陈氏吃醋的妃子不是别人，正是以皮肤白皙著称的张氏。同年世宗又将张氏册立为皇后。

成为后宫之主后，张氏始终听从世宗的安排，带领宫人养蚕缫丝、诵读《女

诫》，表现得十分恭顺，然而最终她还是于公元 1534 年被废，据说是因帮助孝宗皇后张氏求情而触怒世宗。4 年之后张氏病逝，死后以妃礼下葬。

【人物简评】

张氏因世宗青睐而受到皇后嫉妒，可以说极其无辜。从已有记载来看，张氏的品行并无劣迹，因此她的被废也就十分惹人产生疑惑。

方氏：救人何故又行害，君心感念死亦哀

【人物简介】

方氏是明世宗朱厚熜的第三任皇后，她生年不详，卒于公元 1547 年。

【人物生平】

世宗自从登基之后，长达 10 年没有子嗣，为了防止武宗之事重演，这才接受大臣的建议，将方氏等人一同册封为妃。后来世宗的两任皇后陈氏、张氏或死或废，世宗于是又将方氏册立为皇后。

当时，世宗沉迷长生不老之术，动用大量宫女采集露水，因此导致许多人都病怠不堪。为了发泄怨恨，以杨金英为首的 10 多名宫女，于 1542 年的一个夜晚共同密谋，打算趁着世宗熟睡时将其勒死。然而由于操作失误，杨金英等人竟将绳子打成死结，其中一名宫女心慌之下，只好去向方氏报告并自首。方氏得知后匆忙赶来解救，为此还被一名宫女狠狠打了一拳，这才将没死但已经休克的世宗救回。

由于忌恨素来得宠的曹贵妃，方氏在解救世宗之后，趁机构陷她知情不报，将她与杨金英等人一同处死。世宗当时因受惊无法说话，也只得眼睁睁看着这一悲剧发生。

公元 1547 年，方氏病逝，世宗因感念当时的救命之恩而哀恸不已，为此，甚至不惜多次责打大臣，硬是以元配皇后的礼仪将方氏下葬。

【人物简评】

方氏解救夫君本是一件好事，但以此趁机陷害妃子的做法，显然十分卑劣。只是由于世宗的宠爱，方氏并没有受到任何责罚，可见她在世宗心中的地位之高。

陈氏：君宠渺渺不可待，贤子孝心犹可期

【人物简介】

陈氏是明穆宗朱载垕的皇后，她生年不详，卒于公元 1596 年。

【人物生平】

明穆宗曾与李氏成婚，但李氏早在穆宗即位前就已病逝。公元 1558 年时，陈氏又被选为穆宗的妃子，公元 1567 年，她被册立为皇后。

当时穆宗虽然重用贤臣，私生活却十分放纵，由于后宫女子众多，陈氏并不受宠。反倒是时为太子的神宗朱翊钧，对陈氏侍奉极为恭谨，以至于陈氏每天只要听到朱翊钧的脚步声，都会变得十分欣喜。等到朱翊钧登基为帝，依旧对陈氏十分礼遇，对待她和对待自己的生母几无二致。

公元 1596 年，陈氏病逝，死后与穆宗合葬于昭陵，谥孝安贞懿恭纯温惠佐天弘圣皇后。

【人物简评】

陈氏虽然不受丈夫宠爱，但至少身居后位、安稳无忧，同时又有一位孝顺的太子尽心侍奉，一生总算得以安享天年。

李彩凤：扶持幼子任贤士，重整庙堂启中兴

【人物简介】

李彩凤是明穆宗朱载垕的妃子、明神宗朱翊钧的生母，她生于公元 1544 年，卒于公元 1614 年，享年 71 岁。李彩凤在神宗即位初时，重用大臣张居正，他推行改革，成功实现了明朝的中兴。等到张居正死后，她也没有自恃身份干涉朝政，展现出高尚的品德。

【人物生平】

李彩凤出身于一个贫寒的家庭，他的父亲李伟原本只是一位毫不起眼的泥瓦匠。由于家乡遭受自然灾害，李伟不得不带领着家人前去京城谋生，为了减轻生活压力，他只好将李彩凤送入王府。

当时李彩凤去的地方不是别处，正是裕王朱载垕的府邸，朱载垕即是明世宗的皇子。最初，李彩凤只是朱载垕原配陈氏的一名婢女，后来却意外得到朱载垕的宠幸。当时朱载垕的几个孩子都早夭，唯有李彩凤一连生下两个儿子，因此被册立为才人。

公元 1566 年，朱载垕即位，即明穆宗，李彩凤也被册立为贵妃。6 年后，穆宗就因纵欲过度驾崩，李彩凤的长子朱翊钧继承了皇位，即明神宗。当时神宗年仅 10 岁，辅政大臣高拱又态度蛮横，不受李彩凤喜爱，于是，李彩凤便将高拱所任命的司礼太监撤换，随后又起用张居正取代高拱。在此后长达 10 年的时间里，张居正在李彩凤的支持下，一心一意地推行改革，使得大明王朝气象逐渐复苏，促成了著名的"万历新政"。

李彩凤虽然地位尊崇，却从不依仗身份干预政事，等到张居正去世后，她也顺势退居幕后，将国政全数交给神宗处理。李彩凤晚年对国家大事依旧关注，尤其对立储一事十分上心。当时神宗宠幸的宫人王氏生下皇长子朱常洛，神宗却始终不肯册立为皇储，为此导致群臣动辄上疏，庙堂之上纷争不断。李彩凤感到十

分不解，便询问神宗的心意，神宗当即表示朱常洛只是宫女之子，地位太过卑微。孰料李彩凤得知后，当即怒斥神宗：你自己也是宫女所生，神宗这才吓得噤声不言。最终，神宗迫于生母和大臣的压力，还是将朱常洛立为太子。

公元 1614 年，李彩凤病逝，享年 71 岁。神宗将她与穆宗合葬于昭陵，谥孝定贞纯钦仁端肃弼天祚圣皇太后。

【人物简评】

李彩凤虽为神宗生母，却始终对神宗加以严厉教导，神宗即位前 10 年之所以能促成明朝的中兴气象，很大程度上也得归功于她重用张居正推行改革。李彩凤尽管享有很高的声望，却始终安守本分，没有祸乱朝堂之举，因此被视为母仪天下的贤后代表。

王喜姐：安居后位四十载，慈孝美名天下知

【人物简介】

王喜姐是明神宗朱翊钧的皇后，她生于公元 1564 年，卒于公元 1620 年，享年 57 岁。

【人物生平】

王喜姐本是京城人士，于公元 1577 年皇宫选秀时胜出，次年就被册立为神宗皇后，当时她还只有 13 岁。公元 1582 年，王喜姐生下 1 女，此后多次流产，最终再没能生下子嗣。

正是由于王喜姐多年不曾生育，神宗才以此为借口，一再推辞册立皇长子朱常洛。然而王喜姐本人后来却对朱常洛极为照顾。当时郑贵妃屡次争宠，王喜姐也从不厌恨、争执，只是一心一意地侍奉李太后，因此，李太后对这位儿媳十分欣赏。不仅如此，王喜姐还屡次劝谏神宗宽恕大臣，甚至还拿出自己的钱财来犒赏将士，因此神宗在宠爱郑贵妃之余，对王喜姐的话也经常言听计从。

由于王喜姐无子，神宗后来干脆将失去母亲的皇子交给她抚养，王喜姐私下也将他们视如己出，没有丝毫的偏袒。由于多年任劳任怨，不慕名利，王喜姐身边仅有为数不多的几名宫人，以至于民间和宫中竟然流传出神宗打算害死王喜姐、以此册立郑贵妃之子为储君的谣言。神宗听到后怒不可遏，被迫下诏自辩清白，随后又不得不正式册立朱常洛为太子，以此杜绝悠悠众口。

当时，后宫妃子都巴不得能被神宗宠幸，然而每逢神宗来到自己的寝宫，王喜姐都会以事务繁忙为由加以拒绝，再加上宠幸皇后需要太后下旨、宫妃接驾，礼仪烦琐、耗费时间，这才是神宗较少宠幸王喜姐的原因。除此之外，神宗对待王喜姐十分优厚，在为她制作冠服时，甚至放着府库中的珍宝不用，硬是要求官员外出重新采办。

公元1620年，王喜姐因积劳成疾病逝，享年57岁，此时距离她入主后宫已有43年，王喜姐因此成为中国历史上在位时间最长的皇后。同年，神宗也因悲伤过度驾崩，死后两人合葬于定陵。

【人物简评】

王喜姐执掌后宫期间，虽然没有做出什么显赫的事情，却以性情端庄、为人慈孝而享誉天下，因此就连看似专宠郑贵妃的神宗，对这位发妻也十分敬爱。

王氏：只恨君王多薄幸，唯有亲子慰平生

【人物简介】

王氏是明神宗朱翊钧的妃子、明光宗朱常洛的皇后，她生于公元1565年2月27日，卒于公元1611年10月18日，享年47岁。

【人物生平】

王氏的父亲为武举出身，在军中担任一定职务，后来又迁到京城居住。13岁那年时，王氏因美貌而被选入皇宫，却因落选前三名而仅仅成为一名宫女，负责侍奉太后李彩凤。

有一次，神宗偶然经过太后住处，见王氏美貌而临时起意将她临幸，事后虽然没有留下凭证（按当时惯例，皇帝宠幸宫女后必须留下赏赐），却被宫人记录在起居注中。后来王氏怀上一子，即朱常洛，神宗初时不肯承认，但在白纸黑字面前却无法抵赖。此后王氏得到李太后的照料，并被册封为恭妃。

当时，神宗一心想册立郑贵妃之子为储君，却遭到李太后及大臣的一致反对，因此不得已册立朱常洛，同时又迁怒于王氏，始终不肯将她进封。公元1611年，王氏病重，朱常洛甚至是砸开铁锁才得以进入其宫殿，更悲痛地发现王氏早已哭瞎了双眼。不久，王氏病逝，享年47岁，谥温肃端靖纯懿皇贵妃，直到熹宗即位后才改葬定陵。

【人物简评】

王氏虽然美貌，但却出身卑微，更无法与深得宠爱的郑贵妃相比，难以得到神宗的宠爱。由于神宗的迁怒，王氏贵为妃子却处境凄凉，比起打入冷宫也差不了太多。

郑氏：与君相契偏遭妒，爱子情真亦难为

【人物简介】

郑氏是明神宗朱翊钧的妃子，她生于公元1565年，卒于公元1630年，享年66岁。正是因为偏宠郑氏之故，神宗在亲政后与大臣闹出诸多矛盾，最终更因无法册立郑氏之子为储君，一怒之下长达20多年不再上朝。

【人物生平】

郑氏于公元 1582 年被选入皇宫，此时神宗已经迎娶了皇后王喜姐，同年，宫人王氏也为他生下了后来的太子朱常洛。比起皇后和王氏，郑氏却最得神宗宠爱，5 年之后郑氏也生下一子朱常洵。

朱常洵刚出生后不久，神宗就将郑氏册立为贵妃，比起生子已有 5 年的宫人王氏，这一对待可说高下立判。早在郑氏生子之前，朝中大臣就为立储一事十分忧虑，如今眼见神宗厚此薄彼，自然也坐不住，他们纷纷上疏，请求神宗册立皇储，就此拉开了明代历史上著名的"国本之争"的序幕。

眼见自己的企图被一眼看穿，神宗自然恼羞成怒，因此每当自己面对据理力争的大臣之后，郑氏就愈发成为最能抚慰自己内心的人。偏偏大臣们在得知此事之后，又以纵欲等"罪名"为借口，再次在神宗耳边"聒噪"，导致庙堂之上争吵更加激烈，神宗也愈发愤懑无奈。

作为朱常洵的生母，郑氏自然也满心希望儿子能够继承皇位，为此，她甚至还在很久前，故意要求神宗写下一道手谕，珍而重之地保存在匣中。然而等到她再次打开匣子，却发现手谕早已被虫子啃食，神宗也因此彻底打消念头。公元 1614 年太后李彩凤病重，临终前还特意勒令所有藩王前往封国，以此杜绝了郑氏拥立亲子的念想。

公元 1620 年，皇后王喜姐病逝，受挫于庙堂的神宗经历这一打击，很快就一病不起，临终前又下令册立郑氏为皇后，表示日后要与她合葬。然而，公元 1630 年郑氏死后，大臣们依旧驳回了这一遗诏，只是将她单独葬在了银泉山。

【人物简评】

古往今来，大多数人都将郑氏视为红颜祸水，但这一结论也多少失之偏颇。郑氏虽然一心拥立亲子，但这本是身为人母的爱子情意，并不能彻底否定。而她与神宗的彼此爱慕，也同样令人动容。

李康妃：纵恶却有侥幸，无节偏得善终

【人物简介】

李氏是明光宗朱常洛的妃子，她生年不详，卒于公元 1674 年，即熹宗朝时的"西李"。

【人物生平】

李氏最初是太子朱常洛的选侍，因其工于心计、善于逢迎，她比一同入宫的另一名李姓妃子（即李庄妃）更加得宠。尽管当时东宫中以王才人（即熹宗生母）地位最高，李氏却自恃受宠将王氏殴打凌辱，导致其后来抑郁而死（一说是被活活打死）。

王氏死后，李氏不仅没有受到处分，反而负责亲自抚养熹宗，这也促成了她后进一步来的得势。朱常洛即位后，李氏为了皇后之位软磨硬泡，但还没到等到她遂愿，朱常洛就突然驾崩，此时距离他登基仅仅 1 个多月。朱常洛死后，李氏为了捞取政治资本，竟然胆大包天地扣押熹宗，因此引来群臣愤怒，最终被驱赶至其他宫殿居住。

熹宗即位后，对乳母客氏十分信任，李氏于是又主动攀上客氏及魏忠贤的阉党，因此再次被册封为康妃。等到熹宗驾崩后，继位的思宗大力清除魏忠贤等人的势力，看在父亲的面子上，思宗也没有追究李氏的罪责，只是采取了漠视的态度。

明朝灭亡后，思宗及许多宫人都自缢而死，李氏因贪生而不肯殉国，辗转沦为清廷的俘虏。此后，李氏又在清廷的供养下，一直活到公元 1674 年，此时已经是康熙十三年了。

【人物简评】

李氏为人骄纵蛮横、贪图名利，为此做出迫害宫人、勾结阉党等种种恶事，可谓罪大恶极。只是由于熹宗昏聩、思宗仁厚，她才侥幸得以逃过一劫，最终，她活到 80 多岁，可谓是"祸害活千年"的典型了。

李庄妃：生平不好权柄，守正自有仁名

【人物简介】

李氏是明光宗朱常洛的妃子，她生于公元 1588 年，卒于公元 1624 年，享年 37 岁，即熹宗朝时的"东李"。

【人物生平】

李氏在 10 岁时就被选入宫中，她成为太子朱常洛的选侍，后来又奉命抚养皇子朱由检，即明思宗。熹宗即位后，李氏的身份才得到承认，被明廷册封为庄妃。

当时，被册封的除了李氏外，还有另一名姓李的妃子，即李康妃，两人在当时又被并称为"东李""西李"，李氏即是其中的"东李"。比起以工于心计、阿谀客氏著称的"西李"，李氏为人仁厚正直，因此在后宫中处于劣势，过得十分抑郁。

公元 1624 年，李氏病逝，享年 37 岁。思宗即位后，因感念养育之恩又对她进行追封，同时又为其弟弟授予官职。

【人物简评】

比起弄权专横的李康妃，李氏为人慈祥敦厚，因此虽然权势不显，却在当时有着旁人难以企及的好名声。

张嫣：艳色从来非祸水，庙堂安宁唯系德

【人物简介】

张嫣字祖娥，小名宝珠，是明熹宗朱由校的皇后，她生于公元 1606 年，卒于公元 1644 年，享年 39 岁。

【人物生平】

张嫣从小知书达礼，勤勉持家，同时又长得极为艳丽，有着绝世姿容。公元 1621 年，张嫣被选入后宫，同年，她就被明熹宗册立为皇后。

当时熹宗对乳母客氏十分信任，然而客氏却与阉党首领魏忠贤勾结，大肆迫害朝中贤良，整日胡作非为。张嫣自小就以贤良淑德闻名，对于客氏等人的做法十分瞧不上，便多次在熹宗面前加以揭露，甚至依仗着自己的皇后身份，自行对客氏进行处罚。客氏与魏忠贤怀恨在心，但却鉴于其皇后身份，无法向对待其他妃子那样任意迫害，只得多次在熹宗面前进谗言。一向昏聩的熹宗在此事上，却难得地保持了几分清醒，张嫣这才保住了自己的安全。

公元 1623 年，张嫣怀孕，客氏等人为了报复，竟然指使心腹在为其按摩时痛下黑手，致使张嫣流产，此后再也未能生育皇子，因此，张嫣心中愈发痛恨，平日里也抓住一切机会对熹宗进行劝谏，打击客氏和魏忠贤等人。

有一次，熹宗问起张嫣在看什么书，张嫣当即拿出一本《赵高传》，熹宗看到后沉默不语。魏忠贤得知后十分愤怒，为了扳倒张嫣和皇弟朱由检，便故意在宫中安排带刀人士，谎称是张嫣的父亲想要发动叛乱，拥立朱由检为帝。后来，魏忠贤才察觉到，自己根本无法离间熹宗对张嫣的感情，这才不得不恨恨收手。

公元 1627 年，熹宗病重，客氏等人当即安排怀孕女子入宫，谎称她们怀有龙种，熹宗最初也相信了。张嫣得知之后十分担忧，于是极力劝说熹宗改立皇弟朱由检继位。经过一番思虑，熹宗最终采纳了这一建议，等到朱由检打算推辞时，她又主动站出来加以劝说。熹宗死前特意嘱咐朱由检善待张嫣，朱由检也一一照办，并尊她为懿安皇后。

朱由检即位后，十分讨厌后宫干政，但对张嫣评议政事，他却从没有任何不快。由于张嫣长相实在美貌，就连宫中的一位太监都心生倾慕，做出非礼之举，朱由检得知后怒而将其贬到南京。

公元 1644 年，李自成攻破北京，朱由检与皇后周氏分别自缢，张嫣就此下落不明，据《明史》所载也是自缢而死，享年 39 岁。

【人物简评】

张嫣被后世列为"中国五大艳后"之一（另外四人分别为夏姬、甄宓、李祖娥、炀帝妻萧氏），从她的姿色连宦官都心动来看，确实是实至名归。但与所谓的

"红颜祸水"不同，张嫣虽然容貌艳丽，却从不曾做出迷惑君王、祸乱朝纲的恶事，相反，她还是一位深明大义、贤良仁德的贤后。

张氏：怀胎未生悲先至，同为女子不容情

【人物简介】

张氏是明熹宗朱由校的妃子，她生于公元 1606 年，卒于公元 1623 年，享年 18 岁。

【人物生平】

张氏于公元 1612 年入宫，彼时正是明神宗万历年间。张氏入宫之初仅仅是一名普通宫女，于熹宗即位后，她却意外得到宠幸。

当时，熹宗的乳母客氏仗着自己受到宠信，在后宫中十分蛮横，然而张氏却性情刚烈，不愿与之同流合污。客氏因此十分仇视她，总是想尽一切办法在暗中构陷。

当时，张氏在被宠幸后不久就怀孕，因此被封为裕妃，然而直到怀胎足月后，她却依然没能生下孩子。客氏得知这一消息，当即以欺君之罪将她关入别宫。所谓别宫，即是宫殿间的夹道，甚至都无法遮风避雨，条件之恶劣可想而知，同时，客氏又下令断绝了她的一切饮食。可怜的张氏怀有身孕却无法进食，就这样被饿了活活半个月后死去，死后以普通宫女的身份下葬。

直到思宗即位后，才对张氏进行平反，同时又以妃礼将她改葬。

【人物简评】

张氏为人正直却又不知变通，这是她日后悲剧的直接原因，但这一切说到底，是因为当时的后宫太过黑暗。无论如何，张氏都是有孕在身的妃子，相比之下，客氏等迫害者的残忍暴虐，就更加令人发指。

范氏：窘迫岂无肝胆照，国亡亦有赡养人

【人物简介】

范氏是明熹宗朱由校的妃子，其生卒年不详。

【人物生平】

范氏何时入宫不详，入宫后为熹宗生下 1 女 1 子，因此先后被册封为惠妃、贵妃，不幸的是，她的两个孩子却先后夭折，此后她也逐渐失宠。

当时，熹宗正宠爱成妃李氏，李氏因与范氏交好，便趁机请求熹宗雨露均沾。然而客氏、魏忠贤却十分恼恨，干脆将她囚禁起来。后来，就连李氏也因求情而被幽禁并断食，差点就步了张裕妃的后尘。

思宗即位后，清除客氏、魏忠贤的势力，范氏也得以平反释放，并受到明廷

供养。明朝灭亡前夕，范氏为躲避战乱而逃出京城，直至清朝入关才再次返回，并在清廷的接济下度过余生。

【人物简评】

范氏虽然不甚得宠，却有一位肝胆相照的好姐妹，只是在当时的后宫险恶的局势下，像她这样的孤弱女子，实在无法掌控自己的命运。但比起那些被迫害而死的妃子，范氏毫无疑问是非常幸运的。

李氏：久旱逢雨不忘友，身陷险境有奇谋

【人物简介】

李氏是明熹宗朱由校的妃子，她生于公元 1605 年，卒于公元 1637 年，享年 33 岁。

【人物生平】

李氏何时入宫不详，入宫后曾为熹宗生下 1 位公主，因此，被册封为成妃，可惜这位公主后来却又早夭，李氏也因此逐渐失宠。

公元 1626 年，李氏意外得到熹宗的临幸，由于自己与范慧妃交好，她又趁机为之向熹宗求情。然而客氏和魏忠贤得知后，却认为李氏不向自己求助，是不给自己面子，于是便将她囚禁起来，同时又断绝了她的饮食。所幸的是，李氏早就私藏了许多食物，这才避免了像张裕妃那样的下场。直到半个月后，熹宗再次想起李氏，客氏等人也认为她得天佑护，再也不敢加害于她，只好将她贬为了宫女。

熹宗死后思宗即位，李氏这才得到平反，得以恢复妃号并受到供养。公元 1637 年，李氏病逝，享年 33 岁。

【人物简评】

深宫女子往往钩心斗角，像李氏这样自己得宠却不忘姐妹的，可以说是极为友善、仗义。除此之外，李氏也不乏聪慧才智，这是她得以逃过一劫的重要原因。

周氏：一生事君死无恨，但悲恩爱至此终

【人物简介】

周氏是明思宗朱由检的皇后，她生于公元 1611 年，卒于公元 1644 年，享年 34 岁。周氏自思宗登基后，始终勤勉操持事务，与思宗之间情意深重。明朝灭亡前夕，周氏在宫中自缢而死，随后思宗也自缢于煤山。

【人物生平】

周氏的父亲以在京城摆摊算命为业，家庭生活十分清贫，因此，周氏很小的时候就亲自劳作，精通女红之事。公元 1626 年时，皇后张嫣为皇弟朱由检挑选王

妃，贤淑丽质的周氏因此被选中，成为朱由检的正妻。

次年，熹宗驾崩，朱由检在张嫣的帮助下，成为皇位继承人。眼见朱由检将要入宫，张嫣又提醒他要小心阉党，注意饮食，于是周氏便自己做饼以供丈夫食用。甚至在刚刚登基的那段时间，贵为皇后的周氏每天都要亲自下厨，防止魏忠贤等阉党暗中加害，这在很大程度上安抚了思宗的内心。

等到思宗清除阉党后，便开始励精图治、光复社稷，这一时期，周氏也始终尽心尽力地辅佐自己的丈夫。当时宫中有大臣命妇定期入宫朝觐的制度，按照惯例皇后必须予以赏赐。为了节省宫中消费，周氏每次都严格按照制度进行赏赐，不曾有丝毫逾越。与此相反的是，当得知国家因连年用兵平叛御敌，导致军费激增时，周氏又主动拿出自己的积蓄来补充军饷，这些举动都使得思宗十分感动。为了进一步倡导节俭，周氏在宫中常常是布衣素食，同时，又特意下令在后宫安置了 24 架纺车，带领宫人们纺纱织布。在她的管理下，这一时期后宫相对平和安宁，一切事务都有条不紊。

当时正值明朝末年，思宗虽然有心革弊却无法挽回，再加上自己心中猜忌，经常迁怒于大臣，周氏感到十分忧虑。为此，她曾多次劝说思宗宽待大臣，可惜思宗并未采纳。随着天下大势的逐渐倾斜，周氏与思宗都开始意识到末日将临。

公元 1644 年，李自成统帅的起义军攻破北京，思宗得知大势已去，于是便对周氏提出殉国要求。周氏对此毫不意外、愤恨，只是与思宗及儿子挥泪作别，随后便在寝宫自缢身亡，时年 34 岁。不久后思宗也自缢于煤山，等到清兵入关后，又将两人合葬于思陵。

【人物简评】

周氏入宫之后，与明思宗举案齐眉，二人相敬如宾，留下许多亲昵逸事，是一对令人歆羡的深情伉俪。遗憾的是，这样一对恩爱夫妻，却偏偏于天下将倾之时身陷深宫皇城，肩负着国家兴亡的责任，注定无法恩爱一生、白头到老。

袁氏：一心殉死既有定，当初枉受刀兵苦

【人物简介】

袁氏是明思宗朱由检的妃子，她生年不详，卒于公元 1644 年，在后宫中较得明思宗宠爱。

【人物生平】

袁氏早在思宗尚未登基前，就已经嫁入王府为妃，等到思宗即位后，又成为后宫地位仅次于周皇后和田贵妃的女子。袁氏为人贤淑温婉，因此，她与周皇后关系十分亲密，两人相处极为和睦。

公元 1639 年冬天，宫妃按照惯例向周皇后请安，袁氏比田贵妃晚到却依旧被

宣入宫中，反倒是田贵妃被晾在门外许久。除了周皇后之外，思宗也对袁氏比较宠爱，为此，周皇后还故意就此事调侃思宗。

公元 1644 年，李自成攻破北京，思宗命令妃子殉葬，周皇后当即自缢而死。袁氏本也选择上吊，却因绳索断裂而摔倒昏迷，思宗见后便拔剑砍去，但只是将她砍成重伤。随后，袁氏又被他人救活，等到清兵入关又与其他未死的妃子共同得到赡养。

虽然暂时逃过一死，袁氏依旧伤势很重，再加上国破家亡造成的刺激，她最终没能撑过 1 年，就因病重死去。

【人物简评】

只因身为后宫女子，袁氏便不得不接受殉国的命运，比起思宗和周皇后，自尽未遂，又遭到丈夫亲手砍杀的她，人生无疑更加悲苦。

田秀英：宫闱是非难断定，同有贤名偏不容

【人物简介】

田秀英是明思宗朱由检的妃子，她生年不详，卒于公元 1642 年，在后宫中较得明思宗宠爱。

【人物生平】

田秀英的父亲田弘遇本是一名客商，积攒起大量财富，因此田秀英从小就受到良好教育，琴棋书画无不精通。嫁给信王朱由检后，田秀英很快得到宠爱，公元 1628 年，她又被册立为贵妃。

田秀英不仅才艺绝艳，为人也以贤淑著称，当时思宗倡导节俭，她便亲自为思宗缝补衣服节省开支，就连宫中侍女的饰物，也都是她用老旧饰物翻新做成，并且十分精致。不仅如此，她还经常劝说思宗勤勉国事，不要为自己太过分心。

即便如此，田秀英却与思宗的贤良皇后周氏关系不睦，有一年，冬天自己依照惯例前来请安时，周皇后甚至故意将她晾在门外冻了好半天。事后，田秀英向思宗哭诉，思宗先是与皇后一番吵闹，随后又将田秀英迁出寝宫，一连 3 个月不搭理她，这才缓解了双方的矛盾。

公元 1640 年，田秀英的儿子朱慈焕早夭，田秀英因此受到巨大打击。不久之后，另外 3 子中又有 2 人先后夭折。接连的打击使得田秀英很快就一病不起。公元 1642 年，田秀英将唯一在世的孩子托付给熹宗皇后张嫣，同年就因病去世。2 年之后，明朝灭亡，李自成下令将思宗、周皇后与田秀英合葬于其陵墓，即思陵。

【人物简评】

田秀英是一位贤淑妃子，然而她却偏偏与以贤明著称的周皇后不睦，其间，孰是孰非、谁对谁错，实在令人难以判断。

清

哲哲：满蒙联姻自我始，巩固清廷有大功

【人物简介】

哲哲是清崇德帝皇太极的第一任皇后，出自博尔济吉特氏，她生于公元1599年5月31日，卒于公元1649年5月28日，享年51岁。

【人物生平】

哲哲出自蒙古科尔沁部，其父莽古斯曾统帅过围攻努尔哈赤的"九部联军"之一。后来由于联军惨败，莽古斯才改变心意与努尔哈赤联合。公元1614年，哲哲作为政治联姻工具，嫁给了努尔哈赤之子皇太极，即后来的清太宗，这一联姻也成为日后满蒙联姻政策的开始。

十数年后，哲哲的两位侄女布木布泰和海兰珠，也都嫁给了皇太极为妃，这一看似荒诞的婚姻，在当时的满蒙两族却并没有任何不妥。公元1636年，皇太极称帝，建立清朝政权，随后又将哲哲正式册立为皇后。皇太极一生一共纳有15名后妃，后宫难免人多事杂，但在哲哲的主持之下，一切事务始终被处理得井井有条。

哲哲先后三次怀孕，所生都是女儿，反倒是她的侄女布木布泰（即孝庄太后）后来生下了顺治皇帝。尽管如此，哲哲却始终稳居后位，顺治帝即位后又尊她为太后。公元1599年，哲哲病逝，享年51岁，死后与皇太极合葬于昭陵，谥孝端正敬仁懿哲顺慈僖庄敏辅天协圣文皇后。

【人物简评】

比起在银幕上备受瞩目的布木布泰和海兰珠，哲哲这位姑母显得不甚起眼，但终皇太极一朝，她才是真正意义上的后宫之主。哲哲不仅是清朝满蒙联姻政策的先行者，嫁入清廷后，又为维护这一政策做出了许多贡献，影响极为深远。

布木布泰：辅明君而不摄政，处尊位而不擅权

【人物简介】

布木布泰是清崇德帝皇太极的妃子、顺治帝福临的生母，她生于公元1613

年，卒于公元 1688 年，享年 75 岁。布木布泰即历史上鼎鼎大名的孝庄太后，一生先后抚养和辅佐了顺治、康熙两代清朝皇帝，是清初的优秀女政治家。

【人物生平】

布木布泰出自博尔济吉特氏，其姑母即是崇德帝皇太极的皇后哲哲。公元 1625 年，布木布泰的兄长吴克善将她一路护送到皇宫，同年，布木布泰嫁给皇太极为侧室。

当时后金后宫以中宫、东宫、西宫福晋依次为尊，哲哲为中宫福晋，布木布泰则是西宫福晋。由于东宫位置空悬，布木布泰在后宫的地位仅次于姑母哲哲。公元 1634 年，她的姐姐海兰珠被纳为妃子，成为后宫第二人，布木布泰则在此前就已经排到了第三位。

嫁给皇太极后，布木布泰先后生下 3 个女儿，等到皇太极称帝自立，她又生下皇九子福临，即后来的顺治皇帝。当时除了布木布泰外，蒙古大汗林丹汗的几位遗孀也已经嫁入皇宫，同列为五大福晋，受封庄妃的布木布泰则排在第五，地位不论是比姐姐还是其他几人，都要差上许多。

公元 1643 年，皇太极病死，死后引发皇位争夺，最终多尔衮和豪格两位亲王各退一步，布木布泰的儿子福临意外成为皇位继承人。布木布泰就此成为太后，与自己的姑母哲哲共同受到顺治帝的奉养。这一时期顺治帝年幼，朝中大事主要由多尔衮处理，布木布泰则在宫中精心教育儿子，以确保他日后能够顺利亲政。但顺治帝亲政之后，却在国家重大方针政策上，与满清贵族产生了许多矛盾，就连布木布泰本人也无法完全认同自己的儿子。公元 1661 年，顺治帝驾崩，布木布泰又拥立皇孙玄烨即位，即康熙帝。

康熙即位时仅有 8 岁，又有顺治帝的例子在前，因此，布木布泰对这位孙儿可以说是极为用心。不仅如此，鉴于当时辅政四大臣中鳌拜专权，其他几人要么依附、要么躲避、要么不满，她又积极笼络索尼家族。在她的安排下，康熙帝最终册立辅政大臣索尼的孙女赫舍里氏为皇后，同时，又将另一名辅政大臣遏必隆的女儿册立为妃。凭借着这一举措，布木布泰和康熙帝成功地巩固了自身的势力，并最终凭借着索尼之子索额图的力量，一举铲除了朝中的鳌拜集团。

等到铲除鳌拜之后，康熙帝又开始对吴三桂等人下手。吴三桂等人不愿坐以待毙，在封地内发动叛乱，清廷只得派遣大军前往镇压。此时，布木布泰虽然贵为太皇太后，每日生活却力求节俭，同时又将所剩余下来的财物，全数捐出来充作军饷。康熙因此十分感动，侍奉自己的这位祖母时，也愈发恭敬、孝顺。

公元 1687 年，布木布泰病重，康熙每日昼夜不离地陪在身边侍奉汤药，甚至率领群臣祈祷，希望以自己的寿数来换取祖母健康，然而这一切始终无济于事。同年，布木布泰病逝，享年 75 岁，康熙帝追谥她为孝庄仁宣诚宪恭懿翊天启圣文皇后，葬于皇太极昭陵西侧。

【人物简评】

布木布泰在皇太极死后，尽心尽力抚养、辅佐顺治、康熙两代君主，展现出了过人的政治才华，她是一位十分杰出的女政治家。尽管儿子顺治帝令她多有失望，布木布泰最终仍是培养出了一位雄才大略的孙子康熙帝，对清朝后世可以说是产生了极为深远的影响。

海兰珠：不好权谋称后世，唯以恩宠羡今人

【人物简介】

海兰珠是清崇德帝皇太极的妃子，她生于公元1609年，卒于公元1641年，享年33岁。海兰珠在后宫中深得皇太极宠爱，地位仅次于自己的姑母哲哲皇后。

【人物生平】

海兰珠与哲哲皇后、布木布泰同出自博尔济吉特氏，与布木布泰为亲姐妹，均为哲哲皇后的侄女。然而，哲哲皇后早在公元1614年就嫁给皇太极，公元1625年，布木布泰也已入宫。反倒是身为姐姐的海兰珠，直到公元1634年才成为皇太极的妃子，开始了姑侄三人共事一夫的岁月。

入宫时的海兰珠已有26岁，在年龄上并不占优势，然而比起自己的妹妹布木布泰，她却更加成熟、艳丽，更能吸引皇太极的注意。不仅如此，海兰珠同时也是一位性格温婉、知书达礼的女子，这都为她赢得了更多的瞩目。很快，皇太极就下令将她册封为宸妃，还特意引用《诗经·关雎》篇，将她的居所命名为关雎宫。当时，后宫中虽然有很多妃子，海兰珠却排在第二位，甚至还高过了比自己先入宫的妹妹，仅次于自己的姑母哲哲皇后。

公元1637年，海兰珠为皇太极生下第8个皇子，皇太极得知消息后十分欣喜，很快就下令将这个孩子立为太子。不仅如此，他还宣布除了诏书中所列出的10项大罪之外，当时国中所有的罪犯，全数都能得到赦免。然而仅仅过了半年，这个孩子就意外夭折，此时皇太极甚至还没来得及给他起名。海兰珠因此深受打击，她的楚楚可怜之态被皇太极看在眼里，愈发惹他怜惜。

公元1641年，皇太极亲率大军赶赴前线，与明朝统帅洪承畴展开决战，就在这一关键时刻，他接到了后方传来的消息：宸妃病笃。得知这一消息之后，皇太极不顾军情紧急，当即匆忙赶回皇宫，可惜途中就传来海兰珠病逝的噩耗。皇太极回宫之后十分悲痛，几度哭至昏迷，尽管他也一再告诫自己"天之生朕，岂为一妇人哉"，却依然无法抑制自己内心的悲伤。

海兰珠死后，被葬在盛京之外5里之处，因此皇太极每次出游都要特意经过，等到降服洪承畴、举行庆功宴时，他又因为海兰珠守丧而不愿出席。不仅如此，凡是在海兰珠丧期内作乐寻欢的贵族，也都被皇太极下令进行了种种惩处。

【人物简评】

比起自己的妹妹布木布泰，海兰珠的生命十分短暂。在清朝初年的政治舞台上，她也并没有什么重要的地位、显赫的事迹和深远的影响，但作为一名女子，

她却得到了自己丈夫的万千宠爱，单凭这一点就足以令多数女子歆羡不已。

娜木钟：愿以一人救族室，孰料又嫁天子身

【人物简介】

娜木钟是清崇德帝皇太极的妃子，她出自博尔济吉特氏，生年不详，卒于公元 1674 年。

【人物生平】

娜木钟出自蒙古族，最初曾嫁给蒙古帝国大汗林丹汗。林丹汗一生致力于恢复成吉思汗的霸业，无奈心比天高命比纸薄，最终于公元 1632 年被皇太极打败。3 年之后，林丹汗死于天花，娜木钟就此成为寡妇。

为了保住自己的儿子和族人，娜木钟只好带领着全部族人归顺皇太极，同时更将北元的玉玺献出。皇太极为了表示安抚，便将娜木钟纳为侧室。皇太极称帝后册封诸妃，娜木钟也被册封为西麟趾宫贵妃。娜木钟在当时也是皇太极较为宠爱的妃子，仅次于皇后哲哲的侄女海兰珠。

皇太极死后，顺治帝尊哲哲为太后，尊娜木钟为太妃。此后，娜木钟居于深宫，直到公元 1674 年去世，死后葬于昭陵，此时已是康熙年间了。

【人物简评】

娜木钟一生出嫁两次，两位丈夫均贵为蒙、满大汗，后者更是登基称帝，建立日后享国 200 余年的政权，可谓福泽深厚。

巴特玛璪：夫既死求生为要，女再嫁唯强是从

【人物简介】

巴特玛璪是清崇德帝皇太极的妃子，她出自博尔济吉特氏，生卒年不详。

【人物生平】

巴特玛璪与娜木钟一样，都出自蒙古博尔济吉特氏，也一样都是蒙古林丹汗的妻室。林丹汗死后，他的几位妻室为了保全儿子族人，先后携带者牛羊马匹和金银财宝归顺皇太极，其中就包括巴特玛璪与娜木钟。

在其他几位贝勒的一致建议下，皇太极同意迎娶巴特玛璪为侧室，而娜木钟则是在此后 1 年才前来归顺。因此皇太极称帝之后，便将巴特玛璪册封为次东宫淑妃，比娜木钟的地位更要高出一点。

皇太极死后，巴特玛璪也被顺治帝尊为太妃，此后在后宫中生活到老，但比娜木钟，她离世更早。

【人物简评】

巴特玛璪在林丹汗死后，同年，她就率领族人、携带财物归附后金，表现得十分果断，比起娜木钟等人显然更识时务。

博尔济吉特氏：所托非良诚可叹，幸有孝子奉余生

【人物简介】

博尔济吉特氏是清顺治帝福临的皇后，她生于公元1641年11月5日，卒于公元1718年1月7日，享年78岁。

【人物生平】

博尔济吉特氏于公元1654年被选入宫，成为顺治帝的贵妃，同年，她又被册立为皇后。然而，她与顺治帝的感情却并不和睦，更无法与后来入宫的董鄂妃相比。由于一时疏忽，她触怒孝庄太后，顺治帝一度打算趁机废黜她，后来还是孝庄太后亲自下旨才得以保住后位。

康熙帝即位后，初时对博尔济吉特氏并无太多情感，但及至她40大寿那天，康熙帝依旧宣布罢朝1日，专程为其进行庆贺。公元1688年，孝庄太后病逝，博尔济吉特氏表现得悲痛万分，从此之后，康熙帝侍奉她更加用心。

当时，康熙帝每次出巡，要么带着博尔济吉特氏一同前往，要么就以书信互相往来，表现得十分恭敬。博尔济吉特氏如果送来衣物，他也一定会谨慎地收下。公元1710年，恰逢博尔济吉特氏70大寿，康熙帝又以远胜之前的规模进行庆贺。在她生日那天，康熙帝下令在宫中举办盛宴，将所有在京的皇族子弟全数召入宫中，甚至就连所有大臣、侍卫及他们的夫人，也一同奉命入宫，为博尔济吉特氏庆生。宴会期间，康熙帝甚至亲自起身跳起满族传统舞蹈，宫中的热烈气氛达到最盛。

公元1718年，博尔济吉特氏病重，此时康熙帝也已至暮年，甚至无法亲自赶来，只得由侍卫抬着轿子前来觐见。同年，博尔济吉特氏病逝，享年78岁，康熙帝因失去最后一位长辈而悲恸不已，甚至连祭文都无法顺利读完。博尔济吉特氏死后葬于孝东陵，谥孝惠章皇后。

【人物简评】

博尔济吉特氏虽然没能得到丈夫的宠爱，但却有一个不是亲生、胜似亲生的好儿子，因此她的晚年过得十分安详。

佟佳·念锦：嫁天子难有宠幸，育雄帝竟无伴随

【人物简介】

佟佳氏是清顺治帝福临的妃子、康熙帝玄烨的生母，她生于公元1640年，卒于公元1663年3月20日，享年24岁。

【人物生平】

佟佳氏本姓佟，为汉姓，然而她的祖父佟养正却是投靠明朝的女真人，因此，佟佳氏归根结底仍为正蓝旗满人。公元1618年时，已经投奔明朝的佟养正再次转投努尔哈赤，佟佳氏一族就此归顺后金。

在爱新觉罗氏攻占中原、建立帝业的过程中，佟佳氏一族多有军功，佟佳氏也于公元 1653 年时，被顺治帝娶为妃子，次年又生下了后来的康熙帝玄烨。公元 1661 年，玄烨即位之后，于第 2 年，他将生母佟佳氏与孝惠章皇后并尊为太后，但仅仅过了 1 年佟佳氏便早早去世，年仅 24 岁，死后葬于孝陵，谥孝康章皇后。

【人物简评】

佟佳氏虽然生下一代雄才帝王康熙，但在当时的后宫却并不得宠。不仅如此，早早辞世的她甚至也未能长久陪伴自己的儿子，福缘十分浅薄。

董鄂氏：后宫佳丽独一宠，长恨未能久伴君

【人物简介】

董鄂氏是清顺治帝福临的妃子，她生于公元 1639 年，卒于公元 1660 年 9 月 23 日，享年 22 岁。

【人物生平】

董鄂氏出自正白旗，其族人多在清廷任官，公元 1656 年，她也被选入后宫，成为顺治帝的妃子。同年，董鄂氏先后被册封为贤嫔、贤妃，直至皇贵妃，进封之快在历史上也鲜有能及。不仅如此，顺治帝在举行册典之后，还广诏天下、宣布大赦，在清朝的历史上可谓绝无仅有。

公元 1657 年，董鄂氏生下皇子后，欣喜若狂的顺治帝更是再次昭告天下、宣布大赦，遗憾的是这个孩子却很快就夭折。为了表示自己的哀痛，顺治帝又打破祖制，破天荒的追封这个孩子为亲王，由此不难看出董鄂氏在后宫中是非常受顺治帝宠爱的。

董鄂氏虽然专宠于后宫，但平日里却表现得十分恭顺，从来没有高高在上、颐指气使的姿态，在后宫中有着极好的口碑。当时，顺治帝的皇后生病，董鄂氏不仅亲自服侍她，还主动为她分担宫中的大小事务，凡事都处理得井井有条。倘若其他妃子生病，董鄂氏也会主动前往照顾，并不因她们身份尊卑不同而有所区分。由于自己无子，董鄂氏又奉命抚养其他亲王的 3 位女儿，对她们的照料甚至超出了生母。

就是这样一位贤淑的妃子，却在公元 1660 年时病重去世，年仅 22 岁。董鄂氏死后，全皇宫上至太后、下至宫女无不感到悲痛，一些往日曾经得到照顾的妃子，更是选择吃素拜佛来为她祈祷。当然，其中最为悲痛的仍是顺治帝。为了表示哀悼，顺治帝下令追封董鄂氏为皇后，并将她葬于孝陵，谥孝献庄和至德宣仁温惠端敬皇后。

【人物简评】

在许多清宫戏中，董鄂氏均是一位受人瞩目的角色，事实上，这位贤淑温婉的女子，也确实是顺治帝心中最后的港湾。在董鄂氏死后 1 年，顺治帝也英年早

逝，其中固然有其他因素，但董鄂氏的辞世显然也是一个重要原因。

赫舍里·芳仪：二度怀胎多不易，子生母死喜成哀

【人物简介】

赫舍里氏是清康熙帝玄烨的皇后，她生于公元 1654 年 2 月 3 日，卒于公元 1674 年 6 月 6 日，享年 21 岁。

【人物生平】

赫舍里氏的祖父索尼位列辅政大臣之首，身份家世十分显赫。当时，正值孝庄太后为康熙帝选后，赫舍里氏也成为人选之一。当时除了她之外，还有另一名辅政大臣遏必隆的女儿钮钴禄氏入选，但孝庄太后因遏必隆依附鳌拜而感到忧虑，最终仍是以赫舍里氏为皇后。

得知赫舍里氏将要被立为皇后，深谙庙堂之争的鳌拜当即数次上疏反对，直指赫舍里氏是"满洲下人之女"，对她的家族进行了刻薄的嘲讽，然而，他的这一做法，却并没能阻止孝庄太后。公元 1665 年，赫舍里氏正式被册立为皇后，4 年之后，她又为康熙帝生下一子承祜。3 年后，年幼的承祜就意外夭折。

公元 1674 年，赫舍里氏再次临盆，整个皇宫顿时洋溢着一片喜庆的气氛。当时宫人们都十分用心地打理一切，做好了迎接皇子诞生的准备。同年五月初三日，赫舍里氏生下皇子胤礽，康熙帝也因此十分欣喜，然而赫舍里氏却因难产而陷入昏迷。尽管御医们想尽种种方法救护，赫舍里氏却愈发气息奄奄，不久，她就死去，年仅 21 岁。

康熙帝在短短一天之内，就先后经历了得子之喜和丧妻之痛，在接下来很长的一段时间里，后者都占据了他的心灵。由于思念赫舍里氏，康熙帝一度将朝鲜使臣晾在一边，以至于他们在自己的国书上，都写下了"清皇不恤国事"的文字。赫舍里氏死后葬于景陵，谥孝康章皇后。

【人物简评】

赫舍里氏本人虽然没有显赫的事迹，但正是凭借着她的关系，孝庄太后和康熙帝才能进一步笼络了索尼家族，为日后扳倒鳌拜起到了巨大的作用。

钮祜禄·东珠：只因老父失后位，又争后位奉家尊

【人物简介】

钮钴禄氏是清康熙帝玄烨的第二任皇后，她生于公元 1653 年，卒于公元 1678 年 3 月 18 日，享年 26 岁。

【人物生平】

钮钴禄氏之父即为康熙初年时，辅政四大臣之一的遏必隆，正是出于这一层关系，钮钴禄氏才得以被选入宫。鉴于其父遏必隆依附鳌拜，孝庄太后在确定皇

后人选时，最终没有选择钮钴禄氏，而是选择了辅政大臣索尼的孙女赫舍里氏。

公元1674年，赫舍里氏因难产而死，直到3年后，康熙帝才下令册封钮钴禄氏为皇后。当时鳌拜一党早已覆灭，遏必隆也因攀附鳌拜而被革职，然而钮钴禄氏却仍然能够执掌后宫，由此可见其受宠。除此之外，安抚钮钴禄氏所在的镶黄旗，也是康熙帝册立她为皇后的原因之一。

由于自己为人贤淑，康熙帝对钮钴禄氏也十分重视，因此后来当她提出要为自己的父亲立庙时，康熙帝不但没有因不愉快的往事而愤怒，反而当即答应了这一请求，并亲自撰写碑文。仅仅当了1年皇后之后，钮钴禄氏也因病去世，年仅26岁。钮钴禄氏死后，康熙帝亲自为她举哀，追谥为孝昭仁皇后。

【人物简评】

钮钴禄氏因父亲之故而错失后位，最终却凭借着自己的才智和魅力，得到康熙帝的认可，比起位列辅政四大臣之一的父亲遏必隆，她也丝毫不显得逊色。

佟佳·仙蕊：有实无名掌六宫，册立未久命又薨

【人物简介】

佟佳氏是清康熙帝玄烨的第三任皇后，她生年不详，卒于公元1689年。佟佳氏在被册立为皇后的第二天就病逝，成为中国历史上在位时间最短的皇后。

【人物生平】

佟佳氏是康熙帝生母孝康章皇后的侄女，与康熙帝为表亲。公元1677年，佟佳氏入宫，第二年，皇后钮钴禄氏就因病病逝。此后康熙帝不再册立皇后，佟佳氏便以贵妃的身份管理六宫。

公元1681年，康熙帝进封佟佳氏为皇贵妃，2年后，佟佳氏生下1女，可惜没过多久就夭折了。公元1689年，佟佳氏突然患上急病，很快就卧床一病不起。或许是出于愧疚或补偿心理，康熙帝直到这时才宣布册立她为皇后。

被立为皇后的第二天，佟佳氏就因病逝世，康熙帝为此罢朝服丧，并亲自护送灵柩出城。佟佳氏死后葬于景陵，谥孝懿仁皇后。

【人物简评】

佟佳氏在长达10多年的时间里，一直掌管六宫事务，但却没有皇后的名分。等到自己终于成为皇后，却没能在世间多活一天。不过虽然名分姗姗来迟，佟佳氏却享尽后宫尊荣富贵，仍然称得上幸福。

乌雅·德宛：居深宫虽无权柄，生天子不输旁人

【人物简介】

乌雅氏是清康熙帝玄烨的妃子、雍正帝胤禛的生母，她生于公元1660年，卒于公元1723年，享年64岁。

【人物生平】

公元 1673 年时，清廷内务府依照惯例选秀入宫，年仅 14 岁的乌雅氏就此中选。乌雅氏入宫后，逐渐得到康熙帝的宠爱，公元 1678 年，她又生下了四皇子胤禛。此后乌雅氏先后又生下胤祚、胤禵两位皇子以及三位公主，公元 1681 年，她又被册立为四妃之一的德妃。

公元 1722 年，康熙帝病死，乌雅氏的亲子胤禛继位登基，即雍正帝，乌雅氏也被尊为太后。仅仅过了 1 年，乌雅氏就突然病重，为此，雍正帝亲自赶到生母的住处，每日尽心照顾，侍奉汤药，然而乌雅氏的病情却始终不见好转。同年，乌雅氏因病逝世，享年 64 岁，死后葬于景陵，谥孝恭仁皇后。

【人物简评】

比起纳喇氏、马佳氏等一同受封的妃子，乌雅氏显得并不得宠，在后宫中也没有太多的权柄，但作为后来的雍正帝的生母，她也算是"笑到了最后"。

纳喇氏：家族本已踞堂上，自身亦以尊贵显

【人物简介】

纳喇氏是清康熙帝玄烨的妃子，她生年不详，卒于公元 1732 年，位列后宫四妃之首。

【人物生平】

纳喇氏出自正黄旗，与康熙朝名相纳兰明珠同出一族，两人乃是堂亲。当时随着纳兰明珠在庙堂上的显赫，纳喇氏一族也逐渐兴旺，纳喇氏本人也是在这一时期进入后宫的。

纳喇氏为人性情柔和，端庄大气，入宫后很快就得到康熙帝的宠爱。公元 1670 年，纳喇氏为康熙生下第三子承庆，然而承庆次年就意外夭折，之后纳喇氏又于公元 1672 年生下皇子胤禔。

公元 1677 年，康熙帝册封七嫔，纳喇氏成为排名第五的惠嫔，公元 1681 年，她又成为四妃之首的惠妃。在太后的诏令下，纳喇氏与另一名妃子荣妃共同协助皇后，处理后宫一应事务，纳喇氏家族的地位因此更加巩固。

由于康熙帝早年的皇子大多夭折，纳喇氏的儿子胤禔就成为了皇长子。有一次，胤禔犯下大错，本来要被处斩，纳喇氏当即上疏故意指责他不肖，成功使得康熙帝改变心意，将其贬至自己住处，借此保全了他。

公元 1732 年，纳喇氏病逝，享年 70 多岁，死后葬于景陵。

【人物简评】

初入宫时，纳喇氏的地位尚不及荣妃马佳氏，但凭借着家族背景和自身魅力，她很快就跻身于贵妃之首。从儿子犯下死罪却被赦免一事，也同样能够看出她在康熙帝心中的分量以及她的智谋。

马佳氏：看惯生离死别后，唯有豁达与淡泊

【人物简介】

马佳氏是清康熙帝玄烨的妃子，受封为荣妃，她生年不详，卒于公元 1727 年。马佳氏为康熙帝育有多名子女，虽然大多夭折，但她依旧得到宠爱。

【人物生平】

马佳氏何时入宫不详，早在康熙六年，她生下皇长子承瑞。此后，马佳氏先后又生下 4 子 1 女，但其中仅有皇子胤祉、固伦荣宪公主得以长大成人。

由于自己是最早生下皇子的宫人之一，马佳氏于公元 1677 年被册立为荣嫔，在七嫔中居于第四。几年之后，康熙帝再次册封四妃，马佳氏也名列最后一位。虽然排名靠后，马佳氏却深得太后倚重，太后甚至下令以她和惠妃纳喇氏共同协助皇后，管理后宫大小事务。

由于自己不是最受宠爱的妃子，所生的皇长子又早早夭折，马佳氏对于宫闱争斗，也早早就熄灭了热情，只是安居深宫颐养天年，表现得十分淡泊、从容。公元 1727 年，马佳氏病逝，她死后葬于景陵。

【人物简评】

如果不是长子早夭，马佳氏的一生命运很有可能就此改写，甚至日后成为太后也未可知，但是历史从来就没有什么如果。在经历多次痛失爱子后，马佳氏反倒彻底看开了，以从容淡泊的心态安度一生，这样的豁达倒也令人敬佩。

乌拉那拉氏：事君何须美色，得宠只因贤德

【人物简介】

乌拉那拉氏是清雍正帝胤禛的皇后，她生于公元 1681 年 6 月 28 日，卒于公元 1731 年 10 月 29 日，享年 51 岁。

【人物生平】

乌拉那拉氏出自正黄旗，其父为清廷内大臣。公元 1691 年，康熙帝亲自指婚，将乌拉那拉氏嫁给了四皇子胤禛，此时乌拉那拉氏年方 10 岁，胤禛也只有 13 岁。

公元 1697 年，乌拉那拉氏生下皇长孙弘晖，然而弘晖在 8 岁时就夭折了，此后，乌拉那拉氏再未生育一子半女。公元 1722 年，胤禛即位，即雍正帝，乌拉那拉氏也被册立为皇后。

尽管自己没有再次生育，乌拉那拉氏在日常生活中，却对雍正帝极为体谅，对后宫其他妃子也十分友善，因此后宫之中的种种斗争，始终都没能将这位贤淑恭孝的皇后拉下马。公元 1731 年，乌拉那拉氏病逝，享年 51 岁，死后葬于泰陵，谥孝敬恭和懿顺昭惠庄肃安康佐天翊圣宪皇后。

【人物简评】

乌拉那拉氏自丧子后便未能生育，在后宫中也无法靠姿色压服群芳，但她却以自己的人格魅力征服了雍正帝的心，保住了自己尊贵的后位。比起以美色博宠的女子，她显然更为睿智、高明。

钮钴禄氏：因子显贵享高寿，后宫荣华第一人

【人物简介】

钮钴禄氏是清雍正帝胤禛的妃子、乾隆帝弘历的生母，她生于公元 1692 年，卒于公元 1777 年，享年 86 岁，是清代享寿最高的一位皇太后。

【人物生平】

钮钴禄氏出自镶黄旗，与康熙年间辅政大臣之一的遏必隆有一个共同的曾祖父——清朝开国五大臣之一、后金第一名将额亦都。公元 1704 年，钮钴禄氏嫁入雍亲王府，彼时她只有 13 岁。

在初入王府的 10 多年里，钮钴禄氏始终没有生育子嗣，因此地位十分低下，直到后来胤禛患上重病，她每天不分昼夜地尽心侍奉，这才逐渐得到宠爱。公元 1711 年，钮钴禄氏生下清朝未来的皇帝弘历，弘历也成为康熙帝最溺爱的孙子。钮钴禄氏愈发得到胤禛的重视。

公元 1722 年，康熙帝病逝，胤禛即位，次年就将弘历定为储君，钮钴禄氏此时也已经被册封为熹贵妃。弘历即位后，遵照父亲遗诏将母亲尊为太后，对她极为孝顺，一生中自己先后几次出巡、打猎，每次钮钴禄氏必然会与儿子一同随行。当钮钴禄氏 80 大寿时，乾隆帝不仅举行了隆重的庆贺，甚至还以 60 高龄亲自下场为其献舞。

公元 1777 年，钮钴禄氏身体欠和，初时并不严重，但后来却突然加剧。为了不打扰儿子治政，她始终强行撑持，不久之后就病逝，享年 86 岁。钮钴禄氏死后葬于泰东陵，谥孝圣慈宣康惠敦和诚徽仁穆敬天光圣宪皇后。

【人物简评】

钮钴禄氏一生中并没有被册立为皇后，但在雍正朝时，她也享有仅次于皇后的贵妃待遇。及至儿子乾隆登基，对于她这位生母更是极为敬重、厚待，因此，钮钴禄氏堪称清朝历史上最为享福的宫妃。

年贵妃：一人恩宠及子嗣，不因兄长受殃及

【人物简介】

年贵妃是清雍正帝胤禛的妃子，她生年不详，卒于公元 1725 年。

【人物生平】

年氏是太傅年遐龄的女儿，她的二哥即是雍正朝时大名鼎鼎的将军年羹尧。

公元 1711 年，康熙帝亲自指定，将年氏嫁给皇子胤禛，此后，年氏先后为胤禛生下 3 子 1 女，她成为胤禛最为宠爱的妃子。

胤禛即位后，便将年氏册立为贵妃，在后宫中地位仅次于皇后，反倒是其他比她更早嫁给雍正帝的女子，都只获得了妃的封号。由于自己体弱多病，年氏并未能陪伴雍正帝太久，公元 1725 年，她就因病去世。此时距离雍正即位，仅仅过了 3 年。

年氏死后，雍正帝感到十分悲痛，亲自在册文中称赞她的品性，就连她跋扈的兄长年羹尧，也因此而暂时免受处分。年氏所遗留的子嗣早夭后，雍正帝又以亲王之礼下葬，当时几位皇子包括弘历在内，甚至都还没有爵位。

【人物简评】

年氏的兄长年羹尧深为雍正所深恶，然而即便如此，年氏死后依旧得以隆重风光大葬，并未受到任何牵连，足见雍正帝对她的重视。

耿裕妃：只因善饮得帝宠，高寿享尽深宫福

【人物简介】

耿氏是清雍正帝胤禛的妃子，她生于公元 1689 年 11 月，卒于公元 1784 年 12 月 17 日，享年 96 岁。

【人物生平】

耿氏于公元 1703 年嫁入雍亲王府，成为胤禛的妃子，后来，她又生下一子弘昼。公元 1722 年，胤禛即位后，耿氏先后被册立为裕嫔、裕妃。

乾隆帝即位后，对耿氏也十分敬重，尊她为皇考裕贵妃。她的儿子弘昼为人任性恣意，曾经在庙堂之上当着乾隆的面殴打大臣，平日里更喜好置办丧礼、享用祭品，是清朝历史上有名的"荒唐王爷"，但乾隆帝却始终对他十分宽容。公元 1770 年弘昼先行去世，耿氏经历了一场白发人送黑发人，此后，她又独自生活了 14 年之久。

公元 1784 年耿氏寿终正寝，享年 96 岁，此前还在 90 大寿时，被乾隆帝尊为皇考裕皇贵太妃。耿氏死后葬于泰陵妃园寝，谥纯懿皇贵妃。

【人物简评】

耿氏虽为女子，却颇能饮酒，因此与雍正帝十分契合，这也是她日后得宠的一大原因。不仅如此，耿氏一生享寿之高，在古代也极为罕见，因此，她享受了远比常人更久更多的荣华富贵。

富察·英琦：唯有一身入君眼，六宫纷繁亦如空

【人物简介】

富察氏是清乾隆帝弘历的皇后，生于公元 1712 年 3 月 28 日，卒于公元 1748

年3月12日，享年37岁。富察氏与乾隆伉俪情深，因此在其死后，乾隆深受打击，为此还引出了一系列政治风波。

【人物生平】

富察氏出身于镶黄旗，其家族早在努尔哈赤起兵时，就立下从龙大功，家世背景十分显赫。据说，富察氏9岁那年，时为亲王的胤禛突然造访其家，偶然间发现富察氏精于书法、通晓诗文，对此感到十分赞叹。

公元1727年，雍正帝为太子弘历选妃，脑海中首先想到的人选就是富察氏，于是便为弘历与富察氏举行了隆重的婚礼。结婚之后，端庄优雅的富察氏果然深得弘历喜爱，夫妻两人举案齐眉，二人相敬如宾，十分恩爱。之后，富察氏先后为弘历生下2子2女。

公元1735年，雍正帝病逝，死后后宫传出懿旨，册封富察氏为皇后，次年，乾隆帝又正式举行了册礼。不仅如此，乾隆还将自己与富察氏所生的长子永琏私下立为储君，遗憾的是，仅仅过了2年，永琏便病死。公元1746年，富察氏生下次子永琮，乾隆再次打算立他为储君，然而永琮也于次年夭折。

两个儿子先后夭折，给富察氏带来了巨大的打击，身心因此都受到挫伤。为了安抚爱妻的内心，乾隆帝特意带着她一起东巡，以此来缓解她的悲痛，然而富察氏却在途中一病不起。即便自己病入膏肓，富察氏仍不愿乾隆为自己耽误国事，一再请求他立即返京。不久，富察氏病逝于途中，享年37岁。

富察氏之死使得乾隆十分悲痛，甚至迁怒于朝中大臣。当时凡是没有上疏表示哀痛的大臣，都在后来被降低品级，就连名臣张廷玉等人也因撰写祭文时的微小失误，受到其严厉斥责和处罚。富察氏死后最终葬于裕陵，谥孝贤诚正敦穆仁惠徽恭康顺辅天昌圣纯皇后。

【人物简评】

富察氏自小就以聪慧贤明得到雍正帝的喜爱，事实也证明她确实是一位温顺儿媳、明理妻子、贤良皇后。她死后，乾隆帝曾写下"九御咸备位，对之吁若空"的诗句，从中也能够看出她在乾隆帝心中位置，还有旁人难以企及的分量。

辉发那拉氏：一日夫妻百日恩，恩爱不及一时争

【人物简介】

辉发那拉氏是清乾隆帝的第二任皇后，她生于公元1718年3月11日，卒于公元1766年8月19日，享年49岁。由于生前忤逆乾隆，辉发那拉氏死后并未以后礼安葬，等同被废黜。

【人物生平】

辉发那拉氏是镶蓝旗人，于雍正帝时嫁入宝亲王府，成为弘历的妃子，弘历即位后又先后册封她为娴妃、娴贵妃。

公元 1748 年，皇后富察氏病逝，同年乾隆帝下诏册立辉发那拉氏为皇贵妃，以她统领六宫事务，并于次年正式举行了册封大典，仅仅过了 1 年之后，乾隆帝又正式立她为皇后。之后，辉发那拉氏先后生下 2 子 1 女，乾隆帝每次巡游全国，必然要将她带在身边。

公元 1765 年，乾隆帝第四次出巡，辉发那拉氏的命运也因这次巡游而改变。在行至杭州时，早上还与乾隆帝一同进膳的辉发那拉氏，当天就被下令护送回京城，就连当天的晚宴都没有出席。不久，乾隆又下令追回她之前被册立时的所有册宝，同时又将她在后宫的待遇减至最低。

次年，辉发那拉氏就突然死去，享年 49 岁。她死后，乾隆下令以皇贵妃之礼下葬，然而真正的下葬规格却远低于皇贵妃。最后，辉发那拉氏甚至是被葬在了另外一名皇贵妃的陵寝之侧，待遇可谓凄凉至极。

【人物简评】

辉发那拉氏的失宠，想来不外乎是与乾隆爆发夫妻口角，然而究竟是什么使乾隆愤怒至此，以至于死后仍然不能息怒，就十分惹人产生疑惑了。

魏佳·小玉：子嗣繁多君宠盛，生时身后皆有荣

【人物简介】

魏佳氏是清乾隆帝弘历的妃子、清嘉庆帝颙琰的生母，她生于公元 1727 年，卒于公元 1775 年，享年 49 岁。

【人物生平】

魏佳氏原本姓魏，其父魏清泰在乾隆时任内管领。后来，魏佳氏被选入后宫充作妃子，她所在的家族也被抬至镶黄旗。

魏佳氏入宫之后，很快就得到乾隆帝的宠爱，后来乾隆册封诸妃，魏佳氏更是以令嫔的身份，位居三嫔第一。之后魏佳氏接连被封为令妃、令贵妃、皇贵妃，并在富察皇后病逝、辉发那拉皇后被废、死亡之后，以皇贵妃的身份统领六宫一切事务。在整个乾隆朝乃至清朝，魏佳氏也是生育子嗣最多的一位妃子，她一生中先后为乾隆育有 4 子 2 女。其中的十五皇子颙琰更于公元 1773 年被册立为储君，即后来的嘉庆皇帝。

2 年之后，魏佳氏病逝，享年 49 岁。尽管死前仍没有成为皇后，乾隆帝却按照皇后应有的待遇，将她的家族抬至镶黄旗。不仅如此，在魏佳氏下葬裕陵时，乾隆又特意为其增加仪仗和葬品，数量仅仅比富察皇后少一件。等到乾隆帝公布颙琰的储君之位后，又再次下令追封魏佳氏为孝仪皇后。

【人物简评】

银幕中的魏佳氏是一位通情达理、贤淑温婉、心地善良的乾隆宠妃，历史上真实的魏佳氏，也确实是这样一位女子。尽管出身卑微，魏佳氏却在后宫享有殊

荣，在乾隆帝心中的地位堪称仅次于皇后。

霍卓氏：异域女子从西至，香妃名号传中原

【人物简介】

霍卓氏是清乾隆帝的妃子，也是香妃的历史原型。霍卓氏生于公元 1734 年 9 月 15 日，卒于公元 1788 年 5 月 24 日，享年 55 岁，在后宫中深得乾隆帝的宠爱。

【人物生平】

霍卓氏是清乾隆帝后宫中，唯一一位出自维吾尔族的女子，也就是清宫作品中那位十分著名的香妃。

霍卓氏出自新疆和卓族，因此又称和卓氏，她的兄长图尔曾在清廷平定大小和卓叛乱时，立下过汗马功劳。因此，清廷特意征召他们入京面圣，霍卓氏也是于这一时期被献入后宫的。出于稳定新疆的政治需要，乾隆帝接纳了霍卓氏，并册封她为贵人。

凭借着自己的容貌和异域风情，霍卓氏入宫后逐渐得到乾隆帝宠爱，甚至就连太后也对她十分喜爱。为此，太后在公元 1762 年亲自下诏，册封霍卓氏为容嫔，她的兄弟族人也因此受到封赏。6 年后，乾隆帝又正式将她立为容妃。

及至乾隆晚年，霍卓氏在后宫的地位也直线上升，当时每逢宫中大宴，她甚至能够坐到东西两桌的首位、次位。公元 1788 年，霍卓氏病逝，享年 55 岁。

【人物简评】

在各类清宫演义中，都提到霍卓氏死于太后，然而事实上她足足比太后晚死了 11 年，所谓被害一说也就不足为信。尽管最初是以政治联姻目的入宫的，霍卓氏却真正赢得了乾隆帝的宠爱，更为后世留下了许多美丽的传说。

喜塔腊·青瑜：家世平平反成幸，执掌六宫却福薄

【人物简介】

喜塔腊氏是清嘉庆帝颙琰的皇后、清道光帝旻宁的生母，她生于公元 1760 年 10 月 2 日，卒于公元 1797 年 3 月 5 日，享年 38 岁。

【人物生平】

喜塔腊氏出自正白旗，与嘉庆帝颙琰同年出生，其父和尔敬额为清廷总管内务府大臣。公元 1774 年时，乾隆帝亲自下诏，将喜塔腊氏配给皇子颙琰，此后，喜塔腊氏先后生下 2 女 1 子，其子即是后来的道光帝旻宁。

公元 1795 年，乾隆帝禅位于颙琰，喜塔腊氏也被册立为皇后。5 年后，喜塔腊氏就因病逝世，享年 38 岁，死后谥孝淑皇后。6 年之后，嘉庆帝又下令将她葬于昌陵，等到其子道光、其孙咸丰时期，又继续得到加谥。

【人物简评】

喜塔腊氏的家世十分普通，但在当时朝中大臣通过皇子妃的家世背景，来推

测储君人选的前提下，她却是乾隆帝掩人耳目的最佳选择。只是喜塔腊氏福祚浅薄，尽管被立为皇后却早早病逝，没能长久地享受富贵荣华。

佟佳·玉琦：年少不料身先去，一场荣华皆成空

【人物简介】

佟佳氏是清道光帝旻宁的第一任皇后，她出自镶黄旗，生于公元 1790 年，卒于公元 1833 年，享年 44 岁。

【人物生平】

公元 1808 年，19 岁的佟佳氏被选为嘉庆帝皇子旻宁的继室，她比旻宁要小 8 岁。之后佟佳氏曾为旻宁生下 1 女，但这个孩子却在 7 岁时夭折，死后嘉庆帝特意追封为郡主以示安慰。

公元 1820 年，嘉庆帝死，旻宁继位登基，即道光帝，佟佳氏也在 2 年后被立为皇后。出于缅怀，道光帝又下令追封佟佳氏之女为公主。自从长女死后，佟佳氏一生再没有生育，她于公元 1833 年去世。

佟佳氏死后，道光帝追谥她为孝慎皇后，两年后又将她葬入慕陵。

【人物简评】

佟佳氏虽比道光帝年少，无奈却先行一步辞世，在当了 11 年皇后之后便撒手人寰，死后也再未留下任何子嗣。

钮祜禄·绣心：只因一生蒙君爱，恩及幼子坐銮堂

【人物简介】

钮钴禄氏是清道光帝旻宁的第二任皇后、咸丰帝奕詝的生母，她生于公元 1808 年 3 月 24 日，卒于公元 1840 年 2 月 13 日，享年 33 岁。

【人物生平】

钮钴禄氏虽是出自镶黄旗的满人，但从小就在苏州长大，因此也有江南女子的纤柔灵秀、聪慧可人，性情十分温婉。由于自己容貌美丽，钮钴禄氏在公元 1822 年的选秀中，被道光帝一眼看中，随后又被册立为全嫔。

之后，钮钴禄氏先后生下两个女儿，她们均得到道光帝的殊宠，自己也很快就被册立为全妃、全贵妃。公元 1831 年，钮钴禄氏又生下实际上的皇长子奕詝，即后来的咸丰帝。仅仅两年之后，皇后佟佳氏就因病逝世，道光帝于是又将钮钴禄氏册立为皇贵妃，由她来总管六宫大小事务。

公元 1840 年，钮钴禄氏病逝，享年 33 岁，道光帝得知后十分悲痛，亲自为她拟定"孝全皇后"的谥号，这在清朝历史上也十分少见。钮钴禄氏死后葬于慕陵，此后，道光皇帝就未再册立皇后。

【人物简评】

钮钴禄氏之子奕詝并没有多少才能，最终却成功登上皇位，很大程度上正是

凭借着母亲的恩荫，由此可见，钮钴禄氏本人在道光帝心中的地位和分量。

博尔济吉特·雨宁：名号虽虚不可弃，幸赖孝子夙愿偿

【人物简介】

博尔济吉特氏是清道光帝旻宁的妃子，她生于公元 1812 年 6 月 19 日，卒于公元 1855 年 8 月 21 日，享年 44 岁。

【人物生平】

博尔济吉特氏出自正蓝旗，于公元 1825 年被选入后宫，受封为贵人，次年就为道光帝生下一子奕纲。尽管第二年奕纲就早早夭折，道光帝依旧将博尔济吉特氏册立为静妃。

此后，博尔济吉特氏又为道光帝生下 2 子 1 女，其中一子奕继早天，另一子奕䜣即是晚清著名的恭亲王。公元 1840 年，皇后钮钴禄氏死后，道光帝再也没有册立皇后，而是将博尔济吉特氏册立为贵妃，此后，她便以贵妃的身份统领六宫一应事务。不仅如此，就连皇后死后所遗留的孩子奕詝，也被道光帝下令由博尔济吉特氏亲自抚养。

在自己的精心抚养下，亲子奕䜣和养子奕詝都逐渐成长，然而此时道光帝却开始为立储之事发愁。在两位皇子中，奕䜣为人干练聪慧，能力突出，而奕詝为人敦厚朴实，性情平和。在一番犹豫之后，道光帝最终还是选择以奕詝为储君，即后来的咸丰帝，但他又特意在遗诏中下令封奕䜣为亲王。公元 1850 年道光病死，咸丰即位，尊博尔济吉特氏为皇考康慈皇贵太妃，并以太后的礼仪进行供养。当时，博尔济吉特氏心中十分希望能被尊为太后，但咸丰却因念及生母早逝而不肯应允，此后母子二人便逐渐疏远。

公元 1855 年，博尔济吉特氏病重，奕䜣向咸丰帝表明生母想当太后的最后意愿，咸丰帝听后随口回答"哦，哦"。听到这一回答后，奕䜣趁机下令礼部准备册封典礼。咸丰因此十分不满，但又不便追回诏令，只得默认这一现实。但在葬礼上，咸丰帝又下令降低规格，博尔济吉特氏的谥号中也未能加入道光帝的谥号。直到咸丰死后，奕䜣成为摄政大臣，这才又对生母的谥号进行更改，最终为生母正了名分。

【人物简评】

博尔济吉特氏在道光帝皇后死后，以贵妃身份统领六宫，又同时养育了咸丰帝奕詝、恭亲王奕䜣两位皇子，的确劳苦功高，这也是她对太后尊号念念不忘的原因之一。在奕䜣的努力下，她最终实现了这一夙愿，生前死后都可以说没有遗憾了。

钮祜禄·瑞芬：位高何须强势，不争自有威仪

【人物简介】

钮钴禄氏是清咸丰帝奕詝的皇后，即慈安太后，她生于公元 1837 年 8 月 12 日，卒于公元 1881 年 4 月 8 日，享年 45 岁。咸丰帝死后，钮钴禄氏与慈禧太后共同垂帘听政，但为人性情敦厚，并未如慈禧那样擅权专政。

【人物生平】

钮钴禄氏出自镶黄旗，于公元 1852 年时被选入后宫。同年入宫后，钮钴禄氏先后被册立为贞嫔、贞贵妃，不久之后，她就直接被册立为皇后。

尽管被立为皇后，钮钴禄氏却始终没有为咸丰帝生育一子半女，公元 1860 年，英法联军逼近北京后，她又与咸丰帝一同逃至热河。次年，咸丰帝死于热河行宫，由另一名妃子叶赫那拉氏的儿子即位，即同治帝，钮钴禄氏与叶赫那拉氏则分别被尊为东太后、西太后，也就是慈安太后和慈禧太后。

慈安太后为人敦厚，不似慈禧那般工于心计、贪恋权势，然而在她生前，她始终是稳压慈禧一头、宫中最具影响力的人物，如果没有她的首肯，慈禧日后的许多举措，都未必能够成功实施。同治帝即位后，慈禧与恭亲王奕䜣联手，将辅政八大臣一举铲除，可以说是雷厉风行、手腕强硬，但这一行动也正是在征得了慈安的同意之后，才得以顺利施行。

铲除八大臣之后，慈安与慈禧便开始共同垂帘听政，但由于自己生性淡泊、不好争斗，慈安太后便主动将许多重要事务交给慈禧处理。但在一些关键的重大问题上，慈禧往往不能擅自做主，必须征求慈安的意见。甚至有人考证指出，同治年间，恭亲王奕䜣主导清廷所推行的一系列洋务活动，也是在慈安太后的支持下才得以推行的，而非对西化抱有成见的慈禧所为。

公元 1869 年，慈禧太后的心腹宦官安德海私下奉命出京，沿途十分嚣张招摇，因此在行至山东后，就被当地巡抚丁宝桢抓获。按照祖制，宦官不能私下出宫，安德海也没有预先知会官府，因此，丁宝桢当即将此事上报清廷。慈禧太后最初本打算偏袒，但慈安太后却力主将其处死，最终，慈禧只能眼睁睁看着安德海被杀。当时民间也有"东宫偶行一事，天下莫不额手称颂"的说法，可见慈安太后的实际影响力和良好声望。

公元 1881 年，慈安太后突然病逝，享年 45 岁，此前一天还曾与重臣左宗棠等人讨论政事，精神状态甚佳。因此许多谣言都不胫而走，最主流的说法就是慈禧太后为了夺权，才将慈安太后这块最大的绊脚石彻底扳开。但根据宫廷中的记载分析，慈安很有可能是因心脑血管疾病突发而死，因此才会十分突然。

慈安太后死后葬于普祥峪定东陵，谥孝贞慈安裕庆和敬诚靖仪天祚圣显皇后。

【人物简评】

在很多人眼中，慈安太后虽然是垂帘听政的两宫太后之一，为人却并不强势，

无法与慈禧太后抗衡，事实上这显然是一种误解。在当时最重名分的宫廷中，慈安太后是咸丰帝的嫡妻皇后，而慈禧仅仅是妃子，两人之间显然是慈安更为尊贵。只是慈安为人敦厚温和，并不出风头，但她真正的庙堂影响力，却绝不容人们忽视。

叶赫那拉·杏贞：权位须争事须毕，是非留与后人评

【人物简介】

叶赫那拉氏是清咸丰帝奕詝的妃子、同治帝载淳的生母，即晚清著名的慈禧太后。叶赫那拉氏生于公元 1835 年 11 月 29 日，卒于公元 1908 年 11 月 15 日，享年 74 岁，是近代中国史上极富争议的政治人物。

【人物生平】

叶赫那拉氏于公元 1852 时被选入宫，与她同时进宫的还有贞嫔钮钴禄氏，即后来的慈安太后。然而钮钴禄氏在入宫同年，就被咸丰帝册立为皇后，叶赫那拉氏直到公元 1856 年生下皇子载淳，才被册立为懿妃。

载淳是咸丰帝唯一的皇子，因此也就毫无悬念地成为皇位继承人，叶赫那拉氏凭借着这一层关系，才在日后逐渐显赫。公元 1860 年，英法联军进逼北京，咸丰帝带着皇后和叶赫那拉氏仓皇逃至热河，1 年后，他就死在那里。依照其生前遗嘱，群臣拥立皇子载淳即位，即同治帝，又尊皇后为东太后，叶赫那拉氏为西太后。叶赫那拉氏即慈禧太后。

当时，咸丰帝曾指定由肃顺等八大臣辅政，然而不论是八大臣也好，还是慈禧也罢，都对权势十分贪恋，因此双方很快就处于水火不容的对立立场。工于心计的慈禧为了扳倒八大臣，便在征得慈安太后的同意后，私下联合身在北京的恭亲王奕䜣，一举发动政变，将八大臣铲除。此后，慈禧扫除了障碍，开始与慈安共同垂帘听政。

由于生性淡泊，慈安太后尽管最具权威，却还是将日常事务交给慈禧处理，只有那些攸关国家的重大问题，她才会亲自过问。这一时期在两人和恭亲王奕䜣的主导下，清廷先后平定了太平天国运动等，以此稳定了统治基础，随后又在全国范围内发起了著名的洋务运动。由于这一时期西方列强暂时按兵不动，清廷的军事实力也有所提升，因此也被称为"同治中兴"。

公元 1875 年，同治帝死后，由于无子而改立慈禧之侄载湉继位，即光绪帝，仍由两宫太后继续垂帘听政。这一时期慈禧重用左宗棠赶赴新疆，击败了阿古柏的入侵，收复了新疆和伊犁等地。公元 1881 年，慈安太后突然死亡，此后慈禧开始全盘主导清国局势。借着中法之战的机会，慈禧将以恭亲王奕䜣为首的一派大臣全数罢免，等到光绪帝成婚并亲政，她依旧在长达数年的时间里没有归政。

公元 1894 年，慈禧 60 大寿，为举办庆贺而挪用海军军费，恰好此时中日海

战爆发。许多人都建议慈禧暂停修建颐和园，慈禧却怒而说出"今日令吾不欢者，吾亦将令彼终生不欢"的话语。最终，甲午海战以中国失败告终，慈禧这才不得不有所收敛，并派遣大臣李鸿章与日本签订了屈辱的《马关条约》。

甲午海战的失败严重伤害了国人情感，康有为、梁启超等学子趁机上疏，建议变法图强，但慈禧却把军政大权都牢牢掌控在自己手中。由于维新派的变法举措不当，再加上自己贪恋权柄，慈禧最终又发动戊戌政变，屠杀维新人士并将光绪帝囚禁。这也是慈禧一生中发动的第三次政变。

出于对洋人的不满，慈禧后来又做出同时对八国宣战的"壮举"，最终，于公元 1900 年被迫逃出京城以避锋芒，后来又签订了屈辱的《辛丑条约》。为了缓解国内矛盾，此后慈禧开始宣布推行"新政""立宪"，并通过外交挽回了之前的一些经济损失，客观上促进了国内教育事业的发展。

公元 1908 年 11 月 14 日，光绪帝中毒而死，慈禧选择以宗室子弟溥仪为帝，第二天，她也因病死去，享年 74 岁。慈禧死后葬于峪定东陵，谥孝钦慈禧端佑康颐昭豫庄诚寿恭钦献崇熙配天兴圣显皇后。

【人物简评】

慈禧太后毫无疑问是一位工于心计、手腕强硬的女人，这从她一生中多次发动政变、夺取最高权力就能看得出来，而这位当时实际意义上的清廷统治者，也确实主导了清国的走向。只是在她统治期间，慈禧太后虽然重用汉族能臣、推行洋务改革，使得清国实力有所增强，但也因贪恋权力、放纵享乐，而造成了极为恶劣的影响。这一切也使得她成为中国近代史上，充满争议的一位重量级人物。

他他拉氏：宫斗从来为权势，人畜无害自可全

【人物简介】

他他拉氏是清咸丰帝奕詝的妃子，她生于公元 1837 年，卒于公元 1890 年，享年 54 岁。

【人物生平】

他他拉氏出自正红旗，于公元 1851 年宫廷选秀时，与叶赫那拉氏（即后来的慈禧太后）一同入宫。尽管她比慈禧要小 2 岁，他他拉氏却于公元 1855 年最先生下孩子。虽然所生并非皇子而是皇女，咸丰帝依旧十分欣喜，同年，又将她正式册立为丽妃。

在她的一生中，他他拉氏仅仅生下了 1 位女儿，偏偏这个女孩又是咸丰帝唯一的公主，因此咸丰帝后来甚至打破惯例，册封这个女儿为固伦公主（按照祖制，妃子所生之女，只能是和硕公主）。也正是由于没有其他子嗣，他他拉氏并不如各类清宫演义中所说那样，受到慈禧太后的种种迫害，相反，她在后宫中十分安全，地位也直线上升。

尽管她初入宫时地位略低，慈禧太后后来却生下同治帝，因此他他拉氏于她而言，并没有任何威胁。再加上他他拉氏体弱多病，不像慈禧太后那样强势，这也为她换来了很大的生存空间。咸丰帝死后，他他拉氏更被尊为庄静皇贵太妃，由此足以看出慈禧对她的宽容和照料。

公元1890年，他他拉氏病逝，享年54岁，死后不久，光绪帝就亲自前往吊唁，后来又将她葬于妃园寝的正中央，可说尊贵至极。

【人物简评】

比起后来受到残酷迫害的阿特鲁氏和珍妃，他他拉氏在后宫中始终顺风顺水、安度一生，这固然与她本人不善争宠有关，但更多的是因为她并没有对慈禧的权势构成威胁。因此一向手段狠毒的慈禧，也不吝于给她一份安宁祥和，他他拉氏可谓幸运至极。

阿鲁特·宝音：婆媳有隙不两立，一生受辱悲复凄

【人物简介】

阿特鲁氏是清同治帝载淳的皇后，她生于公元1854年7月25日，卒于公元1875年3月27日，享年22岁。

【人物生平】

阿特鲁氏出自镶黄旗，其祖父为首席军机大臣赛尚阿，外公则是咸丰帝死前钦定的顾命八大臣之一端华。公元1872年，已经登基10多年的同治帝，将阿特鲁氏选为皇后并迎娶入宫，阿特鲁氏比同治帝大2岁。

由于外公的缘故，阿特鲁氏在入选之前，就为慈禧太后所不满，然而另一位太后慈安却对她十分青睐。不仅如此，就连同治帝也对阿特鲁氏十分喜欢，于是最终仍是将她立为了皇后。可是阿特鲁氏的入宫，却理所当然地引起了慈禧太后的厌恶，因此自从成为皇后的那一日起，阿特鲁氏就受到慈禧的种种刁难与虐待。

公元1875年，同治帝死后，慈禧太后选择以同辈宗室子弟载湉为帝，即光绪帝，因此阿特鲁氏只是被尊为嘉顺皇后。仅仅70多天后，阿特鲁氏就意外暴死，年仅22岁，就此留下一段疑案。阿特鲁氏死后与同治帝合葬于惠陵，谥孝哲嘉顺淑慎贤明恭端宪天彰圣毅皇后。

【人物简评】

阿特鲁氏死时年仅22岁，事情又过于突然，因此，人们很难相信她是自然死亡。

叶赫那拉·静芬：一印盖下国祚断，天命终究有尽时

【人物简介】

叶赫那拉氏是清光绪帝载湉的皇后，她生于公元1868年2月3日，卒于公元

1913 年 2 月 22 日，享年 46 岁。

【人物生平】

叶赫那拉氏出自镶黄旗，其父叶赫那拉·桂祥即是慈禧太后的亲弟弟。光绪帝即位后，慈禧为了巩固权势，便将叶赫那拉氏嫁给光绪帝为皇后。

公元 1889 年，叶赫那拉氏与光绪帝正式成婚，然而此时紫禁城太和门却意外失火被焚，这场婚事似乎从一开始就不显得美好。在慈禧的强势要求下，婚礼最终如期举行，但光绪对于这位表姐皇后，却并没有什么情感。

公元 1908 年，光绪和慈禧太后先后病逝，宣统帝溥仪即位，叶赫那拉氏也被尊为隆裕皇太后，负责抚养年仅 3 岁的溥仪并垂帘听政。由于自己生性懦弱，叶赫那拉氏并未建立起与溥仪之父、摄政王载沣相抗衡的势力，她根本无法主导大局。

辛亥革命爆发后，关于清帝逊位的呼声越来越高，此时载沣也已辞职，叶赫那拉氏成为最终的决策人。在袁世凯等人的劝说下，她怒斥反对逊位的宗室权贵，并指责他们疏忽国事，耽误自己母子。公元 1912 年，叶赫那拉氏正式在《清帝逊位诏书》上盖下大印，并放声痛哭，宣告享国 267 年的清朝自此结束统治。

自从宣布逊位之后，叶赫那拉氏心中始终十分惆怅，公元 1913 年，门庭稀落的生日朝贺更是加剧了她内心的失落。不久之后，叶赫那拉氏抑郁染病，同年就因病去世，享年 46 岁。叶赫那拉氏死后，溥仪为其上谥为孝定隆裕宽惠慎哲协天保圣景皇后，民国政府和各国公使也都纷纷致以哀悼，并将她与光绪帝合葬于崇陵。

【人物简评】

叶赫那拉氏虽然是慈禧的侄女，却不如慈禧那样强势，但也不像慈禧那样封闭、顽固。只是在当时的情势下，民主共和已然是不可阻挡的历史洪流，她即便心有诸多不甘，也无法挽回清朝的覆亡了。

他他拉氏：心宽自有安逸，何处不是归途

【人物简介】

他他拉氏是清光绪帝载湉的妃子，即瑾妃，她出自镶红旗，生于公元 1873 年，卒于公元 1924 年，享年 51 岁。

【人物生平】

公元 1888 年时，他他拉氏与妹妹一同被选入后宫，但由于慈禧太后偏爱侄女，她和妹妹均没能被立为皇后。当时他他拉氏受封为瑾嫔，她的妹妹为珍嫔，即后来的瑾妃、珍妃。

作为光绪帝"硕果仅存"的两名妃子之一，瑾嫔却与皇后叶赫那拉氏一样，俱受到光绪帝冷遇，反倒是她的妹妹珍嫔，意外成为了光绪帝最为宠爱的人。出

于姐姐疼爱妹妹的天性，瑾嫔对此浑不在意，只是平静地居住在后宫中，享受着可贵的静好时光。

由于妹妹触怒慈禧太后，瑾嫔于公元 1894 年时受到牵连，被摘去同年得到的妃号，但很快就再次恢复地位。公元 1900 年，八国联军入侵北京，慈禧又带着光绪帝和瑾妃一同出逃。但在出逃之前，慈禧太后故意将珍妃推入井中害死，从此，瑾妃在后宫中便再无亲人。

公元 1908 年，光绪帝暴死，宣统帝溥仪即位，第二天，慈禧太后也病死于宫中。溥仪登基后，改尊瑾妃为兼祧皇考瑾贵妃，私下更以"皇额娘"来尊称她。此后瑾妃继续居住在永和宫中直到病逝。

瑾妃出身于满洲贵族家庭，自小与妹妹都受到良好教育，自入宫后就醉心于书画美食，直到此时也依旧没有改变自己的生活习性。在永和宫居住的日子里，她创作了许多书画作品，同时也对宫廷的膳食提出了很高的要求。甚至直至满清灭亡后，清廷的遗老遗少依旧对她宫中的饭食十分垂涎，可见其生活之精致。

公元 1912 年溥仪逊位后，"尊号仍存不废，中华民国以各外国君主之礼相待"，瑾妃因此得以继续居住永和宫。当时溥仪每逢节日，也都会邀请她一同度过。甚至在公元 1923 年时，满清遗臣还特意邀请了著名的京剧大师梅兰芳入宫，为瑾妃庆贺其 50 大寿。

次年中秋节时，瑾妃又接受溥仪邀请，与溥仪及其妃子婉容、文绣等清室成员共聚一堂，气氛十分融洽。然而，当晚瑾妃却因年事已高、感染风寒而卧病在床，不久后就病逝，享年 51 岁。

就在瑾妃停灵期间，著名爱国将领冯玉祥带兵进驻北京，将溥仪赶出了皇宫，因此，清室只好又将其灵柩移到寺庙，并由其父亲自出资，对光绪帝崇陵内的妃子陵墓进行了重整、翻修。直到次年 12 月，瑾妃才正式下葬，死后谥温靖皇贵妃。

【人物简评】

瑾妃生性淡泊不好争斗，即便身处深宫、不受恩宠也能安之若素，可谓心宽体胖。当时的宫人们也都称呼她为"胖娘娘"，这一外号正是瑾妃最为妥帖的写照。

他他拉氏：深宫情薄难容爱，井下唯留冤魂哀

【人物简介】

他他拉氏是清光绪帝载湉的妃子，即珍妃，她生于公元 1876 年，卒于公元 1900 年，享年 25 岁，与瑾妃为姐妹关系。由于忤逆慈禧太后，他他拉氏最终是被推入井中害死。

【人物生平】

他他拉氏是光绪帝妃子瑾妃的妹妹，也就是著名的珍妃。公元 1888 年，姐妹

两人入宫后，身为妹妹的他他拉氏很快就得到光绪帝的专宠，公元 1894 年时又被册封为珍妃。

珍妃与瑾妃的父亲虽为武将，却对文士十分推崇，甚至还曾特意邀请后来考中榜眼的名士来教导她们姐妹。再加上珍妃年龄小、性子活，思想开明而又崇尚西学，她的得宠也就在情理之中。然而固执的老佛爷慈禧出于偏爱侄女的心理，却对瑾妃和珍妃姐妹十分厌恶，得宠的珍妃于她而言，就更像是一枚眼中钉。

受封为妃的同年，慈禧太后便以"习尚浮华、不尊家法"为借口，对珍妃进行了严厉的惩罚，就连光绪帝下跪求情都无法解救，她的姐姐瑾妃也因此一并受到牵连。不仅如此，慈禧又处死了珍妃身边的好几位宫人，才算是勉强出了一口恶气。

公元 1900 年，八国联军入侵北京，慈禧太后携带者光绪帝和瑾妃仓皇出逃，此时珍妃还在囚禁之中。一片慌乱之中，慈禧太后以不方便为由，下令宦官崔玉贵将珍妃推入井中溺死，珍妃死时年仅 25 岁。

直到第二年，慈禧太后等人返京，才下令将珍妃遗体捞出并安葬。最初，珍妃被安葬在宫女墓地，直至民国年间才在姐姐瑾妃的安排下，改葬回崇陵妃园寝。

【人物简评】

珍妃与光绪帝的爱情故事，历来被传为美谈，但历史上真实的珍妃，也不完全是一个品行高洁的女子。根据史籍所载，珍妃在入宫后也曾做过卖官鬻爵一类的恶事，这也是后来慈禧处罚她的借口之一。

郭布罗·婉容：只恨老父贪富贵，无端葬送女儿福

【人物简介】

婉容是清宣统帝溥仪的皇后，她生于公元 1906 年 11 月 13 日，卒于公元 1946 年 6 月 20 日，享年 41 岁，她是中国历史上的最后一位皇后。

【人物生平】

婉容出自正白旗，其父为清廷的内务府大臣荣源。荣源为人十分开明，素来倡导"男女平等"，因此在婉容很小的时候，就专门聘请了许多学者为她授课，甚至还给她请了一位英语老师。

由于她精通琴棋书画，形貌端庄秀丽，婉容很早就在满清贵族之间享有盛誉，公元 1922 年，在瑾妃的支持下，被选为宣统帝溥仪的皇后。尽管此时溥仪早已退位，清朝也已覆灭，清室却依旧受到民国政府礼遇，甚至还依照皇帝成婚礼节，为两人举行了盛大的婚礼。然而，婚后的溥仪却对这位既有丽色又有才华的女子十分冷淡，再加上自己身体孱弱，两人始终没能生育子嗣。

公元 1924 年，溥仪被冯玉祥赶出北京，婉容也随他一同到天津居住。此后婉容逐渐迷恋上吸食鸦片，并且开始大肆挥霍溥仪的钱财，与另一名妃子文绣争宠。

由于溥仪患有生理疾病，文绣后来果断宣布与他离婚，然而溥仪在痛感大失颜面之余，反而将一切都归咎在了婉容头上。

当时，中国各地接连爆发水灾，婉容得知后多次主动捐献财产，因此还带动了一大批富豪太太，此举受到社会舆论的好评。然而公元 1932 年时，婉容却被骗至东北伪满洲国，再次被尊为"皇后"。不甘心受制的婉容曾先后数次想要逃离，却始终得不到援助，此后便开始作践自己的人生。

由于溥仪无法在生理方面满足自己，满心郁结的婉容便私下与侍卫通奸，后来甚至还生下一个孩子，但很快就夭折了。溥仪知道后怒而将她打入"冷宫"，这一切都使婉容的精神状态更加混乱。经过这一系列的打击、摧残，婉容已经逐步丧失了正常的生活能力，必须在仆人的照料下才能勉强起居，唯一一件还在坚持的"爱好"，就只剩下吸食鸦片。

公元 1945 年，全国反法西斯战争进入最后阶段，苏联也在这一时期出兵中国东北伪满洲国。为了躲避战祸，婉容与其他宫廷成员一同逃走，却又被共产党军队所俘虏。次年，婉容在押送转移途中，因病重而逝于狱中，享年 41 岁。婉容死后被草草葬于当地，葬处不明，直到公元 2006 年时，才以招魂的形式与溥仪合葬，谥孝恪愍皇后。

【人物简评】

婉容在精神陷入混乱之后，偶然也会有清醒的时候，当时她一旦保持清醒，就必然会怒骂其父将她送入宫中，最终毁掉自己一生幸福，此景令人十分心酸。以婉容的美貌聪慧，倘若没有嫁给有生理障碍的溥仪，的确可以拥有一个完整而幸福的人生，于她而言，偏偏这样一份本不难得的幸福，最终却成为遥不可及的奢望。

谭玉玲：静好岁月总易逝，与君长辞不复昔

【人物简介】

谭玉玲本姓他他拉氏，是清宣统帝溥仪的妃子，她生于公元 1920 年，卒于公元 1942 年 8 月 14 日，享年 23 岁。

【人物生平】

谭玉玲本姓他他拉氏，她出自满族贵族家庭，但在清朝灭亡后，这一姓氏已经失去了往日的风光。为了更好地融入民国社会，谭玉玲一家便转为汉姓"谭"。

公元 1937 年时，伪满洲国皇帝溥仪将皇后婉容打入冷宫，为了排遣无聊时光，便将谭玉玲纳为自己的贵人，位列第六等妃子。谭玉玲为人端庄秀丽，仪态大方，接人待物均不失礼节，因此深得溥仪的喜爱。酷爱摄影的溥仪当时曾拍摄了许多照片，其中皇后婉容的只有 8 张，而谭玉玲的却多达 33 张，由此可见谭玉玲在溥仪心中的分量。然而遗憾的是，这样一对相处和睦的夫妻，却在一起仅仅

生活了 5 年时光。

公元 1942 年，谭玉玲突然患病，经过多日治疗依旧没有好转，名为溥仪近侍、实为其监视人的日本人吉冈安直，便下令由长春市立医院的院长小野寺亲自出面治疗。不久，谭玉玲就死在医院，年仅 23 岁，由于死亡太过突然，许多流言都不胫而走。也有人怀疑是日本人暗中加害所为，就连溥仪本人也对此深信不疑。

谭玉玲死后，溥仪为她举行了隆重的丧礼，并将她的棺椁保存在般若寺，直至伪满洲国覆灭后才不得不将之火化。直至出逃后，溥仪始终贴身保存有一张谭玉玲的照片，在这张照片背后，还有着"我的最亲爱的玉玲"一行文字。

【人物简评】

根据当时人的记载，谭玉玲在生活中为人谦和、温柔，不论是对待丈夫，还是下人，都始终表现得十分和气，她是一位贤淑端庄的善良女子。由于一切都太过突然，谭玉玲之死疑点重重，今人已经难以探究这位温婉女子的真正死因。

额尔德特·文绣：纲常岂能与法比，一生幸福不容欺

【人物简介】

文绣字蕙心，自号爱莲，是清宣统帝溥仪的妃子，她生于公元 1909 年 12 月 20 日，卒于公元 1953 年 9 月 17 日，享年 45 岁。文绣在清朝灭亡后，因与溥仪感情不和而主动离婚，改嫁他人，一直活到中华人民共和国成立之后。

【人物生平】

文绣本是蒙古族，出自镶黄旗，清亡后又改名为傅玉芳。公元 1921 年，清室遗老为已经逊位的溥仪举办大婚，文绣的家人当即将她改回原姓额尔德特氏，并将她送入后宫。但在瑾妃的钦点下，溥仪最终选择以婉容为皇后，文绣仅仅被册立为皇妃。

当时的皇后婉容不仅才学过人，容貌也十分漂亮，但溥仪对她并毫不在意，姿色本就平平的文绣，境况自然更加不如前者。尽管自己恪守宫廷礼节，就连瑾妃等人也都对她十分赞赏，溥仪却始终保持冷漠。后来溥仪又为她聘请了一位英语老师，安居深宫的文绣从此便开始醉心于学习，在日复一日的学习中，她的眼界愈发开阔，思想也愈发开明。

公元 1924 年，溥仪被冯玉祥赶出北京，文绣、婉容等后宫妃子也一同随行。这一时期文绣也凭借着自己的才学，为溥仪进行谋划，充分展现出了自己的贤惠。同年，溥仪却鬼迷心窍，接受日本大使的"好意"，准备复辟清朝帝业。文绣得知后十分担忧，主动找到溥仪表示反对，并指出日本人残暴嗜杀，绝对不可将其引入中国。然而一意孤行的溥仪却断然拒绝了这一建议，心急火燎地住进了日本公使馆，后来又在日本人的帮助下前往天津。

出于对溥仪的担心，文绣在其进入公使馆之初就一同随行，但在抵达天津之

后，溥仪却因她反对自己复辟，而再一次逐渐冷落了她。当时他与文绣、婉容一同居住在一栋2层洋楼，却总是将文绣一人置于2楼，平日里只与婉容一同起居会客。出于争风吃醋的心理，婉容也经常寻找借口凌辱文绣，最后，就连她身边的宫女、太监，也都开始私下欺辱她。

不堪受辱的文绣一度想要自杀，后来又听从了远房亲戚的劝告，决定与溥仪离婚。公元1931年，文绣在妹妹的帮助下乘车前往一处饭店，随后命令身边太监将离婚信件转交溥仪，紧接着又离开饭店，住进一户富人家中。不久，文绣正式向法院起诉，指出溥仪患有生理障碍且虐待自己，请求法院同意自己的离婚申请，并要求溥仪做出赔偿。

当时，溥仪正为复辟大业而奔波，收到信后，他十分震惊，再加上事涉皇家颜面，他自然不肯应允，并打算将文绣带回。然而文绣早就做好了万全准备，溥仪最终只得在律师的公证下，与文绣签字离婚。与此同时双方还达成了3个条件：一是溥仪赔偿5.5万元生活费；二是文绣可以带着自己之前的衣物；三是文绣此后不得做出破坏溥仪声誉的事情。这一沸沸扬扬、轰动一时的离婚案，也被社会舆论称为"刀妃革命"。

文绣离婚后，她的一位族兄突然冒出来，大谈"清室皇恩""耐死忍受"等封建纲常伦理，文绣收到信后当即予以针锋相对的回应，表明了自己的决意离婚的魄力。此后，文绣便与同样离婚的妹妹迁居至一处，并应聘做了一位国文、美术老师。

就业之后，文绣很快就以自己的学识赢得了学生的敬爱。不久她的"皇妃"身份却被同事揭露。新闻媒体为了博取大众眼球，便对此事进行大肆报道，文绣的私人生活也受到很大干扰。不得已之下文绣只好辞去工作，从此闲居在家，以学习书画为乐。抗日战争爆发后，独居的文绣（妹妹已经改嫁）不堪其扰，只得卖掉房子迁居别地，并先后以糊纸盒、做苦力、卖报纸谋生。直到抗日战争结束，文绣才在友人的引荐下进入一家日报社，并在社长的牵线搭桥下，与国民党少校刘振东结婚成家。

公元1949年，人民解放军进入北平，文绣劝说丈夫主动前往登记并交代"历史问题"，事后刘振东被免予追究，只是交由群众监督，后来又被解除监视，分配到清洁队工作。公元1953年，文绣因心肌梗塞病逝家中，享年45岁。

【人物简评】

妃子与皇帝离婚，而且还是主动提出申请，倘若不是彼时已经结束封建统治、进入民国时期，这一幕是断然不会出现的。事实上，即便当时是民国，文绣的这一决定依旧受到了很大的阻力。比起溥仪的其他几位皇后、妃子，文绣看似温柔却最为刚烈，也勇于追求自己的幸福生活，这样的女子无疑是值得人们敬重的。